本书出版经费支持单位

绍兴文理学院新结构经济学长三角研究中心
（浙江省推进长三角一体化发展智库支持单位）

绍兴文理学院社会风险评估研究中心

碳中和背景下中国新能源汽车产业数字化发展研究

袁建伟　吴利芬　张森蓉◎著

浙江工商大学 出版社
ZHEJIANG GONGSHANG UNIVERSITY PRESS
·杭州·

图书在版编目(CIP)数据

碳中和背景下中国新能源汽车产业数字化发展研究 / 袁建伟,吴利芬,张森蓉著. — 杭州:浙江工商大学出版社,2023.12

ISBN 978-7-5178-5790-7

Ⅰ. ①碳… Ⅱ. ①袁… ②吴… ③张… Ⅲ. ①新能源—汽车工业—数字化—研究—中国 Ⅳ. ①F426.471-39

中国国家版本馆 CIP 数据核字(2023)第211828号

碳中和背景下中国新能源汽车产业数字化发展研究
TANZHONGHE BEIJING XIA ZHONGGUO XINNENGYUAN QICHE CHANYE SHUZIHUA FAZHAN YANJIU

袁建伟　吴利芬　张森蓉　著

责任编辑	唐　红
责任校对	韩新严
封面设计	胡　晨
责任印制	包建辉
出版发行	浙江工商大学出版社
	(杭州市教工路198号　邮政编码310012)
	(E-mail:zjgsupress@163.com)
	(网址:http://www.zjgsupress.com)
	电话:0571-88904980,88831806(传真)
排　　版	杭州朝曦图文设计有限公司
印　　刷	杭州宏雅印刷有限公司
开　　本	710 mm×1000 mm　1/16
印　　张	26.25
字　　数	392千
版 印 次	2023年12月第1版　2023年12月第1次印刷
书　　号	ISBN 978-7-5178-5790-7
定　　价	72.00元

目 录

第一辑

碳中和背景下中国新能源汽车产业崛起
与智能化数字化发展

第一章　新能源汽车产业链研究

2021年11月，在第26届联合国气候变化大会上，多个国家签署了《关于零排放汽车和面包车的格拉斯哥宣言》，表示将在2035年之前（含2035年）使零排放汽车成为新常态。同时，各国都提出了国内汽车电动化目标。例如，中国将在2050年实现20%的电动化率。为了实现这一目标，中国颁布了一系列政策支持新能源汽车的发展。

所谓新能源汽车指的是使用非传统燃料的四轮汽车，其出现最早可追溯到1834年。该年，世界上第一辆电动汽车（蓄电池）诞生。在1834年到20世纪60年代，新能源汽车发展一波三折，曾量产也曾几度退出市场。直至20世纪60年代后，城市空气污染日益严重，叠加石油禁运危机的影响，西方各国开始重新重视电动汽车，并引发了第二轮电动汽车（包括电动汽车及混合动力汽车）研发高潮。随着市场接受度不断提高，相关技术的不断成熟，混合动力汽车的节能和环保性能进一步显现，到1994年，纯电动汽车开始进入市场化发展阶段，并在2008年得到空前的重视，各国开始将纯电动汽车定位为未来汽车的主要发展方向。到2011年，新能源汽车开始频繁出现在各大国际车展中。现在，新能源汽车已在技术、种类及市场份额等方面得到前所未有的突破，其中纯电动汽车、混合动力电动汽车及燃料汽车受到的欢迎程度要强于其他类型的新能源汽车。

通过新能源汽车的发展历程可知，国外的新能源汽车发展时间较长，技术成熟度较高。中国在新能源汽车发展方面虽然起步较晚，但是发展势头十分强劲，仅花费几十年的时间，中国新能源汽车在企业、技术研发、车型种类以及市场份额等方面获得突破并跟上了国外发展步伐。目前,进入新能源汽车领域的企业已近百家,包括上游的原材料供应商(如福耀玻璃)、中游的造车企业(如比亚迪、蔚来汽车等)以及下游的配套设施建设企业,还有一些科技企业(如百度、小米等)。2010年8月18日,在国资委领导下,新能源汽车央企大联盟正式成立。各大集团纷纷加入其中,这意味着技术口径将更加统一,企业集中度将进一步提高。

新能源汽车产业链的上游为关键原材料及核心零部件,其中关键原材料包括正极材料、负极材料、电解液、隔膜等,核心零部件包括电池、电机、电控等;产业链中游为整车制造,包含乘用车、商用车以及专用车;产业链下游为充电及后市场服务。如图1-1-1所示。

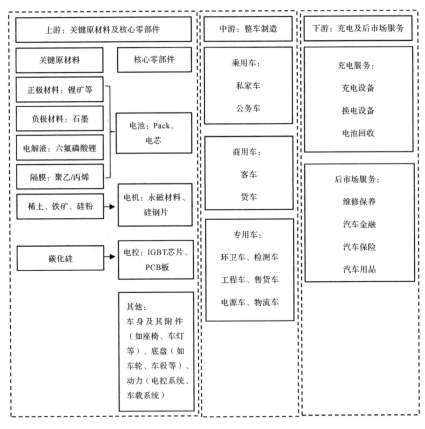

图1-1-1 新能源汽车产业链

近年来,各种新能源发展规划的政策发布,预示着在国家层面开始对新能源汽车政策有所倾斜。在大量政策推进的情况下,新能源汽车产业的发展进入高速模式。技术的不断攻克、基础设施的不断完善,进一步改善了新能源汽车行业的发展环境,也使得新能源汽车产业链得到持续发展的可能。从另一个角度来看,网约车、共享车等共享经济领域的快速发展也提升了人们对于新能源汽车的需求。在政策推动下,整车厂开始不断扩大在新能源汽车方面的布局,持续加大车型投放,并一直在关键技术上取得突破。在特斯拉的模范作用下,行业竞争格局被不断放大。为了占领市场,产品竞争更激烈,下游整车销量逐步恢复,中游需求增长与上游原材料增长呈正比关系,上游原材料需求增加就意味着动力电池的需求同步扩大。

一、新能源汽车上游产业链

新能源汽车的轻量化是未来汽车工业的发展方向之一,特别是对于快速发展的新能源汽车来说,减重直接意味着续航里程的增加。研究发现,对于纯电动汽车来说,车辆重量每减少10千克,就可以增加2.5千米的行驶里程。因此,轻量化逐渐成为当代车企以及零部件制造商的关注重点。在新能源汽车轻量化产业链中,上游是轻量化的重点领域。新能源汽车产业链上游的核心零部件包括三电系统及其他。其中,三电系统尤为重要,是电动汽车的运行动力装置,由电池、电机、电控组成,通常简称为电动动力总成系统。在纯电动车当中,成本一直居高不下的就是动力系统,其成本约占总成本的1/2。而动力系统中的电池又占到了三电系统成本的76%,电控占比约13%,电机占比约11%。

第一,动力电池的原材料价格居高不下,致使整车生产成本上升。

动力电池的技术发展趋势主要沿着化学和物理两个层面展开。

化学层面指的是材料。主流的动力电池分为磷酸铁锂电池和三元锂电池两大类,两者组成材料差异较大。近几年,受电池上游原材料价格上涨影响,电池的价格均出现大幅上涨。

首先,是正极材料,它是在电池组成总成本中占比最高的,占到45%。磷酸铁锂电池和三元锂电池的主要材料分别为磷酸铁锂(未来主要发展方向为磷酸锰铁锂)以及三元材料(未来主要发展方向为单晶化、高镍化以及高电压化)。2021年之前,三元锂电池在政策支持下,其装车量大于磷酸铁锂电池,但是随着后者技术不断成熟、性能不断提高以及三元锂电池政府补贴减少,磷酸铁锂电池装车量逐渐超过前者,未来磷酸铁锂电池的市场份额或将进一步扩大。因此,许多三元材料企业为补齐自身短板、提高市场竞争力,开始布局磷酸铁锂产业。例如,2021年11月30日,三元材料龙头企业当升科技就与另一龙头企业中伟股份签订战略合作协议,建设每年不低于30万吨的磷酸铁锂、磷酸铁以及相关磷资源开发、磷化工配套项目。

其次,是负极材料,目前正处于突破期,过去常用的负极材料为天然石墨,但是随着其供给逐渐紧张、价格不断升高,人造石墨的主导地位日益凸显,新的负极材料复合硅碳也在研发当中,未来有望实现大规模应用。

最后,是电解液,过去因为固态电解液的技术门槛相对较高多为液体,例如六氟磷酸,但随着孚能科技、国轩高科等多家企业的技术研究不断突破,电解液固态化必是大势所趋。在2017年之前,固态电解液的原材料多为硫化物(导电性较优)和固态聚合物。硫化物的代表企业包括松下、宁德时代等。之后,氧化物由于其稳定性较高替代固态聚合物成为新的主流固态电解液。氧化物的代表企业包括台湾辉能、丰田、卫蓝等,其中辉能更是翘楚,其通过压合生产氧化物,大大降低了氧化物的生产成本,简化了生产工艺,解决了氧化物不易量产的难题,引领国内外多个同业厂家改变了生产方式。

除上述三种材料,其他材料未来也将会实现多元化发展。例如,宁德时代已具备磷酸铁锂电池制造技术,其在钠离子电池及三元锂电池方面也皆有布局。

物理层面指的是结构。动力电池的电池包结构存在三种模式:一是传统模组结构;二是CTP;三是CTC。后两者为未来的主要发展趋势。形状更是多种多样,包括圆柱形(如特斯拉的4680电池)、刀片形(如比亚迪的刀片电池)、方形(如宁德时代的麒麟电池)等。

CTP(Cell To Pack)技术是一种无模块方案,是电池直接集成到电池包中,即去模组化。传统的电池包需要多个模块来支撑、固定和保护电池芯，这样会占用电池包很大的空间，导致重量增加。CTP技术消除了模块链接，实现了轻量化，使得在相同的重量下，采用CTP技术的电池包的能量密度就会提升。该技术具备两大核心优势：一是大幅降低电池生产成本（如可将所需零部件数量减少40%）且将其能源密度提升10%—15%。也就是说，磷酸铁锂电池和三元电池的能源密度分别能够达到160Wh/kg和200Wh/kg以上，即该技术使得三元523相当于三元811的能量密度，磷酸铁锂相当于三元523的能量密度；二是可将空间利用率提升15%—20%，将生产效率提升50%。

2019年9月，宁德时代发布了全球首款CTP电池包，2023年已更新迭代至3.0版本。由此可见，在CTP技术方面，我国占据了先发优势。除宁德时代外，国内比亚迪（刀片电池）、蜂巢能源等企业也在研发CTP技术。目前，使用CTP电池包技术的车型有蔚来ES6、爱驰U6、小鹏P7和G3、特斯拉Model Y、比亚迪全系列等车型。依据MarkLines提供的数据，中国2021年搭载CTP技术的车型渗透率达到12.13%。未来随着技术的不断成熟，其渗透率必将得到进一步提升。

CTC（Cell To Chassi）是CTP的下一代技术，是对电池系统结构的一次革新，是将电池与底盘一体化设计、实现产品技术和生产工艺简化的技术。在CTC电池技术中，电池作为能源设备将成为车身结构的一部分，有两个大型铸件连接前部和后部，电池组上盖作为车身的座舱底板。这种技术的优点是节约了空间，提高了结构效率，但一体化的设计也意味着它与换电技术是完全不同的赛道。此外，CTC技术依赖车身底盘研发的属性让整车企业在此领域更具优势。但是，其也存在一些困难，具体表现为对电池零部件的要求变得更高，维修便利性下降，对主机厂与电池厂的技术融合要求增高。

目前，特斯拉、比亚迪、大众、沃尔沃等整车企业都在布局CTC领域，汽车企业零跑也发布了自己的CTC技术，并表示其是国内第一个量产CTC电池底盘集成技术的企业。

总体而言，模组技术、CTP技术及CTC技术各有优缺点，传统车企多采用模组技术，造车新势力以及部分传统车企（如比亚迪）采用的则是CTP技术和CTC技术。如表1-1-1所示。

表1-1-1 动力电池系统三类结构优缺点对比及应用[①]

	模组技术	CTP技术	CTC技术
概念	电芯-模组-电池包-车身	电芯-电池包-车身	电芯-车身
优点	电池包开发简单； 可单独更换模组，维修方便	空间利用率高； 零件数量少； 生产效率高	空间利用率高； 零件数量少； 整车刚度高
缺点	空间利用率低； 零部件多，系统成本高	电芯一致性要求高； 维修便利性差	电芯一致性要求高； 技术难度大； 维修便利性差
布局企业	奔驰、宝马、大众等	宁德时代、比亚迪等	特斯拉、零跑、比亚迪、宁德时代（还未发布）等
应用品牌/车型	奔驰、宝马、大众等	特斯拉、蔚来、小鹏、比亚迪等	特斯拉新款Model Y（预计）、零跑C01、比亚迪海豹

动力电池技术的发展使得电池厂对整车厂的话语权大幅上升，尤其是在电池需求不断增加且上游原材料价格不断上涨的背景下，两者逐渐转变为合作竞争关系。整车厂与电池厂合作的方式多种多样，部分有实力的车企选择自研动力电池，如比亚迪、特斯拉等；部分车企通过合资、入股的方式与电池供应商建立长期深入的合作关系，如吉利汽车、奔驰、早期的理想等。此外，从电池制造角度看，受电池包简化、对特定零部件要求提高的影响，细分市场出现了大量机会。例如，胶粘剂（结构胶、密封胶与导热胶）应用增加，同时对其强度、密度、弹性、绝缘性以及耐老化等要求加大，代表企业有回天新材。

截至2022年，全球动力电池装机量的排行榜显示动力电池装机量第1名是宁德时代，其市场份额达37%，较2021年有所提升。截至2022年，宁德时代已经连续6年拿下该排行榜第一的桂冠。比亚迪则从2021年的第4名上升至第2名。如表1-1-2所示，在排名前十的企业当中，中国企业的数量达到6家，市场总体占有率远超其他国家。

---

① 资料来源：据公开资料整理（上海东证期货）。

表1-1-2　2022年动力电池装机量前十名企业(单位:GW·h)①

排名	企业名称	2022装机量	2021装机量	同比增长	2022市场份额	国家
1	宁德时代	191.6	99.5	92.56%	37.00%	中国
2	比亚迪	70.4	26.4	166.67%	13.60%	中国
3	LG新能源	70.4	59.4	18.52%	13.60%	韩国
4	松下	38	36.3	4.68%	7.30%	日本
5	SK On	27.8	17.3	60.69%	5.40%	韩国
6	三星SDI	24.3	14.5	67.59%	4.70%	韩国
7	中创新航	20	8	150.00%	3.90%	中国
8	国轩高科	14.1	6.7	110.45%	2.70%	中国
9	欣旺达	9.2	2.6	253.85%	1.80%	中国
10	孚能科技	7.4	2.4	208.33%	1.40%	中国
	其他	44.5	28.5	54.51%	8.60%	-
	合计	517.7	301.6	71.65%		

　　2023年2月,宁德时代的国内市场占有率(以下简称市占率)为43.76%,并且细究至磷酸铁锂市场,比亚迪在2023年1月反超宁德时代,国内市占率达到51%,可见宁德时代的霸主地位似乎正在发生变化。在这样的背景下,宁德时代在2023年2月中旬发布了"锂矿返利"计划来赌未来几年的市场。一旦车企与宁德时代签订该合同,其采购的电池将以碳酸锂价格联动方式定价。也就是说,对于价格超出20万元/吨的碳酸锂,其中一半以市价算,一半以20万元/吨算。这对于车企来说无疑是巨大的诱惑。但是天下没有"免费的午餐",签订该合同的车企必须承诺其未来三年超80%的动力电池订单给予宁德时代,第四年和第五年的供货量应当不低于前一年。同时,这些车企还应支付一定比例的预付款。目前,只有华为、理想、极氪、蔚来等核心用

---

① 数据来源:SNE Research。

户有签订该合同的机会。这些客户有像极氪一样爽快签约的,也有像蔚来一样考虑到未来锂矿价格的波动,与宁德时代"讨价还价"的。在特斯拉大幅降价,甚至比亚迪也加入降价之列的情况下,早签合同的车企能够更早地在这场价格战中生存下来,而犹豫的车企未来或许会享受到锂矿价格下降所带来的利润,但是前期整体利润会比早签的企业略低一些。随着越来越多的车企与宁德时代签订合约,至少在未来三年内,宁德时代的霸主地位将不可动摇,车企的造车成本或将大幅下降。对于没有签订合同的企业而言,等待它们的或许是市场的淘汰。

当然,除了目前主流的锂电池外,还有多种其他类型的电池,如钠离子电池、钒电池等。其中钠离子电池主要作为锂电池互补。随着锂电池价格的不断上升,再加上钠资源丰富、价格便宜,钠离子电池的应用或将进一步扩大。钠离子电池与锂电池在成本及性能方面的比较具体如图1-1-2所示。钠离子电池未来可应用于动力领域(如两轮车与低速电动车等)和储能领域(如钠离子电池家庭储物柜、钠离子电池储能)。目前,钠离子电池产业链已经趋于完善,在此方面领先的企业有中科海纳、宁德时代及钠创新能源等。

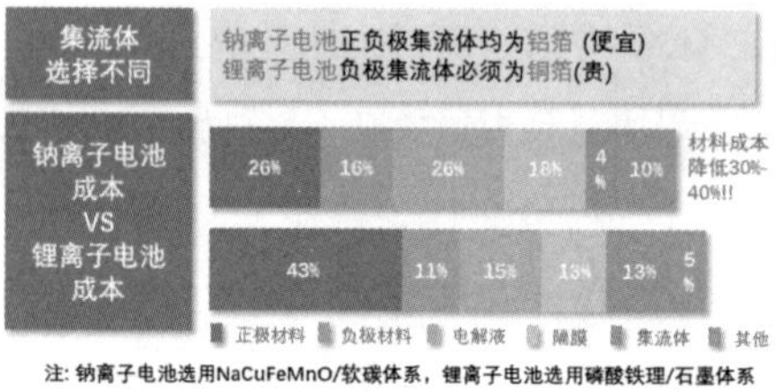

	铅酸电池	钠离子电池	锂离子电池
能量密度	30-50 Wh/kg	100~150 Wh/kg	150~250 Wh/kg
电压	约2.1V	2.8-3.5V	3.0-4.5V
寿命	约300次	2000+次	3000+次

注:钠离子电池选用NaCuFeMnO/软碳体系,锂离子电池选用磷酸铁锂/石墨体系

图1-1-2　钠离子电池与锂电池成本比较(a)、三类电池性能比较(b)[①]

第二,电机。

纯电动汽车的动力是由驱动电机提供。如果说油车的发动机是心脏,那么电动汽车的心脏就是驱动电机。驱动电机性能的好坏直接决定着电动汽车的整体性能。目前,电机主要有无刷直流电机、永磁同步电机、鼠笼式

①资料来源:中科海纳,华鑫证券研究。

异步电机、开关磁阻电机四种。在新能源汽车领域，永磁同步电机是应用最为广泛的电机。这主要是因为无刷直流电机的功率小，适用于电动车但是不适用于纯电动汽车。另外二类电机虽具备一定优点，但因其缺点使之无法应用于纯电动汽车。例如，鼠笼式异步电机虽具有结构简单、制造成本低、维护方便等优点，但存在调速性能差、启动力矩小等缺点，适用于抽水泵而非纯电动汽车。

综上所述，当前市场主流的新能源汽车电机是永磁同步电机，在行业集中度提升的同时，纯电动汽车的销量提升，能非常有效地带动电机配套量。永磁同步电机和电机控制器是车辆驱动系统的关键组成部分，对提升新能源汽车性能起到了决定性的作用。永磁同步电机之所以脱颖而出是因为其结构简单、效率高、成本低、体积小等，这些优点正是国内纯电动汽车配套的主流研究方向。从成本结构角度看，在永磁同步电机产品中，永磁体成本占比最高达45%；第二是定子铁芯，成本比例达17%；成本排名第3的是壳体，占比为13%。

如表1-1-3所示，目前我国永磁同步电机与国外的差异虽较小，但在某些方面仍与国外存在一定差距。例如，在电机冷却介质方面，目前在国内大部分是采用水冷的冷却方式，而国外的一些电机企业已经拓展到了油冷电机，并取得了较大程度的发展。水冷的冷却效率比油冷差很多。在未来发展方向上，向电机油冷冷却发展是必不可少的。当前电机企业发展面临三个挑战，分别是在生产工艺技术、材料选择及功率密度上。纯电动汽车想要进一步发展，就需要攻克上述三个问题。

表1-1-3　国内外部分企业生产的电机性能对比①

企业	峰值功率（kw）	值扭矩（N·m）	峰值转速（rpm）	冷却方式
巨一自动化	20	120	5000	自然冷却
	45	170	6000	自然冷却
	50	215	7200	水冷

① 数据来源：据公开资料整理。

续表

企业	峰值功率（kw）	值扭矩（N·m）	峰值转速（rpm）	冷却方式
精进电机	90	175	14000	水+乙二醇
	103	230	12000	水+乙二醇
	140	270	12000	水+乙二醇
上海电驱动	40	260	7600	水冷
	50	200	7200	水冷
	90	280	10000	水冷
	72	100	5600	水冷
大洋电机	45	128	9000	水冷
	30	160	6500	水冷
	60	200	8000	水冷
西门子	30~170	100~265	12000	水冷
日产	80	280	9800	水冷
美国Remy	82	325	10600	油冷

在新能源整车销量保持高增长且新能源汽车生产商与电机厂商之间配套体系日趋完善的情况下,车企对配套使用的驱动电机的需求不断增加。2016年至2022年,我国新能源汽车驱动电机产量已从突破50万台到远超400万台,且随着技术的不断成熟,驱动电机均价逐步下降,现已降至5000元/台以下。

第三,电控制动系统。

在新能源汽车的三电系统中,电控是控制汽车驱动电机的装置。而汽车制动系统从功能上主要分为行车制动(传统液压制动、线控制动)和驻车制动(机械式手刹、电子式手刹)。随着汽车智能化、电动化程度不断提高,传统汽车制动系统逐渐被淘汰,电子助力代替真空动力,逐渐被市场青睐,主要原因是其解决了新能源汽车缺乏稳定真空源的问题的线控制动。目前,线控制动下的电子液压制动(EHB)技术已具备响应速度快、噪声小、稳定性好、不需要额外真空源、技术成熟以及能量回收效率高等诸多优点，成为较为主流的方案。

电机控制器由多种电力电子技术组合而成，包括电子控制模块、功率变换器、驱动器等。其中，电子控制模块内包括了硬件电路和相对应的控制软件。目前电动汽车中电控的发展趋势主要围绕四高展开，高的安全性、高的快充能力、较高的功率密度以及EMC高等级化发展。新能源汽车的电控成本主要由IBGT功率开关、电流传感器、冷却系统、微控制器、波纹电容、驱动板以及备用DC/DC变换7部分组成，各部分占电控系统的成本比例如图1-1-3所示。其中，成本最高的是IBGT功率开关，占到总成本的44%，接近二分之一。电流传感器、冷却系统、微控制器占到总成本的33%，剩下的三部分合计占到总成本的23%。

影响电控装机量的因素有很多，其中配套车型的产量是关键之一。从国内新能源汽车电控行业当前的市场竞争格局来看，电控配套装机相关龙头企业都是以自配为主，头部企业市场份额逐渐集中，对应的配套产品集中度整体提升，目前国内配套格局在海外企业国产化的压力下已经发生了较大变化。由于国内在电控技术上起步较晚，与国外企业相比在技术上存在差距，虽从整体上看这个技术上的差距正在逐渐缩小，但是在密度水平上国内企业仍有较大的改进空间。

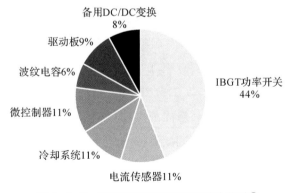

图1-1-3　新能源汽车电控系统成本构成[①]

① 数据来源：据华经产业研究院报告整理。

二、新能源汽车中游产业链

(一)新能源汽车概述

新能源汽车产业特性与传统汽车产业相比存在较大的差别,两者具体的不同之处如表1–1–4所示。

表1-1-4 新能源汽车与传统汽车产业的特性比较

	传统汽车产业	新能源汽车产业
核心要素	主要是引进我国欠缺、先行国家充裕的技术、管理等成熟要素	强烈依赖发展理念、核心技术等创新资源
成长方向	路径明确的定向学习	面临多重不确定性
技术特点	技术路径清晰	技术路径不明确
生产组织	生产要素齐备、有成熟组织模式可供借鉴	关键要素稀缺、组织模式多有创新
市场需求	以进口替代或扩大出口为主	市场需求有待培育挖掘
国际竞争关系	不同发展梯度间的产业追赶	国家间的平行竞争

新能源汽车既是传统汽车产业的延续和拓展,也是国家的重要战略之一。新能源汽车产业发展的每一步都与国家的战略部署息息相关。因此,国家出台了许多政策来推动新能源汽车的发展,也是在这样的背景下,中国新能源汽车市场发展迅猛。2012—2022年,我国新能源汽车产销均实现大幅度增长,并开启了新能源汽车发展的全新阶段。依据中国汽车工业协会统计数据,2012年,我国新能源汽车的销量仅为1.28万辆,但是2022年,该数值已经达到688.7万辆,市场占有率更是达到25.6%,中国成为全球最大的新能源汽车市场。2023年,新能源购置补贴正式取消,再加上特斯拉"价格战"所引发的"鲶鱼效应",中国新能源汽车市场竞争变得更加激烈。2023年1月,我国新能源汽车销量仅为40.8万辆,较2022年1月下降了6.3%。具体而言,新能源乘用车和商用车的销量分别为39.3万辆和1.5万辆,前者同比下降了7.16%,后者同比增长了21.7%。好在2月,国家继续出台相关政策来支持新能源汽车的发展,同时,各车企也采取了相关措施来应对特斯拉

所引发的"鲶鱼效应",国内新能源汽车市场开始回暖,产销分别为55.2万辆和52.5万辆,同比增长48.8%和55.9%,市场占有率也提升至26.6%。同时,比亚迪"油电同价"的旗号使得"战火"逐步蔓延至燃油车"战场"。到3月,随着"全国消费促进月"的政策暖风吹向汽车市场,燃油车补贴"加剧",反攻开始。3月6日,东风汽车吹响二次"价格战"号角,旗下东风本田、东风标致等多个品牌均开展补贴活动,最高降价额度达到9万元。最终,包括东风汽车、吉利汽车、宝马、奔驰等在内的40多个汽车品牌、上百款车型进入"战场"。

　　若是将新能源汽车按照能源类型划分,可划分为电动汽车、气体燃料汽车(氢气、天然气、液化石油气汽车)以及生物燃料汽车(生物柴油、醇类燃料、二甲醚燃料汽车)三大类。本章重点关注的是应用范围较广的电动汽车,电动汽车可分为纯电动汽车(BEV)、混合动力汽车(HEV)以及燃料电池汽车(FCEV),如图1-1-4所示。

类型		特点	能量来源	优点	缺点	代表车型
纯电动汽车(BEV)		只用电动机驱动	电池	零排放、不烧油、有补贴	需装充电桩、里程焦虑、充电时间长、成本较高	特斯拉、蔚小理等车企旗下部分车型
混合动力汽车	油电混合式(HEV)	燃油提供能量,纯电、纯油、油电混合三种动力模式切换	燃料+电池	无续航里程焦虑、省油、性能强	无补贴、电池能量小	雅阁锐混动等
	插电式(PHEV)	电池和燃油提供能量,纯电、纯油、油电混合均可驱动车辆	燃料+电池	两套动力,电机功率大、油电可交叉使用	续航里程一般、低电量时油耗高、充电不方便	比亚迪秦、吉利博瑞gephev
	增程式(EREV)	发动机给电池充电,电机驱动车辆	燃料+电池	电机功率大、续航能力强、起步加速性能强、省油比例20%-50%	油电不能交叉、高速时动力表现弱	理想ONE、别克VELITE 5、宝马i3等
燃料电池汽车(FCEV)		只用电动机驱动(用燃料经电化学反应产生的电能为动力源)	燃料	零排放、不充电、不烧油、无里程焦虑、补能速度快	成本很高、燃料制造成本高、燃料储存成本高、燃料站未普及	现代NEXO、丰田Mirai等

图1-1-4　新能源电动汽车分类[①]

中国新能源汽车的主销车型为混合动力汽车和纯电动汽车。依据中国

---

①资料来源:懂车帝、头条新闻。

汽车工业协会数据,2022年纯电动汽车和插电式混合动力汽车的销量占到全国新能源汽车销量的77.9%和22.04%,而其他类型的新能源汽车销量仅占0.06%。相较于2021年,纯电动车型的销量占比下降近10%,但是其他类型销量实现同比增长。

以2022年为例,销量排名前十的车企合计销量占到新能源汽车总销量的82.4%。其中销量最高的为比亚迪,增速最快的为吉利汽车。从车型看,新能源汽车市场正经历哑铃型向纺锤型转变的过程。A级新能源车逐渐成为实仓主流车型,并且价格区间在15万—20万元的车型最受消费者欢迎。从出口的角度看,2022年中国新能源汽车出口量实现正增长,达到67.9万辆,同比增长1.2倍。

若是按照应用领域进行划分,新能源汽车可分为乘用车、商用车和专用车。主要市场为乘用车和商用车,并且乘用车占据大部分市场份额。而在新能源乘用车市场中,MPV、SUV以及轿车是主要的产品形态,且后两者所占市场份额基本持平,两者合计占据了大部分新能源乘用车市场。例如,2021年乘用车的销量占到新能源汽车销量的95%,其中93%的销量是由SUV(47%)和轿车(46%)贡献的。若是按照动力类型划分,新能源汽车可分为混合动力汽车(HEV)、纯电动汽车(BEV)、燃料电池电动汽车以及其他新能源汽车

1. 新能源乘用车

2022年,我国新能源汽车产量达到721.9万辆,较2021年增长97.5%,累计渗透率更是达到26.3%。其中,新能源乘用车的产量为567.4万辆,较2021年增长90.4%。从企业的角度看,在2022年新能源乘用车销量排名中,比亚迪依旧占据首位,并且在前15名车企中是同比增长率第二高的企业,同比增长最快的企业为吉利汽车,实现了277.9%的正增长。排名前5的企业在新能源商用车的市场份额累计超50%,可见新能源乘用车市场较为集中。

相较于2021年,2022年的排行榜发生了很大的变动。如表1—1—5所示,从2022年的排名来看,自主品牌增长非常迅速,比亚迪、吉利、长安同比增长均在170%以上,其中比亚迪更是以近180万辆的年销量遥遥领先其他

品牌。在前15名生产厂商中，自主品牌车企占据7位，汽车累计销量达338万辆，占乘用车总销量的59.5%，可见自主品牌车企逐渐跟上了时代步伐，其在新能源汽车领域起步较晚的劣势逐渐消除。而在新势力车企中，原有的"蔚小理"的竞争格局被打破，哪吒和零跑横空出世，其中哪吒更是以14.9万辆的销量拿下新势力第一的桂冠。而小鹏汽车因受内忧外患的影响，排名跌至第12名，逐渐掉队。理想与之不同，因其新车型较受欢迎，未来或有希望在新能源汽车市场站稳脚跟。

表1-1-5　2022年中国新能源乘用车销量TOP15厂商统计(单位:辆)[①]

排名	生产厂商	2022年销量	同期销量	同比增长%	12月销量	同期销量	同比增长%
1	比亚迪汽车	1799947	584020	208.2	223678	92775	141.1
2	上汽通用五菱	442118	431130	2.5	38860	54632	-28.9
3	特斯拉中国	439770	320743	37.1	41926	70602	-40.6
4	吉利汽车	304911	80694	277.9	39032	16194	141
5	广汽埃安	273757	126962	115.6	30007	16675	80
6	奇瑞汽车	221157	97625	126.5	12410	20355	-39
7	长安汽车	212277	76466	177.6	34358	10404	230.2
8	哪吒汽车	148661	69674	113.4	5789	10127	-42.8
9	理想汽车	133246	90491	47.2	21233	14087	50.7
10	长城汽车	123920	133997	-7.5	9418	20723	-54.6
11	蔚来汽车	122486	91429	34	15815	10489	50.8
12	小鹏汽车	120757	98155	23	11292	16000	-29.4
13	零跑汽车	111168	44906	147.6	8493	7807	8.8

①资料来源:据乘联会、智研咨询相关报告整理。

排名	生产厂商	2022年销量	同期销量	同比增长%	12月销量	同期销量	同比增长%
14	一汽大众	99760	70383	41.7	10775	11105	-3
15	上汽大众	91761	61064	50.3	10892	7437	46.5

2. 新能源商用车(New Energy Commercial Vehicle,NECV)

新能源商用车主要包含了新能源客车以及新能源货车两大类。在实现"双碳"目标的过程中,商用车是关键。

2022年新能源商用车销量排名前三的车企分别为吉利商用车、瑞驰汽车、东风股份,其中吉利商用车为销量同比累计增长率最高的企业,并且其市场份额较2021年上涨了7.9%。如表1-1-6所示,2022年新能源商用车销量前10的企业累计市场份额达到59.2%。由此可知,与新能源乘用车类似,新能源商用车的市场也相对集中。

现阶段,智能驾驶技术是新能源汽车的关键所在,而智能驾驶的比拼是在应用层、算法以及最底层的AI操作系统和芯片。首先,在应用层方面,车企应当尽可能降低车端的计算平台和传感器的成本;其次,在算法方面,车企较量的是谁获得的"端到端"闭环数据最多;最后,AI操作系统和芯片层面才是智能驾驶的真正竞争点。

表1-1-6 2022年新能源商用车销量TOP10

品牌	2022年上险量(辆)	2021年上险量(辆)	同比累计增长	2022年同期份额	2021年同期份额	份额变化
吉利商用车	35164	6007	485.40%	11.10%	3.20%	7.90%
瑞驰汽车	29100	19279	50.90%	9.20%	10.40%	-1.20%
东风股份	18415	10977	67.80%	5.80%	5.90%	-0.10%
福田汽车	18123	7752	133.80%	5.70%	4.20%	1.50%
华晨鑫源	17697	6413	176.00%	5.60%	3.50%	2.10%

续表

品牌	2022 年上险量（辆）	2021 年上险量（辆）	同比累计增长	2022 年同期份额	2021 年同期份额	份额变化
奇瑞商用车	17225	8598	100.30%	5.40%	4.70%	0.80%
长安汽车	16243	7489	116.90%	5.10%	4.10%	1.10%
郑州宇通	13749	12500	10.00%	4.30%	6.80%	2.40%
广西汽车	11127	7305	52.30%	3.50%	4.00%	0.40%
上汽大通	10672	4712	126.50%	3.40%	2.50%	0.80%
前 10 强小计	187515	91032	106.00%	59.20%	49.30%	10.00%
市场合计	316616	184831	71.30%			

新能源商用车呈现出市场规模和发展质量双提升的良好局面。根据中汽协数据，2021 年新能源商用车销量为 18.5 万辆，同比增长 54.7%，渗透率达 3.86%。截至 2022 年 4 月，新能源商用车渗透率已上升至 5.74%。从新能源商用车类型角度看，新能源货车销量节节攀升，呈现出爆发式增长，占比不断提升。2022 年 1-4 月，全国新能源客车和货车的销量分别为 2.0 万辆和 4.8 万辆，两者都实现了正增长。新能源货车的增长比率始终保持在 140% 以上，占比达到 70.5%，远高于新能源客车。

但是，与新能源乘用车相比，新能源商用车的市场渗透率还很低。未来 3 年将会是新能源商用车的爆发期。根据最新规划，到 2025 年底，新能源汽车在城市公共交通、出租车和物流配送中的比重将分别达到 72%、35% 和 20%。

（二）新能源汽车市场局势

1. 国内新能源汽车市场的竞争格局

从细分车型看，2022 年纯电动汽车产销量分别达到 547 万辆和 537 万辆，插电式混合动力汽车产销量未到 150 万辆，纯电动汽车自 2021 年 1 月以来月度销量均实现正增长。由此可知，纯电动汽车是未来发展趋势，其覆盖领域包括了乘用车、商用车及专用车。乘用车和商用车领域排名前十的车企大致相同，新能源专用车排名前十的车企却与前两者不同。但是，三类车型排名前十的车企都涵盖了传统造车企业和造车新势力,而且随着新能源汽车这块"蛋糕"越来越大,再加上新能源汽车市场前景是康庄大道,百度、华为、小米等大型科技企业也开始布局新能源汽车。

现阶段的新能源汽车市场正在逐步形成由传统车企、造车新势力和科技企业构成的"三足鼎立"的竞争格局。汽车江湖内的各个车企更是大招迭出,只为占据一席之地。

首先是以比亚迪、吉利汽车、五菱宏光、奇瑞汽车以及红旗等为代表的传统车企。

比亚迪"掌门人"王传福曾言,"我觉得中国人看不起自主品牌这个老毛病要改一改,因为我们现在确实变了,希望大家可以到自主品牌的店里去看看,去开一开,再去对比一下。我们在努力,在改变"。如今,以比亚迪、吉利汽车、五菱宏光、奇瑞汽车以及红旗等为代表的传统车企(自主品牌)已经在新能源汽车市场上占据一席之地。

王传福带领比亚迪从做电池起家,并成功把当时的电池巨头东芝、松下、三洋等日企打趴下,成为一名"抗日英雄",开创出一片新天地。2021年,比亚迪始终坚持纯电和插电式混动联合发展的"两条腿,齐步走"的战略重点。其在2022年3月完成转型,停止了燃油车的生产。比亚迪从电池到整车均自研,其自创"武功秘籍"——刀片电池更是其立足于江湖的关键所在。

吉利汽车"掌门人"李书福——江湖人称"汽车狂人",不仅有一个汽车梦,还有一个教育梦。他的教育梦为吉利培养出了一批又一批技术人才,吉利持续加码科技研发,并实现了电子通信、汽车制造及互联网等多个产业融合发展。值得一提的是,旗下的"曹操出行"更是江湖上首个以新能源汽车涉入并建立个人/企业用户自愿碳减排量积分账户的低碳出行品牌。2021年,吉利还成立了Polkrypton品牌,正式进入高端智能电动汽车市场。

奇瑞集团具有"官府"背景,其"掌门人"尹同跃带领着奇瑞走过了一段又一段弯路,只为朝着最初的目标前进,即要为中国普通老百姓造车,要打造民族汽车品牌。奇瑞在商用车和乘用车两方面均有布局,还特别设立了奇瑞新能源汽车。与其他车企不同,其聚焦小车,并且未来也将继续坚持。同时,由于其优秀的产品实力、以用户为中心的服务体系,奇瑞新能源在销售方面不断取得突破。

与奇瑞新能源相似，江湖人称"神车"的上汽通用五菱也聚焦小车，并凭借宏光MINIEV超高的性价比成功打开了国内的小车市场。五菱宏光能够在新能源汽车江湖占据一席之地除去超高性价比外，还有三个重要原因：一是其定位准确，瞄准代步车市场，人民需要什么，五菱宏光就造什么；二是抓住趋势，引领新能源汽车市场，其市场将向中小城市和农村扩展和转移；三是超高颜值，其车型色彩丰富，整体设计都非常符合现代年轻人的审美。

红旗，一直是人们心目中的"国车"，在江湖中的地位不可撼动。经过多年的尝试和发展，红旗品牌在纯电动车市场已形成SUV＋轿车、平价＋高端的产品阵容，并成功打造了高端化、年轻化的品牌形象，同时其品牌理念——"中国式新高尚精致主义"也被市场认可，进一步增强了品牌影响力，带动旗下车型销量进一步提升。在新能源汽车领域，红旗品牌顺应时代潮流，积极向着智能化、电动化方向转型升级。2022年9月5日晚，红旗品牌举办了红旗品牌元宇宙盛典暨新能源设计美学发布会，用新技术打开"新"局面，为时代的转型注入灵魂。

传统车企相较于造车新势力具有4P优势。所谓4P指的是产品（Product）、价格（Price）、渠道（Place）以及促销（Promotion）。在产品方面，传统车企在产品技术储备、车型设计积累等方面具备优势，产品线丰富，如奔驰目前在售的车型可达60多款。在价格方面，传统车凭借之前的资本积累，能够在其打入新能源汽车领域时承受价格战的冲击。并且，其能够在丰富的技术积累的基础上，打造属于自己的高端电动车品牌，如东风汽车旗下的岚图汽车、上汽集团旗下的智己汽车、奔驰旗下的smart、劳斯莱斯旗下的R汽车等，进而促进产品售价提升。而渠道一直是传统车企最大的优势所在，如大众、东风日产等头部传统车企的4S店早就达到1000家，即使不是头部车企的4S店也有几百家。而新势力最多不过百家。最后是促销，由于传统车企有销售基数在，也有品牌建设费用、推广费用，动辄数亿甚至数十亿元，所以传统车企在覆盖人口区域和信息频次方面具有巨大的规模优势。

目前，传统车企正站在新能源转型的路口，一旦它们正式踏上新能源转型的正确道路，其长久以来积累的软件实力、硬件技术以及营销渠道等所爆发出来的竞争力是十分惊人的。事实也是如此,2023年2月新能源汽车销量排行榜前十的车企中,有6家属于传统车企或是传统车企与其他企业合资成立的品牌,仅4家属于造车新势力。这一排名相较于2021年发生了很大的改变,可见目前新能源汽车市场的局面尚未定型。

其次是以特斯拉、蔚来、小鹏及理想等为代表的造车新势力。

造车新势力在进入市场时一般会选择中高端市场,通过前期资金大量投入获得用户认可,并快速占据市场份额,之后再慢慢进入低端市场。造车新势力车企的"掌门人"基本上都具备互联网专业背景或深耕造车行业多年,善于利用互联网造势,渲染自身产品特色。例如,蔚来汽车"掌门人"李斌曾多次在网上公开表示燃油车不如电动车,掀起民众的油电对立情绪。

特斯拉是造车新势力的领导者,是美国最早一批造车新势力,也是新能源汽车的全球先行者。其"掌门人"之一马斯克的互联网背景和多次创业成功的经历,为特斯拉注入了创新基因,这是特斯拉能够坐稳新能源汽车车企第一宝座的原因之一。此外,特斯拉也是全球第一家实现自动驾驶技术量产的车企,其技术领先其他车企的原因有三点:一是自研了全球最强的自动驾驶芯片FSD芯片;二是具备电池相关技术优势,具体表现为在电芯方面自研4080电池,在电池包方面采用CTC技术,在电池管理系统方面也实现了技术突破;三是自研了Supercharger V3.0超级充电桩技术及OTA技术。特斯拉在打开用户的接受度后,开始进军中国市场,并下沉至中低端市场。由于特斯拉的直销模式、旗下车型质量优秀、极简化设计,以及完美地将科技与汽车相结合,使得其快速在中国的新能源汽车江湖站稳脚跟。

蔚来汽车、小鹏汽车、理想汽车常被人们合称为"蔚小理",三者均属于中国的头部造车新势力,产品实力、技术能力、品牌影响力等均在行业中发挥着重要作用,并凭借各自的竞争优势在行业中占有一席之地。三者的产品体系、市场定位及销售服务体系等不尽相同。

蔚来汽车一直被称为仅次于特斯拉的"宇宙第二神车"。以下三项措施帮助其实现该定位:首先,公司产品定位高端智能汽车,并参照特斯拉的路径,实行"三步走"战略。其次,公司通过江淮代工厂和合肥新桥产业园,降低生产成本。最后,公司通过给予客户极致的用户体验,增强客户黏性。此外,与多数车企采用布局"超充"网络,或是采用"CTC方案"解决用户续航里程焦虑的方式不同,蔚来选择了可充可换可升级的"换电方案"。同时,其不断增加的研发投入以及在智能化、电动化方面的布局也是其在江湖上占据一席之地的重要原因。

小鹏汽车定位中高端市场,目标是做未来出行者。相较于理想汽车和蔚来汽车,其专注智能化,现在已是中国领先的智能电动汽车设计和制造商之一。小鹏汽车的智能辅助驾驶系统非常出色,甚至有个别功能(如自动泊车、停车场记忆停车等)超过特斯拉。

理想汽车与小鹏汽车一样瞄准中高端市场,但是其专注于配备增程式电动车动力总成的豪华智能SUV,致力于为家庭提供便捷、安全、经济且高效的服务和产品。理想旗下的两款在售车型均属于大六座,舒适性、豪华感强。此外,理想虽然也在自研自动驾驶技术,但是其研发速度落后于蔚来汽车和小鹏汽车。

相较于传统车企,造车新势力存在4C优势,所谓4C指的是消费者(Consumer)、成本(Cost)、便利(Convenience)以及沟通(Communication)。在消费者方面,新势力一般会通过关键消费(KOC)的私域流量运营收割很多圈层消费者。成本主要指的是营销成本,造车新势力非常懂得运用新媒体进行营销,并且有非常懂得打造自带流量的自由意见领袖,如特斯拉的马斯克、理想的李想、蔚来的李斌等,通过社会舆论做到了低成本营销。在便利方面,造车新势力将传统车企的零部件供应、售后服务、销售等重组为售后中心、销售中心及配送中心等,以此为汽车销售提供了更方便的接触点。最后是沟通,传统车企的销售渠道一般是4S店,其服务存在冗长的程序,整体时间较长,沟通并不顺畅,而造车新势力的沟通依托技术手段和流程优化,较传统车企更进步,沟通更有效。

最后,值得一提的是以华为、百度、小米为代表的科技企业。由于它们涉足高新技术领域研究已久,在科技研发方面具有明显优势。它们进入新能源汽车江湖的方式主要有资源整合、设立工厂以及自创品牌等。例如百度就和吉利汽车合作成立了"集度汽车"。虽然科技企业进入新能源汽车江湖的时间较晚,但是它们资金实力雄厚,完全能够在新能源汽车的江湖上大展拳脚,并在新能源汽车领域留出大量的技术研发储备。例如,华为主要通过 Huawei Inside、零部件供应以及华为智选3种模式与车企展开合作,以此进入新能源汽车行业,如表1-1-7所示。

表1-1-7 华为三种合作模式[①]

模式	合作车企	开始合作时间	首款车型或即将发布时间
智选模式	塞力斯	2019 年 1 月	SF5
	奇瑞	2022 年	2023E-2024E
	江淮	2022 年	2023E-2024E
Huawei Inside 模式	北汽	2019 年 1 月	极狐 HI 版
	长安	2020 年 11 月	2023E
	广汽埃安	2022 年 7 月	2023E
零部件供应 模式	比亚迪、吉利、长城、 一汽、奔驰等	2013 年起	-

在上述车企中,最出名的是比亚迪和特斯拉,两者可以说是新能源汽车行业比较成功的品牌。具体而言,比亚迪起家依靠的就是电池,有着丰富的技术积累,但是其在燃油汽车市场混得并不如意,直至转型新能源汽车战场,出现在大众视野的次数逐渐增加,所以说比亚迪不仅会造车,还会造电池。相较而言,特斯拉虽有4680电池,但其安全性要差于比亚迪的"刀片电池"。特斯拉的组装拼装技术很强,却没有自研的电池组。其所有车型设计都极具科技感,有着超前的造车理念,特斯拉就是靠这一点吸引消费者。

未来,现有格局或将发生改变。对于未来汽车市场的格局,资深汽车媒体人、汽车行业分析人士杨小林认为,手机行业与汽车行业将会实现深度融合,并且未来汽车市场将会由两大势力组成。其中一大势力为现在的智能手机厂,它们主打的将会是智能化体验,另一大势力为现在的汽车制造企业(包括传统车企和造车新势力),主打的是驾乘体验。消费者在选择产品时

---

① 资料来源:公司公告、浙商证券研究所。

因为产品品牌较多，或许会更加注重自己的需求和产品特点。

2. 特斯拉"价格战"引发的连锁反应

2023年1月，特斯拉采取以价换量的措施，开始大幅下调旗下车型价格，价格降幅在2万元到9万元不等，例如特斯拉Model 3后驱版的降价金额为3.6万元，降价幅度达到13.54%。其降价金额之高引发了中国新能源汽车市场的连锁反应。车企为应对此次"价格战"，在新能源市场上站稳脚跟，能够采取的策略无外乎暗降、明降以及推出新车型3种。其中推出新车型并不属于短期内能实现的策略，因此短期内，多数车企采取暗降、明降的策略来应对此次"价格战"。例如，2023年1月，尚在亏损中的小鹏汽车和问界汽车开始降价。其中，小鹏汽车G3、P5、P7的降价区间为2万—3.6万元，问界M5、M7降价区间为2.88万—3万元。2月，比亚迪秦PLUS上市入门版的价格就降至10万元以内，紧接着包括号称"坚决不降价"的蔚来在内的10余家车企纷纷降价。3月，东风集团、比亚迪、吉利汽车、奇瑞汽车以及长安汽车等旗下部分车型都采取了降价政策，降价的区域涉及全国。如图1-1-5所示。

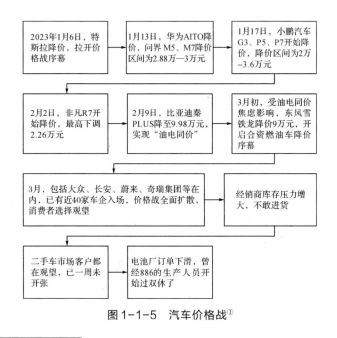

图1-1-5　汽车价格战①

———————————

① 资料来源：晚点LatePost。

通过图1-1-5可知,特斯拉降价不仅影响了新能源汽车市场,也影响了燃油车市场。目前,我国乃至全球的新能源汽车基础设施(包括充电桩等)尚不完善,燃油车降价可能会导致消费者重新选择购买燃油车,新能源汽车市场或将缩减。所以,新能源车企要想在新能源汽车市场上站稳脚跟,不仅要打败新能源汽车制造企业,还要打败燃油车制造企业。

特斯拉之所以有底气发起价格战,在于其整车利润高达25%。其利润这么高的原因有4个:定价高、造车成本低、营销投入可忽略不计、直营销售模式。其中造车成本低在于特斯拉开创并采用了一体化压铸技术。该技术可用一个大型压铸件的一次压铸节省原来的几十个零部件冲压、焊接等工艺,部分生产设备不再具备作用,进而降低了成本。马斯克曾表示,一台大型压铸机可节省近300个机器人。同时,运用该技术可使整车重量降低10%,续航里程提升近14%。之后,许多车企开始采用一体化压铸技术,例如北汽、吉利、福特、"蔚小理"、长安等。

在此次"价格战"中,多数车企似乎"不堪一击",销量出现下降,比亚迪的销量却有所增加,并位列国内新能源汽车销量的榜首。这主要是因为比亚迪是国内唯一一家毛利率在20%以上的车企,其毛利率虽然仍与特斯拉存在5%左右的差距,但是相较于其他车企,依旧存在支撑降价的底气。那么是什么让比亚迪在这场"战争"中翻盘?归根结底是以下3个原因。

一是比亚迪掌握着新能源汽车的核心技术且其产业链布局深入上下游,完美实现自给自足。也就是说,与多数国内车企扮演的组装厂角色不同,比亚迪在"三电"系统——电机、电控及电池三个重要领域实现了自主研发,并实现了整车零部件的自给自足。这使得比亚迪整车的制造成本受外界环境变动的影响程度较小,成本也较低。

二是相较于特斯拉的"天马行空",比亚迪比较务实,并且始终把车辆安全性放在第一位。目前市场上主流的动力电池有磷酸铁锂电池和三元锂电池两种。相较于三元锂电池,磷酸铁锂电池虽存在续航里程不足的问题,但有着安全性高且成本低的优势。将"安全性"放在第一位的比亚迪采用的就是安全性更高的磷酸铁锂电池。为了克服磷酸铁锂电池续航低于三元锂电池的缺点,比亚迪自主研发了"刀片电池",通过提升内部空间的利用率(具体提升了60%），大大提升了放电倍率及电池寿命（长达8年）。"刀片电池"的发布使得磷酸铁锂电池的安全性和稳定性得到进一步提升。

三是比亚迪旗下产品线非常丰富。目前特斯拉在国内的销量虽然排名靠前，但是特斯拉中国在售产品类型稀少，仅有Model 3、Model S、Model X、Model Y。与之不同，比亚迪已拥有四大新能源汽车品牌，分别为王朝网、腾势品牌、海洋网以及仰望品牌，实现了从家用到豪华、从大众到个性化的不同级别、不同价格的产品全覆盖，进一步完善了产品矩阵。除了以上四大品牌，比亚迪还将上线全新专业个性化品牌（品牌名称尚未确定），旨在满足消费者日益多元化、个性化的需求。其中，王朝网和海洋网系列车型多走精品化路线，而合资品牌腾势、全资品牌仰望以及拟将推出的全新专业个性化品牌目标明确，向上突破，瞄准高端市场。

综上可知，新能源汽车的竞争不是花式和噱头的竞争，本质上还是包含技术、产品、营销等在内的综合实力的竞争。特斯拉引发的价格战，就像鲶鱼效应，将中国新能源汽车市场这一潭本就不平静的水搅得更加浑浊，同时也倒逼国内车企进行自研，脚踏实地，实现快速成长。如今，越来越多的车企开始布局芯片、电池技术、智能座舱及智能驾驶等领域，建造属于自己的技术"护城河"。

（三）国内新能源汽车进军海外市场且战绩斐然

1. 全球新能源汽车市场状况

在全球气候变暖、地球资源有限的情况下，发展新能源汽车不仅是中国关注的重点，也是海外各国关注的重点。2022年对于全球新能源汽车市场来说是一个拐点，在这一年，电动车全球市场渗透率首次突破10%。拉动全球电动车占有率的各国中，中国的贡献最大，达到60%；其次为欧洲；东南亚、美国以及中非的一些国家的贡献仅为个位数，表现非常一般。

在海外各国中，美国及欧洲一些国家因在新能源汽车领域起步较早，引领着新能源汽车的发展，且相较于中国，欧美新能源汽车的整体渗透率偏低，市场的空间非常广阔。根据IEA预计，到2030年，欧洲新能源汽车保有量将达到5800万辆，美国将达到3830万辆。

美国发展新能源汽车是为了摆脱对石油的依赖，并已通过颁布相关法律明确了新能源汽车在美国的战略地位。不同于中国与欧洲,美国的新能源汽车在2022年仍处于补贴初期。2023年,美国新能源汽车补贴政策正式落地。例如,美国在2023年通过的《减少通胀法案》要求新能源汽车上游的关键矿物及电池组件必须本土化,并取消了新能源汽车销量20万的补贴范围和规模限制。该法案侧面反映出美国鼓励全球的新能源车企和相关材料厂商到美国建厂,并在美国获取新能源汽车上游的关键矿物以及电池组件,这将推动美国当地新能源汽车上中下游全产业链的发展。如图1-1-6所示,2019年至2022年,美国新能源汽车的销量从32万辆增至99.2万辆,市场渗透率也从2.0%上升至6.9%。由此可见,美国在新能源汽车领域仍处在爬坡期。其渗透率远低于全球新能源汽车的渗透率,可见其新能源汽车市场空间广阔、需求巨大。但是,广阔的市场、巨大的需求对应的却不是巨大的供给。单从产品供给的角度看,美国2023年之前的车型供应并不充分,特斯拉、通用及福特三家车企几乎占据了整个美国新能源汽车市场。

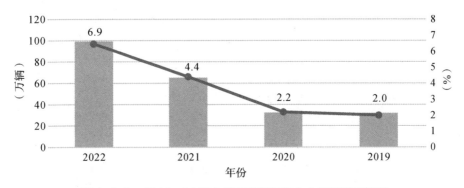

图1-1-6 2019—2022年美国新能源汽车市场渗透率情况

欧洲一些国家推行新能源汽车是为了降低二氧化碳的排放量。在欧洲43个国家中,德国、英国、法国、意大利、西班牙、荷兰、挪威及瑞典8个国家新能源汽车的累计销量占到欧洲销量总额的85%左右,如表1-1-8所示。其中,2022年新能源汽车销量最多的国家为德国,达到83.27万辆,远超另外7个国家;而纯电动汽车渗透率最高的国家为挪威,达到79.32%,远超各国;插电混动汽车的渗透率最高的国家为丹麦,渗透率为20.64%。但问题是,排名中间的国家的销量和渗透率都处在较低水平。例如,意大利、西班牙的新能源汽车渗透率仍处于10%以下。总之,2022年受到世界局势动荡、疫情、补贴退坡等的影响,欧洲新能源汽车整体销量增速有所放缓,甚至部分国家的增速出现负增长。

表1-1-8 2022年欧洲八国新能源汽车销量及市场渗透率情况

	电动车销量 (万辆)	同比增长 (%)	纯电动汽车渗透率 (%)	插电混动汽车渗透率 (%)
德国	83.27	22.2	17.75	13.66
英国	26.73	20.77	16.6	6.3
法国	32.67	7.78	13.28	8.08
意大利	11.78	-14.05	3.69	5.08
西班牙	8.13	19.45	3.91	5.61
瑞典	16.15	19.35	32.95	19.3
挪威	15.59	2.67	79.32	10.13
丹麦	6.1	6.72	20.49	20.64

2. 国内新能源汽车企业加快海外市场布局

相较于欧美各国,中国的汽车(含新能源汽车)起步较晚,并且在发电机技术上存在较大差距,因此多数汽车依赖进口。2020—2022年,受疫情反复影响,国外汽车生产能力大幅下降,国内汽车出口需求持续增加,出口量随之大幅增加。2022年,我国以311.1万辆的汽车出口量超越德国成为仅次于日本的全球第二大汽车出口国。在中国汽车出口中,新能源汽车的贡献度逐年上升,至2022年,出口量达到67.9万辆,同比增长1.2倍,占到出口汽车总量的34.19%。进入2023年后,自主品牌新能源的出口势头依然不减。一季度新能源汽车出口99万辆,同比增长超七成。

在国外新能源汽车市场中,欧洲是我国新能源汽车出口的主要市场之一,每10台新能源汽车中就有1台来自中国。在第二十届上海国际汽车工业展览会上,高合汽车、极氪汽车、长城魏牌及哪吒汽车都表示将带着旗下"三高"(高含金量、高技术、高标准)产品进军欧洲市场。未来,在各国政策的大力支持下,新能源汽车或将成为中国新能源出海的关键驱动力。

为进军海外市场,国内新能源车企都发布了相应的计划安排。例如,比亚迪在2021年5月正式发布了其"乘用车出海"计划。经过近两年的发展,比亚迪乘用车已销往巴西、德国、日本以及澳大利亚等诸多国家,市场遍布全球30多个国家及地区。到2023年2月,比亚迪新能源汽车出口1.7万辆,同比增长近12倍。奇瑞汽车为进军海外市场,于2023年1月对外宣布建立自己的船队。但不同于比亚迪,奇瑞汽车旗下芜湖造船厂本身就能够造船,并不需要重新找个船厂帮忙制造。

同时,伴随着新能源汽车销量的快速增长,其配套设施——充电桩的需求日渐旺盛。加上政策支持,各国新能源汽车发展步伐必将加快,海外对充电桩的需求明显增加。欧美市场的新能源汽车保有量与公共充电桩的比例逐年上升。从2020年至2023年,欧美市场的公共充电缺口正在逐年扩大,充电桩整体呈现出供不应求的状态。

除了旺盛的需求,海外政策扶持也是国内企业加快布局海外市场的一个重要原因。自2022年开始,欧美诸多国家纷纷针对公用和家用充电桩出台相关建设、安装补贴政策。例如,在美国安装家用充电桩和公用充电桩能够享受的补贴分别为200—500美元和3000—6000美元,约为充电桩建设成本的40%—50%。值得一提的是,相较于国内充电桩市场10%的利润,海外的利润高达20%。所以进军海外充电桩市场成为国内车企的必选项。当然想要进入欧美市场的不仅有中国企业,还有日韩的头部企业。但是相较于欧美各国及日韩,中国的充电桩存在成本、技术上的优势,因此海外市场对中国企业的接受程度较高。

国内企业进入海外充电桩市场的第一步是获得海外国家的标准认证,第二步是构建相应的海外销售渠道。目前,我国已有部分企业获得欧标、美标认证,并且已有应用案例或订单。如表1-1-9所示。

表1-1-9　国内充电桩企业海外市场布局情况①

企业	海外市场布局情况
英飞源	2018年取得欧盟CE、美国UL、韩国KC认证，批量进入全球市场，全球市场份额较高
优优绿能	公司多种充电模块产品已完成欧标和美标认证，市场涵盖全球多个国家和地区，包括与德国、韩国、荷兰、瑞士、美国等国家的客户合作
盛弘股份	公司交流充电桩已完成欧标认证，并成为首批进入英国石油集团(BP)的中国充电桩供应商，目前公司海外业务主要聚焦于欧洲市场。公司的美标认证工作正在按照研发项目的时间表推进
通合科技	公司为最早涉足国内充电桩领域的企业之一，其充电模块主要应用于直流充电桩，为国网体系主要充电模块供应商，目前公司产品已经获得欧盟CE标准认证，正在推进美国UL标准认证
道通科技	公司通过了美国UL、CSA、能源之星(EnergyStar)认证及欧盟CE、UKCA、MID认证等。目前业务全部为出口，大部分订单来自欧洲市场，交流桩产品占比较高。2022年第四季度以来，欧美的直流充电桩订单逐步增加。公司目前交流桩产品已进入Costco、BestBuy、HomeDepot等海外商超渠道，直流桩产品已陆续与多家海外CPO、运营商、政府等客户达成了合作
香山股份	公司的充电桩欧标产品已在欧洲开始销售，其美标产品还在进行相关认证。公司在欧洲、北美已建有相关制造基地
炬华科技	公司充电桩产品正在完善出海认证，积极开拓美国和欧洲市场，目前有望与美国大型商超企业达成合作为其代工家用交流充电桩产品
绿能慧充	以分销商、服务商、集成商为主，为车队、CPO(充电站运营商)等提供大功率快充设备

三、新能源汽车下游产业链

新能源汽车产业链的下游主要包括充电服务(补能模式)和后市场服务两大类。

(一)新能源汽车补能模式

动力电池存在三种主流补能模式：慢充、快充以及换电。其中，高压快充是大势所趋。从2019年保时捷Taycan首次推出800V超充技术之后，包

---

① 资料来源：公司公告，东莞证券研究所整理。

括小鹏、广汽埃安、理想在内的诸多车企也推出了800V高压平台。2019年以来,多种满足高压快充条件的车型陆续上线。如高端纯电MPV—合创V09、小鹏G9、路特斯Eletre及极星Polstar 5等。

慢充和快充两种模式均较燃油车加油时间长且对基础设施建设(充电桩)具有较高要求。目前,充电桩的建设速度远远赶不上新能源汽车的普及速度,客户体验感较差。第三种补能模式能够实现快速补能,时间甚至短于燃油车,同时还消除了消费者的里程焦虑,降低了消费者的购车成本,提升了车主的行车安全,是国家大力支持的补能模式。如表1-1-10所示。为响应国家号召,中石化、吉利汽车、蔚来汽车、奥动新能源等企业也在积极布局换电模式。

表1-1-10   不同补能模式的比较①

充电方式	快充模式	慢充模式	换电模式
耗时	0.5—1h	6—8h	2—5min
电池性能	强电流充电降低电池寿命	正常电流充电,对电池寿命有影响	对电池性能影响较小,可以采取慢充
建设成本	较高,5万—10万元	低,2000元左右	高,200万—300万元(含电池)
电网负担	采用快充,冲击较大	采用慢充,功率小、冲击小	冲击小,电价低、可闲时充电
用户体验	较好	差,等待时间长	好,可不下车实现换电
购车成本	包含电池,电池价格4万—5万元	包含电池,按照50KWh计算,电池价格4万—5万元	裸车,不含电池,便宜
运营成本	较高,一般是用电高峰充电	低,一般是闲时充电	一般,可闲时充电

慢充和快充充电设备主要为充电桩。近年来,随着新能源汽车销量的

---

① 资料来源:《电动汽车充换电服务模式研究》,华鑫证券研究。

不断增加,各新能源车企、国家电网、万马等均加快了充电桩的建设,使得全国充电桩保有量不断增加。2015—2022年底,中国充电桩保有量从44万台上升至520万台,8年的年复合增长率达到36.2%。2022年新增充电桩255.8万台,同比增长99.07%,车桩比为2.5,未来该比例有望进一步降低。其中公共充电桩增加179.7万台,同比上涨91.6%,随车配建私人充电桩增加76.1万台,同比上升225.5%。未来,充电桩市场规模有望突破千亿元。由于充电桩的前期投入成本较高,资金回收期较长,充电桩市场几乎被第三方专业运营企业(如特锐德、云快充、星星充电等,市场占比约为75%)、部分车企(如小鹏、特斯拉、上汽、蔚来、比亚迪等,市场占比约为5%),以及能源/电网企业(如国网、南网等,市场占比约为20%)垄断。

　　由于里程焦虑是电动汽车存在的普遍问题,也是诸多消费者重点考虑的因素,所以充电桩这一基础设施建设很大程度上会影响车主的购买意愿。因此,充电桩可视为电动汽车推广的"最后一公里"。

　　充电桩依据不同的分类因素可分为不同的类型。例如,按照安装地点进行划分,可分为私人充电桩、专用充电桩及公共充电桩,如图1-1-7所示。

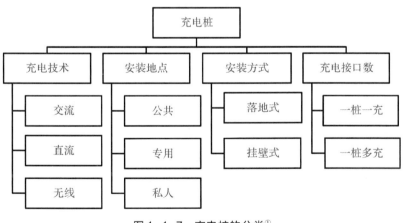

图1-1-7　充电桩的分类[①]

　　以充电技术分类为例,充电桩可分为直流充电桩、交流充电桩及无线充

---

① 资料来源:北极星电力网,东莞证券研究所。

电桩3种。3种类型的充电桩均具备各自的特点,如表1-1-11所示。其中,直流充电桩多为公用/专用充电桩,成本较高且建设区域较为集中,北、上、广、江、浙、闽、鄂、鲁、皖、豫等10个地区占据了2021年公用充电桩新建数的70%。而无线充电桩目前正处于探索应用阶段。近年来,直流充电桩数量增长迅速,交流充电桩数量增长相对缓慢。

表1-1-11 直流、交流及无线充电桩的比较分析[①]

充电技术	交流充电桩	直流充电桩	无线充电桩
电压	220V	380V	无
电功率	7kW	60kW	无
充满电时间	8—10小时	0.3—1.5小时	7—8小时
技术壁垒	低	较低	高
适用车型	乘用车	全部车型	小型车、公交车
安装地点	小区停车场	集中式充电站	集中式充电站
优点	技术成熟、成本低	充电功率大、充电时间短	电磁感应式、无线电波式和磁场共振式;充电操作简单

同时,为推进充电桩市场稳步增长,国家和地方均出台了一系列政策。

国家层面,例如,2022年,国务院颁布了《国务院关于印发扎实稳住经济一揽子政策措施的通知》,提出要优化新能源汽车充电桩(站)投资建设运营模式,逐步实现小区和停车场充电桩全覆盖。

地方层面,以浙江为例,为响应国家号召,2022年11月,《浙江省加快推进公路沿线充电基础设施建设行动实施方案》发布,提出到2023年底,在全省高速公路服务区和普通公路沿线分别建设1800个和880个充电车位。预计到2025年,浙江高速公路"以固定设施为主体、移动设施为补充、重要节点全覆盖、运维服务好、群众出行有保障"的沿线收费基础设施网络将会基本形成。

---

① 资料来源:北极星电力网,东莞证券研究所。

充电桩的上、中、下游分别为元器件和设备的生产商、建设和运营服务的运营商,以及各类终端应用。目前,充电桩上游因准入门槛较低,市场上相关公司数量较多,竞争格局相对分散。中游则因初始投入成本较高,市场比较集中。除去车企主导模式外,充电桩运营还包括第三方充电服务平台主导及运营商主导两种模式。目前市场上私人充电桩的模式以车企主导模式为主,公共充电桩则以运营商主导模式为主。如图1-1-8所示,2022年,全国充电运营企业所运营公共充电桩数量前十名所占市场份额合计达86.3%。

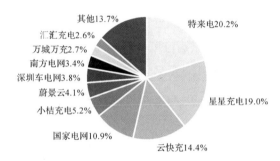

其他13.7%
汇汇充电2.6%
万城万充2.7%
南方电网3.4%
深圳车电网3.8%
蔚景云4.1%
小桔充电5.2%
国家电网10.9%
云快充14.4%
特来电20.2%
星星充电19.0%

图1-1-8 2022年末国内公共充电桩TOP10运营商市场份额[①]

换电模式不同于充电,是直接将动力电池(已亏电)的电池取出替换为容量充足的动力电池。正因如此,消费者在购买汽车时可选择仅购买裸车(不含电池),从而降低购车成本。同时,换电模式的补能与加油模式相当,仅需3—5分钟,大幅低于充电模式中慢充所需要的6—8小时,也低于快充所需的10分钟,大大缓解了消费者的里程焦虑。此外,换电站一般会对替换后的电池进行集中管理,并通过检测保养、慢充等手段提高电池使用寿命。因此,换电模式存在一定的推广优势。

事实上,早在2008年,换电模式就已在纯电客车领域进行推广,但因政策、技术、成本等诸多原因,推广并不成功。之后,虽然政策不断完善、技术水平不断提高、成本不断降低,但因各类车型电池型号不同,种类繁多、换电

① 数据来源:EVCIPA,东莞证券研究所。

方式各不相同等,换电模式的推广仍然面临着技术标准及成熟度、换电站建设管理规范以及税收政策等诸多问题,依旧未能实现大规模推广。目前吉利汽车、蔚来汽车、杭州伯坦、长安汽车等车企已经展开相关布局。

不论是充电模式还是换电模式,车企都必须考虑电池回收的问题。动力电池的回收可分为综合利用(梯次利用与再生利用)和回收两大类。前者的电池多是性能尚可的,后者则相反。回收后的电池如果不能够再次利用,该如何处理?这既涉及废酸、废碱、废渣排放的回收处理问题,也涉及循环利用的问题。现在,怎样构建完善的动力电池回收体系已经成为车企必须跨过去的一道坎。那么,车企应该怎样构建完善的动力电池回收利用体系?

第一,要完善相关政策。中国建设动力电池回收体系的时间较晚,2014年开始布局,2016年才开始试运行第一个兆瓦时级梯次利用电池储能系统。2021年3月,加快建设动力电池回收利用体系首次被写入政府工作报告,进一步显示了其重要性。2022年,国家颁布多项政策来完善动力电池回收体系建设。例如,2022年11月,工信部、国家市场监督管理总局联合发布了《关于做好锂离子电池产业链供应链协同稳定发展工作的通知》。

第二,不断提高技术成熟度。火法和湿法工艺是目前两个主流的电池回收技术,中国主要采用的是湿法工艺,海外多采用火法回收工艺。目前邦普循环通过回收–梯次–回收再利用–电池生产等方式,实现了产业链循环,其技术及模式较成熟。

(二)新能源汽车后市场服务

汽车后市场服务指的是汽车出售后,在汽车使用过程中提供的各项服务,它包括汽车租赁、汽车维修、二手车交易及汽车金融等,如图1–1–9所示。

接下来对汽车后服务市场中的汽车金融、维修保养及汽车保险三个模块进行简要介绍。

第一,在汽车后服务市场中,汽车金融占到29.20%的份额。现阶段,中国新能源汽车市场正在由政策驱动向市场驱动转变,为汽车产业高质量发展奠定了坚实基础。随着技术的日益进步和消费者对新能源汽车接受度的提高,新能源汽车消费市场逐渐开放,新能源汽车金融也在升温。

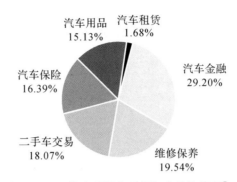

图1-1-9 汽车后服务市场细分结构情况①

第二,维修保养占到了后服务市场的19.54%。目前根据我国政策,新能源车分为纯电动和插电式混合动力车两类。

其中,插电式混合动力是广义上的混合动力车型之一。首先,它与大多数不能遵守新能源许可政策的混合动力车型的区别在于,它配备了充电接口。其次,它可以使用电力驱动车辆。插电式混合动力车型同时配备了传统的内燃机和动力电池+电机,因此在车辆维修时,发动机需要更换机油和机油滤芯,变速箱也需要更换变速箱油。基本维护流程与传统燃油车没有区别。然而,在电驱动系统的检测中,需要前往官方指定的维护点,这可能会在一定程度上增加用户的时间成本和整体维护成本。与之相反,由于纯电动汽车没有复杂的内燃机和变速器,也没有油路和进排气等,维护内容比传统燃油车和插电式混合动力车型简单得多,成本也低得多。纯电动汽车只需要定期返回工厂进行测试和更换易损件。因此,与燃油车和混合动力电动汽车相比,纯电动汽车维护、测试更简单,成本也更低。

第三,汽车保险占到了后服务市场的16.39%。无论是传统燃油车还是新能源汽车,车险都是必不可少的。一些购买了新能源汽车的车主可能会发现,新能源汽车的购买价格与燃油车相同,但在购买保险时,新能源汽车的保险费用要高于传统燃油汽车。这主要是因为新能源汽车的购买价格是补贴后的价格,而保险费用是按照补贴前的价格计算的。补贴的差价只体

---

① 资料来源:据公开资料整理。

现在车损险上,其他保险与燃油车一致。按照汽车保险市价计算,多数新能源汽车一年的保险费是3000—5500元,部分售价较高的车型一年的保险费是7000—9000元。具体的金额还需考虑汽车补贴前售价以及所处区域等因素。

第二章　新能源汽车市场供需关系研究

一、新能源汽车市场供给研究

这几年,得益于政策支持、人们生活水平的提高以及科技的进步,新能源汽车产业得到了良好的发展,产销量增长非常可观。事实上,自2012年《节能与新能源汽车产业发展规划》发布以来,我国新能源汽车就走上了高速发展的道路,中国也成为推动全球新能源汽车转型的中坚力量。2014年,中国新能源汽车产销量分别达到7.8万辆和7.4万辆,2018年增长至127万辆和125.6万辆,短短5年间新能源汽车产销量都得到了大幅提升,市场渗透率也达到4.5%。至2019年,新能源汽车购置补贴开始退坡,使得新能源汽车产量下降至124.2万辆,销量也出现严重下滑,全年累计销量为120.6万辆,较2018年下降4%,但是该年的新能源汽车市场渗透率达到了5.0%。2020年上半年,受新冠疫情影响,市场低迷,新能源汽车销量不佳。但在下半年,新能源汽车市场开始回暖。2020年,新能源汽车产销量分别为136.6万辆和130.7万辆,均创历史新高,市场渗透率为6.3%。至2022年,新能源汽车产销量分别为705.8万辆和688.7万辆,市场占有率达到25.6%,全球销量占比超60%,已经连续8年保持全球第一。

在所有的新能源汽车类型当中,纯电动汽车最受消费者欢迎。如图1-2-1所示,2017年至2022年,纯电动汽车在中国新能源汽车市场的渗透率一直在80%上下浮动,其销量在2020年接近100万辆。而依据中商产业研究院所整理的数据,2022年纯电动汽车销量达到536.5万辆,产销延续了高速增长势头,且其在中国新能源汽车市场的渗透率为80.56%。

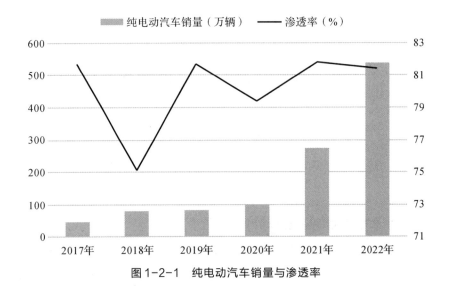

图1-2-1　纯电动汽车销量与渗透率

聚焦到乘用车领域,2019—2022年的新能源乘用车渗透率从5%上升至27.6%,出现了成倍的增长。财通证券研究所基于历年数据对2025年的新能源乘用车渗透率进行了预测,到2025年新能源乘用车渗透率预计突破50%,销量达到1328.1万辆,新能源乘用车将会成为未来乘用车销售的主要驱动力。事实上,到2022年,新能源乘用车销量确实达到650万辆,可见其预测具备一定的准确性。

在新能源乘用车中,插电混动车型是2017年以来销量增长最快的车型,这主要是因为与同级燃油汽车相比,插电式混合动力汽车的成本有限,用户对插电式混合动力汽车的认可度高。同时,主机厂为了应对双积分政策,也会选择大量生产插电混动车型。

在传统车企中,比亚迪由于在新能源汽车领域布局较早、技术积累深厚、产能充足以及产业链布局较好,在一众新能源车企中脱颖而出,尽享行业红利,销量和市值均屡创新高,是国内唯一一家实现稳定盈利的新能源整车企业。同时,其在插混领域也处于领先地位,主要是因为其率先研发出DM技术,实现了所有工作条件下节油和油电平价。除去比亚迪,吉利、长安及长城等车企也研发出插混车型,助力新能源汽车的发展。

除传统车企外,蔚来、小鹏、理想、零跑等4家车企的车型布局尚不完整,因此单季度销量保持在2.5万—3.5万辆之间,与特斯拉的9万辆仍然存在很大差距。2022年,4家车企的年交付量均达到10万辆以上,未来随着各车企车型布局的不断完善,有望实现放量,进而使得成本和费用整体降低,跨过盈亏平衡点。

此外,新能源汽车的车型不断丰富,为提高自身竞争力、满足客户需求,整车厂几乎每2年推出1—2款新车型。2023年,各大车企持续推进供应改善,一批全新重磅产品陆续交付,包括轿跑SUV EC7、蔚来ET5猎装版、理想L7、小鹏G7、问界M9、极氪003等。如此多优质车型的上线,使新能源汽车交付量持续向好。依据全球主要车企规划,2025年前将会有多款主要车型密集上市。例如,大众集团规划到2025年上市电动车型达75款,电动化率达20%。

2023年,国家新能源汽车补贴政策正式推出,特斯拉引起的价格战,加上传统车企转型加速,使新能源汽车市场竞争变得更加激烈。为分得该市场的一块蛋糕,各车企开始进行产业链本土化布局,提升自身竞争力的同时降低整车制造成本,最终带来的将是各车企旗下车型价格的下降和性价比的提高。除去性价比,消费者的个性化、智能化需求也是各车企关注的重点。

2018—2020年,我国新车销量均呈现负增长,表明我国汽车市场已由存量市场转入增量市场。与汽车销量的整体趋势不同,新能源汽车近年来一直保持正增长且渗透率不断提高,未来汽车市场竞争必将更加激烈。同时,随着互联网、大数据、AI等信息技术的发展,用户行为发生了翻天覆地的变化,具体表现在信息获取渠道、车辆购买渠道以及互动渠道三方面,再叠加新冠疫情的影响加强了用户对线上渠道的依赖性,传统营销已经不能触达用户。在这样的背景下,数字化营销应运而生。如图1-2-2所示。此外,为推动数字化发展,国家出台了一些政策,进一步支持汽车数字化营销进程。例如,在2022年1月,工信部、发改委联合印发《关于促进云网融合 加快中小城市信息基础设施建设的通知》。

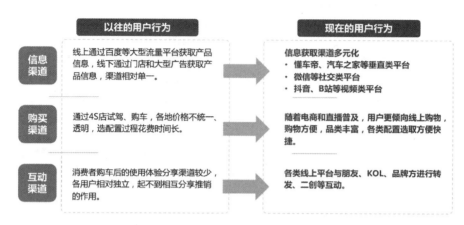

图1-2-2　用户触媒和消费行为的变化[1]

　　数字化营销与传统营销最大的区别在于数字化工具以及数字化管理平台的运用。这使得数字化营销能够实现更快更准确的用户触达,同时优化资源配置。

　　由于数字化营销能够帮助车企进行更高效的产品营销,从而带动企业收入和利润的提高,因此,车企需要借助数字化营销实现深入洞察人群、高效沟通用户和智能投放广告的目的。如图1-2-3所示。目前,车企多以独立项目组负责、自建与外包相结合的方式来实现数字化营销。其中,项目组的方式是站在企业架构角度看,其余两者是站在系统搭建的角度看。但是,在实现数字化营销的过程中,车企存在内部管理问题突出(如目标设定与整体规划不符、观念转变困难等)、用户数据标签准确性不足、内部部门间和外部平台间数据难以打通整合的痛点。车企要想快速实现数字化营销,就必须解决以上痛点。

①　资料来源:艾瑞消费研究院。

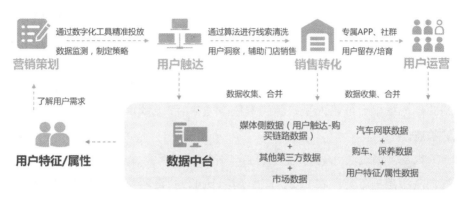

图1-2-3　汽车数字化营销链路[①]

同时,为适应数字化营销,汽车厂商的营销观念也必须有所改变,具体表现在营销目标和沟通方式上。如图1-2-4所示,在营销目标上,车企开始变得更加追求品效合一;在沟通方式上,对于直接与消费者进行沟通的重视程度逐渐超过了通过经销商与消费者进行沟通。更具体地说,在营销手段上,车企开始利用内容营销、私人营销等方式进行直接、强互动营销。目前,车企在进行数字化营销时,存在三个特点。

图1-2-4　汽车厂商的营销观念变化[②]

一是广告投放。线上投放逐渐超过线下广告,线上广告多数投放在汽车垂直媒体和搜索平台上。但是,车企每年都会拿出较少的预算去尝试新的交付渠道/类型,如抖音、微信朋友圈等。若是新渠道的反馈效果好,后续则会继续投放。值得一提的是,即使是尝试新的投放渠道,车企也会选择那些头部流量平台或是大型媒体生态圈。未来,线上数字化营销将会成为营销重点。

二是营销玩法。电商、直播、数字藏品、虚拟偶像、微电影以及云游戏等营销玩法层出不穷。在2022年上半年,比亚迪、奇瑞及小鹏等多家造车企业就将元宇宙和数字藏品与各自线上活动相结合,努力为旗下车型销售寻找突破点。

三是私域运营。目前,私域运营平台逐渐成为大部分车企的重点关注领域。其中,品牌官方APP完全由厂商自建,厂商具备完全自主权,其在私域运营中占据核心地位。而小程序、官方号、公众号等运营方式由于自建程度以及自主权相对较低,并不是汽车厂商的重点建设领域,但是能够帮助厂商实现客户群体的广泛覆盖,并帮助厂商将公有领域的流量引导到私有领域的流量池中。

二、新能源汽车市场需求研究

目前是谁在购买新能源汽车?新能源汽车销售的地域主要是哪里?依据市场调研结果,现阶段新能源汽车的主要消费群体为1985—2000年出生的人群,主要销售的地域为一、二线城市的发达地区。

2018—2030年是新能源汽车发展的关键12年,依据东吴证券的研究报告,可将这12年划分为四个阶段。

一是2018—2021年的导入期。该时期的购车主要是由B端运营或政策限牌驱动,核心是政策驱动下的首购。限牌城市的无牌用车群体以及部分无长途出行需求的单身年轻群体也贡献了一定销量。新能源汽车市场为纺锤形市场。所谓纺锤形,指市场主要车型由微电机型和高端智能电动机型向中端转变,定价将逐步由两极分化向15万—25万元的主流价格区间转变。

二是2022—2023年的成长前期。该时期消费者购车主要是由消费驱动，目的是日常代步、追求潮流。此时的主要购车类型可能是增购，并且群体主要为女性，销售的主要是中低端车型，新能源汽车市场呈现出微型电动车和高端智能电动车为当下市场主力的哑铃型。

三是2024—2027年的成长中期。该时期，"95后"的年轻一代将会贡献一部分力量，主要购车类型为消费驱动的首购。而该时期增购的人群数量仍然保持在较高的水平，并且部分有消费升级需求的男性群体及双燃油车家庭因换购升级将会成为主要购车群体。这将使得新能源汽车市场再次转变为纺锤形消费结构。预计到2027年，新能源汽车的市场渗透率将会达到71%。

四是2028—2030年的成长后期。该时期消费驱动的首购和增购仍然保持在较高的水平，而主要的消费类型将会是换购。此时的新能源汽车市场将会保持纺锤形消费结构，并且预计市场渗透率会接近80%。

不同细分市场所对应的主要客户群体以及客户购买的主要车型，如表1-2-1所示。

表1-2-1　不同细分市场对应车型以及主要用户

客户特征人群			1995—2004年出生；结婚/单身，双人家庭	1985—1995年出生；有1—2个孩子，但孩子尚未成年，3—4人家庭	1970—1985年出生，有1—2个已经成年的孩子，5人以上的多人家庭
男	首购	主要车型	Model Y和3、秦PLUS DM-i、汉EV、理想ONE	埃安V、Model Y、秦PLUS DM-i、宋PLUS/Pro DM-i、汉EV、理想ONE	空白细分市场，基本不存在该细分市场对应人群
		购买使用场景	牌照等需求；充电便利。前者的收入水平较高，后者对车内空间有一定要求		

续　表

			1995—2004 年出生；结婚/单身，双人家庭	1985—1995 年出生；有1—2 个孩子，但孩子尚未成年，3—4 人家庭	1970—1985 年出生，有 1—2 个已经成年的孩子，5 人以上的多人家庭
客户特征人群					
男	换购	主要车型	空白细分市场，基本不存在该细分市场对应人群	秦 PLUS DM-i、宋 PLUS DM-i、宋 Pro DM-i	年龄层较大，换购需求不明确，整体空间有限；或者大部分已经体现为 90—00 后首购/增购需求
		购买使用场景		乘用车出行依然是刚需，充电条件不足；车位有限制；对于节油经济型有一定要求	
	增购	主要车型	小鹏 P7、蔚来 ES6、Model 3、Model Y、汉 EV	埃安 V、小鹏 P7 和 P5、蔚来 ES8 和 6、Model3 和 Y、秦/宋 PLUS DM-i、汉 EV、理想 ONE	蔚来 ES8、Model 3 和 Y
		购买使用场景	Z 世代典型人群；收入水平较高；追求时尚潮流	牌照需求；家庭出行代步；有一定消费余力	有充电条件；消费余力充足；对新兴消费观念接受度较高
女	首购	主要车型	埃安 S、Model 3、欧拉好猫、海豚、秦 PLUS DM-i	秦 PLUS DM-i	年龄层较大，换购需求不明确，整体空间有限；或者大部分已经体现为 90—00 后首购/增购需求
		购买使用场景	外观要求高、日常代步需求		
	增购	主要车型	埃安 S/Y、小鹏 P7、蔚来 EC6、欧拉好/黑猫、宏光 Mini、Model 3 和 Y、奇瑞小蚂蚁、海豚、汉 EV	欧拉黑猫、宏光 mini、Model 3、Model Y、奇瑞小蚂蚁	
		购买使用场景	外观要求高、日常代步需求，家庭增购型消费	不同价格的车型适合不同消费层级；日常代步需求；出行和接送孩子，考虑空间+使用便利性	不同收入水平家庭，增购新能源车用于市内代步出行

通过表1-2-1可知,我国新能源汽车产业龙头企业效应明显,最受消费者喜爱的车型为SUV和MPV,并且消费者对新能源的需求动机除了日常代步外,主要是牌照,即城市限行的原因。据统计,我国新能源汽车购买者多集中在限行或限购的城市,他们多数是在政策影响下选择了购买新能源汽车。即使2022年新能源汽车的购置补贴结束了,但未来限购政策仍然会继续,所以限购城市仍然会是新能源汽车的主战场。而非限行或限购城市的消费者更注重新能源汽车的驾驶体验和技术配置等,未来随着新能源汽车技术的进步,其市场份额将会得到大幅提升。

消费者对新能源汽车的需求主要包括主观需求和客观需求两大方面。其中主观需求包括环保需求、新技术需求以及体验需求三方面。外部客观需求则包含七方面:安全需求、舒适需求、服务需求、价格需求、车辆性能需求、口碑良好需求以及政策鼓励需求。之所以会有口碑良好的需求是因为汽车属于长期耐用品,消费者对其稳定性和质量要求较高,而口碑能够直接反映汽车的稳定性和质量。新能源汽车企业可以通过稳定价格、提高性能和服务质量等手段满足消费者的客观需求。

(一)环保需求

第一,环保需求可从宏观和微观两个角度进行分析。

从宏观角度看,随着环境污染、气候变化、石油危机等问题的加剧,全球开始重视研发低污染、低依赖石油的新能源汽车。例如,欧洲各国及中国等制定了针对新能源汽车的高补贴政策。就中国而言,王传福表示,中国有70%的石油依靠进口,而70%进口石油要通过南海运输。中国石油里,一年有70%用于交通运输领域。从这三个70%可以看到,中国发展电动车比任何一个国家都有紧迫性,我们有责任通过技术来解决这个问题。同时,依据国家统计的数据,中国汽车尾气排放量约为1.2亿吨/年,占空气污染源的85%。而纯电动汽车在运行过程中可以做到零污染,完全不排放有害气体。节能减排无疑将有利于中国的崛起和发展,而新能源汽车产业是中国产业转型升级的重要方向,也是确保中国汽车产业绿色发展和能源安全的必由之路。依据前文可知,近几年,为了支持新能源汽车产业的发展,国家出台了从税收减免到购买充电设施的扶持政策以及购买新能源汽车的一系列相关政策,体现了国家高度重视新能源汽车产业的发展、能源安全和环境保护。例如,2021年11月,工信部发布《"十四五"工业绿色发展规划》,表示要促进绿色环保的战略性新兴产业发展。以低耗能、低环境污染、高附加值和市场需求为产业发展的新引擎,加快发展新能源、新材料、新能源汽车、绿色环保等战略性新兴产业,带动整个绿色低碳经济社会发展。

从微观角度看,李艳燕(2020)的研究表明外部制度可以影响消费者认知,进而影响消费者的购买决策。通过前文可知,国家正在大力支持新能源汽车产业的发展,提倡"节能环保",各地政府、企业积极响应,并使用合适的策略潜移默化地影响消费者的环保认知。随着居民受教育水平的提高、社会的进步,现阶段中国居民的环保意识较之前已有显著提高。此外,由于其碳排放量为"0",可以说是"零污染",各城市一般不会对其采取限号出行措施。

第二,相较于燃油车,新能源汽车似乎能够更好地达到"节能环保"的要求。在行驶过程中,新能源汽车的动力源来自动力电池储存的电能,并不会产生尾气,似乎实现了"零排放"。实际上,新能源汽车只是将碳排放因素转移到了发电过程中。中国电力企业联合会规划发展部发布的报告显示,在中国的电力结构中,火电所占比重最大,超过50%。火力发电主要以煤炭为燃料,在发电过程中消耗大量的煤炭资源,产生大量的环境污染物。终端用户每使用1千瓦时的电,燃煤电厂就会排放0.86公斤二氧化碳。而根据《中国汽车低碳行动计划研究报告(2021)》的数据,新能源汽车的碳排放量要低于燃油车,只是两者间的碳排放差异可能没有预期的那么大。但是,新能源汽车可以实现集中管控,可以使减少碳排放的重点放在新能源电池和电厂的生产上,从而更方便地从根本上解决汽车排放问题。

目前,国产乘用车主要有汽油、柴油、常规混合动力、插电式混合动力和纯电动五种,这五种乘用车在生命周期内的碳排放范围为146.5—341.9gCO$_2$e/km。五类车中,柴油车的碳足迹最高,纯电动汽车的碳足迹最低。与汽油车相比,插电式混合动力汽车和纯电动汽车的燃料循环碳排放量分别是211.1和196.6gCO$_2$e/km。

此外,就单位行驶里程的碳排放量而言,新能源汽车的碳排放量也要低于燃油汽车,新能源汽车的碳排放主要集中在燃料生产方面,而燃油车的碳排放则主要集中在燃料使用方面,即尾气排放方面。同样,柴油车仍然是碳排放量最高的汽车类型。具体如表1-2-2所示。

表1-2-2　不同燃料类型乘用车周期碳排放

单位：gCO_2e/km

类型	汽油车	柴油车	常规混合动力车	插电式混合动力车	纯电动车
燃料生产	31.4	42.6	22.9	101.9	78.7
燃料使用	152.6	207	111.3	29.1	0

其中,与汽油车相比,插电式混合动力汽车和纯电动汽车的燃料循环碳排放量分别降低了28.8%和57.2%。

综上,相比于传统的燃油汽车,新能源汽车更能够满足消费者以及国家的环保需求。

(二)价格需求

消费者在购买商品时一般都会考虑自身的生活方式、经济状况等因素,消费者在购买汽车这一大宗商品时也不例外。他们会结合自身实际情况去评估汽车的品牌、质量、价格,进行判断,并最终做出选择。依据相关资料,消费者购买汽车时评价、选择和判断的因素是价格、外观、安全性、舒适性、品牌、配置、油耗、声誉、动力性和操纵性能以及空间。其中,价格因素名列前茅,这也许是因为"爱占便宜是人的本性"。依据东吴证券研究所2019—2021年的调研数据,预算在5万—10万元的消费者需求最大(占比达六成),预算在25万元以上的消费者较少,占比不到一成。如图1-2-5所示。

	用户画像	爆款车型	核心布局车企
0—5万元	增购为主。接送小孩/老年代步为核心使用场景,两轮车代步需求	宏光Mini	上汽通用五菱+奇瑞
5万—10万元	增购家庭消费为主。主要用于上下班代步或接送娃需求	奇瑞小蚂蚁、哪吒V	奇瑞+哪吒+零跑+长安
10万—15万元	以首购为主,核心关注燃油经济性;增购群体基本需求为价格低+空间大,续航需求靠后	秦PLUS DM-i、比亚迪海豚	比亚迪(60%,指市占率,下同)+广汽埃安+长城汽车
15万—20万元	换购为主,空间和燃油经济性共存;并不愿为智驾功能和智能座舱功能支付溢价	宋PLUS DM-i	吉利+长安+比亚迪布局混动&增程车型;长城+长安布局纯电车型
20万—30万元	家庭增购/换购+消费能力强的90后首购,升华性需求可被定价	汉EV、汉DM-i、Model3、Model Y(2022年提价前)、小鹏P7	吉利+长安+长城+华为布局混动&增程车型,长城+长安+比亚迪布局纯电车型
30万元以上	增购+换购,配置角度基本性&针对性&升华性,配置互有优劣情况下品牌定位为核心要素	理想ONE、蔚来ES6/EC6、Model Y(2022年提价后)	主流自主车企除广汽外均在该价格带布局豪华新能源品牌

图1-2-5 分价格带新能源车用户画像及车企布局[①]

与燃油车相比,新能源车的价格更为划算。

第一,在购车成本方面。新能源车的购车成本:以20万元的纯电动车为例,大城市拍一张牌照9万元左右,20万元买一辆电动车(送牌照),购车时免除了车辆购置费和车船使用费,还给了补贴。燃油车的购车成本:购买10万元左右的燃油车,加购置税、车船税、商业险总价在15万元左右(不含牌照)。两者的购置成本不分伯仲。

第二,能耗成本方面。假如我们以油价9元/升为例,若百千米油耗为10升,1000米折合为0.9元,行驶100千米的成本约为90元;电动车以荣威eRX5为例,百千米耗电约16.5千瓦时,以一次充电行驶300千米计算,1000米折算为0.1元,一次充电大致是30元钱,只达到燃油车油耗的1/3。一年按10000千米算,新能源车要比普通燃油车省8000元,还是新能源车占优,比较省钱。

第三,保养成本。燃油车按5000千米做一次保养预算,售价10万—30

---

① 数据来源:交强险,东吴证券研究所。

万元的车辆单次养护费在500—1000元不等,每年的保养支出为1500元左右。新能源车国内保养以10000千米做一次,主要检查零部件损耗,更换轮胎、三电系统。国家对新能源汽车强制要求8年或15万千米的三电质保,在这方面基本不会产生过多的花销,保养费在500元左右。

第四,折旧保值率。燃油车和新能源车都是以车辆的行驶里程和使用年限为基准,参照具体的参数进行保值运算,电动汽车保值率的影响因素更加复杂,除车身、电池剩余电量、运行工况、新电池包价格等因素都会有所影响。以三年期保值率预算,同等级车型保值率高于燃油车的60%,豪华阵营特斯拉保值率在75%左右,比亚迪和北汽新能源车型一年保值率在45%左右,低于大部分燃油车。按5—8年保值率计算,燃油车远高于新能源车,原因是新能源车的电池性能不稳定,电池性能衰退使整车的保值率下降,整车的市值就下降得厉害。

综上,相比于燃油车,新能源车更能够满足客户的价格需求。

在补贴退坡和原材料价格上涨的影响下,新能源汽车价格出现集体上涨。近两年来,商品价格的持续上涨也给汽车制造企业带来了巨大的成本压力。其中,动力电池相关材料的价格上涨最为激烈。氢氧化锂、碳酸锂、六氟磷酸锂等原材料的价格一路上涨。从2021年4月1日到2022年3月30日,碳酸锂价格上涨了452%,电池级氢氧化锂价格上涨了561%。在这次集体涨价中,小鹏、理想、特斯拉等"造车新势力"涨幅明显,有的甚至超过3万元。相比之下,传统车企提价幅度较小,大多在1万元以内。不同价格区间的新能源汽车涨幅也有所不同。从涨价占销售价格的百分比来看,15万—30万元的主力车型涨价幅度较小,仅占销售价格的3.48%—5.55%,15万元以下型号的价格涨幅为8.93%,30万元以上型号的价格涨幅为7.57%。究其原因,一是10万—30万元的价格处于新能源汽车的主要消费区间,消费者对价格波动较为敏感,价格区间最具竞争力,需求价格弹性高,汽车企业在考虑销量的基础上没有明显提价;二是,这个价格区间也是汽车企业的主流销售区间。该区间内的汽车产业链优先级较高,原材料供应充足,价格成本弹性低,企业成本压力小,因此,车企没有根据成本增加进行明显的价格调整。与之相反,价格弹性较低,成本弹性较高的5万—10万元及30万元以上车型价格涨幅较大。

（三）性能需求

新能源汽车的动力输出更加平顺快捷，能够轻松实现自动停机与自动启动。纯电动汽车在停车等待红灯时，只需要关闭供给电机的电能即可实现零能量消耗。采用混合动力的汽车，通常内燃机都取消了传统的12V起动机，改由驱动电机来直接驱动内燃机。因此，当车辆控制系统监测到不需要内燃机运行的情况时，例如当车辆在等待红灯时处于怠速运行情况下，系统将会自动关闭内燃机的运行，需要的时候再通过驱动电机快速起动内燃机，这样的设计能够进一步降低车辆在怠速时的燃油消耗和尾气排放。

新能源汽车能量利用率更高。传统汽车的能量利用率很低。内燃机从吸入燃油和空气到输出动力，需要经过4个行程，真正能够把燃油所产生能量的35%用在驱动车辆上已经算非常高了。但是，新能源汽车中的纯电动汽车因为取消了内燃机，因此，可以降低如热量散失、未完全燃烧等损失，其有效利用率超过50%。此外，即使是混合动力汽车，由于通过电力系统的辅助来优化内燃机的工作，有些混合度较高的混合动力汽车可以大部分时间都是纯电力驱动，其能量利用率大幅提高。此外，新能源汽车有一个很重要的能量利用方式就是制动能量回收。制动能量回收可以有效降低因制动导致的摩擦能量消耗。

相比于新能源汽车，燃油车最大的优势在于它有长达百年的历史，相比于电车，技术成熟度更高，此外随处可见的加油站使车主不用担心续航问题。其动力性能和稳定性也有着多年深厚的技术支持，性能稳定、故障率低。而新能源汽车续航里程短，充电站稀缺，充电速度慢，电池置换成本高。新能源车基本上属于电动车，利用庞大的电池储存电能提供动力，这就具有一定的局限性。电动车充满一次电至少需要3—5小时，一些好一点的电动车充满一次也只能跑500—600千米，在续航上有一定的欠缺。之前就曾有新能源车的车主，冬天在高速上堵车后不敢开空调的事情。还有就是在节假日高峰期，会遇到高速堵车、充电桩排队充电等。但是，随着技术的不断进步，新能源汽车的续航里程问题正在逐渐得到解决。例如，在电池上，宁德时代、比亚迪、特斯拉等企业都研发出了各自的电池，提高了新能源汽车的续航里程；并且随着充电桩的不断普及以及相关技术的不断成熟，未来，续航里程问题、充电站稀缺及充电速度慢的问题将会得到完美解决。

随着国产化替代进程加速，空气悬架逐渐成为国内诸多新能源汽车的标配。所谓悬架是汽车车架和车轮之间的传力连接装置的总称，主要作用为传递作用在两者间的力和力矩，在缓冲不平路面对车架或车身的冲击力的同时提供支撑，并减少由此引起的振动。可以说，它是车辆的操作稳定性、舒适性和安全性的关键所在。同时，它也是汽车底盘系统的核心部件，是汽车最重要的三大总成之一。

传统的汽车悬架一般由弹簧、减振器、控制臂、横向稳定器等弹性原件、减震原件、导向机构以及横向稳定器组成。空气悬架与之最大的不同在于其以空气弹簧（可变刚性）代替传统的钢弹簧（固定刚性）。这一举措使得弹簧刚度以及减振器阻尼系数可自动调节，以此满足用户对于不同情况下车辆操控性或舒适性的需求。空气悬架的工作原理如图1-2-6所示。

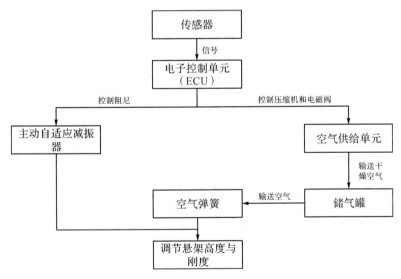

图1-2-6　空气悬架系统作用机制

未来，随着新能源汽车不断向着智能化、电动化转型升级，空气悬架也将不断向着智能化升级，融入更集中的中央域控。目前，以奔驰、宝马为代表的豪华汽车制造商已经在摸索如何设计制造出更加智能化、高阶的主动空气悬架,并已经取得了小阶段成果。例如,奔驰自主研发的魔毯智能化车体控制系统。

综上,从性能的角度看,燃油车和新能源汽车存在各自的优势,但是燃油车的技术更加成熟,其性能要优于新能源汽车。未来,在政策推动、环境保护的要求下,以及新能源汽车相关技术不断成熟下,新能源汽车的性能或将会超过燃油车。

第三章　中国新能源汽车产业政策

一、新能源汽车补贴政策影响

2001年,新能源汽车研究项目被列入国家"十五"期间的"863"重大科技课题。之后为推进新能源汽车的发展,国家出台了一系列相关政策。2009年,在密集的扶持政策出台背景下,我国新能源汽车驶入快速发展轨道,国家颁布了《新能源汽车生产企业及产品准入管理规则》,为2010年新能源补贴政策推行奠定了基础。新能源汽车的补贴政策经历了试点示范推广、推广应用、市场化调整三阶段,推广范围从一开始的试点城市扩大到全国,补贴车型也从只补贴公用车变成各种新能源车型,如表1-3-1所示。

表1-3-1　中国新能源汽车补贴政策演变历程[①]

时间节点	试点示范推广阶段		推广应用阶段	市场化调整阶段
	2009年	2010—2012年	2013—2017年	2018—2022年
核心政策	《关于开展节能与新能源汽车示范推广试点工作的通知》	《关于开展私人购买新能源汽车补贴试点的通知》	《关于继续开展新能源汽车推广应用工作的通知》《关于进一步做好新能源汽车推广应用工作的通知》《关于调整新能源汽车推广应用财政补贴政策的通知》	《关于调整完善新能源汽车推广应用财政补贴政策的通知》《关于进一步完善新能源汽车推广应用财政补贴政策的通知》《关于2022年新能源汽车推广应用财政补贴政策的通知》

---

① 资料来源:前瞻经济学人APP。

续表

时间节点	试点示范推广阶段		推广应用阶段	市场化调整阶段
	2009 年	2010—2012 年	2013—2017 年	2018—2022 年
推广范围	13个试点城市	6个试点城市	88个试点城市	全国
补贴车型	公共服务领域用车	私人购买用车	各类新能源汽车	各类新能源汽车

2018—2022 年间实施的补贴标准涉及非公共领域及公共领域两大方面。

非公共领域补贴方案:由于不同类型的车型生产所需要的成本不同,政府制定新能源汽车的补贴方案时,对不同类型的车型设计了不同的补贴标准。非公共领域的新能源汽车类型主要涉及客车、乘用车和货车三大类。政府还将三大类汽车进行更细致的划分,并针对不同的汽车类型给出了不同的补贴标准,如表1-3-2所示。

表1-3-2 新能源汽车非公共领域补贴方案

客　车					中央财政单车补贴上限（万元）		
车辆类型	中央财政补贴标准（元/kW·h）	中央财政补贴调整系数			6<L≤8m	9<L≤10m	L≥11m
非快充类纯电动客车	280	单位载质量能量消耗量（Wh/km·kg）			1.4	3.08	5.04
		0.18（含）—0.17	0.16（含）—0.15	0.15 以下			
		0.8	0.9	1			
快充类纯电动客车	504	快充倍率			1.12	2.24	3.64
		3C—5C（含）	6C—15C（含）	15C 以上			
		0.8	0.9	1			
插电式混合动力（含增程式）客车	336	节油率水平			0.56	1.12	2.13
		60%—65%（含）	66%—70%（含）	70% 以上			
		0.8	0.9	1			

续表

乘用车		
车辆类型	纯电动续驶里程R（工况法、千米）	
纯电动乘用车	R≥50（NEDC工况）/ R≥43（WLTC工况）	300≤R＜400	R≥400
	/	0.91	0.91
插电式混合动力（含增程式）乘用车	0.48	/	

货　车			
车辆类型	中央财政补贴标准（元/kW·h）	中央财政单车补贴上限（万元）		
		N1类	N2类	N3类
插电式混合动力（含增程式）货车	252	—	1.12	1.76
纯电动货车	176	1.01	1.96	2.8

　　公共领域补贴方案：公共领域的新能源汽车类型同样主要涉及客车、乘用车和货车三大类。所划分的类型与非公共领域的新能源汽车相同，并且针对不同的汽车类型给出了不同的补贴标准，如表1-3-3所示。

表1-3-3　新能源汽车公共领域补贴方案

客　车							
车辆类型	中央财政补贴标准（元/kW·h）	中央财政补贴调整系数			中央财政单车补贴上限（万元）		
					6＜L≤8m	9＜L≤10m	L≥11m
非快充类纯电动客车	360	单位载质量能量消耗量（Wh/km·kg）			1.8	3.96	6.48
		0.18（含）—0.17	0.16（含）—0.15	0.15以下			
		0.8	0.9	1			

续表

客车							
快充类纯电动客车	648	快充倍率			1.44	2.88	4.68
		3C—5C（含）	6C—15C（含）	15C以上			
		0.8	0.9	1			
插电式混合动力（含增程式）客车	432	节油率水平			0.72	1.44	2.74
		60%—65%（含）	66%—70%（含）	70%以上			
		0.8	0.9	1			

乘用车			
车辆类型	纯电动续驶里程R（工况法、千米）		
纯电动乘用车	R≥50（NEDC工况）/R≥43（WLTC工况）	300≤R＜400	R≥400
	/	1.3	1.48
插电式混合动力（含增程式）乘用车	0.72	/	

货车				
车辆类型	中央财政补贴标准（元/kW·h）	中央财政单车补贴上限（万元）		
		N1类	N2类	N3类
插电式混合动力（含增程式）货车	252	1.44	3.96	3.96
纯电动货车	360	—	1.44	2.52

2021年12月31日，最新的补贴标准——《关于2022年新能源汽车推广应用财政补贴政策的通知》（以下简称《通知》）出炉，其内容大致可概括为三大点：首先，为保持政策环境的稳定，仍然坚持平缓的退坡力度，购置补贴技术指标体系框架及门槛要求仍然保持不变；其次，明确了补贴政策仅持续至2022年底；最后，为确保新能源汽车产业的质量和信息安全，必须健全产业的安全监管体系，加强企业主体责任。

因此,自2021年12月31日起,我国正式进入后补贴时代。

如表1-3-4所示,《通知》中明确指出,2022年新能源汽车补贴标准在2021年基础上下降30%,并且新能源汽车补贴在2022年12月31日完全终止,这意味着新能源汽车依靠政府补贴降价的时代到了尽头。

表1-3-4　通知发布前后新能源乘用车补贴方案对比

	车辆类型	纯电动续航里程R（工况法、公里）	《通知》发布前	《通知》发布后	同比变化
非公共领域	纯电动乘用车	300≤R＜400	1.3	0.91	-30%
		R≥400	1.8	1.26	-30%
	插电式混合动力（含增程式）乘用车	R≥50（NEDC工况）/R≥43（WLTC工况）	0.68	0.48	-30%
公共领域	纯电动乘用车	300≤R＜400	1.62	1.3	-20%
		R≥400	2.25	1.8	-20%
	插电式混合动力（含增程式）乘用车	R≥50（NEDC工况）/R≥43（WLTC工况）	0.9	0.72	-20%

虽然2023年新能源车补贴政策退出,但各地政府依旧发布了其他政策来支持新能源汽车的发展。例如,上海率先表示会将新能源车置换补贴延至2023年6月,并且给予符合相关标准的每辆车1万元的财政补贴。同时,明确表示未来还会出台更多政策来支持新能源汽车的发展。

二、国家层面新能源汽车产业政策规划

(一)行业政策

中国新能源汽车产业的政策规划涉及购置补贴政策、节能减排政策、支持电池充电桩的产业政策等。自2015年以来,中国陆续颁布了许多行业政策来支持新能源汽车行业的发展,如表1-3-5所示。

表 1-3-5　2022 年至 2023 年 3 月出台的关于新能源汽车的行业政策①

日期	政策名称	涉及新能源汽车的内容	政策类型
2022 年 1 月	《"十四五"节能减排综合工作方案》	提高城市公交、出租、物流、环卫清扫等车辆使用新能源汽车的比例，公共机构率先淘汰老旧车，率先采购使用新能源汽车，新建和既有停车场要配备电动汽车充电设施或预留充电设施安装条件	指导类
2022 年 1 月	《关于进一步提升电动汽车充电基础设施服务保障能力的实施意见》	积极推进试点示范，探索新能源汽车参与电力现货市场的实施路径，研究完善新能源汽车消费和储放绿色电力的交易和调度机制	支持类
2022 年 3 月	《国务院关于落实〈政府工作报告〉重点工作分工的意见》	商务部、国家发展改革委牵头，年内持续推进支持新能源汽车消费，鼓励地方开展绿色智能家电下乡和以旧换新	支持类
2022 年 3 月	《关于进一步加强新能源汽车企业安全体系建设的指导意见》	提出完善安全管理机制、保障产品质量安全、提高监测平台效能、优化售后服务能力等意见	指导类
2022 年 5 月	《财政支持做好碳达峰碳中和工作的意见》	大力支持发展新能源汽车，完善充换电基础设施支持政策，稳妥推动燃料电池汽车示范应用工作	支持类
2022 年 5 月	《国务院关于印发扎实稳住经济一揽子政策措施的通知》	优化新能源汽车充电桩（站）投资建设运营模式，引导金融机构提升金融服务能力等措施	规范类
2022 年 7 月	《关于印发工业领域碳达峰实施方案的通知》	大力推广节能与新能源汽车，强化整车集成技术创新，提高新能源汽车产业集中度。提高城市公交、出租汽车、环卫、城市物流配送等领域新能源汽车比例等	指导类
2022 年 8 月	国务院常务会议决定延续实施新能源汽车免征车购税等政策促进大宗消费等	决定延续实施新能源汽车免征车购税等政策促进大宗消费税。会议决定，对新能源汽车，将免征车购税政策延至 2023 年年底，继续予以免征车船税和消费税、路权、牌照等支持	支持类

① 资料来源：国家发改委，前瞻产业研究院。

续表

日期	政策名称	涉及新能源汽车的内容	政策类型
2022年8月	《加快推进公路沿线充电基础设施建设行动方案》	到2025年,高速公路、普通公路、农村地区全部都要有电动汽车充电设施,满足8000万辆以上的电动汽车充电需求	指导类
2022年9月	《关于延续新能源汽车免征车辆购置税政策的公告》	对购置日期在2023年1月1日至2023年12月31日期间内的新能源汽车,免征车辆购置税	支持类
2022年9月	《能源碳达峰碳中和标准化提升行动计划》	将电动汽车、换电站等可控充电负荷纳入电网优化控制,推进电动汽车充电等灵活性调节标准制订	指导类
2022年12月	《关于免征新能源汽车车辆购置税的公告》	2022年1月1日—2022年12月31日,对购置的新能源汽车免征车辆购置税	支持类
2023年1月	《关于组织开展公共领域车辆全面电动化先行区试点工作的通知》	在全国范围内启动公务用车、城市公交、出租、环卫、邮政快递、城市物流配送、机场等领域用车全面电动化先行区试点工作,试点期为2023—2025年	指导类
2023年2月	《质量强国建设纲要》	要提高汽车等产品及其基础零部件、元器件可靠性水平,提升新能源汽车与智能网联汽车等新型消费产品用户体验和质量安全水平	指导类

(二)重要规划

2019年8月27日,国家发展和改革委员会批准了《产业结构调整指导目录(2019年本)》,并于2020年1月1日起施行。

另一种重要规划为2020年10月颁布的《新能源汽车产业发展规划(2021—2035年)》。该规划提出发展新能源汽车是中国从汽车大国迈向汽车强国的必由之路,也是应对气候变化、促进绿色发展的战略举措。到2025年,中国新能源汽车的市场竞争力将显著增强,动力电池、驱动电机和车辆操作系统等关键技术将取得重大突破,安全水平将全面提高。新型纯电动乘用车的平均耗电量已降至每百公里 12.0 千瓦时,新能源汽车销量也将达到新车总销量的20%左右。高度自动驾驶汽车在有限的区域和特定场景中实现了商业化,充电和更换服务的便利性显著提高。

第四章　新能源汽车产业智能化数字化发展研究

一、新能源汽车数字化革命

作为互联网时代下划时代的产物,汽车行业迎来了百年变革。若是对智能汽车架构进行阶段划分,那么,其发展阶段可划分为机械定义–硬件定义–软硬件共同定义–软件生态定义四阶段。在机械定义时代,汽车仅能作为基础代步工具。随着通信技术的发展,汽车进入硬件定义时代,由简单的"机械产品"迭代为"机械–电子产品"。在该阶段,汽车多了车灯等最为基础的电气设备以及车载收音机、电子控制器单元(ECU)等硬件设备。经过多年的发展,汽车已经走过机械定义时代和硬件定义时代,并在"新四化"技术迭代的浪潮下进入软硬件共同定义的时代,并且未来将会迎来软件定义的时代。

我们正处于软硬件共同定义时代。在该时代,汽车电子电气(EE)架构开始由分布式向集中式推进。大量具有相同功能的ECU被集成并发送到域控制器进行统一管理和调度,这使得研发人员可以完全独立于底层硬件之外、转而投入到上层软件开发以及内部数据集中交互和决策处理事件中。此时,汽车开放系统架构(Auto SAR)也升级为自适应AutoSAR,以适应新的智能集中式EE架构。具体而言,EE架构将从软硬件以及通信三个方面进行升级,并将向"集中化、简化和可扩展性"方向转变。

首先,在硬件架构方面,升级阶段为"分布式ECU架构–域架构–计算架构"。如图1-4-1所示。目前我们正处在域架构阶段,预计将会在2025年进入中央计算架构阶段,即在2025年,该架构才会量产。特斯拉作为新势力造车企业的领头羊,目前已经实现中央计算架构,其在硬件架构技术方面领先了同行业6年,是当之无愧的智能化标杆企业。

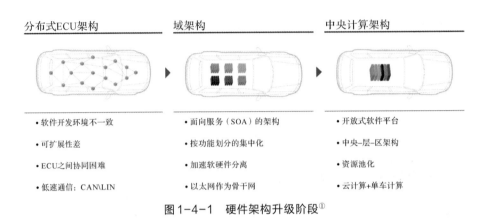

分布式ECU架构	域架构	中央计算架构
• 软件开发环境不一致	• 面向服务(SOA)的架构	• 开放式软件平台
• 可扩展性差	• 按功能划分的集中化	• 中央-层-区架构
• ECU之间协同困难	• 加速软硬件分离	• 资源池化
• 低速通信:CAN\LIN	• 以太网作为骨干网	• 云计算+单车计算

图1-4-1　硬件架构升级阶段[①]

集中式、功能集成的域控制器相较于原来的分布式、独立功能的控制器具备更多功能,为了能够与之相匹配,主控芯片的算力配置也必须要有所提升。在分布式ECU架构阶段,ECU仅需处理一些简单的指令,因此仅有CPU+存储器+外设接口三部分构成的MCU芯片的算力即可满足需求。但是,随着汽车电动化趋势的快速增长、域控制器出现,该类芯片算力已不能满足ECU需求。在域控制阶段,ECU不仅要处理汽车内部环境信息,还需处理来自传感器的外部环境信息,只为赋予汽车更高级别的智能功能。在这样的情况下,SoC芯片应运而生。该芯片引入了NPU(神经网络处理)、GPU(图像处理)以及DSP(音频处理),除了具有控制单元外,还集成了大量计算单元,进而能够处理海量数据以及支持多任务并发情况。如表1-4-1所示。依据技术社区提供的数据,SoC芯片每秒可以执行多达10^{12}次计算,是MCU芯片的指数倍。

---

① 资料来源:知乎@李星宇。

表1-4-1　汽车芯片将从MCU向SoC异构芯片转移[1]

单位	MCU	SoC
定义	芯片级芯片，常用于执行端	系统级芯片，常用于ADAS、座舱IVI、域控制等
典型组成	CPU+存储（RAM,ROM）+接口（IOPin）	CPU+存储(RAM、ROM)+较复杂的外设+音频处理 DSP/图像处理GPU/神经网络处理器 NPU等
带宽	多为8bit、16bit、32bit	多为32bit、64bit
RAM	MB 级别	MB-GB
额外存储	KB-MB(Flash，EEPROM)	MB-TB (SSD，Flash， HDD)
单片成本价格	便宜（0.1-15 美元/个）	较贵(座舱 IVI 10 美元左右，ADAS 域芯片超 100 美元)
常见厂商	瑞萨、意法半导体、爱特梅尔、英飞凌等	英特尔、英伟达、特斯拉(FSD 华为、地平线、寒武纪、全志科技(座舱)等
运行系统	较简单，一般不支持运行多任务的复杂系统	支持运行多任务的复杂系统(如 Linux 等)
组成部分	控制单元	控制单元、AI单元、计算单元
运算单位	DMIPS，计算能力为百万条指令/秒	TOPS、Tflops，每秒运算 10^{12}次

其次,在软件架构升级方面。软硬件层的解耦将推动软件架构升级为由"芯片−操作系统−中间件−算法"构成的计算平台。其中,关于芯片前文已有介绍。操作系统主要负责硬件和软件资源的控制和管理,以及合理地分配。而在操作系统中,系统的内核是核心,它直接决定了系统能否在运行中实现性能和稳定性的最佳输出。中间件主要负责中央应用服务器,为随后的汽车架构到SOA迭代设定了标准。算法层位于软件层次结构的顶层,其使得系统功能和业务基础得以实现,如智能驾驶舱中的交互能力以及自动停泊车等自动驾驶领域的其他功能。

从长期角度看,计算平台将会从传统的"信号导向"转变为"服务导向(SOA)"。SOA 软件架构具备四个层次:最下层为基础设施,包括网络硬件、系统软件以及 ESB 等。第二层为数据层,是数据交换中心,包括数据中心库和元数据库。第三层为基础服务层,顶层为应用服务层,两层均属于服务模块。SOA 软件架构的具体内容如图1-4-2所示。

---

[1] 资料来源:极术社区,民生证券研究院。

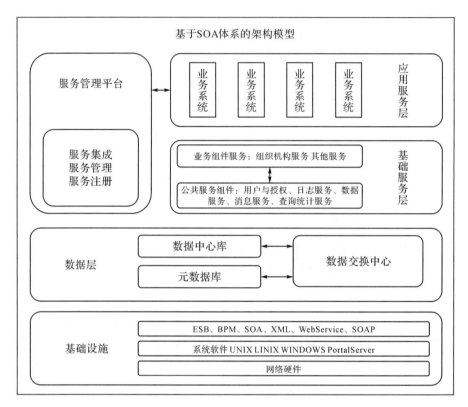

图1-4-2　SOA软件架构[①]

最后,在通信架构升级方面,因为现有通信架构面临困难,车载通信技术有望再次迎来革新。在硬件定义时代,车载信息传输方式已由单点链路转变为总线链路,使独立ECU之间的数据传输可以根据不同的通信需求使用CAN/LIN/Flex Ray/MOST等不同的标准总线链路。然而,进入软硬件共同定义时代,汽车智能化功能增加,对于通信协议的兼容性和开放性以及数据传输效率的要求更高。根据英特尔的统计数据,自动驾驶汽车每天产生的数据超过4T,车载总线技术想要处理这个级别的数据,势必会使得造车成本大幅增加,车辆总重也会增加。佐思汽车研究发现,若是继续采用车载

---

① 资料来源:天眼查。

总线技术,无人驾驶时代的线束成本将会超过1000美元,整车重量将会高达100千克。

为适应智能化发展,研发人员研发出了车载以太网这一以太网连接车内电子单元的新型局域网技术。其数据传输速率能够达到每秒100Mbit,甚至是每秒1Gbit。同时,关于汽车行业的低功耗、低延迟以及高可靠性等要求其也能够满足。相较于之前的车载总线技术,以太网具备高安全性、高宽带、低成本以及高兼容性等优势。未来,其有望成为车载网络中的骨干网,负责承担不同域间的信息交换任务,并全面替代高速总线。

同时,汽车EE架构的迭代也推动了汽车产业链的重组,从最初的一个企业制造汽车(机械定义时代)到一个产业制造汽车(硬件定义时代),最终到多个行业制造(硬件和软件共同定义时代、生态定义时代),遵循了"点-线-面"的迭代。

从机械定义时代到硬件定义时代,由于汽车系统变得复杂,造车参与企业数量增加,初步形成了"主机厂-Tier1-Tier2/ Tier3"这一较为完整、共享成本、共摊风险、垂直合作的产业链。然而,由于分布式架构存在开发成本高、各职能部门之间连通性较差难以快速响应客户升级需求以及技术缺陷等问题,主机厂只需解决车辆适应问题,如传输网络和车身管理等,其他较为复杂的功能主要由Tier1(一级供应商)来实现。这在某种程度上限制了主机厂自主定制开发的权利。

到了软硬件共同定义时代,主机厂开始利用自身的软件能力实现创新,进行变革转型,即从"以开发新产品为核心"转变为"以提供服务为核心",从制造商转变为服务提供商,逐步锁定汽车产业链中的高利润环节。在这种趋势下,汽车行业在硬件定义时代形成的产业链被打破重组,形成了扁平化的网状产业链。即,主机厂并不是主要依赖于Tier1实现复杂的功能,其可以直接跨过Tier1,与Tier2进行合作,将Tier2培养成为Tier1。在产业链重组的同时,再加上互联网科技企业利用自身技术优势强势介入智能汽车领域,成为汽车产业链中的新一代Tier1,它们主要负责为主机厂提供增量组件、开源软件以及智能汽车解决方案等。自此,智能汽车产业链形成了主机厂、互联网科技企业以及传统供应商"三足鼎立"的全新竞争格局,如图

1-4-3所示。

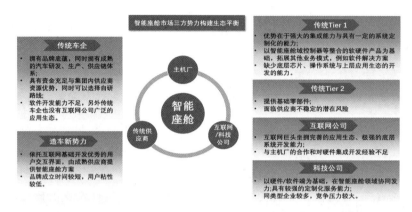

图1-4-3　主机厂、传统供应商和互联网科技企业"三足鼎立"竞争格局[①]

随着人工智能、大数据、互联网等诸多技术的发展,消费者生活水平以及互联网技术的提高,仅具备代步功能的汽车不再满足消费者日益多元化的需求。在这样的背景下,智能电动汽车应运而生,如图1-4-4所示。

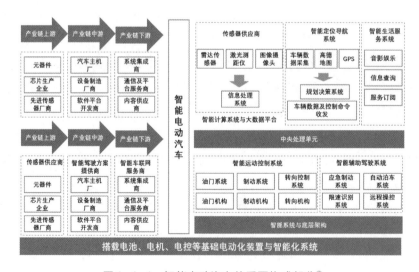

图1-4-4　智能电动汽车的重要构成部分[②]

① 资料来源:亿欧智库,亿欧汽车。

② 资料来源:亿欧智库。

2020年11月2日,国务院办公厅颁布的《新能源汽车产业发展规划(2021–2035年)》(以下简称《规划》)明确了新能源汽车"纯电驱动"的战略定位,进一步推进了新能源汽车的发展。2022年,新能源汽车的渗透率已经达到27.6%以上,可以说是卓有成效。未来随着相关技术的不断成熟,基础设施的不断完善,其渗透率有望进一步提高。而新能源汽车电动化与智能化为双螺旋关系,新能源普及率越高,后续智能汽车的普及速度也将越快,当然,汽车智能化也将使得新能源汽车的销量进一步提升。智能汽车是互联网时代继智能手机之后的第二个划时代产物。它集合了新能源、软件、汽车以及人工智能等多个产业成果,将会卷起未来几十年的技术浪潮。依据《中国智能网联汽车发展路线图2.0》,2020年至2030年,中国智能网联汽车分两阶段发展,其中第一阶段至2025年,亿欧智库推断新能源智能电动汽车的销量或将突破1000万辆。两个阶段的具体目标如图1-4-5所示。

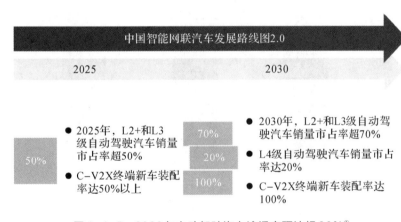

图1-4-5　2030年自动驾驶汽车渗透率预计超90%[①]

可见,在未来,汽车智能化是大势所趋,同时,汽车智能化的浪潮也会改变原有的产业价值分布格局,智能化能力将会成为新的汽车"价值焦点"。具体而言,前文所述的汽车EE架构和电气化是汽车智能化的第一步,正是由于汽车的电动化,其价值焦点逐渐从机械性能上转移至智能化性能和为

---

① 资料来源:《中国智能网联汽车发展路线图2.0》,太平洋证券。

客户提供持续服务的能力上,智能汽车制造商的角色转变为服务商,设计研发、后市场服务等环节的软件价值成为其重点关注领域,这使得产业"微笑曲线"不断向后端延伸,形成"制造+服务"的价值链条。其中,服务所增加的价值始终贯穿于汽车的整个生命周期,促进了汽车产业总价值的上升。

在"软硬件共同定义的时代",软件将会成为智能汽车提升服务、获得价值的关键所在,但是这并不意味着硬件就不重要,其是软件实现迭代更新的重要保障。而OTA能力则是汽车迭代升级和主机厂持续创造服务价值的关键。通过OTA升级,主机厂的整车功能得到进一步提升,车辆循环迭代周期缩短,维护成本降低且增值服务不断增加,进而持续为消费者提供消费价值。根据麦肯锡的预测,到2030年,全球汽车市场中,软件的市场占比将达到30%,较2016年增长近三倍。如图1-4-6所示。

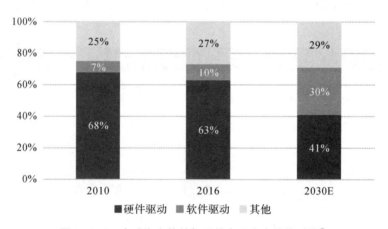

图1-4-6 全球汽车软件与硬件产品内容结构对比[1]

二、自动驾驶技术

自动驾驶和智能座舱是汽车智能化的重点领域。在自动驾驶领域,我们正处于高度定制到标准化阶段,最终目标是"解放"双手,相当于为汽车配备了一个"隐形司机",进而使得汽车不再是"行走的精密仪器或计算机",汽车将会成为真正意义上的"移动空间"。

---

[1] 资料来源:麦肯锡,盖世汽车研究院,民生证券研究院。

智能驾驶按照智能化程度从低到高可划分为L0、L1、L2、L3、L4、L5六个级别，能够涉及的场景包括开放或是封闭道路场景，甚至是全场景。自动驾驶技术一旦成熟，汽车相当于拥有了一名"隐形驾驶员"，驾驶员的手、脚、眼以及注意力都将得到解放。汽车将不再是简单的代步工具，而是真正意义上的第三"移动空间"。在这个空间里，人们能够进行办公，也能够实现娱乐。如图1-4-7所示，L3是一个分界线，自动驾驶等级在L3以下的汽车主要控制人依然是驾驶员，而自动驾驶等级在L3及以上的汽车主要控制人转变为自动驾驶系统。然而，L3级自动驾驶技术受到技术、法规等限制，尚未投入量产。它只在小批量车型上搭载，或者一些L3级别的功能在L2+车型上有所体现。

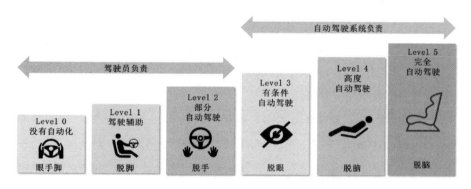

图1-4-7 自动驾驶等级[①]

自动驾驶的技术框架包括感知层、决策层和执行层三方面内容。自动驾驶的关注点是车载传感器（眼睛）和计算平台（大脑），两者率先实现量产，引领了行业发展趋势。自动驾驶中，车辆的主轴为"数据采集-分析判断-执行命令"，三者分别通过感知层、决策层和执行层来实现，如图1-4-8所示。

---

① 资料来源：新浪汽车。

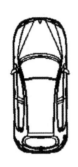

❖ 感知层→"眼睛"
通过加装摄像头、激光雷达、毫米波雷达等传感器设备,感知周围环境。

决策层→"大脑"
接收感知层数据并进行分析,判断当下应该执行的操作并规划最合理行驶路线。

◎ 执行层→"四肢"
接收决策层数据并进行分析,判断当下应该执行的操作并规划最合理行驶路线。

图1-4-8　自动驾驶框架[1]

(一)感知层

感知层是自动驾驶的"眼睛",具体包括激光雷达、高精度地图以及摄像头等。通过感知层获取的数据信息是自动驾驶技术的"认知起点",之后经过对这些数据的处理、分析、决策和执行,自动驾驶才得以实现。在感知层的所有部件中,智能传感器是其核心组成。

依据主导传感器的类型对感知路径进行划分,较为主流的感知路径有两条:一是由于成本低、算法成熟而广泛应用于L0—L2级自动驾驶系统,重视算法,轻感知的摄像头视觉派,超声波雷达和毫米波雷达等归属于辅助组件,其核心在于视觉算法的准确性和高效性。二是重视感知,并主要应用于L2级自动驾驶以上的激光雷达融合派。其主要是通过激光雷达获取路况信息,补充信息主要是由辅助设备高精度地图、摄像机以及毫米波雷达等组件获取,这使得其能够获得更加安全冗余的路况信息。具体如表1-4-2所示。

表1-4-2　摄像头视觉派与激光雷达融合派比较[2]

	摄像头视觉派	激光雷达融合派
优势	成本低;技术成熟度高;产业链成熟度高;符合人眼逻辑	识别率高;环境适应力强

---

[1] 资料来源:亿欧智库,太平洋证券。

[2] 资料来源:电子发烧友,国金证券研究所。

续表

	摄像头视觉派	激光雷达融合派
劣势	易受天气影响；易受光照影响；算力需求较高；需要大量图像训练集	易受天气影响；成本高；工艺复杂；技术成熟度低；产业链成熟度高；车规认证较难
代表厂商	特斯拉。	谷歌、华为、造车新势力、传统整机、车厂等

如表1-4-3所示，短期来看，摄像头视觉派由于平均成本仅需664美元，远低于激光雷达融合派的平均成本2114美元，所以其能够暂时主宰市场，但是在感知层面的不足，使得其长期受限于感知缺陷产生的"安全陷阱"。所以，从长期看，激光雷达相关技术将会越发成熟，有望实现下沉，逐步实现向中低端车型的渗透，是未来的重点发展方向。

表1-4-3　摄像头视觉派与激光雷达融合派的成本对比[①]

	传感器	平均成本（美元/个，2021年）	L2+/L3平均单车配置数量（个）	感知系统成本（美元）
摄像头纯视觉派	摄像头	65	8	664
	超声波雷达	12	12	
激光雷达融合派	摄像头	65	8	2114+
	超声波雷达	12	12	
	毫米波雷达	90	5	
	激光雷达	1000+	1	

（二）决策层

决策层是自动驾驶技术发展的关键，其依靠高计算能力的计算单元赋予汽车真正的"思考能力"，是最具颠覆性的环节，是自动驾驶的"大脑"。

在硬件架构层面，原有的ECU运算要求被完全削弱，域控制器及其主芯片成为运算的核心。

首先，自动驾驶的底层载体是芯片。随着智能化程度的不断提高，原有的微控制单元（简称MCU）已经不能满足汽车对于算力的需求，再加上汽车

① 资料来源：电动汽车百人会，禾赛科技，特斯拉，盖世汽车、民生证券研究院。

架构向着集中式迭代,域控制器逐渐成为汽车计算决策的中心。主控芯片作为计算能力的"底层载体",不仅需要进行逻辑判断,还需要对图片、雷达以及视频等大量非结构化数据进行处理和集成。因此,自动驾驶主控芯片将DSP、GPU、NPU等模块集成到一个SoC芯片中,该芯片具备了控制单元和大量计算单元、可支持多任务并发和海量数据处理、进而实现自动驾驶的复杂功能。

按照处理器芯片架构的不同,处理器可被分为CPU/GPU/DSP/ASIC/FPGA等。几者的区别具体如表1-4-4所示。

表1-4-4 不同类型处理器差异比较[①]

	CPU	GPU	FPGA	ASIC
定义	中央处理器	图像处理器	现场可编程逻辑门阵列	专用处理器
算力	算力最低	算力高	算力中等	算力高
上市速度	快,产品成熟	快,产品成熟	较快	上市速度慢,开发周期长
成本	用于数据处理时,单价成本最高	相对较低	较低的试错成本	相对较高
功耗	较高	高	较低	非常低
适用场景	通用性强,广泛应用于各种领域	通用性强,广泛应用于各种图形处理、数值模拟、机器学习算法领域	适用成本要求较低的场景	场景单一,主要用于等高算力需求领域,AI专用算力最强
代表公司	英特尔	英伟达,AMD		Mobileye、地平线、黑芝麻等

由于仅依靠CPU这一处理器很难满足自动驾驶对海量数据处理和AI算法部署的需求,自动驾驶的SoC芯片通常采用多个处理器,一般是"CPU+XPUs"的架构,前者负责整体统筹和逻辑运算,后者则负责大规模的并行计算。XPUs主要是由GPU、FPGA、ASIC混搭而成的组合,根据不同的XPU

---

① 资料来源:IT之家,民生证券研究院。

选项,有三种路线,如图1-4-9所示。

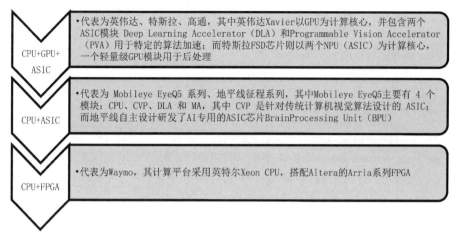

图1-4-9　"CPU+XPUs"的三种架构①

中低端路线:主机厂的考量将从"高算力"转移为"快速量产",因而会选择"性价比"较高的芯片厂商。例如Mobileye、地平线、TI、NXP、黑芝麻等。

在芯片选择方面:主机厂一般会依据车型或是车辆整体价格选择不同类型的芯片制造商。在智能化的浪潮下,仅仅掌握自动驾驶核心技术并不足以实现主机厂长期的盈利目标。随着用户需求的日益多元化、多样化,主机厂还需推出多款车型。一般来说,主机厂通常会将受众和成本结合进行综合考虑,在高端车型中配置"高标准"硬件,以便为OTA能力的后续迭代做好准备。在中低端车型中,考虑到"性价比",一般只搭载ADAS系统。所以,不同的产品定位会使得主机厂选择不同的芯片制造商:若是定位高端的车型,主机厂倾向于选择"高算力"的高端芯片。生产高端芯片的厂商有华为、高通以及英伟达等。若是定位中低端的车型,"高算力"将不是重点考虑指标,其将会考虑"快速量产"这一全新指标,因此他们将选择"性价比"更高的芯片制造商。例如,Horizon、恩智浦以及黑芝麻等。

其次,自动驾驶域控制器作为集中式架构下的新产物,其核心通常为高

① 资料来源:民生证券研究所。

算力芯片,具体包括 MCU、CPU 及 AI 芯片等,现已经成为决策层的硬件核心。其主要负责融合和处理自动驾驶过程中大量传感器数据,并以此为基础向汽车的动力单元发出指令。如表1-4-5所示。

表1-4-5 域控制器核心底层硬件分类[1]

分类	作用	特点	典型产品
AI芯片	通常是 GPU、FPGA 等,主要承担环境感知和深度学习等超大算力需求,主要完成多传感器融合数据的分析和处理,输出用于规划、决策和控制的周围环境信息	当前完成硬件加速功能的芯片通常依赖内核系统(多用 Linux)进行加速引擎及其他芯片资源的分配、调度	英伟达 Xavier 的 GPU 单元、异腾310、地平线BPU
CPU	承担大规模浮点数并行计算需求,主要用于环境感知和信息融合,执行大部分自动驾驶相关的核心算法,整合多传感器融合数据完成路径规划等	采用车规级多核 CPU 芯片,单核主频高,装载 Hypervisor、Linux 等内核系统管理软硬件、完成任务调度	比如华为 MDC 搭载的鹏920
MCU	控制单元,完成车辆动力学横纵向控制任务,主要负责逻辑运算和决策控制,处理高精度浮点数串行计算	加载 ClassicAUTOSAR 平台基础软件,MCU 通过通信接口与 ECU 相连	Infineon 的 TC297 或者 TC397 等

域控制器供应商主要包括主机厂(自主研发域控制器用以实现更深度的融合)、高端解决方案的一级供应商(Tier1)以及中低端解决方案的一级供应商(Tier1)三类玩家。

其中,主机厂的自主研发路线分为两种,一种是以小鹏汽车、蔚来汽车为代表的"设计-代工"模式——控制器设计上进行自主研发,制造层面交由代工厂进行;另一种是以特斯拉为代表的"自主研发-制造"一体化。特斯拉在信息娱乐系统(IVI)、辅助驾驶系统(ADAS/Autopilot)和车载通信的集中控制和管理方面处于领先地位,并自行设计和制造了一个中央计算平台,领先其他汽车制造商五年,创建了 E/E 架构,并实现了自主研发的软硬件闭环。

---

[1] 资料来源:《车载智能计算基础平台参考架构1.0》,民生证券研究院。

　　高端解决方案Tier1一般需要进行定制开发,这主要是因为车企的算法功能要求、芯片或是传感器配置都不尽相同,也不存在规范化的标准。所以本地化服务能力、工程能力以及芯片适配能力是高端解决方案Tier1的核心竞争力所在。该类型的制造商包括华为、德赛西威以及均胜电子等;中低端解决方案Tier1包括经纬恒润、博世以及安波福等。

　　中低端解决方案Tier1以"交钥匙"方式向解决方案商演进。目前,ADAS算法及其功能逐渐标准化,传感器的配置相对固定。为了实现部分ADAS功能的快速量产,主机厂更喜欢Tier1提供的包括域控制器、上层算法甚至传感器在内的"交钥匙"解决方案,并更注重产品的性价比和解决方案的成熟度。

　　上述情况都属于短期域控制器发展路线,但从长远来看,随着软硬件解耦的深入,主机厂自身能力得到提升,高端解决方案以及中低端解决方案都有可能逃不过解耦的终局(可能存在部分主机厂由于自身能力不足,仍然选择Tier1方案)。而主机厂将完全掌握"软件算法＋操作系统/中间件＋域控制器设计"等关键环节,控制器Tier1也可能从"软硬件设计"重回"OEM"的制造属性。如图1-4-10所示。

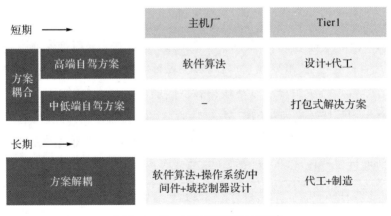

图1-4-10　域控制器演进路线[①]

① 资料来源:民生证券研究院。

在软件架构层面,以操作系统(OS)为基石,通过迭代算法最终实现功能落地。基于芯片的计算能力,硬件和软件资源的控制和管理及合力分配主要由操作系统负责,而包括自动泊车、自动巡航在内的特定功能的实现则主要由算法层负责。

第一,操作系统是自动驾驶领域的"安心管家"。

若是按照内核是否全新构建进行层级划分,自动驾驶OS可分为底层操作系统和顶层操作系统。前者为全新构建,后者则是在基础性操作系统上进行包括应用程序框架、硬件驱动以及修改内核在内的定制化开发。所以,两者中真正的价值核心应当为底层操作系统而非顶层操作系统。

安全性和低延时性是自动驾驶OS所必须具备的特性。这主要是因为其还需负责"集中管理",即以域控制器和芯片为底层支撑,设置相对应的内部通信接口,继而在软件请求的驱动下,根据算力的需求,对硬件资源进行相关的调用分配。其中,安全性主要体现在两方面,一方面是在长时间程序运行过程中,自驾OS能够提供稳定的、高度安全的管理保障;另一方面是为提高自身信息安全防护,需要降低弱性水平。同时,由于在自动驾驶过程中,感知传感器每小时产生的数据均是tb级别,这就要求自驾OS具备极为迅捷的响应速度,能够在极短的时间内完成数据分析、行车决策的制定等流程。

第二,自动驾驶的升级迭代与算法息息相关,因此算法是智能电动汽车行业竞相争抢的"技术高地"。自动驾驶域算法按照技术环节,可分为感知算法、融合算法、决策算法以及执行算法四层面。其中,感知算法负责将传感器产生的数据转换为车辆所在场景的机器语言(包括物体运动估计、识别和跟踪等);融合算法负责将不同传感器采集到的基于图像或点云等不同维度的数据进行"量纲统一"处理;决策算法主要负责在感知算法输出结果的基础上,给出包括路径规划、行为决策等在内的动作指令;执行算法则是在决策层输出结果的基础上,调动底层模块,例如向"油门、刹车"等核心控制部件发送指令,使车辆沿计划路线行驶。若是按照技术演进阶段,可划分为ADAS算法和自动驾驶算法。如图1-4-11所示。前者的供应商一般都是单功能模块供应商,应用范围主要是L1—L2辅助驾驶阶段;后者的是前者进阶版,其将许多单功能算法封装在原始ADAS算法中,形成更全面的集成方案,应用范围为L2+级别的自动驾驶。

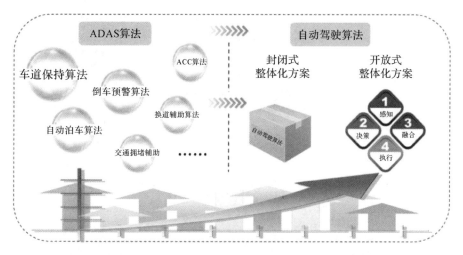

图1-4-11　ADAS算法向自动驾驶算法的演进①

(三)执行层

执行层主要是依据决策层给出的反馈指令代替人对车辆进行横向和纵向控制。其以环境感知技术为基础,根据决策所规划的目标轨迹,通过纵、横向控制系统的协调,使车辆在行驶过程中实现调速、变道等基本操作。其中,纵向控制包括车辆行驶和制动控制,横向控制包括方向盘角度的调整和轮胎力的控制。当横向和纵向控制均实现之后,执行层即可按照给定的目标和约束控制车辆的运行。

为实现自动运行,执行模块首先应当电子化。因为传统的纯机械执行机构只有在进行电子化升级(即进行线控化,具体包括线控制动、线控转向和线控油门)之后才能够集成到辅助驾驶系统当中,以实现自动驾驶功能。

如图1-4-12所示。线控制动系统的发展经过了三个阶段,传统的液压/气压制动系统阶段、电控+液压制动系统(EHB)以及线控制动系统(EMB)阶段。

---

① 资料来源:电子发烧友,民生证券研究院。

图 1-4-12　车辆制动系统发展历程[1]

　　线控转向系统不同于传统的转向系统,方向盘和执行器之间的机械连接被取消,转向由电子控制系统实现,进而使得其与其他子系统(如感知、动力、底盘等)集成更方便,车辆的安全性和操纵性也因此得到有效提高。如图 1-4-13 所示。

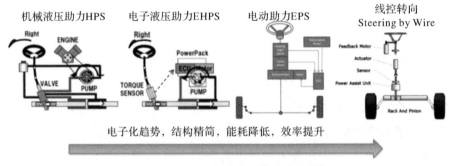

图 1-4-13　车辆转向系统发展路线[2]

　　线控油门就是电子油门系统,主要由 ECU、踏板位移传感器以及数据总线等执行机构组成。由于其具备辅助驾驶系统集成方便、省油、平稳、不易熄火、控制精度高等特点,所以得到广泛应用。

① 资料来源:盖世汽车研究院,国金证券研究所。
② 资料来源:盖世汽车研究院,国金证券研究所。

三、智能座舱革命

(一)智能座舱重新定义汽车为"第三生活空间"

产业的高度成熟,必然推动汽车市场从卖方市场向买方市场的深度转型。与此同时,汽车产业快速演进的主要驱动力已从供给端的产品和技术驱动逐渐转变为日益增长的用户需求驱动。用户对汽车价值的理解也从简单的代步工具转变为生活的"第三空间",实现空间塑造的核心载体就是汽车座舱。此外,大数据、AI以及芯片等领域的创新使得智能座舱沿着"本地化-网络化-智能化"的方向不断升级。进入智能驾驶舱时代后,相关技术依旧在迭代中,"第三生活空间"将会是智能座舱的最终发展方向。如图1-4-14所示。

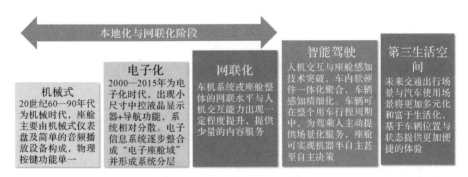

图1-4-14　汽车座舱发展史[①]

具体而言,智能座舱的演化阶段可分为创新、迭代和颠覆三个阶段。其中,创新包括座舱内外配置革新两部分内容,内部包括多模态交互和车内场景化,外部则是指 AIoT 终端互联;迭代是指架构升级,包括硬件架构和软件架构两部分内容;颠覆指的是智能座舱的外延生态,未来会向着多终端生态,并最终向着元宇宙发展。如图1-4-15所示。

---

① 资料来源:IHS Markit。

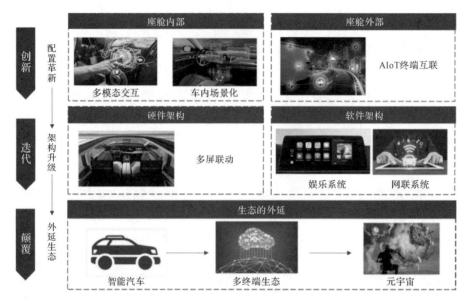

图1-4-15 智能座舱经历"创新-迭代-颠覆"演化①

（二）智能座舱在"化茧成蝶"的过程中始终遵循横向配置升维和纵向架构革新的纵横规律

从横向配置升维的角度看，智能座舱的功能得到了延展，延展范围包括座椅、氛围灯以及HUD等。这使得汽车具备感知交互和高性能显示的能力。同时，标准的API接口使得传统座舱功能布局碎片化的缺点得以弥补，进而实现"多屏融合、多系统融合"。此外，T-BOX等网联功能的配置模糊了内外边界。

从纵向架构革新的角度看，架构革新后的智能座舱具备车载娱乐、实时监控以及智能交互的能力。未来，智能座舱的"触角"或将延伸到ADAS功能中，并在雷达传感器和摄像头的配合下获取路况、车况等信息，再基于座舱控制器进行环境建模和决策判断，使用户实现多种应用程序一次交互、多内容一次呈现，最终完成"乘客化"的沉浸式维度升级体验。如图1-4-16所示。

---

① 资料来源：民生证券研究院。

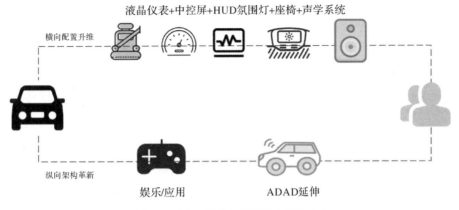

图1-4-16　智能座舱纵横布局生态①

一是横向配置升维。

座舱智能化有三个必不可少的要素:一是多模态交互,虽然中控大屏上的交互模式由按钮控制转变为触控模式,但存在反应慢、视觉占用等影响行驶安全的问题。这使得智能座舱的交互逐渐向着多模态交互(包括触摸交互、语音交互、手势交互等)发展。二是网联功能。其使得智能汽车的互联范围从车内扩大至道路段、云端等多终端,并通过OTA创造软件的消费价值和服务利润。三是车内场景化。即通过对声学系统、氛围灯以及座椅的智能化升级,打造视听触觉等多维度的立体感,带给用户最直接的智能化体验。

首先,交互方式升级带动的"多屏化"趋势正在逐渐显现。这主要体现在中控屏、仪表板和后视镜等"标准"产品进一步升级为"智能"产品,HUD(平视显示器)和后座显示器等HMI屏幕也被纳入其中,为用户提供全面的视觉交互盛宴。由于各屏幕之间彼此独立,所以过多的屏幕分散了驾驶员的注意力,引发安全隐患,因此,座舱开始出现"联屏化"设计。例如,中控屏和仪表台的一体化,不仅可以在中控屏幕上获取导航地图、多媒体等功能信息,还可以显示车辆的制动力、油门开度等状态信息,形成良好的联动,提高

① 资料来源:民生证券研究院。

行车安全性。现阶段,中控屏的联动已经实现了双屏、三屏、四屏等多屏的"联屏化"。

目前,我国HUD的渗透率非常低,不到10%。未来,在"多屏化"趋势下,HUD抬头玻璃应运而生且渗透率不断提升,预计到2025年起渗透率将会达到39%,未来或将成为智能汽车的标配。HUD抬头玻璃是一种能将导航、行驶速度等信息投影到挡风玻璃上的智能化玻璃。它的出现大大提高了行车的安全性。若是将HUD抬头玻璃进一步细分,可分为C-HUD、W-HUD、AR-HUD三类,三者的区别如表1-4-6所示。其中AR-HUD是AR技术和HUD的结合体,是未来的主要发展方向。

表1-4-6 HUD分类[①]

分类	成像方式	显示内容	成像大小与距离	搭载成本与难易
C-HUD	半透明树脂板成像	车速、导航、油耗、温度	成像区域小 投影距离近、位置低	搭载成本低;安装便利,适合后装市场
W-HUD	前挡风玻璃成像	车速、导航、油耗、温度、中控娱乐信息,来电显示,路况,天气,行车警告	成像大小约7—12寸 投影距离近	搭载成本较高;对前挡风玻璃有一定要求,以实现量产,为当前主流前装HUD
AR-HUD	前挡风玻璃成像	车速、导航、油耗、温度,中控娱乐信息,来电显示,路况,天气,行车警告,ADAS辅助系统	成像大小约9—55寸 投影距离远	搭载成本高;须依靠强大算法,对前挡风玻璃要求高,未来应用前景广阔

其次是网联,包括汽车T-box、后台系统、手机APP以及主机四部分内容,其中需要重点关注T-box系统(又称车载无线终端),因为其是智能座舱网联化功能实现的必要条件。该系统是一款安装在汽车上由移动通信单元、微控制器、存储器,以及GPS单元等组成的嵌入式系统,主要负责手机APP以及后台系统的互联通信,跟踪控制汽车,以实现手机APP以及后台系

---

① 资料来源:盖世汽车,民生证券研究院。

统的控制与车辆信息显示。若是将一台智能汽车看成一台智能手机,那么T-box就是这台"汽车手机"的"猫",是将网络与"汽车手机"连接起来的端口。其功能是在原有硬件(芯片和电路板)的基础上通过系统编程实现的。目前,T-box的功能主要包括GPS、安防服务、4G/5G联网、拖车唤醒(传感器芯片)、车辆数据采集等,如图1-4-17所示。

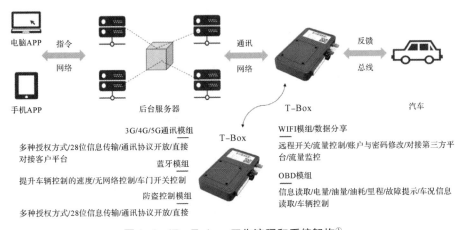

图1-4-17　T-box工作流程和系统架构[①]

　　随着5G技术的商业化以及汽车智能化和网联化程度的不断提升,推动T-Box不断升级,也使得其在燃油车市场推广开来。高工智能汽车研究院监测数据显示,2022年1月至6月,国内共有576.41万辆具有前装搭载车联网功能的新乘用车(不含进出口)上线,同比增长4.12%,前装搭载率为64.79%。

　　对于T-Box未来发展方向,联友科技总经理助理文军红表示,T-Box正朝着5G、V2X和高精度定位等功能的集成方向发展,并将逐渐发展成为信息和通信领域的控制器。同时,为适应电子电气架构的发展趋势,T-Box的功能将会逐渐增加,并经历单一电子单元-信息通信域控制器-高性能计算平台三个发展阶段,而随着车内总线速率的提高,T-box将为驾驶舱和智

────────────

① 资料来源:头豹研究院。

能驾驶领域提供更多支持。

国内 T-Box 参与方包括华为、斯润天朗、经纬恒润以及联友科技等。其中,华为从通信芯片到模块、T-Box 进行了垂直布局,利用 5G 芯片的先发优势,推出了 5G 车载模块 MH5000 和 5G 车载终端 T-Box 平台,并在 5G 模块和 T-Box 前装市场实现首次量产。其先后搭载在比亚迪汉、广汽新能源 Aion V 等车型上。

最后是车内场景化。氛围灯、声学系统和座椅等内部装饰设备构建了车内的三维场景,为用户提供了更高维度的消费体验。其中,氛围灯作为装饰与指示的结合,通过不同种类的光载体和色彩变化,可以营造出科技感、未来氛围感的效果;同时也可利用氛围灯控制器精确控制不同的氛围灯节点,在具有高计算能力 DECU 和高效 CAN 总线传输下,能够实现与驾驶员场景匹配的智能环境感知控制。

在汽车智能的驱动下,未来的氛围会更加注重智能和情感。车主可使用 APP 或语音、手势和触摸来控制灯光。或者让氛围灯结合音乐、温度、发动机转速、速度等来适应乘客的不同情绪。当然,在不同场景下,人们可以根据个人的需选择不同的灯光来显示内容,给用户提供更人性化的体验场景。

消费者需求的增加和叠加技术应用场景的突破,推动声学系统"量+价"的提升。在量级上,为满足消费者日益多样化的需求,个性化和高端化将会是未来的发展方向,并且多频扬声器、功率放大器等的声学配置将会不断增加。从价格角度来看,随着联网功能的发展,声学系统将不再局限于简单娱乐功能的输出,而是面向信息、安全和其他任务的集成,进而使得整个声学系统的价格提升。

车内座椅顺应智能化发展趋势,进行了多场景化升级。作为生活、移动办公、娱乐的多功能集成商,座椅也随着场景的变化而变化,增加了加热、记忆以及按摩等智能功能,提高了舒适度。佐思汽研和乘联会预计到 2025 年,记忆和加热功能的渗透率将分别提高到 48% 和 64%。同时,智能座椅还可以与自动驾驶等功能相结合,发挥其安全性能。

二是纵向架构的革新,包括硬件架构和软件架构两方面内容。

第一，硬件架构。硬件架构中最重要的是座舱域芯片，其是支撑功能运作的底座，未来将会向着智能化和网联化方向发展。其中，"智能化"体现在"一芯多屏"架构下，以高算力为支撑，对多样化、复杂的交互任务和多个并发车载应用的处理能力。"网联化"是指基于车联网生态的驾驶舱内部与外部（如车辆端和道路端）之间的交互能力，具体表现为5G Modem技术的扩展。

首先，智能化。随着智能座舱功能的不断多样化，迫使MCU芯片（仅有单个CPU计算单元）升级为具有更强计算能力的SoC芯片（集成了GPU—图像处理、NPU—神经网络处理等大量计算单元），以承载图像、音频等大量非结构化数据。其中，CPU主要负责交互功能和应用程序的逻辑运算，并负责任务调度。在多模式交互和日益丰富的应用生态的驱动下，CPU的计算能力将以数量级增长。同时，对于娱乐信息系统，车载应用通常是多任务并发的，因此芯片的多重并行计算能力越来越重要。同时，叠加应用程序的高并发性加上图像显示的高标准将促使GPU逐渐从CPU中脱颖而出，成为图像专用处理器，以承载所需的高性能计算能力和高渲染能力。对于生物识别、语音控制等交互功能，以及声学系统、氛围灯，高性能的AI处理器将有助于加快传感任务的处理速度，提高芯片的计算速度。

其次，网联化。5G通信技术已成为提高座舱网联性能的关键因素。成熟的通信技术是决定座舱网联性的关键。与4G通信技术相比，5G通信的高速、低延时、广覆盖等特点更能满足智能座舱域控制器对海量数据连接的需求，更符合"传输趋势"。

第二，软件架构。软件和硬件的加速分离促进了软件架构向计算平台的升级。EE架构开始向集中化发展，域控制器方案的出现将完全削弱底层ECU的计算能力，并将功能处理交付给域控制器进行控制。这样，将有利于实现底层资源的标准化、通用化，并进一步减少硬件和软件之间的耦合，从应用层分离的解耦范围扩展到整个软件架构，使其独立于硬件，发展成"芯片—Hypervisor—操作系统—中间件—算法"的计算平台。

Hypervisor的角色是多个操作系统融合的"沟通者"，其运行于操作系统与硬件设备之间，可在虚拟化环境中调度内存区域、外部设备等硬件资源。同时,在其"帮助"下,多个操作系统能够共享硬件资源,保持软件独立,简言之,就是在一个操作系统的软件故障并不会影响到其他操作系统的运作。操作系统扮演着智能座舱的生态"定义者"。智能座舱作为"第三生活空间"的基础,构建了"内外延伸"的车机生态。而车机生态的核心是操作系统。若将操作系统进一步细分,可分为底层车机OS和顶层车机OS。其中,前者把握住了内核,是各种操作系统的"基石"。中间件扮演着应用软件之间"通信者"以及底层资源的"调度者"。其将底层硬件从应用层中分离出来,是软件硬件解耦的关键角色。算法则是各主机厂竞争的焦点所在。其可细分为驾驶员面部和动作识别类、座舱声音和光线识别类四大类。

第二辑

新能源汽车产业链公司创新、发展、转型案例研究

第一章　全球领先的新能源创新科技公司
——宁德时代

宁德时代,成立于2011年,其发展历程如图2-1-1所示。宁德时代发展至今日,已被市场尊称为"万亿宁王",是全球领先的新能源创新科技公司,是具有国际和国内竞争实力的动力电池制造商,市场地位不可撼动。

在国内动力电池市场,宁德时代是绝对龙头企业,其市场份额基本保持在一半左右。在2017—2019年的三年间,公司凭借超强的产品竞争力和白名单支持,市场份额稳步提升至51%,成为中国市场绝对的领导者。2020年,随着海外竞争对手的进入和供应链安全的二级供应商的积极追求,公司的市场份额略有下降,但仍保持在接近一半的水平。2021年公司市场份额即增长至52.1%。2022年3—10月,宁德时代市场份额5年来首次降至50%以下。全年的市场份额也从2021年的52.1%下降至48.2%。但是,即使如此,其市场份额仍远超其他企业,可见,中国动力电池市场始终保持着宁德时代一超多强的局面。

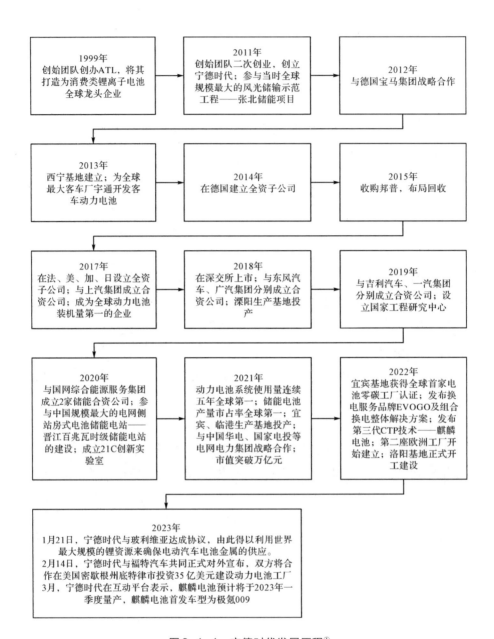

图2-1-1 宁德时代发展历程①

---

① 资料来源：宁德时代官网。

　　同时,宁德时代不断加大海外市场布局。2020年至2022年,宁德时代境外业务收入及其营业总收入占比逐年上升,2022年其境外营业收入增至769.23亿元,占比达到23.41%。其中绝大部分收入来自动力电池。宁德时代现已是全球领先的动力电池企业,其市场份额从2017年起连续6年保持全球第一。如图2-1-2所示,2022年,宁德时代以193.1GW·h的装机量占据了全球市场37.43%的份额,坐上全球第一的宝座。从市场份额的角度看,其远超排名第二的LG新能源(14.03%的市场份额),甚至高于LG新能源、比亚迪以及松下三者的累计市场份额。从动力电池装机量的角度看,其装机量是LG新能源的2.67倍,是比亚迪的2.71倍。可见,即使是在全球动力电池市场,宁德时代依旧是"一超多强"局面里的那"一超"。可以说,宁德时代在动力电池领域享有绝对的主导权和话语权,并且受益于长期的研发投入以及多年的技术积累,收到了特斯拉、苹果等全球科技巨头抛出的"橄榄枝"。同时,为了防止成为第二个"华为"(遭到美国"卡脖子"),宁德时代在无钴电池、无稀有金属、钠离子电池以及麒麟电池等多领域进行布局。

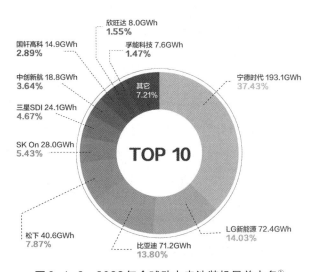

图2-1-2　2022年全球动力电池装机量前十名[①]

———————————

[①] 数据来源:市界公众号。

宁德时代之所以能够取得如今的成绩,离不开其优秀的掌门人曾毓群和管理团队,也离不开其优秀的产能布局。

从掌门人的角度看,曾毓群是全球锂电池领域的领军人物。1989年,曾毓群从上海交通大学毕业后在国企工作,之后,选择离开国企,加入了外资企业SAE做技术人员,并在31岁成为SAE最年轻的工程总监,也是中国大陆唯一的工程总监。从高层管理团队的角度看,宁德时代的高管都属于高素质人才。其中,有人掌握着锂电池的先进研发技术,有人曾深耕于新能源和电池行业,有人有着丰富的行业知识、管理和战略咨询经验。可见,公司的高管团队具备了核心技术人才,也具备了管理开发相关人才,团队中的每一位都利用自身优势,帮助企业发展壮大。

从产能布局的角度看,截至2022年年底,宁德时代现有产能为390GW·h,在建产能为152GW·h,未来规划新增产能约为1000GW·h,并且其产能利用率非常高,达到了83.4%。目前,其在全球范围内已建有14个大型生产基地,其中11个在国内(包括广东肇庆生产基地、福建宁德生产基地、山东济宁生产基地以及青海西宁生产基地等),3个在国外(包括印尼生产基地、匈牙利生产基地以及德国生产基地)。其中,德国生产基地在2022年实现了电芯及电池模组的量产。

从股权结构的角度看,截至2022年,宁德时代的创始人曾毓群控制的瑞庭投资持有公司23.33%的股份,为公司的第一大股东,也是宁德时代的实际控制人。创始团队合计持有宁德时代38.53%的股权,对公司具有绝对的控制权,这在一定程度上保证了企业的稳定发展。宁德时代旗下参股、控股的企业众多,具体又可分为上游矿场、电极材料和电池回收、动力电池制造、储能系统制造四大模块。

一、宁德时代产业链布局及解决方案

(一)产业链布局

宁德时代多年来不断延伸上下游环节,构建了产业链闭环,实现了关键节点全覆盖及循环梯次利用。宁德时代的动力电池系统从电芯到电池的生产、销售都有着完整的生产线布局。同时,其通过收购广东邦普成功布局电池原料回收,实现了电池"生产-使用-梯次利用-回收与资源再生"闭环产业链,如图2-1-3所示。

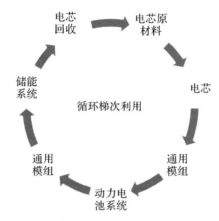

图2-1-3 宁德时代主营业务布局形成产业链闭环

纵向布局:从上游镍锂矿资源开发商,到正负隔膜电解液研发制造商,再到下游整车制造商、储能设备供应商,宁德时代通过战略合作、合资或全资子公司的方式参与到以动力电池为核心的上下游业务当中,在成本、技术创新、绿色低碳以及效率方面打造韧性供应链。具体而言,宁德时代在2012年开始了电力储能、储能装备等储能设备以及动力电池(主要为动力电池)的布局,在2005年便开始布局磷酸铁锂、三元前驱体、三元正极、电池回收、正极材料、新材料等锂电材料,在2018年开始布局锂矿和镍矿等上游矿产。2022年公司花费不超过190亿元的资金以证券投资的形式投资境内外电池产业链上下游的优质上市公司。2023年2月,公司花费8000万元注册成立了宜春时代智能科技有限公司,主要负责电池及新能源换电设施的销售、汽车零部件及配件制造等。公司的具体布局情况如图2-1-4所示。

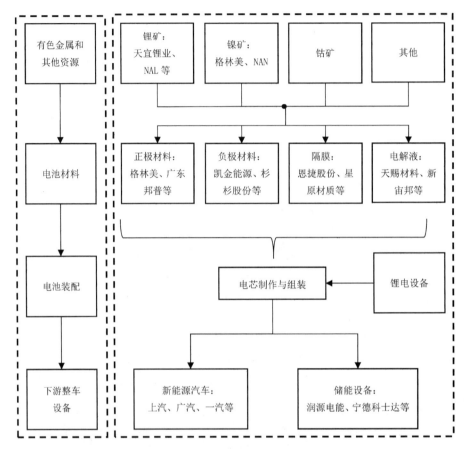

图 2-1-4　宁德时代产业链布局①

　　横向布局:除动力电池和储能外,公司在太阳能、风能、汽车金融、半导体以及集成电路等领域均有布局,且在部分领域取得了不错的成绩,为宁德时代新能源航母能够稳定且长期运行提供了充足的保障。例如,在2021年,比亚迪与永福股份合资成立了时代永福,为新能源企业提供一揽子通用解决方案,帮助产业链企业实现碳轨迹优化。

　　此外,公司还与多个省市以及新老能源集团开展战略合作。例如,在省市合作方面,公司与广东、江西、江苏、贵州、山西等地政府均有合作。在与

① 资料来源:公开资料整理。

新老能源集团合作方面,公司与三峡集团、中国能源建设总公司、华电集团等能源集团均有战略合作。通过以上合作,宁德时代的新能源产业供应链得到补充,储能、充电桩等新能源管理业务也得到了发展。

(二)解决方案提供商

目前,宁德时代为乘用车、商业应用、储能系统及循环回收四大领域提供解决方案。

1. 针对乘用车领域的解决方案

该解决方案在续航里程、快充技术、动力情况、电池寿命以及智能化电池管理五方面均具备一定的优势,如图2-1-5所示。

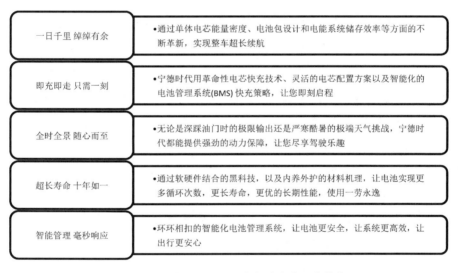

图2-1-5　宁德时代乘用车解决方案五大优势

针对不同类型的乘用车,宁德时代所给出的解决方案也有所不同。

一是纯电动私家车解决方案:宁德时代凭借快速迭代的材料创新、简化的产品设计和精细化的制造技术(如先进的高镍811技术、掺硅补锂技术等),使得纯电动私家车系统能量密度得到重大突破,轻松实现1000km的超长续航。而宁德时代独创的电池自加热技术,8分钟即可使电池温度从零下30℃上升至0℃。因此,即使是在冰天雪地中,汽车依旧可以畅行。同时,宁德时代的电池管理系统(BMS)不仅能够准确计算电池剩余容量,还能够将其计算误差保持在±3%以内。此外,宁德时代提供的快充技术,使得汽车仅需5分钟即可充满80%的电量。

二是纯电动运营车解决方案:纯电动运营车配备与纯电动私家车相同的BMS以及独创电池自加热技术。与其他车企的纯电动运营车解决方案不同,宁德时代开创了超长寿命动力电池系统的运营车解决方案,该方案完美地适应了运营车辆的高频特性,实现了24小时×365天的不间断运行。同时,凭借宁德时代独有的"快离子环"和"超级电子网络"技术,运营车30分钟内充电率即可达到80%。同时,宁德时代承诺为该类车型的电池提供最高8年或80万千米超长质保。相较于同级别燃油车,宁德时代所提供的解决方案能够每年为用户节省近6万元。

三是混合动力私家车解决方案。相比于纯电动乘用车,混合动力私家车的电池体积较小。该类电芯体积虽小,但是能量却不小,其与主流混合系统非常契合,再搭配材料层面的纳米级包覆等技术,材料导电性大幅提升,能够实现高速率放电,瞬间即可实现动力全开,使所有能量得到充分发挥。同时,整车油耗每百千米仅消耗1.3升,节省了近80%的油量,完美诠释了自然、车和人三者和谐共处的生活方式。并且,该电池在经历6000次充放电后仍可有80%容量保持率,因此其使用寿命可达15年。

2. 针对商业应用的解决方案

该方案具备五大优势:一是通过软硬件结合的黑科技创新,以及内养外护的材料机理,让宁德时代实现更长电池寿命、更优长期性能,带来更高的经济效益;二是从设计、测试、材料到生产工艺和加工流程的五层可靠保障,让每一颗电池都安全可靠、经久耐用;三是无论高温、低寒还是雨水侵袭,宁德时代都能提供全面的保障;四是以急速响应标准和全球化的售后网络,为用户提供高品质的售后服务;五是环环相扣的智能化电池管理系统(BMS),让电池更安全、让系统更高效、让出行更安心。

针对商业应用,宁德时代提供了道路客运、城市配送、道路清洁、重载运输、二轮车、工程机械、船舶和特种应用8个商业应用解决方案。其中,道路客运解决方案:道路客运一般具备高频次使用、高稳定性要求等特点,宁德时代为其提供了安全、可靠、持久的场景化解决方案。该方案能够广泛应用于城市公交通勤、客运以及团队通勤等运营场景。而针对城市配送解决方案，宁德时代所生产的电池适用性很好，能够很好地匹配轻卡、微卡、面包车等一系列车型。目前，该方案已经被广泛应用于快递配送、生鲜等场景。如在2020年4月17日，地上铁批量向国内某知名物流企业交付电动物流车，用于快递终端配送业务。所交付的电动物流车搭载的即是宁德时代动力电池，该电池采用高安全LFP体系电芯、高强度的电池包设计、无模组电池（CTP）技术和轻量化设计，极大地提高了车辆安全性以及载重量。同时，该电池支持快充，一个小时即可再次恢复充沛动力。

3. 储能系统解决方案

宁德时代的储能系统解决方案具备三大优势和三大方面。其中三大优势为全方位安全保障、全周期高效收益以及全流程解决方案。三大方面包括发电侧、电网侧和用电侧。

一是发电侧储能。宁德时代凭借其BMS强大的计算能力以及电池的良好一致性，提高了发电侧电网的稳定性，减少弃风弃光，提高可再生能源发电比例等。例如，2018年12月25日，国内发电量最大的电化学储能项目、鲁能国家级储能电站示范工程所采用的50MW·h、100MW·h磷酸铁锂电池即由宁德时代提供。

二是电网侧储能。储能系统为输配电侧提供智能负荷管理，并能够根据电网负荷及时调整峰值负荷和频率。备用供电和容量扩容是宁德时代电化学储能系统能够实现的功能，宁德时代的电网侧储能够确保电网低成本、安全、高效及稳定地运行。例如，2020年5月8日获得电力业务许可证（发电类）的晋江100MW·h级储能电站即由宁德时代负责整个储能系统的系统集成（电池系统+PCS+EMS）。

三是用电侧储能。宁德时代的储能系统能够帮助用户实现稳定的电源质量管理同时还能实现峰谷套利。目前，该系统在许多住宅及大规模工业领域得到成功应用，并且已经扩展至岛屿微网、UPS备电以及通信基站备电等新兴领域，助力用电覆盖，降低社会用电成本，提高用电侧用电安全，并最大限度地利用能源，实现社会效益和经济效益。例如，张家港海螺水泥储能项目使用的即为宁德时代的储能系统。

4. 电池的循环回收

宁德时代旗下子公司广东邦普专注于电池制造,依托该子公司及相关客户,宁德时代成功构建了电池"生产→使用→梯次利用→回收与资源再生"的生态闭环。目前,邦普在电池回收领域已进行全面布局,其拥有7大基地,覆盖长三角、珠三角、中部地区,以及海外部分地区。同时能够处理12万吨的废旧电池,其每年综合回收的废旧电池占到了国内的51%。此外,宁德时代还与巴斯夫欧洲就正极活性材料及电池回收达成战略合作,推动了宁德时代在欧洲的本土化进程。如图2-1-6所示。

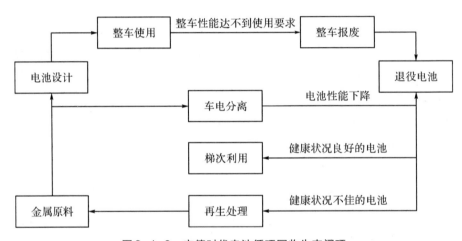

图2-1-6 宁德时代电池循环回收生态闭环

综上可知,宁德时代现已形成电池"生产→使用→梯次利用→回收与资源再生"闭环产业链,"触手"延伸至上下游各个环节。同时,宁德时代为乘用车、商业应用、储能系统以及循环回收四大领域提供解决方案,且都取得了不错的成绩。

二、宁德时代研发能力与技术优势

电化学储能未来发展前景广阔,将会是一个万亿的市场。电化学储能主要有三种,其中之一即为锂离子电池。该类电池的优缺点,即性能评价与其材料体系、结构设计、制造工艺都密切相关。这意味着锂电池的开发、设计和制造是一个整体工程,有着多维度的性能评价指标,对应的是技术的多维度发展。宁德时代有着材料、产品和智能三大创新平台,恰好对应着锂电技术的多维度发展。

材料创新平台:主要针对电化学材料领域进行创新;探索更高性能、更可靠和更高性价比的材料体系。

产品创新平台:在新能源电池产品设计、制造和应用领域进行集成式创新;实现产品迭代创新,为用户带来时代前沿解决方案。

智能创新平台:在智能传感、智能计算和智能协同三大方面进行布局,为用户提供更经济、更安全、更人性化的使用体验;智能化领域研发平台。

(一)宁德时代研发团队

都说创新引领技术革命,而创新多来自研发人才。宁德时代有着庞大的研发团队,并且每年的研发投入资金充足,保障了公司的技术水平和整体实力。

公司2022年、2021年的研发人员数量分别为16322人和10079人,人数增长61.94%,均占到公司员工总人数的10%以上,其中硕博人数分别为3116人和2256人,且团队30岁以下的年轻人比较多。通过与比亚迪、亿纬锂能、国轩高科和孚能科技的对比分析可知,2022年,除比亚迪的研发人数和硕博人数多于宁德时代外,其余公司的研发人数远不及宁德时代。这是因为宁德时代的人均薪酬高于同行,并且采取股权激励政策,将员工利益与公司绑定,能够吸引并留住更多的优质人才。同时,五个公司的研发人数占比均在10%以上,可见五个公司都非常注重研发。综合来看,宁德时代的电池研发团队是五家企业中最庞大的。

宁德时代的电池技术主要依靠自研,并通过与各企业的广泛深入合作,建立了内外协同、多部门合作的研发模式,构建了可持续、高效、规范的研发体系。同时,宁德时代的创始人核心技术团队稳定,公司研发团队的起点比较高,确保技术传承曾经是ATL的核心团队,并且均具有相关的研究背景。ATL在全球所获得的成功充分证明了公司研发核心团队的运营和管理实力。

公司非常重视产品和技术的开发。公司研发支出绝对值明显高于行业内其他企业。2022年研发支出155.1亿元,占营业收入的4.72%。2017年以后,研发支出占营业收入的比例保持在7%左右,在2022年降至4.72%,低于同行,主要是由于营业收入规模和增长速度处于行业领先地位。另一家国际动力电池巨头LG新能源近几年的研发支出占营业收入的比例平均在4%,低于宁德时代。

正是因为对研发的重视,宁德时代的专利才能够遍布整个产业链,涵盖正极、负极、电解液、隔膜以及设备等各环节。截至2022年11月,公司及子公司申请专利数量已超5000项,其中和电池相关(包括固态电池、凝聚态电池、钠离子电池等前沿技术)超4000项。而在所有电池相关专利中,最值得注意的是其CTP、CTC、高镍和高压技术。

(二)宁德时代开创了CTP技术

将宁德时代的动力电池技术路线与LG新能源、松下进行对比,如表2-1-1所示。松下在能量密度和电池成本上要优于宁德时代和LG化学,但是,宁德时代创新推出了CTP方案后有效实现降本增效,使得其在电池包能量密度上反超松下,进而使得宁德时代动力电池技术路线所具备的优点要多于松下和LG化学。

表2-1-1 宁德时代、松下、LG化学动力电池技术路线对比[①]

	宁德时代	松下	LG新能源
电池类别	主要以方形NCM为主	主要以圆柱形NCM为主	主要以软包NCM为主
能量密度	比NCA低	高	比NCA低
能量密度提升空间	大	有限	大
电池尺寸	尺寸大且扩大空间大	尺寸扩大空间有限	尺寸大且扩大空间大
化学稳定性	强	较弱	强
安全性能	高	较差	比方形电池安全性低

---

① 资料来源:头豹行业研读。

续表

	宁德时代	松下	LG新能源
形状变化	形状固定,空间有限	—	形状变化灵活
制造门槛	组件数量多,制造过程复杂	技术成熟,但BMS系统要求高	自动化生产程度低,制造成本高
电池成本	比NCA高	低	比NCA高

与目前市场上的传统电池组相比,宁德时代开创了行业内CTP高效成组技术。经过几年的研究,宁德时代的CTP技术不断地进行迭代。CTP3.0,即麒麟电池(可应用于公司旗下磷酸铁锂电池和三元锂电池)在2022年6月正式发布,于2023年实现量产。该电池由柔性可拓展箱体模块、柔性可拓展热管理模块、可拓展电气模块以及平台电芯模块组成。电池模块的形状仍然使用方形,以便有效利用电池组空间。

宁德时代首席科学家吴凯表示,麒麟电池在系统重量、能量密度和体积能量密度方面继续处于行业领先地位(前文已有提及)。同时,麒麟电池存在LFP(能量密度≥160Wh/kg)和NCM(能量密度≥250Wh/kg)两个版本。此外,吴凯还表示,在同等条件下,CTP3.0比特斯拉2022年推出的4680电池系统提升了13%的能量密度。如图2-1-7所示。

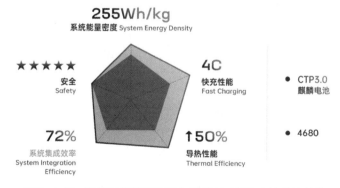

图2-1-7 宁德时代麒麟电池与特斯拉4680电池的比较[1]

---

[1] 资料来源:宁德时代官网。

　　国内市场上,能够与宁德时代麒麟电池相比较的仅有比亚迪的刀片电池,两者都采用CTP技术,但是技术路线不同。如表2-1-2所示,麒麟电池是以大模组替代小模组,刀片电池则采用完全无模组方式。

表2-1-2　麒麟电池、刀片电池性能对比[①]

项目名称	麒麟电池	刀片电池
电池类型	三元锂电池	碳酸铁锂电池
安全场景	低温、碰撞	高温、过充、挤压、针刺
设计思路	自上而下的设计思路,不改变电芯尺寸,在模组层面做结构变化	自下而上的设计思路,改变传统电芯的尺寸,从而改变电池包的结构设计
实现过程	实现轻量化,提高质量能量密度,减少零部件数量,降低成本	实现电芯的薄化设计,提高体积利用率,同时充当结构件和能量体,降低生产成本
生产效率	提高50%	有明显提升
电池包体积能量密度	相比传统模组提升10%—15%	相比传统模组提升50%
电池包质量能量密度	250Wh/kg以上	相比传统电池包提升10%—15%
电池包结构件	零部件数量减少40%	有望明显提升
成本	大幅降低	有望降低30%
对车型兼容性	可以根据车型结构设计电池包尺寸,兼容性提高	目前尺寸只适用于汉,未来可能改变刀片电芯尺寸来兼容其他车型
对电池种类的兼容性	方形,圆柱,软包均适用	专利表明适用于方形电池,不适用于软包电池
对生产设备的兼容性	采用传统卷绕工艺生产电芯	采用方形叠片,对中段设备影响较大
适用性	兼容老车型	适用于新车型
通用性	强	偏定制化

---

① 资料来源:腾讯新闻。

宁德麒麟电池与比亚迪刀片电池两者的本质都是锂电池电池包的结构工艺创新,均提高了锂电池电池包的能量密度,但是两者各有优势:麒麟电池的功率密度更高,分组效率更高,对大多数整车厂的成本控制更友好,在一定重量的前提下更容易推出续航时间更长的产品;比亚迪刀片电池在结构灵活性和耐久性上有更大的价值和想象空间,大大提高了电池的性能,使其从商用或低端领域脱颖而出,回归主流,具有重要意义。由于磷酸铁锂电池的能量密度低于三元锂电池,因此在电动车续航里程更受关注的市场环境下,宁德时代所代表的技术路线更具优势。但是,比亚迪刀片电池的安全性相较于宁德时代麒麟电池要好得多,这主要体现在比亚迪刀片电池能够顺利通过针刺测试。因此,宁德时代为提高麒麟电池的安全性,着重研究无热扩散技术,专攻高性能与高安全难以兼顾的行业难题。

(三)宁德时代提速CTC布局

2022年,宁德时代采取多项举措推动CTC建设。例如,在2月,上海的智能动力系统项目(二期)及智能科技一体化电动底盘研制项目正式开工建设;4月,蔡建勇(原华为智能车辆控制领域总经理)这一大咖加盟宁德时代;10月,宁德时代公布了一项与CTC技术相关的制备车辆专利;11月,宁德时代开始在苏州布局CTC一体化电动底盘等产业。

其实,宁德时代对CTC技术的布局并非开始于2022年。早在2020年8月,宁德时代即宣布正在开发一种新型集成电池底盘技术,该技术可使电动汽车续航里程超过800公里。依据宁德时代2021年年初公布的计划,到2025年公司将推出高度集成的CTC技术,2030年实现智能CTC。其中,集成CTC技术不仅将电池重新排列,还包括电机、电控、DC/DC、OBC等动力元件;智能CTC技术则可通过智能功率域控制器进一步优化配电,降低能耗。

虽然电池公司积累了很多技术,但是CTC技术毕竟是将电池集成到汽车底盘上,这对汽车公司来说更加有利,现阶段研发CTC技术的企业也多为车企。因此,宁德时代需要更多了解汽车底盘和建筑设计的人才。所以,未来,宁德时代将会通过补充人才的方式进行CTC技术的布局。

（四）宁德时代换电方案开启新生态

目前，充电和换电是新能源汽车的能源补充主要方式。然而，充电方式存在的充电快或慢、充电桩安装等一系列问题，受到了车主的批评。在这样的背景下，换电模式成为车主们新的选择。

换电模式实现了车电分离，为多重商业模式奠立了基础。在换电模式下，电池需求大于新能源汽车数量。按 1.5 的比例，相当于在原有动力电池的市场空间上额外增加 50%。未来，随着换电模式的推广，动力电池市场将会得到进一步扩大。换电模式对电池的一致性、寿命等性能和售后服务的要求比较高，这将有助于以宁德时代为代表的动力电池龙头企业抢占市场。

宁德时代早在 2019 年 6 月即成立合资公司，进行两轮汽车电动改装布局；次年 3 月，公司与百城新能源共同成立快卜新能源科技有限公司，布局充电交换设施建设。自 2020 年 8 月起，公司开始与蔚来、哪吒等造车新势力合作，推出了免费充电、换电池等解决方案。如图 2-1-8 所示。

2019年6月，公司联合哈啰出行、蚂蚁金服布局两轮车换电，共同出资10亿元成立合资公司，推出定位两轮电动车基础能源网络的换电业务		2020年3月，公司联合百城新能源成立快卜新能源科技有限公司，进行新能源汽车充换电设施建设运营等工作，宁德时代持股49%

2020年8月，公司与哪吒汽车、华鼎国联等公司开展合作，计划推出电池银行项目，为用户推出租赁获得动力电池及免费更换电池的方案	2020年8月，公司与蔚来、湖北科投、国泰君安合资成立武汉蔚能电池资产有限公司。合资子公司拥有电池资产，为客户提供充换电等服务

图 2-1-8   宁德时代换电及电池资产布局[①]

一般而言，车企为了在汽车市场上占据一席之地，都希望有自己的亮点，因此，不同车型在电池包上一般都存在差异，所以换电的电池标准很难做到统一。但是，宁德时代凭借自身优势开始了"拆墙行动"。2022 年 4 月

---

① 资料来源：华安证券研究所整理。

18日,EVOGO换电服务在厦门正式启动,之后又在合肥、成都等城市启动,目前共运营了20多座换电站。换电站提供了一款为实现共享换电而专门研发的量产电池——"巧克力换电块",其月租金最低优惠价为399元/块。该电池采用宁德时代最新CTP技术,电池BMS系统,只有一个高压正负极连接器,可以在模块和身体之间组装,重量能量密度160Wh/kg以上,体积能量密度325Wh/L以上。单个电池的续航里程约为200千米。宁德时代表示,"巧克力换电块"不仅适用于乘用车和物流车辆,也适合全球80%的已上市或是将在未来三年内推出的纯电平台开发的车型。这表明宁德时代的共享换电方案具有很强的通用性。那么,宁德时代的"巧克力换电块"为什么能够达到如此高的适配率?这主要是因为宁德时代作为电池供应商,处于整车制造的上游,掌握了大量车型的电池规格,对整车厂的电池需求有更深入的了解,这使得其在换电块的标准建设上有所依托。而一旦整车厂接受了宁德时代的共享换电方案,就相当于与宁德时代进行了更深层次的绑定,进而能够进一步稳固宁德时代的市场地位。

(五)宁德时代推进钠离子电池实现产业化

从研发技术、核心技术到产业化,钠离子电池已成为电化学储能中发展最为成熟的技术。中国现已在钠离子电池领域处于世界领先地位,而宁德时代对钠离子电池的研究又处在国内领先地位。可见,宁德时代在钠离子电池技术研究方面在全国乃至全球均处于领先地位。钠离子电池有望成为宁德时代新的增长点。

与现有的锂离子电池相比,钠离子电池在原材料方面具有多种优点。钠离子电池能够平衡资源及碳足迹等潜在问题,且成本较低。而在制造工艺方面,钠离子电池的制造工艺与锂电池相似,可以作为锂生产线使用。

2021年7月29日,宁德时代推出了全球最高水平的第一代钠离子电池,电池能量密度可达160Wh/kg,常温状态下该电池可以在15分钟内充电80%;在温度低至-20℃的环境下,第一代钠离子电池依旧具有90%以上的放电保留率、80%以上的系统集成效率。由此可见,第一代钠离子电池的快速充电和低温性能非常好,完全符合国家动力电池强标准的安全要求,比较适用于高寒地区的大功率应用场景。但是,其能量密度相较于磷酸铁锂电池仍偏低。因此,公司的目标是将第二代钠离子电池能量密度提升至每千克200Wh以上,并在2023年前实现钠离子电池的产业化。

此外,公司还布局了无钴电池、全固态电池、凝聚态、M3P等下一代电池和行业内的新兴技术,提出了AB电池解决方案。所谓AB电池解决方案是将公司开发的锂离子与钠离子按一定比例和排列进行混搭和集成,随后利用BMS算法对不同电池系统进行平衡控制,不仅弥补了目前钠离子电池能量密度短板的缺点,而且充分发挥了其大功率、低温性能的优势。通过系统结构创新,拓展了更多锂钠电池系统的应用场景。

综上,宁德时代多年来非常注重研发,并且有了深厚的技术积累。首先,宁德时代开创了CTP技术并已迭代至3.0版本,即"麒麟电池",使得其生产的动力电池的化学稳定性、安全性要优于松下和LG新能源(主要生产特斯拉4680电池)两大国际巨头。同时,麒麟电池的适用性、通用性及成本都要优于比亚迪的"刀片电池"。其次,宁德时代加速了CTC布局。CTC可以说是CTP的进阶版,其能够进一步降低整车造车成本,帮助电动汽车实现轻量化。接着,宁德时代2019年开始涉足换电领域,其采取的"拆墙行动"或将帮助新能源车企统一电池标准,开启换电方案新生态。最后,宁德时代还布局了包括钠离子电池、钴电池、M3P等下一代电池和新兴技术。目前正积极推进钠离子电池实现产业化。未来,动力电池的竞争是综合实力的竞争,更是技术的竞争。宁德时代要想保持其国际领先地位,相信其未来在技术研发上的投入只会越来越多。

三、宁德时代客户资源与市场布局

宁德时代下游客户分散,丰富的客户资源可以保证公司在绝对龙头地位的延续。公司客户分布可从公司排名前五和前十的装机量客户占比来判断。2019年,排名前五的客户占比为44%,排名前十的客户占比则为63%。到2020年,排名前五的客户所占比例为35%,排名前十的客户所占比例为51%,分散度提升。2021年,排名前五的客户所占比例为43.8%,排名前十的客户所占比例为61.6%%,分散性有所改善。2022年,宁德时代排名前五的客户所占比例下降至42.8%。

在乘用车方面,宁德时代的客户几乎处于第一梯队。公司合作的车企除了北汽、上汽、丰田等自主总品牌车企外,还有特斯拉、蔚来、小鹏等新生力量。可以说,在国内,宁德时代的客户群体覆盖范围非常广泛。在客车方面,公司与销售量前五的客车企业都有合作,装机量占客车前五名企业的63%。宁德时代在客车市场的崛起始于2013年底与宇通的战略合作,此次合作使得宁德时代瞬间成为客车动力电池巨龙头。2022年8月,宁德时代与宇通客车再次合作,签订了十年战略合作框架协议。在专用车方面,公司与东风汽车开展了战略合作。之后,公司逐渐扩大客户覆盖面,以此降低客户集中所带来的风险。核心客户群体逐渐向乘用车转移分散,呈现良性的发展趋势。由于市场发展主要以乘用车为主,公司的客户群体也从早期的客车领跑者宇通逐渐扩展到各大乘用车厂家。

通过表2-1-3可知,宁德时代已与国内大部分汽车企业合作。其中,宁德时代与特斯拉的合作开始于2019年。该年,特斯拉在上海的工厂正式建成,Model 3开始国产。而要实现特斯拉的国产化,就离不开零部件的国产化,尤其是成本最高的动力电池。这意味着特斯拉需要选择至少一家中国电池工厂作为供应商。宁德时代抓住这个机会,打入特斯拉的供应链。2020年1月,特斯拉官宣了与宁德时代的合作。次年6月双方签订协议,协议显示双方合作时长为三年。特斯拉为宁德时代贡献了超10%的营收,也帮助宁德时代坐上了"宁王"的宝座。同时,宁德时代还和许多海外车企有深度合作,例如宝马、丰田(2022年9月新增)、本田、Stellantis、大众以及戴姆勒等车企。2022年,受益于全球汽车电动化,宁德时代动力电池出口比例不断上升,海外营收较2021年上涨176%,达到769.2亿元。

表2-1-3 2022年宁德时代装机量排名前五的客户[①]

排名	配套车企	装机量(Gwh)	占总装机量比例	占年度总销售额比例
1	特斯拉	22.6	17.50%	69.40%
2	吉利汽车	11.3	8.50%	100.00%

① 资料来源:搜狐新闻。

续表

排名	配套车企	装机量（Gwh）	占总装机量比例	占年度总销售额比例
3	蔚来汽车	9.4	7.50%	80.80%
4	广汽乘用车	6.3	5.30%	96.70%
5	一汽大众	6.3	5.00%	80.40%
	合计	56.0	42.8%	35.3%

随着动力电池行业竞争不断加大，宁德时代市场份额逐渐下降，现已从2021年的52.1%下降至48.2%。为了夺回原有市场份额，守住动力电池"老大"之位，在2023年2月，宁德时代发布了一条"霸王条款"——"锂矿返利"（宁德时代有布局锂矿，有底气进行"返利"）。该条款从2023年下半年开始，华为、蔚来、极氪、理想等战略合作伙伴未来三年能够以每吨20万元的价格购买电池级碳酸锂，这一价格远低于市面上的每吨40万元，最高时甚至达到每吨60万元。可见，对于车企而言，诱惑力非常大。之所以称其为"霸王条款"，在于选择签署这一条款的车企必须将其未来三年80%的电池采购量给予宁德时代。目前，已有多家车企与宁德时代进行协商沟通，响应积极，一旦新能源头部车企与宁德时代签订条约，至少在未来三年，宁德时代动力电池"老大"的地位无法动摇。

同时，宁德时代的"锂矿返利"计划能够帮助其消化产能。宁德时代积极扩大动力电池产能。依据公司2021年年报，公司电池年度产能较2020年提高了一倍多，从69.10GW·h扩大至170.39GW·h。其中，在建产能为140GW·h，产能利用率高达95%，产量达到162.3GW·h。目前，公司的产能主要集中在宁德、青海、溧阳等地，并且依据市场需求，在2021年和2022年布局了福建厦门、四川宜宾、江西宜春、贵州贵安、河南洛阳等生产基地。2022年全年，宁德时代公布的重大投资项目有10个，到2025年，公司预计产能将扩充至839GW·h。然而，依据亿纬锂能董事长刘金成判断，预计到2024年，全球动力电池将会出现产能过剩现象。所以说，宁德时代的"锂矿返利"计划能够帮助其消化产能。"锂矿返利"计划推出初期，原来与宁德时代深度绑定的极氪、长安、阿维塔等便签订了相关协议,但是小鹏、蔚来等原来并未与宁德时代深度绑定的车企就未来三年的电池采购量是否达到80%产生了博弈。

值得关注的是,在宁德时代"锂矿返利"计划发布后的一周,其A股市值发生了单周蒸发超360亿元,是当周A股中市值蒸发最多的企业,其市值将至万亿以下(9902亿元)。出现这一现象的原因,一是投资者对于未来锂电的发展存疑,二是对宁德时代推出的"锂矿返利"计划可能导致公司利润受损存在担忧。但是,以上担忧似乎略显多余。宁德时代具备实行该计划的资本,一旦计划实施,意味着宁德时代以尽可能小的代价换取车企在未来三年价格战压力传导至上游前的主动战略优势。

综上,宁德时代下游客户(包括海内外客户)较为分散,集中度不高,不存在将自己的业务主要依托于某个或某些客户的情况,客户结构优质。其不像亿纬锂能、LG新能源、中创新航等竞争对手,公司前五客户的动力电池装机量占比达到80%以上,其排名前五的客户装机量一般维持在50%左右,远低于海内外其他动力电池厂商。同时,为了守住多年来打下的江山,宁德时代正在绞尽脑汁与客户实现深度绑定。

四、宁德时代未来发展

首先,宁德时代凭借技术、性能、质量的领先优势,以及规模效应带来的卓越供应链管理能力和价格优势,预计市场份额将逐步增加,动力电池行业龙头地位依然稳定。未来几年正是新能源汽车销量和动力电池产量高增长时期:一是因为在全球碳中和的背景下,各国纷纷提出汽车完全电动化目标。例如,中国提出在2030年要将新能源汽车渗透率提升至40%。二是因为现阶段新能源汽车的销售车型主要为低端经济型汽车,但是随着未来新能源汽车渗透率以及人民生活水平不断提高,主销售车型将会有所变更,或将引发第二波新能源汽车销售热潮。而新能源汽车销量的增加,也会使得动力电池需求增加,作为行业龙头的宁德时代的动力电池产量仍会保持高增长状态。

其次,宁德时代技术优势仍会保持,客户关系依然稳定。依据前文分析,宁德时代有着非常优秀的研发团队,并且高度重视工艺、技术以及产品的研发,研发投入金额逐年增加,且进行了全产业链布局,不断地研发新技术,这些都是未来宁德时代能够继续保持技术优势的保障。目前,公司已拥有多家创新实验室(如中国合格评定国家认可委员会CNAS认证的测试验证中心),并与多所高校合作培养技术人才(包括中国科学院、上海交通大学等)。截至2022年底,公司已有1.63万名研发人员,境内外专利6583项,未来这两项数字会不断增加。同时,宁德时代与特斯拉、现代、福特、戴姆勒、长城汽车、理想、蔚来等车企建立战略合作都是长期的、深度的,其手中的短期合作单很少,所以在未来几年,其客户关系依然比较稳定。

相较于竞争对手,宁德时代虽有较大优势,但是也存在一些劣势。随着动力电池市场越来越热,行业竞争也越来越激烈。行业第二LG新能源无疑是宁德时代最大的竞争对手。宁德的客户主要在中国,而LG新能源近90%的设备安装在中国以外。在这个广阔的海外市场上,LG新能源无疑更具优势。第一的位置永远都是被觊觎的,LG新能源、比亚迪等都渴望超过宁德时代成为第一。

最后,随着"3060目标"实现时间的不断缩短,新能源产业需求不断扩大,宁德时代表示其未来将按照四大创新体系和三大战略发展方向布局。其中三大战略发展方向分别为"电化学储能+可再生能源发电""动力电池+新能源车"以及"电动化+智能化"。在三大战略发展方向的指引下,公司构建了绿色极限制造、系统结构、商业模式以及材料及材料体系四大创新体系。其中,绿色极限制造是为了提高电芯安全性及可靠性、使用时长以及生产效率;系统构造主要指前文提及的CTP和CTC技术;公司未来将打造换电运营、共享储能等诸多新商业模式,助力各领域的全面电动化;在材料及材料体系方面,公司目前已经研发出诸多高性能材料,如高安全电解液、高稳定性正极材料等。同时,公司还布局了钠离子电池、固态电池、无稀有金属电池等诸多前沿领域。未来,宁德时代布局将会呈现多点开花的局面。

第二章　比亚迪新能源整体解决
方案与核心技术创新

经过多年的发展，比亚迪已经形成了以电池业务为中心，向上向下进行垂直辐射，横向发展，产业链全覆盖的供应链布局。即由电池业务拓展至上游的锂、下游的新能源汽车等。此外，公司还拓展了包括电子加工和储能在内的诸多领域，并依靠自身积累的制造经验，逐渐将业务向汽车相关上游IGBT（现已迭代至第四代，且已成为世界上唯一掌握IGBT核心技术的汽车公司）智能零部件和半导体拓展，最终形成全面覆盖的成熟配套体系。如今的比亚迪已经成为全球唯一能实现电池技术（比亚迪刀片电池）、IGBT芯片、动力平台等三位一体的新能源汽车品牌。

如图2-2-1所示，通过比亚迪的发展历程可知，其在2008年开始正式进入新能源汽车领域，属于国内较早进入该领域的车企之一。王传福曾言，"新能源车就是一条'大鱼'。10年前，没人相信电动车时，我们就开始'养'，遇到了很多困难，比如股东说你'烧'了这么多钱，分红少了，有争议。这就是困难，但我们坚持、不放弃，因为我们认为中国有石油安全、空气清洁、气候变暖这三大问题必须直面"。可见，最初比亚迪在新能源汽车这条路上走得并不顺畅，面临着诸多阻碍，但从未放弃，克服了重重困难，才有了今天的比亚迪。

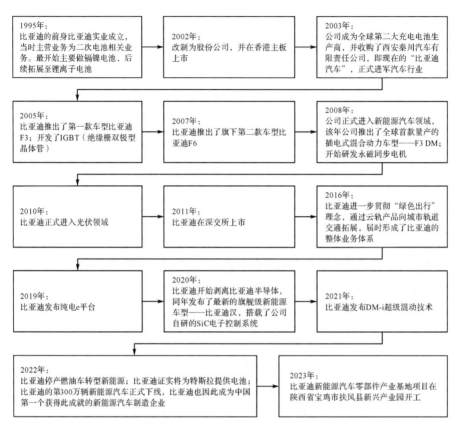

图2-2-1　比亚迪发展历程①

　　与宁德时代相同,比亚迪的发展也离不开其掌门人和各位"长老"。芒格曾表示比亚迪的掌门人王传福每天工作17个小时,能做到平常人无法做到的事情。比亚迪集团董秘、投资处总经理李黔曾表示,王传福是一个典型的"理工男"、技术派,可以说是比亚迪的"首席工程师",他最喜欢和高管们开会,和工程师、设计团队等一起探讨造车技术的各种细节。正是因为王传福对技术的重视、着迷,造就了比亚迪崇尚技术、以问题为导向、通过创新解决问题,以及坚持的风格。除掌门人外,比亚迪的各位"长老"也是比亚迪实现从"零"到"壹",并在全球各地设立30多个工业园区,实现全球六大洲的战

---

① 资料来源:公开资料整理。

略布局,开创出一片天地的重要力量。比亚迪的"长老"们多为技术人员出身。例如,廉玉波、刘焕明、任林等均为高级工程师,在他们的带领下,比亚迪超前探索新能源汽车,并在零部件上垂直延伸,目前大部分零部件已实现自备。

从股权结构的角度看,截至2022年年底,比亚迪的创始人、控股股东为王传福先生,其直接持有公司17.64%的股份。香港中央结算为公司的第一大股东,持有公司37.30%的股份。香港中央结算有限公司是港交所全资附属公司,并不具备公司的实际控制权。第三大股东吕向阳为王传福的表兄弟,第五大股东由吕向阳夫妻控股。由此,王传福先生及其亲属合计持有比亚迪31.16%的股权。

一、比亚迪电池相关技术、产能以及客户群体

比亚迪的第三大业务为电池及光伏业务,其中涉及汽车的业务主要为二次充电电池。比亚迪在二次充电电池方面进行了从矿产资源的开发到电池组输出的全产业链布局。由于比亚迪拥有优秀的研发能力和丰富的技术积累,其研发产品多样,涵盖了镍氢电池、钴酸锂电池、磷酸铁锂电池、三元等多种电池类型,广泛应用于手机、电动汽车、储能等便携式电子设备领域。其中,磷酸铁锂电池是比亚迪的重点关注领域,也是未来主要的动力电池。咨询公司Wood Mackenzie认为,磷酸铁锂电池的市场份额将在2030年达到30%。而浙商证券认为,未来磷酸铁锂电池的全球市场份额预计将达到60%以上。

近年来,磷酸铁锂动力电池市场份额增长尤为迅速,2020年中国磷酸铁锂电池装机量尚不足5%,到2022年8月装机量就已达60%。依据中国汽车动力电池产业创新联盟数据,2022年8月国内动力电池装机量排名前二的企业仍旧是宁德时代和比亚迪。其中宁德时代市场占比为46.79%,是比亚迪市场占比21.91%的两倍。

(一)比亚迪"刀片"电池

2008年,比亚迪LFP电池利用率为40%。经过12年的逐步发展和完善,比亚迪于2020年3月推出了刀片电池,其4.0超级工厂拥有独创刀片电

池生产线和生产设备。短期内比亚迪的刀片电池由于生产环境要求严苛——必须达到标准的LCD生产车间标准,切割方案公差控制精准(误差在±0.3mm内),配料以及检测等工艺先进,自动化设备等原因难以被复制。之所以称之为"刀片电池",源于其结构设计:高11.8厘米、厚1.35厘米、长60—250厘米,铝制外壳包裹,形长且窄薄,如同一柄刀片,这一设计拉长了电芯的宽度,降低了电芯厚度。如图2-2-2所示。

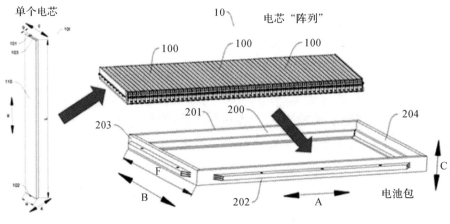

图2-2-2 比亚迪刀片电池

与宁德时代的麒麟电池相比,两者采取的都是CTP技术,均具有经济性,但是,刀片电池的安全性更高,可以说是目前世界上最安全的电池。

首先,经济性。比亚迪"刀片"电池采用CTP技术提高了电池效率。其一,在成组时,模组和梁被跳过,形成类似蜂窝铝板的结构,简化了电池连接端口和模块(数量从4减少到2—3模块)。通过结构创新,刀片电池体积利用率较传统模块化电池组提高50%以上,达到60%左右(DM-i超级混合特种动力刀片电池利用率达到65%),突破能量密度瓶颈。比亚迪第一代刀片电池的能量密度可达140Wh/kg,体积能量密度可达230Wh/L。比亚迪计划在2025年实现能量密度180Wh/kg以上,体积能量密度达到300Wh/L。其二,减少部分防护结构。由于刀片电池形状细长,堆积密排,自身强度高,所以取消部分防护结构,能量密度增加50%,续航里程已经达到了高能量三元锂电池的同等水平。其三,提高良率。随着刀片电池的批量生产,管理模式和生产线的效率不断提高。正是由于刀片电池的经济性,大大削减了动力电池的制造成本,进而加速了电动对燃油的替代。

其次,安全性。比亚迪掌门人王传福曾表示,比亚迪刀片电池的上市展现了其彻底终结新能源汽车安全痛点的决心,彻底抹去新能源汽车字典里的"自燃"一词。通过观看比亚迪官网上的"针刺穿透测试"视频,可以发现,在相同的测试条件下,三元锂电池在针刺瞬间表面温度会快速超过500℃,并伴随着剧烈燃烧这一极端热失控现象。这时,放置在电池表面的生鸡蛋被炸飞。传统的块状磷酸铁锂电池在针刺时表面温度会达到200—400℃,无火但有烟雾,表面的生鸡蛋被烧焦。相比于前两者,刀片电池在穿刺时表面温度为30—60℃,远低于前两者,也不会伴随着火和烟雾,并且锂离子电池各部分均未出现明显的热失效。可见,比亚迪刀片电池的安全性非常高。此外,因为刀片电池成片状,更薄更长,能够装载更多的电池组的同时散热功能也很好。

2022年3月15日,据虎嗅报道,比亚迪在回应用户提问时表示,公司的纯电动汽车已全面配备刀片电池,充放电次数高达3000次。

(二)比亚迪产能布局

随着对外供货量的增加,产能也需要随之扩张,比亚迪正在进行扩大电池产能的计划。目前,比亚迪产能稳步推进,其未来规划的重点即是刀片电池。截至2022年4月底,公司已落实产能超过600GWh(已投产+在建设+待开工),包括广东、青海、深圳、陕西、湖南、湖北、安徽、江苏等生产基地。未来,公司还将继续规划新的产能。

随着产能的扩张,比亚迪动力电池的装机容量和行业市场份额同步增加,磷酸铁锂车型比例和乘用车装机容量也有所增加。随着2020年公司刀片电池的推出和自有产品的出货,比亚迪旗下销售车型搭载自产磷酸铁锂电池的数量占总销量的比例不断上升,2020年1月占9.4%,2022年就已接近百分百。

(三)比亚迪电池的客户群体

比亚迪旗下生产动力电池的公司为弗迪电池公司,其前身为比亚迪锂电池有限公司——于1998年成立,是比亚迪为了顺应市场化发展,进军新能源产业而特别设立的公司。弗迪电池公司具有100%全自主研发、设计和生产能力。

如表2-2-1所示，弗迪电池现已为金康新能源、一汽以及长安汽车等车企的部分乘用车提供三元锂电池，为成都客车、中联重科以及中通客车等车企的部分商用车提供磷酸铁锂电池。2021年1月，在工信部公示的《新能源汽车推广应用推荐车型目录》（2021年第1批）中，红旗E-QM5搭载费迪电池的磷酸铁锂电池，即刀片电池。公司将继续供应三元锂电池，扩大客户。与其他汽车企业的刀片电池合作也将陆续展开。

表2-2-1　弗迪电池目前已定点的客户盘点[①]

公司名称	定点车型+电池类型
乘用车	
一汽	红旗和奔腾，使用刀片电池
福特汽车	野马BEV、锐际PHEV使用三元锂电池；FHEV车型配套电池在研
丰田	至少6款车型。卡罗拉纯电版配套刀片电池，丰田第四代HEV（RAV4）和第五代HEV及部分商用车也用比亚迪电池
PSA（已和FCA组成新公司Stellantis）	至少有3款车型。此前主要以三元锂电池为主，包括48V、PHEV、BEV等，是比亚迪公司第一个超过百亿元的大客户。正与比亚迪合作开发面向全球市场的纯电动汽车专用刀片式电池包
戴姆勒奔驰	3款车型。三元锂电池。第一辆PHEV于2022年量产
BBA	至少有2款车型。宝马、奥迪各一款，含刀片电池
现代汽车	定点了1款SUV纯电刀片电池
东风本田	定点了1款SUV纯电刀片电池，2022年9月SOP量产
韩国双龙	购买了比亚迪动力总成及三元锂电池包
金康（东风小康）	定点了两款电池包，三元锂电池（也就是赛力斯）

① 资料来源：雪球。

公司名称	定点车型+电池类型
北汽坤宝	定点了1款PHEV电池包
长安汽车	定点了2款电池包
东风岚图	电池系统使用比亚迪一款三元电池
长城汽车	PHEV电池
理想汽车	PHEV电池
56客户	刀片电池
日产雷诺	刀片电池
上汽通用	刀片电池
特斯拉	Model Y,刀片电池
商用车	
中通客车	三款巴士电池包
丰田日野	与比亚迪合作两款巴士车,用比亚迪动力总成和电池

通过表2-2-1可知,比亚迪电池外供的客户既包括商用车企业也包括乘用车企业。其中豪华品牌车企主要有奔驰、宝马、奥迪;合资品牌主要有丰田、福特、通用、现代、东本、雷诺等;自主品牌主要有一汽、长城、北汽、金康、理想等。多数车企与比亚迪订购的均是刀片电池,可见,刀片电池的受欢迎程度和认可度越来越高。

此外,比亚迪的动力电池业务弗迪电池正在积极推进新汽车阵营,不断寻找新玩家和商用车企业。例如,造车新势力蔚来汽车就和比亚迪达成了磷酸铁锂电池供货协议;小米进军新能源汽车领域的首款新能源汽车车型的低配版就将搭载弗迪电池公司的刀片电池。

当然,弗迪电池公司在电池方面的玩法多样,除了直接售卖外,还会与一些造车企业合资制造生产基地,双方各取所需。例如,弗迪电池分别与一汽汽车、长安汽车合资建立了一汽弗迪以及长安弗迪两个生产基地。

二、比亚迪新能源汽车制造核心技术

比亚迪董事长王传福曾公开表示,"别人做多元化,90% 都以失败告终,为什么比亚迪干一个成一个?因为我们高度重视技术,反而觉得技术是很容易的事"。他还表示,"比亚迪有技术'鱼池',里面有各种各样的技术,芯片、电动车、轨道交通等都是'鱼池'里的'大鱼'。市场需要时,我们就捞一条出来"。那在这个"鱼池"中,有3条"鱼"是比亚迪新能源汽车制造的核心技术,分别为纯电平台——e平台、电驱动技术以及混动技术——DM-i/DM-p双平台战略。

(一)比亚迪纯电平台——e平台

当车企具备一个基础框架,并且多数车型可共用该框架时,我们就称该车企实现了平台化,而比平台化更加优秀的是模块化。具备模块化平台的车企若需要生产不同的车型,只需要像搭积木一般将不同的模块(汽车组成部分)组合在基础框架之上即可。因此,平台化、模块化能够降低车企的造车成本,缩短造车周期,几乎所有的车企都希望拥有自己的专属模块化平台。

比亚迪从 2003 年进入新能源汽车行业就开始研发 e 平台,到 2010 年,重点关注电机、电控、电池平台化的比亚迪 e 平台 1.0 正式推出。第一款基于 e 平台 1.0 打造的纯电动车型为比亚迪 e6,其结构虽然紧凑但实现轻量化,所以其续航里程并不高,仅为 300 千米,最大马力也只有 122Ps。之后,经过 6 年的研究,比亚迪在 2016 年正式进入 e 平台 2.0 时代,并在 2019 年正式推出 e 平台 2.0。此时的 e 平台可用"33111"简单概述,如图 2-2-3 所示。相较于 e 平台 1.0,e 平台 2.0 重点关注领域为纯电动汽车的整车关键系统,实现了标准化、小型化、轻量化以及可组合,即实现了平台模块化。

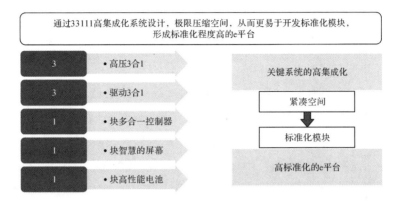

图2-2-3 比亚迪e平台2.0的"33111"所指内容①

有了e平台1.0和2.0的研究基础,经过短短2年时间,比亚迪就于2021年9月正式发布e平台3.0。该平台实现了整车架构平台化,是比亚迪自有的专属平台,是专为下一代高性能智能电动汽车设计的平台,具有智能、高效、安全、美观四大优势,如图2-2-4所示。

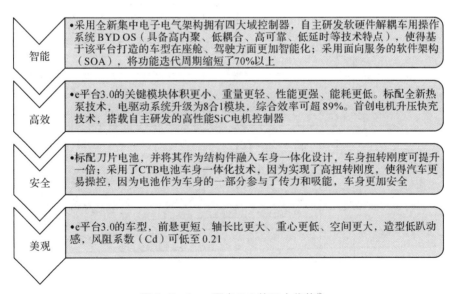

图2-2-4 e平台3.0的四大优势②

① 资料来源:搜狐新闻。
② 资料来源:速度周刊。

　　基于e平台3.0打造的第一款车型为比亚迪海豚。该款车型的外形由比亚迪全球设计总监沃尔夫冈·艾格设计,首次采用海洋设计理念,采用全新LOGO,最高时速可达150km。虽然e平台3.0已经具备诸多优势,但是为了实现用户"闭着眼睛入手,尽情驾驶"的最终目标,比亚迪并未停止研究的脚步。2022年5月,比亚迪再次升级了e平台3.0。升级后的e平台3.0推出了CTB电池车身一体化,将新能源电动汽车的性能再次提升一个档次。其在原来电动汽车的传力路径中加入了动力电池,是颠覆性的举动,也大大加强了车身强度。具体而言,相较于1.0和2.0,e平台3.0的具体更新内容主要体现在三方面:它带来了全新的三电系统,大大提高了四驱性能并带领着比亚迪走向智能化,如图2-2-5所示。

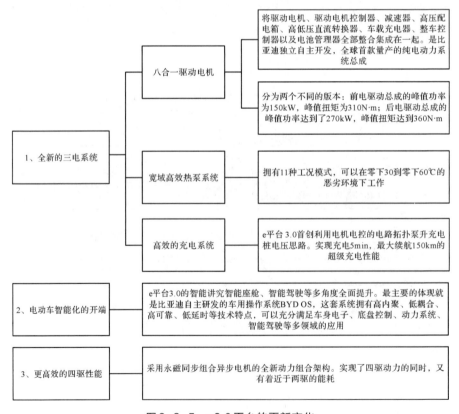

图2-2-5　e3.0平台的更新变化

（二）比亚迪电驱动技术

比亚迪的电驱动技术主要包含电驱动系统、电机和电控三大板块。其中，最核心的为电控板块。

首先，比亚迪的电动驱动系统已经从分立式发展到"3+3"模式。现已发展成为多合一的高集成化生产平台，即第四代电驱动系统。第四代电驱动采用八合一模式，是世界上第一个量产的深度集成电源模块，包含驱动电机、电机控制器、减速机、车载控制器、车载充电器、池管理器、高压配电箱、直流变换器等8个组件。该系统是基于e平台3.0开发的，已搭载在E3.0第一款轿车"海豚"和第一款纯电动SUV"元PLUS"上。其核心优势是轻量化、小型化、高效率和高智能化。高度集成化的功率组件使整车体积降低16%、重量降低10%、整车最大功率降低270kW、综合效率由86%提高到89%。系统部件的减少进一步优化了NVH性能，最大转速为16000r/min，系统噪声低于76dB。

其次，在电机领域，比亚迪自主研发了采用同步与异步双电机融合架构的永磁同步电机，并且其自主研发的卡式扁线电机能够在增加功率的同时降低损耗。比亚迪于2008年开始研发永磁同步电机，是国内唯一能够完全研发永磁同步电机的主机厂商。同时，比亚迪自主研发的卡式扁线电机，槽满率增加了15%，使用超薄高性能硅胶的优化的磁路设计，减少了电动机铁损耗，大大提高散热性能，整体驱动电动机额定功率增加40%，最高的电动机效率可以达到97.5%。该类电机的行业渗透率快速增长，很多高端车型都有配备。预计到2025年，网络渗透率将达到90%—95%。特斯拉2021年交付的Model 3/Y、比亚迪DM-i Model及所有系列e平台、大众MEB平台、现代E-gmp平台、蔚来ET7、Zhiji L7、KKR 001等明星车型均采用该类型电机。

最后，公司在电控板块的IGBT（绝缘栅双极型晶体管）技术不断升级迭代，目前已成功自研出SiC MOSFET。

第一，IGBT技术不断升级迭代。

IGBT由BJT（双极型三极管）和MOS（绝缘栅型场效应管）组成，是一种复合型全控电压驱动功率半导体器件，是工业控制及自动化领域的核心部件,也是新能源汽车的核心技术。它被称为电力电子工业的"CPU",可分为低中高压三类。在新能源汽车领域,IGBT主要应用于充电桩、车载空调控制系统以及电动汽车的电机驱动控制系统。在电动汽车的制造成本中,电力驱动系统占到了15%—20%,而在电力驱动系统中,IGBT模块又占到了50%。也就是说,IGBT模块占到了电动汽车制造成本的7%—10%。可以说,IGBT是仅次于电池的第二昂贵的部件,它决定着汽车的能源效率。此外,IGBT占直流充电桩原材料成本的30%左右。因此,不论是从功能角度还是成本的角度看,IGBT都在电动汽车领域发挥着越来越重要的作用。

图2-2-6为比亚迪IGBT的迭代之路。值得注意的是,在2015年比亚迪自主研发的车载IGBT开始量产之前,比亚迪所用芯片有80%是从英飞凌采购的。2015年之后,公司80%的芯片采用自产的IGBT 2.5,20%的芯片从外采购。而后,比亚迪研发出了IGBT 4.0,该版本采用精细平面栅工艺,电流密度提高25%,芯片面积减少22%,总损耗减少25%,打破了国际巨头的行业垄断,在多项关键指标上已超越同水平的主流产品。这时,公司基本上100%采用自产芯片。当IGBT芯片迭代至6.0版本时,其在可靠性和产品性能方面都实现了重大突破,达到国际领先行列。

如今,比亚迪已成为国内唯一拥有完整IGBT产业链的汽车企业。在产能方面,IGBT产能充沛且不断提高。早在2019年3月,比亚迪IGBT芯片晶圆产能就已经达到每月5万片,新能源汽车年供应量为60万辆。随着需求的不断增加,比亚迪半导体基本上达到了100%的产销率,还不能够满足比亚迪的需求,因此,在2022年比亚迪开始引入外供IGBT。其实,在2020年,比亚迪就有将比亚迪半导体进行分拆上市的想法,但是截至2022年仍未能够上市,主要是因为比亚迪半导体的最大客户为其关联方比亚迪。根据比亚迪半导体此前招股说明书披露的信息,2018年、2019年、2020年和2021年上半年,比亚迪半导体对比亚迪集团的相关销售额分别为9.1亿元、6亿元、8.51亿元和6.7亿元,收入分别占67.88%、54.86%、59.02%和54.24%。可以说,没有比亚迪汽车,比亚迪半导体就无法独立生存。所以,引入外供IGBT不仅能够缓解比亚迪芯片不足的情况,而且能够降低成本以及压缩比亚迪半导体与比亚迪集团之间的关联交易,有助于比亚迪半导体的分拆上市。

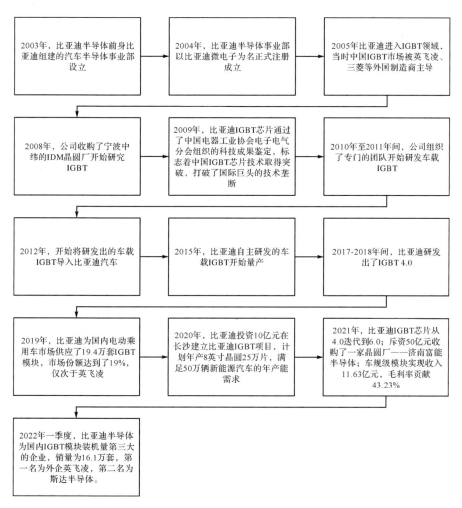

图 2-2-6　比亚迪 IGBT 的迭代之路

第二,SiC MOSFET 自研成功。SiC MOSFET 是未来业界的主流方向。在相同规格下,尺寸仅为硅基的 1/10,导通电阻为 1/100,总能量损耗可降低 70%。比亚迪于 2018 年成功研发,成为国内首个自主研发 SiC MOSFET 的自主品牌。比亚迪半导体的 SiC 碳化硅功率模块为三相全桥拓扑结构,主要用于新能源汽车的电机驱动控制器。比亚迪自称是"世界上第一个、国内唯一一个实现电机驱动控制器大批量装车的 SiC 三相全桥模块"。该模块的结构十分紧凑,仅一个手掌大小,但是输出功率可达 250kW 以上。

与同等功率的IGBT相比,模块体积可减少一半以上。同时,比亚迪的SiC模块增强了散热性能和过流能力,降低了芯片的温升,提升了芯片使用寿命。并且比亚迪半导体SiC模块可满足20kHz以上的使用频率,使车主畅享静音驾驶。2020年推出首次运用于汉EV四轮驱动版,2021年搭载至2021款唐EV、E平台3.0的海豚和元PLUS。预计2023年将会实现比亚迪电动汽车SiC基对硅基的全面替代,整车性能将会提高10%。

与IGBT相同,未来SiC碳化硅功率器件的需求非常大,很有可能出现供不应求的情形。根据市场研究咨询公司Yole的预测,从2021年到2025年,碳化硅市场将以每年30%的速度增长,其市场规模将超过25亿美元。而当市场规模达到15亿美元时,以碳化硅器件为动力的汽车将主导市场。从全球范围看,大量生产功率半导体SiC碳化硅和IGBT的企业一般为外企,例如英飞凌、恩智浦等。在中国境内,比亚迪是现阶段能够实现自主研发量产的制造商。比亚迪虽已开始建设车规级产线,但是仍存在SiC产能不足的问题。例如,2020年下半年,汉EV由于SiC产能不足造成新车交付异常。2022年,比亚迪半导体在招股说明书中披露,拟融资3.12亿元,建设年产24万辆汽车规格SiC晶圆生产线。

(三)比亚迪混动技术:DM-i/DM-p双平台战略

作为新能源汽车发展的重要技术路线之一,发展混动技术对新能源汽车的推广同样重要。与传统燃料汽车相比,混合动力汽车具有油耗低、动力充足等优点。同时,DM-i等超级混合动力系统的推出进一步缩小了燃油车与混合动力车的价格差距,会增加新能源汽车替代燃油车的优势。根据《节能与新能源技术路线图》,到2025年,混合动力汽车将占传统能源乘用车的50%以上,到2035年,混合动力汽车将完全取代传统能源汽车。

混动架构根据电机摆放位置可分为P0、P1、P2、PS、P3、P4等方案,不同的摆放位置对车辆能耗、动力性等有不同的影响,目前,多采用多电机方案。比亚迪早在2003年就开始布局插电式混动系统,目前的产品已经升级到第四代DM系统。与前三代系统不同,第四代系统提出了双平台战略,即DM-p平台和DM-i平台。如图2-2-7所示。两个平台侧重点不同,给消费者提供了差异化选择。

图2-2-7 比亚迪DM技术升级历程

　　DM-p平台侧重于高性能,以满足对速度有所追求的消费者群体。采用双引擎四驱(P0+P4,如汉DM、唐DM)或三引擎四驱(P0+P3+P4,如新唐DM高性能版)平台架构,可实现五种动力模式的智能切换,满足不同路况的需求,电机效率可达97%,能量反馈效率更高。还引进了高电压、高功率、强保电的P0电机,具有急加速助力、智能发电、智能启停、辅助换挡等功能。

　　DM-i平台是以电为主的混动技术,具备快、省、静、顺、绿等多重优势,侧重于高性价比,以满足追求经济的消费者群体。其在最大化新能源汽车优势体验感的基础上,将油耗降到最低,亏电油耗低至3.8L/百公里。与此同时,新型DM-i系统由于结构更加精细化,在成本方面的降低使得相关车型在价格上能够与传统燃油车竞争。之所以能够达到这些效果,受益于DM-i平台的三大核心技术:一是装有骁云-插混专用高效发动机,提升了压缩比、最大功率和最高热效率;二是双电机EHS超级电混系统,提升了电机效率,最高可达97.5%;三是运用了DM-i超级混动专用功率型刀片电池,使得加热效率提升10%、换热效率提升20%。

　　将比亚迪DM-i混合动力技术与长城汽车DHT、本田iMMD、丰田THS的混动技术解决方案对比可得,比亚迪的插混专用发动机效率及电混系统功率要优于另外三家企业。这是因为比亚迪将单档EHS变速箱和骁云专用插电式混动发动机配合使用,以更低的成本实现市场上所有车型最低的百公里油耗,技术相对领先。此外,随着汉、唐等高价带DM-i产品的上市,大容量电池搭载上汽车后,纯电动汽车续航能力将进一步提高,更好地实现了"短途用电,长途用油"的节能出行模式。

作为目前新能源汽车市场插电式技术的领跑者,将比亚迪DM-i和理想增程混动技术进行对比可得:两者都包含发动机、双电机和电池组,成本基本相同。最大的区别在于发动机的功能。在理想增程混动技术中,发动机只负责发电,不直接驱动车辆,技术壁垒相对较低。而在比亚迪DM-i混动技术中,发动机不仅可以发电,还可以在必要时直接驱动车辆。其主要技术壁垒在于不同路况下的动力源的切换。

综上,比亚迪已实现平台化,其纯电平台(e平台)具备智能、高效、安全、美观四大优势,为比亚迪带来了全新的三电系统,帮助比亚迪进一步走向智能化。同时,比亚迪的电驱动技术发展领先,其中电控板块IGBT技术的不断迭代、SiC MOSFE研制成功,都为比亚迪综合实力的提升提供了强大助力。此外,比亚迪的混动技术DM-i/DM-p双平台战略,为消费者提供了差异化选择的同时也大大提高了比亚迪整车性能。以上核心技术正是比亚迪逐步走向新能源汽车龙头企业的重要原因之一。

三、比亚迪新能源汽车产品开发矩阵

依托自身在电池和制造加工等领域的完善布局,比亚迪向下游进一步开拓汽车。公司的汽车业务包括新能源汽车和燃料汽车,由于战略发展需要,公司已从2022年3月起停止生产燃油汽车并专注于生产纯电动和插电式混合动力汽车。自此,比亚迪成为世界上第一家正式停止生产燃油汽车的公司。

"不想当将军的士兵不是好士兵",这句话在新能源汽车领域或许可以演变为"不想进入高端市场的车企不是一个好车企"。目前,冲击高端市场已经成为中国车企突出重围、站稳脚跟的必经之路,例如吉利汽车旗下设立的极氪品牌、东风汽车旗下设立的岚图品牌等都是各个车企冲击高端市场的新设品牌。比亚迪也不例外,旗下冲击高端市场的品牌有两个:腾势品牌及仰望品牌。截至目前,比亚迪已拥有四大新能源汽车品牌,分别为王朝网、腾势品牌、海洋网以及仰望品牌,实现了从家用到豪华、从大众到个性化的不同级别、价格产品的全覆盖,进一步完善了产品矩阵。除了以上四个品牌,比亚迪还将上线全新专业个性化品牌,旨在满足消费者日益多元化、个

性化的需求。

公司的产品定义思路为：20万元以下的中低端大众市场应走精品化路线，打造爆款产品；20万元以上中高端市场向上突破，冲刺高端市场。即，比亚迪王朝网和海洋网系列车型多走精品化路线，而合资品牌腾势、全资品牌仰望以及2023年推出的全新专业化个性化品牌目标明确，向上突破，瞄准高端市场。

（一）王朝网

王朝网车型是比亚迪进入新能源车领域后推出的第一个系列车型，为比亚迪崛起时代的第一代产物。整体设计风格沉稳大气，现已具备汉、唐、宋、秦、元五大系列，始终注重技术领先和极致性能体验。未来整个系统将配备DM-i技术，实现e平台3.0全覆盖。2023年，受到特斯拉大幅降价影响，比亚迪王朝系列产品价格也开始有所松动。

第一，汉系列，定位中高端市场，是比亚迪重点推出的车型之一，也是比亚迪的第一王牌。目前在售的车型总共有5款（汉DM-i、汉DM-p、汉EV千山翠限量版、汉EV创世版、汉EV），均为轿车。具体又可分为混动汽车和纯电动汽车（均采用刀片电池）两类。汉系列车型是王朝家族中最能打的，售价在21.48万—32.98万元。从用户画像的角度看，汉EV消费以男性为主，占比60%以上，且绝大部分集中于家庭增购消费。汉DM-i则聚焦家庭换购/首购，以消费升级为核心驱动。汉DM-i内部空间大，油耗低，开辟了一个新的蓝海市场。到2022年12月，比亚迪汉的销量达到24.26万辆，稳居榜首。

第二，唐系列，定位中高端市场，王朝家族旗下的SUV车型。目前在售的车型共有3款：唐DM-p、唐DM-i和2022款唐EV。比亚迪唐在销量方面的成绩非常不错，2022年的销量达到12.92万辆，位居同类型SUV排名第3名。

第三，宋系列，定位中低端市场。目前在售的车型共有九款，其中六款为SUV，三款为MPV。与汉、唐系列相比，宋系列车型的价格偏低。旗下车型分为PLUS、PRO、MAX三款，值得注意的是宋MAX为MPV车型。其中，销量最好的车型为宋PLUS DM-i和EV，两款均属于明星车型，在2022

年,两者合计销量为40.5万辆,拿下了同类型SUV第一名的桂冠。同时,两者的定价位于15万—20万元,在此区间,消费者比较关注空间、品牌、油耗和经济性等多个因素。两款车均具备大空间、低油耗优势,这也是使得宋PLUS销量迅速上升到该价格区间的市场第一的重要原因。

第四,秦系列,是比亚迪的入门级轿车,定位中低端市场与10万—20万元价格区间,消费者更注重油耗、经济性能等性价比指标。目前在售的车型共有5款(秦PLUS DM-i、秦Pro DM超能版、秦PLUS EV、秦Pro EV超能版、全新秦EV)。秦系列当中销量最好的车型为秦PLUS DM-i和EV,前者在相同空间尺寸的前提下,实现了最低的油耗,百公里油耗仅为3.8L。因此一经推出,瞬间引爆市场,订单排到三个月后。两者在2022年的合计销量达到了28.51万辆,坐上了同类型轿车销量第一的宝座。2022年2月10日,比亚迪推出秦PLUS DM-i2023冠军版,该版本的价格下降至10万元以内,帮助比亚迪快速占据低端燃油车市场。

第五,元系列,定位中低端市场。目前在售的车型共有元PLUS、元Pro(原元EV)和全新元EV三款。元Pro本身定位于小型SUV,但元PLUS作为e平台3.0的第二款产品,综合产品力和定位都明显提高了两个档次。其中元PLUS是比亚迪的明星车型,定位于10万—15万元价格区间,油耗经济性领先。元PLUS在2022年2月19日上市,旗下共有五款配置的车,售价在13.18万—15.98万元,性价比较高。车型设计时尚,颜值在线,在上市第一个月就卖了1.01万辆。2022年,其销量依旧可观,达到14.64万辆,在同类型SUV中排第一名。

值得一提的是,2023年受特斯拉价格战及锂矿价格下跌影响,比亚迪秦PLUS DM-i率先将售价拉低至9.98万元,创历史新低。之后,比亚迪王朝系列也开始降价,已发布的老款车型的降价幅度达到1万元以上,热门车型的优惠价格则在千元左右。此外,特斯拉即将进军10万—20万元新能源汽车市场的消息也促使比亚迪提前采取降价这一应对措施。

（二）海洋网

海洋网包括搭载纯电e平台3.0的海洋生物、搭载DM-i超级混动技术军舰和e系列。海洋生物包括以海豚、海鸥、海豹命名的轿车系列和以海狮命名的SUV系列。2021年8月29日，比亚迪海豚上市，价格区间在9.38万—12.18万元。采用了"海洋美学"设计，共有2款造型风格和5种颜色配色可选，风格偏向活泼年轻，属于小型汽车。2022年3月17日，海洋网军舰系列首款年型——驱逐舰05上市，推出5款车型，售价在12万—15万元之间，外观采用全新设计语言。2022年7月18日，比亚迪海豹上市，官方公布的补贴后预售价为21.28万—28.98万元。2022年12月9日，比亚迪第二款军舰系列车型——护卫舰07上市，推出6款车型，NEDC综合工况续航里程分为100、205、175km共三种版本，全系综合补贴后售价为20.28万—28.98万元。军舰系列主要分为以驱逐舰命名的轿车系列、以巡洋舰命名的SUV系列和以登陆舰命名的MPV系列。比亚迪还注册了"护卫舰""登陆舰""驱逐舰"和"战舰"等多个商标，其早期发布的轿车系列e系列，后续或将更新回归。

海洋网从年轻人的消费习惯出发，在外观内部配置和渠道营销思路上开辟新的途径，并针对女性群体设计了部分车型，如海豚，客户的跨度比较广。从面向的年龄层看，较王朝系列更为下沉。

在海洋网系列车型中，海豚是比亚迪e平台3.0时代第一款车型，也是明星车型。其在2021年8月13日启动预售，并于8月底正式上市四版车型。聚焦增购消费，增购占比超过40%，男女比例比较平衡，单身的年轻消费群体主要是首次购买，占比约30%。2022年，其销量达到17.82万辆，登顶小型车销量排行榜榜首，成了新一届"小车之王"。

此外，比亚迪海鸥具备轻盈版、自由版、飞翔版、闪电版及赛道版5个版本，价格由低到高，分别为6.58万元、7.58万元、8.28万元、9.58万元以及11.28万元；续航里程也是由短到长，最短的续航里程为265km，最长的续航里程为408km。可见，比亚迪海鸥的性能表现在微型纯电汽车中还算不错，上市之后或将成为比亚迪又一"明星"车型。

(三)腾势品牌

2022年,腾势品牌(即原比亚迪与奔驰戴姆勒合资品牌)重组后,比亚迪持有90%的股份,具有完全的控制权。3月,比亚迪高端品牌"腾势"正式挂牌,其定位价格区间为30万—50万元,全新腾势品牌的首款车型为MPV。4月22日腾势销售事业部总经理赵长江宣布将腾势品牌的首款MPV命名为"腾势D9",并于8月正式上市。作为第一个高端MPV的腾势品牌,腾势D9定位为7座中、大型豪华MPV,配备刀片电池、DM和EV双动力模式,DM超混技术综合续航里程达1000公里;采用全新的车辆设计语言,内部采用最流行的2+2+3布局。MPV还具有多种驾驶模式,包括经济、普通、运动和雪地。

目前,腾势官网上在售的车型为腾势D9 DM-i和EV两款,价格区间为30万—50万元。得益于比亚迪在新能源车领域中强大的品牌影响力,腾势品牌取得了不错的成绩。2022年11月,腾势品牌销量为3451辆,首次超过丰田赛那。

(四)仰望品牌

仰望品牌是比亚迪全资成立的高端自主品牌,定位高于腾势,价格区间为80万—150万元,由独立团队运营,具备独立销售网络,并在产品、品牌等方面实现独立。仰望品牌旗下车型采用比亚迪最尖端的汽车技术,最新设计理念,代表比亚迪在电气化和智能化方面的最强能力。通过该品牌,比亚迪将正式进军百万级别市场。仰望品牌的第一款车型仰望R1对标奔驰大G的非承载式车身SUV,车辆采用轮边电机技术,可通过轮胎的前后正反转,完成原地掉头,高性能电机加持。

从销量的角度看,2022年比亚迪销量首次超过特斯拉,全球市场份额达到31.7%,坐上全球新能源汽车销量第一的宝座。为了方便走向国际市场,比亚迪在2022年成立了自己的船运公司,专门为国际贸易服务。进入2023年,由于补贴政策退出加上特斯拉开始打价格战,小鹏汽车、蔚来汽车、东风日产、广汽丰田、岚图以及问界等新能源汽车品牌均开始下调旗下部分车型价格,比亚迪销量受到一定影响,开拓市场难度增加,2023年的"400万辆"目标完成压力加大。2023年1月,比亚迪销量为14万辆,环比下降35.65%。

于是,在2月,比亚迪旗下部分车型开始降价,该月比亚迪的销量回升至19.37万辆,其库存仅剩1万辆左右,再次拿下国内新能源汽车销量第一名。

除了在乘用车领域做得不错,比亚迪在新能源商用车(公交车)领域也取得了不错的成绩。公交电动化的最先提出者就是比亚迪,并且在其多年的研发下,比亚迪公交已经走向国际,并在全球电动公交车市场上占据了超80%的份额。例如,比亚迪纯电大巴在日本率先实现零的突破,在美国市场长驱直入,甚至还在美国建立了生产工厂。

综上,比亚迪不仅在动力电池领域做得不错,其在汽车领域(包括乘用车和商用车)也取得了不错的成绩(2022年宣布停产燃油车)。目前,在乘用车方面,公司已拥有王朝网、海洋网、腾势以及仰望四大新能源汽车品牌,实现了从家用到豪华、从大众到个性化的不同级别、价格产品的全覆盖。同时,在2023年,公司上线了全新专业个性化品牌(F品牌),旨在满足消费者日益多元化、个性化的需求。比亚迪的四大品牌都有着各自的"明星车型"。例如,王朝网下的明星车型有比亚迪汉、比亚迪宋PLUS等;海洋网下的明星车型有比亚迪海豚、海鸥等。在商用车方面,公司已成长为全球最大的纯电动公交车生产制造商。

对于电动汽车和比亚迪的未来,比亚迪掌门人王传福曾言:"未来,代步只是智能汽车的1%,其余99%是大家正在想象的,是一个拥有无限可能的超级汽车生态。但是,算盘上永远产生不了互联网,机械汽车自然也产生不了真正的智能汽车。因此,智能化的前提必然是电动化、电子化。"因此,未来比亚迪仍将以技术突破、创新及产品推广为关注重点,先实现新能源汽车的电动化、电子化,再逐步实现智能化,并且公司将以"7+4"的全市场战略为指导,实现道路交通的全领域覆盖。具体表现为,将业务领域扩展至城市建筑物流、环卫车、私家车、城市商品物流、出租车、道路客运、公交车7大常规领域以及机场、矿山、港口、仓储4大特殊领域。除去道路交通,轨道交通也是比亚迪未来的目标领域,未来比亚迪或将推出"云轨"(中运量)和"云巴"(底运量)。同时,随着消费者个性化需求不断增加,比亚迪必将推出更多新车型,并且为完善公司产品布局,未来或将推出新的品牌。

第三章　全球新能源汽车先行者——特斯拉

特斯拉的发展经历了2003—2009年的起步阶段,2010—2015年的快速发展阶段,2016—2018年的稳定发展阶段,以及2019年至今的全球扩张阶段。

从2003年成立至今,特斯拉也曾经历过暗淡的时期,但是凭借着先进的技术优势、人才优势和马斯克长远的发展眼光,公司最终发展成为全球第一的汽车制造商。同时,公司从快速发展时期的2015年开始,通过并购手段,整体买进获取人才和技术,迅速壮大自身实力。具体而言,特斯拉的并购也可分为前期的汽车制造技术、中期的自动驾驶和人工智能、后期的电池生产制造三阶段。

特斯拉能获得全球第一的地位,其管理层功不可没。目前,特斯拉的领导主要有CEO马斯克、CFOZachary Kirkhorn、动力总成和能源工程副总裁Andrew Baglino三位。三位领导人分别在技术领域、财务领域和动力能源工程领域有着丰富的工作经验。其中,马斯克可被称为特斯拉的"灵魂"。正是因为马斯克,特斯拉在短短20年间就成为万亿美元市值的汽车制造商。他有互联网软件及新能源行业相关创业经历,并多次创业成功,这在一定程度上反映了他富有创新思维,而创新也是特斯拉的一个突出基因。并且公司的部分高管毕业于斯坦福大学等名牌大学能源系统工程、工程学的等硬核专业,有着出色的技术沉淀。

事实上,马斯克多次创业成功的原因可归结为以下三点:一是追逐梦想,马斯克曾言"梦想要远大,如果你的梦想没有吓到你,说明你做得不对"。

马斯克从小就怀揣着改变世界的梦想,为了实现梦想,他每天工作16个小时,每周7天,每年52周。二是行动主义者,马斯克从小认为未来世界将会被人类遗传学、人工智能、可再生能源、互联网和宇宙探索5个关键事件所改变,因此他把所有的钱都投入这5大关键事件上。三是冒险精神,其认为风险和成功只有一步之差,每一次的投入都是"All in",赢了成为世界首富,输了赔掉底裤。除马斯克外,公司的8名董事会成员涵盖互联网公司、投资机构和媒体公司等,可以帮助特斯拉发展,为其运营提供基本保障。创始人丰富的创业经验和高管的技术背景决定了公司重视创新,采取高研发投入战略,研发投入持续领先于后排的制造商,这有助于特斯拉保持技术领先地位。特斯拉在2021年的研发投入比2020年增加了11.18亿美元,约占营收的5%,研发费用与销售总收入呈正比增加。研发费用为165.4亿元,比2020年的95.1亿元增长74%。与国内新能源汽车制造企业相比,特斯拉的研发费用遥遥领先。

特斯拉的市场定位为先进军高端市场,占据用户心智。之所以选择先进军高端市场是因为早期的新能源汽车产业链并不成熟,生产成本较高。所以,特斯拉最先推出Roadster、Model S以及Model X,定位高端,价格均在8万美元以上。之后,随着产业链的不断成熟、技术的不断进步,造车成本大幅下降,公司开始推出平价车型(Model 3和Model Y),实现价格下沉,带动公司汽车销量大幅增长。

事实上,特斯拉的风格与美国电影的拍摄风格极其相似,都在畅想未来。自2006年开始,马斯克就有了"天马行空"的想法,并制定了Master Plan计划——秘密宏图。截至2023年3月2日,马斯克正式宣布启动Master Plan3。在此之前,特斯拉分别于2006年和2016年发布了Master Plan1和2。如图2-3-1所示。目前Master Plan1的计划已基本完成,Master Plan2也进入收尾阶段。2006年至2016年的10年,特斯拉像是摁下了加速键,"十年计划"完成得非常完美。相比之下,2016年至2023年的计划完成速度似乎有所放缓,但也进入了收尾阶段。

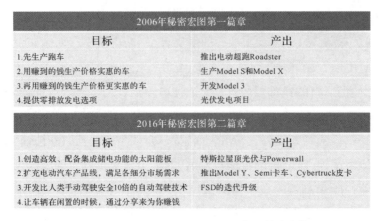

图2-3-1　Master Plan1和2的具体内容①

在这样的背景下,特斯拉发布了 Master Plan3,该计划设定了关于电池储能、可再生电力以及制造领域投资等最新目标。如图2-3-2所示。为实现 Master Plan3,特斯拉发布了一份白皮书,其中为地球使用可持续能源勾勒了一条道路。同时,该计划也明确了特斯拉未来电动车生产规模将得到进一步扩张,其将要打造一支全球电动车队,车队由8500万辆汽车组成。

图2-3-2　特斯拉 Master Plan3②

---

① 资料来源:汽车之家。

② 资料来源:汽车之家。

一、特斯拉制造核心

2022年4月，成立不到20年的特斯拉在百年企业面前说自己是最懂生产制造的。在很多人看来，特斯拉这是在口出狂言。但是，事实是狂言掩盖不住的，特斯拉在全球范围内都极具竞争力，并且其将竞争力很好地展现出来，获得了极大的影响力。

特斯拉的竞争力来自其制造核心。简单来说，就是高效、全流程、供应链。

首先是高效的工厂。特斯拉工厂在不同时期的布局经历了从分散到集中到高度集成的"芯片化"，这大大提高了车间之间的协同效率，整车和原材料在生产线上的流转将更加顺畅。这主要体现在制造过程中的用电和用水两方面。第一，用电。为了减少采暖和制冷的能源消耗，特斯拉新一代工厂使用绝缘、低辐射的窗户。同时，截至2021年底，特斯拉在内华达州和纽约的超级工厂屋顶均覆盖太阳能电池板，共安装了2.14万千瓦的太阳能电池板，并且规模仍在继续增长。特斯拉报告称，目前每辆车的能耗减少了17%。此外，随着4680电池的量产，特斯拉通过无极耳技术将整个电池制造阶段的能耗降低了70%以上。第二，用水。公开数据显示，特斯拉生产每辆车的抽水量比大多数知名汽车制造商都少，并且为了进一步节约用水，特斯拉正在为每辆车制定新的用水标准。在汽车生产制造中，"冷却塔补水"是除喷漆外耗水量最大的工程。为了节省这一部分的水，特斯拉提出了三个解决方案：一是用水密集型流程优化；二是雨水和凝结水的收集和再利用；三是再生水和循环水（废水回用）。

其次是全流程。目前，特斯拉拥有能源制造与存储、电动汽车生产与销售、汽车服务和自动驾驶四大主营业务。这四大业务恰好覆盖了新能源汽车生产制造的全流程，并且构建了一个完整的可持续能源生态系统。四大业务中的能源制造与存储业务负责生产和储存能源，电动汽车负责使用能源，同时在汽车业务的基础上，公司发展了自动驾驶、超快充电、汽车保险等服务。随着公司自动驾驶的落地，未来将会是特斯拉自动驾驶的时代。

最后是供应链。受疫情、资源等因素影响，新能源汽车上游原材料爆发了"涨价潮",大大提高了新能源汽车的生产成本,那些早年布局全产业链的车企受到的影响较小。特斯拉就是其中之一,如表2-3-1所示,其对"全链条"有着自己的思考。钴、锂、镍这些矿物是电池正极材料的关键原材料,约占电池总成本的三分之一,在提高汽车行驶里程和安全性能方面发挥着重要作用,但其本身资源有限,且随着环境问题的突出,这些原材料会越来越稀少。为争夺这些宝贵的原材料,特斯拉直接与矿场合作。此外,它也不是简单的"付款交货"。特斯拉还与当地专家和社区组织建立联系,甚至直接派人到生产地区进行调研。

表2-3-1　特斯拉电池供应链

总成	零部件直接供应商			间接供应商	同类供应商
电池系统	电芯	松下、LG新能源、宁德时代	氢氧化锂、碳酸锂	雅保/FMC	赣锋/天齐锂业
			硫酸钴	住友金属	华友钴业/格林美
			正极	住友金属	厦门钨业
				芳源股份(前驱体)	巴莫科技/容百科技
				贝特瑞	振华新材料
				当升科技	杉杉股份
			负极	日立化成/贝特瑞/璞泰来	杉杉股份
			电解液	三菱化学/新宙邦/天赐材料	新宙邦/天赐材料
			隔膜	住友/旭化成/恩捷/东丽	星源材质
			铜箔	古河铜箔	嘉元科技/诺德股份
			电解液添加剂	长园集团	石大胜华
	Pack	结构件	科达利、长盈精密		宜安科技
		BMS	自产		均胜电子
		热管理系统	拓普/三花/奥特佳		银轮股份

综上,特斯拉的制造核心包括三点:一是高效的工厂,特斯拉的工厂分

为整车和电池两大类，并且在不同时期的布局经历了从分散到集中到高度集成的"芯片化"，这一过程使得特斯拉工厂整车和原材料在生产线上的流转更加顺畅；二是特斯拉现有主营业务恰好实现了新能源汽车生产制造全流程的覆盖，在此基础上，公司得以发展自动驾驶、汽车保险等服务，逐步带领公司走向自动驾驶时代；三是特斯拉实现了新能源汽车"全链条"布局，特斯拉直接与矿场合作，保障了原材料供给充足，同时也降低了其受疫情、资源等外部因素影响的程度。

二、特斯拉领先的技术优势

特斯拉在研发方面的投入比任何其他汽车制造商都要多。据估计，公司每生产一辆汽车，就会在研发上投入2984美元，远超行业平均水平的每辆1000美元。巨额的研发投入有效地帮助特斯拉保持了其在电动汽车技术方面的领先地位。如今，特斯拉已是世界上第一家实现自动驾驶技术量产的汽车公司。并且凭借一体化压铸技术这一重要创新，特斯拉引起了一场生产制造革命。相较于传统的冲压&焊接工艺，一体化压铸技术的冲压和焊接使用量、加工工序（从9道下降至2道）、配套人工（以45万辆年产能的工厂来算，工人将从120人降至30人）、焊接点数量以及零部件数量（从大于370个降至2—3个）均大幅减少，5台压铸机就能够实现每年60万件的产能。正因如此，一体化压铸技术帮助特斯拉大幅下降了整车的生产制造成本。

除一体化压铸技术，特斯拉的技术优势还体现在以下几个方面。

（一）优秀的智能驾驶技术

1. 自研FSD芯片，算力遥遥领先其他车企

按照国际汽车工程师协会（SAE）划分方法，自动驾驶技术水平从0级至5级递增，分别对应的是人工驾驶、辅助驾驶、部分自动化、条件自动化、高度自动化和完全自动化，其中L5指的是能够完全自适应驾驶，适应任何驾驶环境。目前，特斯拉是全球唯一一个为自动驾驶开发芯片的汽车制造企业，即FSD芯片，这是目前世界上最强的自动驾驶芯片。该芯片成功让特斯拉在核心技术领域完全摆脱第三方供应商，极大地推动了自动驾驶技术的发展。

特斯拉表示,FSD芯片的目标是L4和L5。FSD芯片采用了三星电子的14纳米工艺技术,集成了3个搭载12个2.2GHz处理器的四核Cortex-A72集群、1个Mali G71 MP12 GPU、2个2GHz处理器的神经处理单元和各种硬件加速器。FSD拥有72Tops的计算能力和144Tops的板芯片,而之前最好的自动驾驶芯片英伟达AGX Xavier只有21Tops的计算能力。可见,FSD芯片具有卓越的性能和冗余的存储和计算能力,能够处理更多的图像信息。如今特斯拉已经会自动识别包括路标、红绿灯、行人、猫等近60亿件物体。且FSD计算平台后续通过OTA更新软件后,基本可以承担全自动驾驶的计算任务。完全自主设计的硬件体系使得软件和硬件更加契合,全面提升了自动驾驶的性能。与此同时,与特斯拉之前使用的英伟达Drive PX2AI芯片相比,FSD降低了20%的制造成本,只增加了20%的能源消耗。此外,FSD芯片主板采用完整的双系统冗余,确保某个功能区域出现问题时,仍能正常工作。

那么,特斯拉为什么会研发FSD芯片?起因是2016年特斯拉表示并未找到适合他们解决自动驾驶问题的其他方案,于是,公司开始了自研。2016年2月,公司组建了由吉姆·凯勒和皮特·班农以及其他建筑师领导的FSD芯片设计团队。18个月后,开发工作完成,该芯片正式被发布用于制造。2017年12月,芯片第一次试验并成功。次年4月,公司开始测试并改进芯片,7月,芯片改进后成功获得量产资格,并于12月装车测试,再次获得成功。于是,在2019年3月,FSD芯片首次搭载上Model S和Model X,一个月后又搭载至Model 3,该芯片进入量产阶段。2020年4月,特斯拉启用Autopilot的行驶里程突破48亿公里,10月,公司即发布了特斯拉FSD Beta(完全自动驾驶测试版)。而为了实现完全自动驾驶,2022年底前特斯拉增加FSD测试人员至100万名。

2. 采取纯视觉方案,助力成本控制

正如前文所述,感知层分为摄像头视觉派和激光雷达融合派两个派别。在感知层方面,特斯拉选择采用摄像头视觉派,其以摄像头为主导,配合毫米波雷达等低成本传感器,数据融合度较高、适用性更强,同时还大大降低了造车成本。但是,这一方案也存在安全性不足、研发难度较高的问题。

3. 自研超级计算机,加速算法迭代

由于特斯拉是新能源汽车的先行者,属于最早进入该行业的车企,其配备自动驾驶系统的车辆至2020年已行驶超过22亿英里,远大于其他造车新势力,因此其在数据积累方面独具优势。数据对于自动驾驶极其重要。大量数据有助于自动驾驶技术的快速迭代,智能软件应用的改进有助于提高销量,从而形成一个正循环。而2021年8月,特斯拉发布了自主研发的超级计算机Dojo,该计算机由特斯拉自主研发的AI芯片D1构建。单个D1的峰值计算能力为362TFLOPS,功耗不超过400W。3000颗D1芯片组成的机柜ExaPOD计算能力高达1.1EFLOPS,是目前世界上最快的AI训练计算机。

4. 自研自动驾驶硬件系统HW 4.0

该系统在2023年正式发布,其基于三星Exynos-IP打造。相较于特斯拉之前的自动驾驶硬件系统,HW 4.0的CPU内核以及TRIP内核数均有所增加,前者增至20,后者增加至3。内核数量的增加使得最大频率和空闲频率均有所增加。同时,在传感器方面,HW 4.0拥有12个摄像头接口,分辨率以及像素均有所增加,并新增雷达加热器接口以及毫米波雷达接口,以增强汽车在冰雪天气中的雷达信号。

特斯拉的技术一直引领着新能源车企前进的步伐,新平台的研发成功或将让特斯拉成为新能源汽车行业游戏规则的改变者。

(二)自研电池相关技术

电芯、电池包和电池管理这"三电"影响着电池的续航能力,而特斯拉的"三电"完全自研,凭借着先进的技术,其最终研制出的"三电"综合性能优秀,使得特斯拉单位电池寿命领先于国内汽车制造商。特斯拉的单位电池寿命为9.6km/kWh,极氪、小鹏和比亚迪的单位电池寿命分别为7.1km/kWh、8.3km/kWh和7.9km/kWh。具体而言,在电芯方面,以特斯拉Model 3为例,虽然搭载的磷酸铁锂电池容量偏低,但是其单位续航能力与价格比同类车型要高;在电池包方面,主要是采用了CTC技术;在电池管理方面,特斯拉BMS技术领先,吨百公里耗电指标在同价位新能源车型中遥遥领先。

第一,电芯方面,公司自研了4680电池。如图2-3-3所示。4680表示的是电池尺寸,直径为46毫米、高80毫米,属三元高镍电池,形状为圆柱形,这也是特斯拉独创的,于2022年9月22日正式推出。公司最初只采用三元锂电池,但是随着相关补贴的取消,公司引入了磷酸铁锂电池,有效降低了电池成本。目前,为其提供电池的公司主要有四家,其中松下和LG新能源为其提供三元锂电池;宁德时代为其提供磷酸铁锂电池;比亚迪同样为其提供磷酸铁锂电池,但是非比亚迪自研的刀片电池。相比于磷酸铁锂电池(约为180Wh/kg),三元锂电池(250Wh/kg及以上)具备更高的能量密度,且有着更优的低温性能。2021年第三季度,特斯拉宣布,在全球范围内,其标准续航里程升级版Model 3和标准续航里程Model Y都将使用磷酸铁锂电池。

图2-3-3　特斯拉电池演变

特斯拉自主研发的4680电池采用全极耳和干电池技术。与之前研发的2170电池相比,电池的容量增加了,由于电池内部电阻的减少,电池输出功率有了6倍增长,提升了汽车整体的散热性能和安全性,并有望使车辆续航里程增加16%、成本降低14%。目前,公司的4680电池相对成熟,第一辆配备4680电池的Model Y汽车已于2022年4月正式交付。

现阶段,受焊接、良品率以及干发电机等关键技术制约,特斯拉4680电池每周的产量只能满足1000辆Model Y的需求。但是,特斯拉正在研发并即将投入使用搭载HW 4.0系统的新一代汽车平台,这一汽车平台能够帮助4680电池实现量产,并帮助降低整车成本。

第二,电池包技术,公司采用的是CTC技术。在汽车电动化的过程中,汽车行业形成了两条电池技术路线,即以蔚来为代表采用的"换电方案"和以特斯拉为代表采用的"CTC方案"。特斯拉"CTC方案"侧重于将电芯与车身高度集成,以更高效地装载更多的电芯。

事实上,早在2017年,公司就在Model 3上采用了大模组方案,相比于Model S传统方案原有的16个模块,采用大模组方案的Model 3模块总数减少到4个。此外,电池组的零部件数量比传统方案减少了10%,减轻了15%的电池包重量,最终降低了汽车制造成本并提升了其续航能力。同时,在2022年,公司推出了采用CTC技术的4680电池,通过车身一体压铸和CTC技术,新车重量将减少10%,续航里程将增加16%,车身零部件数量将减少370个。与CTP相比,CTC的重量成组效率、空间利用率都要高一些;而零件使用数量要比CTP少70个。

第三,特斯拉的电池管理系统(BMS),是全球最成熟的系统。BMS相当于人类的"大脑",是电动汽车的核心系统之一。它的主要作用是监测电池的状态,通过SOC计算功能,精确地计算电量,防止电池出现过度充电、过度放电、过温和过流,对电池热量进行控制,进而延长电池的使用寿命,保证电动汽车的安全性和续航里程。

特斯拉自主研发的BMS采用主从架构设计,即"一主四从"的管理方式。主控制器(BMU)负责高压、绝缘检测、高压互锁、接触器控制和外部通信等功能。从控制器(BMB)的作用是检测各单元的电压和温度并上报给BMU。所有的电池电控系统,全部集成在Penthouse位置,电控系统的高度集成化也是特斯拉引以为傲的资本。与同价位的其他汽车相比,特斯拉每百公里耗电量为5.9kWh/t,与极氪相近,低于小鹏P7和比亚迪的6.2kWh/t和6.3kWh/t,侧面突出了特斯拉BMS的卓越性能。

特斯拉的BMS有三个明显的优势:一是具有高度的包容性,由于BMS的模块化设计,即使使用不同类型的电池也可以很好地适应;二是电池的平衡采用两阶段法,提高了电池的寿命,减少了电池电量的衰减;三是具有一定的学习能力,BMS与大数据相连接,可以根据不同的环境和工作条件进行自我学习。此外,BMS可通过加在电芯中间的散热板调控某一区域甚至单个圆柱形电芯的温度,这是其他车企无法做到的,所以在电控的BMS热管理系统上,特斯拉的优势显而易见。

(三)自研超级充电桩技术及OTA技术

1. Supercharger V3.0超级充电桩技术

目前,一般通过增加电池的容量或是缩短充电时间两种方式解决纯电动汽车的里程焦虑。2019年,特斯拉推出了大电流V3超级充电桩,可在15分钟内,最大补充行驶里程250km。同时充电装置不会分流,网络内的每辆车都可以使用最大功率进行充电。但是该版本的充电桩相比于保时捷、现代、华为和吉利,充电速度略有不足,于是,特斯拉进行了技术更新。在2022年3月7日,公司上线了超级充电桩Supercharger V3.0,即升级版的V3超级充电桩,电缆内部使用液体冷却技术,将峰值功率提高到250kW,大大减少了充电时间,在长续航版Model 3上,可实现充电5分钟续航里程增加75英里(约120公里),并将充电时间减半。特斯拉的工程师们预计能将V3超级充电桩的充电功率提升至324kW,下一代的超级充电桩V4也会很快推出。如今,特斯拉已经开始向美国Model 3车主推送更新,允许他们使用V3充电站。Model S和Model X也将进行更新,以提高充电效率。特斯拉表示,第一个测试版的超级充电站已经在旧金山湾区开放,接下去要在全美、欧洲和亚太地区推广。如今,公司在全球范围内拥有超过3万个超级充电桩,平均每周新建6个站点。

2. OTA技术

特斯拉是最早具备整车OTA(Over-the-Air Technology,空中升级技术)能力的车企。OTA技术指的是通过移动接口实现对软件的远程管理,是特斯拉汽车最伟大的功能之一。从2012年推出的Model S到Model Y,特斯拉都配备了整车OTA能力。一般而言,每半个月到1个月特斯拉就会进行一次更新,而更新的内容主要包括新增软件功能和修复两个部分,更新包括了中控屏幕系统的功能,还有电池的控制软件、摄像头等固件和软件,以此在不断给用户带来更好的软件功能的同时及时修复客户或前端反馈的软件问题,逐渐使得特斯拉的车辆变得更安全、更强大,进而提升用户体验。同时,OTA技术也是逐渐实现自动驾驶的技术,OTA能使Autopilot系统通过摄像头检测到限速标识、信号灯等。

2022年5月17日,国家市场监督管理总局官网显示,特斯拉(上海)有限公司向国家市场监督管理总局提交了召回方案。之所以会被召回,是因为其中的一些车辆有系统问题。车辆召回后,公司将通过OTA技术对车辆软件进行免费升级。升级后的车辆在准备直流快充或进行直流快充时,中央处理器温度将会得到缓解,进而防止车辆出现运行速度变慢或重新启动的情况。

综上,特斯拉的技术优势包含四方面。一是一体化压铸技术,该技术大大降低了特斯拉的造车成本。二是智能驾驶技术。特斯拉自研的FSD芯片大大提高了旗下车型的智能化程度(目标是实现L4和L5),是目前世界上最强的自动驾驶芯片。同时,特斯拉自研了超级计算机以及自动驾驶硬件系统HW4.0,前者加速了自动驾驶算法迭代,后者增强了自动驾驶的感知能力。三是电池相关技术。首先,特斯拉自研了4680电池,扩大了电池容量,降低了整车成本。其次,特斯拉采用了CTC技术,大大提高了重量成组效率以及空间利用率。最后是特斯拉自研的电池管理系统(BMS)能够帮助汽车监控电池状态,大大提高了汽车的安全性和续航里程,它也是目前世界上最成熟的系统。四是特斯拉的超级充电桩能够实现快速补能,大大降低消费者的里程焦虑;OTA技术通过移动接口能够实现对软件的远程管理,是特斯拉汽车最伟大的功能之一。正是以上四大技术优势,保障了特斯拉领先的技术水平。

三、特斯拉产品

(一)特斯拉产品战略

特斯拉以超跑切入市场。2008年,旗下第一款车型超跑Roadster正式上市,上市后因其个性化圈了一波粉。特斯拉选择从高端车型切入市场,是因汽车行业前期投入成本大,所需资金量大,若是生产大众车型,无法快速进行量产。超跑售卖所获得资金能够用以开发面向大众的车型。同时,从品牌塑造角度看,这一战略帮助特斯拉塑造了高端形象。

具体而言,Roadster是一款"以路特斯Elise为基础"的豪华电动双座敞篷跑车,以类似路特斯Elise外形吸引了当时人们的注意,有点"借壳上市"的意思,也是第一款高速公路合法批量生产的全电动汽车。其仅需4s即可将车速从0加至96km/h,远超同期的燃油跑车,单次充电续航350km,最高时速200km。其面向的群体主要为社会精英。与同期具备相同加速能力的燃油跑车相比,其完全属于"低价",起步价仅为9万元。同时,通过与BBC的旗舰汽车节目Top Gear的合作宣传,特斯拉彻底打响了品牌知名度,特斯拉也由此开始了以一己之力推动由锂离子电池驱动的电动车的发展。但是,由于特斯拉与Lotus Motors签订的2500辆底盘的合同于2011年底到期,在2012年1月特斯拉正式停产第一代Roadster。第二代Roadster于2017年正式发布,更新后的Roadster除外形有所变化外,性能配置都有所升级,仅需2.1秒即可从静止加速到100km/h,内置200千瓦时的电池组,一次充电可行驶620英里(997.79千米),三电机配置,全轮驱动,最高车速可达400 km/h以上,扭矩为1万牛米。这是一款专为卓越的驾驶性能及空气动力效能而设计的跑车。

超跑之后,特斯拉开始进军高端市场。2012年和2015年,特斯拉分别发布了中大型轿车Model S和中大型SUV Model X。两款车型均是特斯拉自研自产的。其中,Model S相较于同级别的传统燃油车,其溢价在30%—50%。两款车型的内外饰设计超前、动力性能突出,再加上科技配置系统,一发布便迅速"走红",成为特斯拉旗下的"招牌"车型。

其中,Model S为特斯拉的第一款豪华轿车。不同于公司推出的第一款车型Roadster,Model S的设计团队是特斯拉的首席设计师弗朗茨·冯·霍尔扎森在2008年组建的11人团队。经过四年的研究,特斯拉终于在2012年发布了Model S,它有着流线型车身,隐形的自动开门把手,颇具现代感的前脸设计,17英寸超大中控屏,完美地将简洁与科技感融合,并且整体外形酷似阿斯顿·马丁,优雅大气,彻底颠覆了人们对电动汽车的印象,让人一眼就会被吸引,由此,Model S也成为纯电动汽车浪潮中的时尚"弄潮儿"。从安全的角度来看,Model S拥有高强度的车身框架和位于底盘的坚固电池组,有效降低了翻车的风险,具有高度碰撞保护能力,能够确保乘员安全。

Model X与Model S最不同的地方在于其车门的设计。Model X的车门设计采用了世界知名跑车普遍采用的鹰翼设计,该设计在SUV车型中并不常见,原因是用铰链承重鹰翼门是一项极其复杂的任务,但特斯拉迈出了大胆的一步,利用两个铰链承重鹰翼门,节约开门时的空间。因此,也可将 Model X 看作是介于跑车和 SUV 之间的跨界车。

之后,特斯拉推出其爆款车型,Model 3 和 Model Y,前者为中型轿车,后者为中型 SUV。借助这两款车型,特斯拉开始进入普罗大众的生活,成功下沉至中端市场。苹果4的发布彻底将手机从功能时代带入智能时代,与之类似,特斯拉 Model 3 彻底将汽车从燃油时代带入智能时代。

其中,Model 3 相比于 Model S,它的体型较小,由于线条轮廓和车身比例与 Model S 都非常相似,所以可将其视为缩小版的 Model S。除了电动性能,Model 3 还展示了更多前瞻性的外形设计。因为纯电动汽车不需要内燃机和进气格栅,所以 Model 3 的前脸被直接设计成封闭形式,取消了传统的进气格栅。Model 3 的车身架构采用的是钢铝混合金属材质,保证了各部位的支撑强度。特斯拉曾多次做过翻车测试,而在其中一次,Model 3 在配置全景车窗玻璃的情况下,抵御住了四倍于自身质量的压力,大约相当于两只成年非洲大象的重量。在内饰方面,Model 3 非常激进,它没有安装仪表板,只有一个15英寸的中央触摸屏。Model 3 是特斯拉挑战奔驰、宝马、奥迪等传统豪华品牌的核心产品。

Model Y 则是特斯拉到目前为止创新最少的一款产品,完全基于 Model 3 打造,它们的设计语言一致,其并未对底盘、内饰、外观等进行创新。Model Y 的重心位于车辆底部中间位置,并且车身结构强度高,装机缓冲区充裕,能够有效降低乘车人员的受伤风险。

2021年,特斯拉开始涉猎更多车型,以期填补产品矩阵。例如,在2021年,特斯拉发布了美国主流车型—皮卡 Cybertruck,以后还会发布半挂式卡车、微型巴士、新一代 Roadster 等一系列车型。

综上可知,特斯拉的产品实行“三步走”战略。第一步,从高端开始,吸引用户的注意力,并为第二步提供资金。第二步,通过 D 级轿跑 Model S 和豪华 SUV Model X 实现规模化量产,打造“高端化、智能化”的特斯拉品牌,售车所得用于支持下一步计划。第三步,面向大众阶层打造亲民车型 Model 3 和 Model Y,下沉至30万元以内的轿车市场,打开市场空间。采取这样的产品战略是因为新能源汽车发展刚起步,整体产业链不成熟,使得新能源汽车的生产成本居高不下,所以特斯拉才会推出高端产品,为的是吸引用户注意,打响品牌知名度。随着产业链的不断成熟,公司研发出了CTP技术、大模组方案、一体压铸技术等先进技术,大幅降低了新能源汽车的制造成本,于是在合适的时间,推出了两款面向大众的新能源汽车,自此公司汽车交付量显著增加。

从品牌战略的角度看,目前特斯拉已经完成了内线竞争的产品战略布局。未来,特斯拉将会一步一步完成"替换燃油车"的品牌竞争方向。

除以上产品外,特斯拉或将推出一款基于最新汽车平台打造,搭载HW4.0自动驾驶硬件系统以及FSD芯片的车型——小钢炮。因为新平台能够大幅降低整车制造成本,所以该款车型将会是特斯拉第一款价格低于20万元的车型。

综上,特斯拉成立之初以高端车型进入市场,之后进入低端市场,实现高中低端市场全覆盖。特斯拉现有产品较少。未来为丰富产品线,完善产品矩阵,特斯拉还将推出种子产品、火苗产品以及第二招牌产品,如图2-3-4所示。随着特斯拉新平台的不断完善、相关技术的不断成熟,车型价格或将实现大幅下降。

图2-3-4 特斯拉产品战略[①]

---

① 资料来源:懂车帝。

（二）特斯拉产品中国市场情况

1. 特斯拉中国产品矩阵

中国市场是最大的汽车消费市场，任何车企都不会放弃这样一个市场，特斯拉也不例外。2012年，特斯拉正式进入中国，2017年特斯拉在中国成立了新能源研发有限公司，次年又在北京设立科技创新中心。值得注意的是，在2019年，特斯拉第二超级工厂——上海超级工厂正式开工建设，特斯拉Model 3、Model Y开始实现国产化。2021年，特斯拉上海研发创新中心以及超级工厂数据中心建成。未来，特斯拉或将加快中国市场布局。

特斯拉依靠Model S打开了中国市场，虽然经历了一些低迷，但2016年之后情况开始好转。目前，官网上的Model S包括Model S Plaid和Model S两个版本。Model S Plaid的加速能力在所有量产车型中表现超凡。Model S全系车型采用新的电池和底盘架构，在连续赛道驾驶中也能够全程保持强悍性能。美国版本的Model S Plaid和Model S的储物空间均为793升，风阻系数均为0.208Cd，超级充电的最大功率均为250kW，区别如表2-3-2所示。

表2-3-2　Model S Plaid和Model S的区别

	Model S Plaid	Model S
续航里程	637千米	652千米
百公里加速（减去起步时间）	2.1秒	3.9秒
最高车速	322km/h（需付费购买硬件升级）	250km/h
峰值功率	1020马力	670马力
整车质量	2162千克	2069千克
动力总成	三电机	双电机

在豪华SUV方面，特斯拉官网上的Model X包括Model X Plaid和Model X。

Model X Plaid拥有强悍的动力和卓越的加速能力，总体性能表现领先于其他SUV车型。Model X的动力总成均搭配新电池架构，在任何速度下都可以实现瞬时扭矩输出。美国版本的 Model X Plaid 和 Model X 牵引能力均为 2268 千克,风阻系数均为 0.24Cd,超级充电的最大功率均为 250 kW,区别如表 2-3-3 所示。

表2-3-3　Model X Plaid 和 Model X 的区别

	Model X Plaid	Model X
续航里程	536 千米	560 千米
百公里加速(减去起步时间)	2.6 秒	3.9 秒
最高车速	262 千米/小时	250 千米/小时
峰值功率	1020 马力	670 马力
整车质量	2455 千克	2352 千克
动力总成	三电机	双电机
座位数	6 座	5 座、6 座、7 座

特斯拉中国制造第一款车型就是 Model 3。Model 3 的上线帮助其实现了中国销量的快速增长。特斯拉官网上的 Model 3 包括 Model 3 Performance 高性能版和 Model 3。其中,Model 3 Performance 高性能版在绝大部分天气条件下都拥有极佳的操控体验。中国制造规格的 Model 3 Performance 高性能版和 Model 3 的储物空间均为 649 升,座位数均为 5 座,超级充电均按照使用付费,区别如表 2-3-4 所示。

表2-3-4　Model 3 Performance 高性能版和 Model 3 的区别

	Model 3 Performance 高性能版	Model 3
电池	长续航电池	标准续航电池
百公里加速(减去起步时间)	3.3 秒	6.1 秒
续航里程(CLTC 综合工况)	675 千米	556 千米
整车质量	1836 千克	1761 千克
驱动	双电机全轮驱动	后轮驱动

特斯拉在中国市场上销量能够与Model 3相比较的也就只有Model Y。Model Y共有4个版本,分别是标准版、长续航后驱版、长续航全驱版、Performance高性能版,但是特斯拉官网上中国制造规格只有Performance高性能版、长续航全轮驱动版、后轮驱动版三个版本。三者的共同之处为储物空间均为2158升,座位数均为5座,超级充电均按照使用付费,区别如表2-3-5所示。

表2-3-5　Performance高性能版、长续航全轮驱动版、后轮驱动版
Model Y的区别

	Performance 高性能版	长续航全轮驱动版	后轮驱动版
电池	长续航电池	长续航电池	标准续航电池
百公里加速（减去起步时间）	3.7秒	5.0秒	6.9秒
续航里程（CLTC综合工况）	615千米	660千米	545千米
整车质量	2010千克	1997千克	1929千克
最高车速	250km/h	217km/h	217km/h
驱动	双电机全轮驱动	双电机全轮驱动	后轮驱动

上述中国市场已有的车型当中,Model Y是中国最畅销的高端SUV。根据中国乘用车协会(CPCA)的数据,特斯拉从2022年1月到4月共售出7.56万辆Model Y,比排在第二位的竞争对手梅赛德斯-奔驰GLC领先2万多辆(GLC同期销量为5.35万辆)。而Model 3是在中国受欢迎的轿车。依据车主指南的数据,截止到2022年4月份,Model 3在国内的累计销量为7.72万辆,在轿车中,年销量排名第一。

2020年9月,特斯拉在电池日上宣布,三年内将推出一款价格为2.5万美元的全自动驾驶汽车。媒体报道称,这款车将被命名为Model 2或Model Q。兴业证券认为这将是特斯拉在欧洲和中国的研发中心根据当地需求开发的一款本地车型。特斯拉在中国的研发中心于2021年11月投入

运营,据兴业证券预测2024年将会发售该款车型,并在未来将其用作共享出租车。同时,兴业证券还表示,未来四年,特斯拉将同时销售7款车型,覆盖了跑车、轿车、SUV、皮卡和卡车,产品矩阵完整。除上述在售的4款车型外,还包括已公布但尚未正式上市的Semi、Cybertruck、第二代Roadste,如图2-3-5所示。其中Cybertruck于2019年发布,定位2B-3级中型卡车,价格定在4万—7万美元,包括三个版本:单电机后驱版EPA续航250英里,起售价3.99万美元;双电机全驱版EPA续航300英里,起售价4.99万美元;电机全驱版EPA续航500英里,起售价6.99万美元。发布后首周订单即达到25万辆。该车型尚未面向中国市场,马斯克表示未来可能会制造一辆更小、更紧凑的电动皮卡,面向全球市场。而全球市场的皮卡空间大约为350辆,特斯拉表示Cybertruck有可能会成为全球的皮卡爆款。

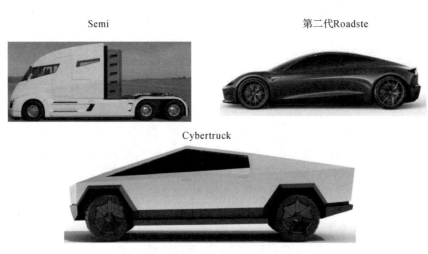

Semi　　　　　　　　　　第二代Roadste

Cybertruck

图2-3-5　特斯拉Semi、Cybertruck、第二代Roadste

值得一提的是,2022年底,特斯拉上海超级工厂停工,2023年,在新能源汽车补贴失效、多数新能源制造车企选择涨价的时候,特斯拉却选择了降价。降价之后,特斯拉Model 3后轮驱动版22.99万元起售,Model Y后轮驱动版25.99万元起售,降价2万—4.8万元后的价格,达到了特斯拉在国内的史上最低价。在特斯拉宣布降价后不久,其体验店客流量大幅增加,更有传言称特斯拉在中国3天即获得了3万辆订单。实际上,其2023年1月及2

月在中国市场的销量仅为1.9万辆和3.2万辆,远低于比亚迪。为提升销量,特斯拉表示将会推出一款专门针对中国车企的新车型——Model 2(A级车),价格定在15万元左右。同时,Model Q也将亮相,售价在13万元左右,该款车型所搭载的电池为比亚迪的"刀片电池"。上述操作是因为国内新能源汽车市场竞争日渐激烈,加之特斯拉多次曝出的维权、车祸、召回等负面信息,致使特斯拉后续的订单量不足,需求量显著下滑,特斯拉想要以价换量,并在中国开展价格战,抢占中国市场。

综上,特斯拉依靠Model S打开了中国市场,在售车型包含轿车及SUV,并且为了加速中国市场布局,实现国产化,特斯拉在中国上海建立了超级工厂、研发创新中心以及超级工厂数据中心。第一辆实现国产化的车型为Model 3,第二辆为Model Y。两款车型在中国的销量均不错。2023年,特斯拉将在中国推出一款全新的车型Model 2,正式进军低端市场。自此,特斯拉旗下车型正式形成高中低端市场的全覆盖。

2. 特斯拉中国市场拓展情况

"中国可以没有特斯拉,但特斯拉不能没有中国"。查阅特斯拉2021年年报可知,公司2021财年总营收为538.23亿美元,同比增长71%。如果按地区划分,美国仍然是特斯拉最大的市场,该市场收入为239.73亿美元,占到公司总收入的44.55%。中国市场是特斯拉仅次于美国市场的最大海外市场,也是特斯拉在全球增长最快的市场。2021年,特斯拉在中国市场的营收为138.44亿美元,同比增长107.8%,占到公司总收入的25.7%。

事实上,早在2012年4月22日,特斯拉就已正式进入中国市场。2013年,在中国开设了第一家体验店。早期特斯拉在中国的营销策略为理想化的"只靠用户口碑传播、不做任何付费投放",这使得特斯拉大中华区的掌门人就像是个"提线木偶",没有指挥权。所以在2014年一年的时间里,大中华区的掌门人就有3位离职,分别为郑顺景、吴碧瑄和金俊。在特斯拉进入中国市场之前,宝马、奔驰、奥迪这些汽车领域真正的"高端豪华"品牌,已经在中国市场推广投入多年,积累了深厚的市场传播资源和大量忠实的客户群体。可见,在特斯拉进入中国市场时,中国汽车市场竞争已十分激烈,对于中国消费者而言,它属于名声不太好的全新事物,因此难以覆盖高端豪华车的目标用户。多数中国消费者听说过特斯拉电池自燃、车身质量存在问题、价格过高等负面评价。所以对于特斯拉来说,纯靠"口碑"营销获得市场并不是一个好的选择。于是,在2015年,特斯拉改变了在华战略,大力推动全行业独有的"空中升级""远程诊断"、近乎"零保养"和"价格透明"的维修等售后体验。此外,特斯拉在100多个城市建立超过1200个充电桩,进而扩大了充电网络的覆盖能力。2016年,特斯拉在全国范围内布置了100多个超级充电站、502个超级充电桩和1400多个目的地充电桩,覆盖了中国72个主要城市。从广州到哈尔滨沿线将安装超级充电站,尽可能每300千米安装一个。在北京、天津、长三角、珠三角等特斯拉用户集中的部分路段,形成了每百公里设置一个超级充电站的充电矩阵。

无论马斯克多么向往中国市场,2016年至2019年间特斯拉在中国的表现并未达到其预期。价格是消费者非常关注的点,特斯拉进入中国市场时,定位高端品牌,起拍价加上税费等接近100万元,瞬间打消了大量资金紧张的潜在客户的兴趣。与之相比,国产新能源汽车凭借国家的大额补贴,价格能够压缩至20万—30万元,高端车型也仅需40万元,所以国产新能源车对中国消费者的吸引力比以往任何时候都大。另外,由于当时特斯拉的战略安排,特斯拉还在欧美市场打拼,确实无法将重心放在中国市场上,不仅不能为中国市场提供性价比高的车型,连产能供应都不够。

《外商投资准入特别管理措施(负面清单)(2018版)》的出台,取消了专用车、新能源汽车外资股比限制,马斯克期待已久的独资工厂终于被政策允许。于是,在2019年1月,特斯拉在上海开始建设超级工厂,特斯拉在中国的布局由此展开。特斯拉进入中国建厂,随之而来的是特斯拉本土化带来的价格优惠。2018年初,特斯拉在中国市场掀起了一波大幅降价浪潮,将公司从高位拉回理性水平,最高降价幅度高达30万元。2019年,特斯拉已拥有两个超级工厂,第三个正在建设中,技术仍然领先,营销和售后模式也处于最成熟的阶段,并且借助特斯拉本土化的势头,成功将Model 3的价格降至30万元,对国产车型在中国市场构成巨大威胁。根据特斯拉2019年年报,其在中国市场的销量已经占到总销量的17%,这也印证了特斯拉的未来在中国。中国市场将会是特斯拉能否将盈利作为常态、坐稳新能源汽车头牌之座的关键因素。

特斯拉上海超级工厂为其第二大工厂,主要负责 Model 3 和 Model Y 的生产:从建厂到设备进入、调试完成、试车生产线,只用了 10 个月的时间。2019 年 12 月,首批中国制造 Model 3 出厂;次年 10 月,国产 Model 3 正式出口欧洲。同时在 2020 年初,Model Y 项目正式启动,次年 1 月中国制造的 Model Y 车型正式发售。特斯拉上海工厂是其三个超级工厂中产能最大的。近年来,在全球疫情反复的情况下,上海超级工厂是 2021 年特斯拉最稳定的生产基地,下半年其产能甚至超过了加州工厂。此外,由于特斯拉柏林工厂的进度缓慢,特斯拉上海工厂还承担了欧洲等市场供应压力。马斯克在 2021 年 10 月的股东大会上透露,上海超级工厂的产能已经超过了美国加州工厂,成为特斯拉全球产能最高的工厂。

据推特用户"Troy Teslike"分享的数据,2021 年,特斯拉上海工厂共计交付 48.41 万辆电动车,占据特斯拉去年全球累计交付量的 51.7%。其中面向中国本土市场交付 32.07 万辆,对外出口 16.34 万辆。2022 年前两个月,上海工厂共计交付 11.63 万辆——面向中国本土市场交付 4.25 万辆,对外出口 7.38 万辆。值得注意的是,上海工厂在 2022 年 1 月和 2 月的交付量,不仅远远高于 2021 年 1 月和 2 月的交付量,甚至还明显超过了 2021 年 10 月和 11 月的交付量。在全球环境十分严峻的局势下,上海工厂惊人的产能交付量"拯救"了特斯拉。2022 年受疫情影响,特斯拉在上海的超级工厂暂时停工。但通过以龙头企业为牵引,以点带链、以链带面,4 月上海超级工厂正式复工。再加上中国市场的巨大潜力,特斯拉在 5 月 1 日致上海临港特区的感谢信中透露,将在上海同一地区附近的土地上新建工厂,扩大产能,预计将增加 45 万辆汽车,成为"世界最大的汽车出口中心"。

2023 年,随着新能源汽车补贴的取消,国内各个新能源车企开始逐步提高旗下新能源汽车价格。为了占据中国市场,在 2023 年春节来临之前,特斯拉再次出现大幅降价,最低价格已降至 22 万元,达到在全球各个市场中的最低价。很明显,特斯拉这是在中国市场上开启了价格战,也是其针对中国新能源车企的"阳谋"。特斯拉之所以有底气长时间维持低价,很重要一个原因在于其单车毛利率极高,达到 27%,远高于同行车企,是丰田汽车的 8

倍。这一"阳谋"引发了"鲶鱼效应",致使2023年国内诸多新能源制造车企（包括传统制造车企和造车新势力）压力增大,纷纷采取对应的降价措施。同样是在2023年,特斯拉准备向低端市场发起进攻。依据海外媒体报道内容,特斯拉将发布一款全新的入门级车型Model 2——低配版 Model Y,并在2023年第三季度正式投产于上海超级工厂。该款车型的上市价格在18万元以下,国内定价预估在15万元左右,瞄准15万—20万元的低端市场。这款车发布后,特斯拉旗下产品将全面覆盖高中低端三个市场。这一消息再一次加大了国内新能源造车企业的压力。

那么,特斯拉的"价格战"战果如何?依据特斯拉发布的2023年一季度报,其战果小且不及预期。战果小体现在特斯拉保住了中国市场份额。2023年一季度,国内新能源汽车两大巨头"特斯拉+比亚迪"的市场份额较2022年上升了16%,其中特斯拉仅上升了0.3%。不及预期主要体现在一季度在中国的实际销量仅为22.9万辆,拖了其全球业务的后腿,致使特斯拉单季交付量虽创新高但远低于华尔街预测量。此外,因特斯拉降价幅度较大,虽然一季度营收实现了正增长(24%),其中汽车业务收入增长18%,但其盈利能力却有所下降。在特斯拉采取以价换量策略之前,特斯拉的毛利率可达30%。经过此次价格战,一季度特斯拉毛利率首次降至20%以下(19.3%)。面对这一局面,特斯拉并不"伤心",相反,马斯克认为软件才是未来新能源汽车行业继续发展的重中之重,而其掌握的FSD能够帮助其实现零利润卖车。

此外,为加快本土化、快速融入中国市场,特斯拉在中国先后建设了多个研发中心。例如,2021年10月,特斯拉上海研发创新中心和特斯拉上海超级工厂数据中心相继建成并投入使用。这是特斯拉第一个以汽车研发为基础的海外研发中心。其团队涵盖材料、电子以及软件等领域。与此同时,特斯拉在中国建立自动驾驶研发团队,负责承担更多本土化设计、技术以及功能的原创工作。同时,特斯拉承诺将向车主开放查询平台。此举意味着特斯拉再次向中国本土化迈出重要一步。

四、特斯拉商业模式

从营收构成来看,特斯拉营收主要来自汽车业务(包含汽车销售和汽车租赁)、服务、储能以及发电等业务。

首先,汽车业务是主要收入来源。特斯拉电动汽车的成功得益于其独特的商业模式:特斯拉的汽车销售模式为直营模式,采取"线上官网订车+线下直营中心"的销售模式代替4S店,这种方式免去"中间商赚差价"的同时还便于公司快速获取用户需求,及时调整汽车定价。此外公司以客户价值创造和获取企业价值为中心,准确定位目标客户,追求精致的用户体验,通过轻资产运营、超常的资本运作等方式构建系统的电动汽车产业价值链,同时得到产品市场和资本市场的认可。

如表2-3-6可知,2019年至2022年第一季度,特斯拉的汽车业务持续增长,是特斯拉的主要营业收入来源,占总营业收入的比重一直保持在80%左右。公司净利润在2020年转为正数,但是2021年有所下降,主要原因是单车销售价格下降,且公司一直不计成本地加大研发投入,提升产品竞争力,以技术差异化战略布局。

表2-3-6　2019年至2022第一季度特斯拉营业收入和净利润

年度	营业收入 (亿美元)	汽车业务总营收 (亿美元)	汽车业务收入占 总营收比重	净利润 (亿美元)
2022Q1	187.56	142.18	75.81%	33.18
2021	538.23	472.32	87.75%	55.19
2020	315.36	272.36	86.36%	66.30
2019	245.78	230.47	93.77%	-8.62

2021年特斯拉全年销量为93.6万辆,其中特斯拉中国的销量占比达到51.7%。该年销量排名第二的车企为比亚迪——59.4万辆,排名第三的为上汽通用五菱——45.6万辆。可见,特斯拉的销量遥遥领先于其他新能源车企。截至2021年,特斯拉已经连续四年获得全球最畅销新能源汽车企业称

号,其霸主地位难以撼动。2020年,特斯拉发布了Model Y。截至2021年9月,Model Y的销量达到3.3万辆,超过了哈弗H6的2.33万辆,打破了哈弗H6连续99个月销售冠军的神话。2021,特斯拉Model 3售出50多万辆,环比增长20.2%,是所有新能源汽车中最畅销的车型。销量排名第二的车型为五菱宏光MINIEV——42.4万辆,环比增长15.1%。排名第三的为Model Y——41万辆,环比增长25.8%。虽然特斯拉旗下车型的销量很好,但是随着新能源汽车市场的竞争越来越激烈,参与者越来越多,特斯拉的市场份额正在逐年下降。从2019至2021年,特斯拉的市场份额从17%下降至14%。2022年,全新的赛道已经开启,许多新能源车企推出旗下新车型,一场激烈的"战役"打响。

其次是发电及储能业务,即利用储能系统实现电力零售。2011年,特斯拉子公司"特斯拉能源风险投资公司(Tesla Energy Ventures,以下简称特斯拉能源风投)"卖电申请正式获得得克萨斯州公用事业委员会批准。获得批准后,特斯拉可直接向几乎整个得克萨斯州的客户和当地电网提供零售电力服务。为了能够更好地开展发电及储能业务,特斯拉建立了两座大型电池工厂,其中有一座为超级工厂。两座工厂能够储存的电能分别为100兆瓦和250兆瓦。"卖电"获批后,特斯拉有了三款主销的"发电和储能"产品:Megapack、Powerpack以及Powerwall。目前,Megapack是市场上最大的储能系统之一,其最大储能容量为3mwh/单元。马斯克也曾表示,虽然现阶段特斯拉的能源业务收入对公司营收的贡献较汽车业务小,但是公司未来将更多地专注于能源业务,能源业务规模或将超过汽车业务。目前,与汽车业务相比,发电和储能业务对收入的贡献相对较小。这主要受到产能和供应链约束的限制。马斯克表示,一旦供应链问题得到解决,储能业务将更快地扩大生产和部署。

接着是服务业务。区别于传统整车厂,特斯拉的软件增值收入与苹果的服务收入类似,都具备前期投入大、边际成本低、规模效应强、利润提升明显的特征,并且未来或将成为公司收入贡献的新亮点。特斯拉的软件增值收入主要分为保修服务、充电服务和OTA升级收费服务三个方面,如图2-3-6所示。

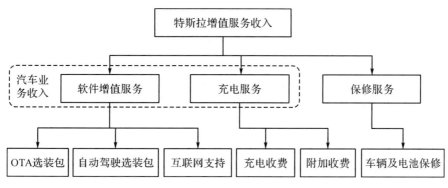

图 2-3-6　特斯拉服务业务收入来源

　　软件增值服务采取的是"预埋硬件+付费解锁软件"的模式。特斯拉是软件付费时代的先驱者,其在2016年10月便已开始布局,当时特斯拉所有出厂车型都预埋了Autopilot硬件,用户可以根据需求选择是否开启软件。而充电服务,依据前文介绍可知,特斯拉还布局了充电桩,前期投入大,但是在免费充电取消后,该项服务也开始成为公司的收入来源之一;附加收费指的是2020年起车主还将为通过HVAC系统,电池加热器和其他项目消耗的电量付费。超出车辆及电池保修时限的车辆维修也能够为公司带来收入。

　　最后是通过售卖碳积分获得收入来源。早在2009年,美国加州就实施了《零排放汽车法案》,要求汽车公司达到一定的零排放额度。为了不被罚款,超标的汽车公司不得不高价向能源公司购买碳排放额度,以避免巨额罚款。在这样的背景下,特斯拉从2010年开始销售来自各个销售市场市场化减排交易制度的"碳积分"长达11年,成为名副其实的"卖炭翁"。

五、特斯拉市场竞争力研究

　　提及新能源汽车,人们第一个想到的就是特斯拉。人们想到特斯拉,一般是酷炫的外观、高端的技术、创新的商业模式、频发的事故等,可以说特斯拉的红是"黑红"。那么,特斯拉在中国为什么会如此受欢迎?

　　第一,完美地将科技与汽车相结合,打造环保+科技的车型。事实上,在多数情况下,特斯拉将自己定义为一家科技公司,而不是一家汽车制造和生产服务公司。特斯拉一直秉承智能化、数字化、技术化的理念。特斯拉推出的第一款超跑电动 Roadster，就向我们展示了其尖端的电池技术和动力系统，其后推出的所有车型在电池技术、动力系统、内饰等方面都是科技与实力的完美结合（每款车型的详细信息前文已有介绍），每款车型都具备卓越的性能。同时，特斯拉的市场定位是无污染、高性能、高科技的高端电动汽车，以高端技术为核心，依托环保理念，打造满足消费者个性化需求的车型。此外，特斯拉自主研发的无人驾驶技术可能会是未来汽车的发展方向，未来随着特斯拉 Autopilot 自动驾驶技术的不断成熟，将会极大地提升用户体验感。

第二，极简化和极大胆的设计。特斯拉依靠自主研发的新原材料和创新技术，打造出性能实用、外观新颖的电动汽车，吸引了众多年轻、高消费群体。特斯拉在设计汽车时采用的是苹果"少即是多""生动力""轻设计"等的极简化设计理念，它在每个体验点上都做到了极致。例如特斯拉车型的车门把手和中控系统的设计。特斯拉所有车型的门把手都具备自动伸缩感应，当钥匙靠近门把手时，门把手会自动打开。同时，特斯拉汽车内的中控板中的所有功能按键，如空调、音量等均采用智能按键，并且通过一张 3G 卡就可以实现互联网体验。此外，特斯拉一些汽车外形的设计非常大胆，如特斯拉皮卡 Cybertruck 和 Model X。

特斯拉皮卡 Cybertruck 的车身外壳由不锈钢制成，提供极高的耐久性和乘客保护。这一设计极具"赛博朋克"风格，打破了人们对于皮卡的固有印象。该车型的设计灵感来自 1982 年的科幻电影《银翼杀手》，形似大型金属块，其酷炫的外观更增添了它的光彩。

特斯拉其他车型的外观同样令人印象深刻，均采用极简设计，注重科技感的同时也注重效率。其车身表面的每一个细节都是为了达到远超同类车型的极端空气动力学性能而设计的。因此，与其他 SUV 车型相比，Model X 具有极低的风阻，进一步提高了速度和续航能力。最引人注意的是，Model X 采取了一般跑车才会采用的鹰翼门设计，使之不同于一般的 SUV 车型，所以从另一个角度讲，它是一款轿跑。

特斯拉的首席设计师 Franz 表示，特斯拉的设计永远不会过时。许多传统的汽车设计，如硬件和镀铬，很快就会显得陈旧，但特斯拉简单的设计风格不会。其表示特斯拉并没有一个不变的设计语言,特斯拉的设计会与时俱进,每一款车型都会有最好的设计方案。并且特斯拉会在中国寻找设计师,以扩大中国市场。

第三,特斯拉采取的是直营模式,取消了传统的4S店,它只有体验店和服务中心,只采用订单模式。体验中心为客户展示不同车型,并支持客户试驾,让客户更好地了解每一辆特斯拉汽车的外观和性能。售后服务中心负责客户购车后的电池维护和技术服务。客户在体验后可在特斯拉的网站上订购,自行选择车型内饰、颜色等,这满足了客户的个性化需求,同时增强了客户对特斯拉的认可度和忠诚度。此外,直营模式不仅降低了特斯拉的营销成本和库存,而且通过线上直营+直营店体验指导,成功构建了完整的消费者教育链条,使特斯拉能够更快地与客户沟通,更好地了解客户需求,客户的购车成本也有所下降。2020年就有一位车主在购买特斯拉Model 3时表示:"整车27万元,三年免息贷款,首付10%,刷个信用卡就能把车提回家。而且没有4S店的各种'坑',不用强制保险、不用贷款手续费、不用出库费……"可见,特斯拉的直营模式十分吸引消费者,而且正在成为其竞争优势之一。如表2-3-7所示。

表2-3-7 特斯拉在品牌端及销售定价端优势明显[①]

	直营	经销
市场拓展	在市场拓展速度上略弱于经销模式	借用经销商门店资源及销售经验,有助快速打开市场
单店销售效率	效率高,直面消费者,快速了解消费者需求	单店销售效率偏低
销售定价	价格统一,车企能够掌控车型售价,防止市场价格混乱	可能因库存压力或获得高额利润而大幅改变价格,造成市场混乱
成本控制	自建门店、承担渠道库存,对车企资金链及资金周转能力考验较大	成本相对可控,主要为销售分红

---

① 资料来源:开源证券研究所。

续表

	直营	经销
品牌	多布置在商圈,有利于树立消费者品牌心智;有助于企业统一服务品质,提高消费者的满意度,进一步提升品牌形象	服务质量不统一,易损坏企业形象

第四,售后服务体系布局完善,质量领先行业。如图2-3-7所示,在售后端,特斯拉线上线下都有布局,并且其完善的售后服务体系一定程度上保证了特斯拉的服务质量。根据车质网的投诉量排名,2021年,特斯拉收到151起投诉,NIO收到90起投诉,小鹏收到55起投诉。虽然特斯拉的投诉总量高于NIO和小鹏,但特斯拉10000辆车的投诉量只有4.7起,低于NIO和小鹏的9.8和5.6起,凸显了特斯拉卓越的服务质量。

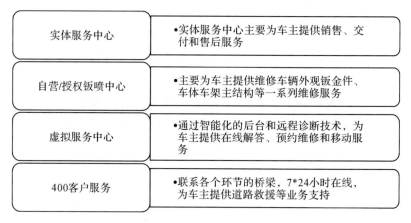

图2-3-7 特斯拉售后体系[①]

第五,与中国的战略大局和其品牌效应有关。其一,现阶段,中国正在大力推广新能源汽车,持续的资金投入和宣传,给予新能源车企补贴,但是国内新能源车企的技术并未得到发展。特斯拉虽不完美,但其技术在全球

---

① 资料来源:开源证券研究所。

是数一数二的。引入特斯拉后能够增强国内新能源车企的危机感，使他们摆脱之前依靠国家补贴生存的状态，倒逼国内新能源车企发展。同时特斯拉承诺其在进入中国市场后将会开放130多项专利，其中涉及电池及电池安全控制系统的104项，电池充电技术的28项。有了这些技术，中国发展新能源汽车可以避免几年的弯路。此外，特斯拉进入中国，建设超级工厂，促进了许多相关行业的发展，创造了很多的就业机会。特斯拉在享受到政府补贴后，其整车价格能够大幅下降，本土化后的整车制造成本也会出现大幅下降，进而增强其在中国市场的竞争力。所以特斯拉在中国能够在不断降低成本、提高效率的同时，采用"无底线"的降价方式，以最官方、最公开的方式向消费者展示自己的优惠。虽然很多老车主因此"受伤"，但大众消费者和潜在车主仍然愿意为此买单。综上，特斯拉进入中国对特斯拉和中国而言是互利共赢的。其二，在其正式布局中国之前，特斯拉的高端品牌定位以及成功的营销，已经使其成为国内外家喻户晓的高端汽车品牌。品牌就是"逼格"，多数车主认为选择特斯拉就是选择一个圈子和一个生活方式。所以很多人会出于特斯拉的品牌效应而选择购买特斯拉。

马斯克在《金融时报》2022年"汽车的未来"峰会上表示，未来特斯拉将致力于建设电动车队，该队列的汽车数量将达到8500万辆，并且未来特斯拉旗下的所有产品都将电动化且具备自动驾驶功能。同时，随着公司一体化压铸等技术的不断深入，下一代汽车的组装成本将降低50%，公司将实现每45秒造一辆车的造车速度。为了推动全球新能源汽车的发展，马斯克曾表示，"本着开源运动的精神，为了帮助竞争对手迎头赶上，将开放特斯拉的专利，不会对任何使用特斯拉专利技术的人采取法律行动，目的是推动电动汽车技术的进步"。

第四章 福耀集团发力新能源汽车玻璃
改变行业格局

汽车玻璃行业属于资本密集型行业,需要大量的工厂与设备投入以及持续的研发投入,因此具有高壁垒的特征。汽车玻璃主要有夹层玻璃、钢化玻璃和区域钢化玻璃三类,主要用于挡风玻璃、侧窗、后挡风玻璃和天窗四部位。随着未来新能源汽车销售量的增加以及"第二私人空间"概念的出现,汽车玻璃的需求量也会随之增加,成长空间较大。

目前,全球四大汽车供应商分别为福耀玻璃、旭硝子、圣戈班、板硝子。从最开始的一粒砂到现在的浮法玻璃,再到汽车玻璃加工制造,福耀集团的业务范围、市场占有率、客户群体不断扩大,并逐步成长为全球四大汽车玻璃制造商之一。

通过研究福耀玻璃的发展可知:第一,福耀依托汽车玻璃的优质客户,将产业链上游延伸至汽车浮法玻璃,有效地控制了成本波动,确保利润;第二,随着国内业务的不断发展,福耀也加快了海外市场的拓展,逐渐成长为立足本土市场、具有国际影响力的领先汽车零部件企业;第三,公司定位精准,早在起步期就已确定公司业务将以汽车玻璃为核心,并且在2000年确定国际化定位,专注于国内市场和美国市场。

福耀能够取得今天的成绩离不开其董事长曹德旺,正是在他的带领下,福耀从一个乡镇小厂逐步成长为"玻璃大王"——大型跨国工业集团。曹德旺与比亚迪掌门人王传福均为"草根"背景,却都为实现中华民族伟大复兴的中国梦贡献了一份强大的力量。曹德旺谦逊,有恒心,做实事。这可以从其挂在办公室的12字"敬胜怠,义胜欲。知其雄,守其雌"中看出来,即要用勤勉去战胜懈怠,用仁义正道去战胜私欲,懂得阳刚的重要性,但仍要坚守谦逊的心态。都说什么样的领导就会带出什么样的团队,因此福耀"发展自我,兼善天下"的核心理念显得再正常不过。与特斯拉掌门人马斯克改变世界的梦想不同,曹德旺的梦想是"让中国变得更强大"。为了实现这一梦想,几十年来,曹德旺每天工作长达16小时,起早贪黑,深究制造业,最终证明了"中国制造"也能够成为世界一流品牌。

一、福耀全球化布局

曹德旺曾表示,所有企业的终极目标都是实现全球化。对于福耀玻璃而言,其在国内市场的占有率已接近峰值,未来虽会继续增长但是可提升空间并不大。再加上国际化、全球化趋势逐渐明显,福耀玻璃的海外业务或将成为新的增长点。

福耀的全球化布局开始于1991年,虽然较一些外企起步晚,却是中国最早走出去的零部件企业之一,并且其全球化布局迅速,海外业务的拓展已取得了不错的成绩。刚开始,福耀也是"摸着石头过河",学费没少交,亏没少吃,并且在美工厂长久处于亏损状态。但是福耀很有耐性,不断调研美国市场环境,分析其与中国存在的差异,最终在美国市场取得了胜利,并逐步开疆拓土,布局整个北美市场。公司目前已在美国、俄罗斯、德国等地建立了生产基地,福耀玻璃的全球化历程具体如表2-4-1所示。

表2-4-1　福耀玻璃全球化历程

时间	历程
1991年	向加拿大TCG International Inc.出口汽车玻璃,代表其业务拓展至发达国家的配件市场
1994年	在美国成立美国绿榕玻璃工业有限公司,负责在北美销售汽车玻璃,开始海外扩张
2002年	与Hyundai Mobis(Hong Kong)Company签订供应协议;同年在美国、加拿大遭遇反倾销诉讼
2004年	获得反倾销案胜诉;购买美国PPG浮法玻璃生产线

时 间	历 程
2005 年	与德国奥迪公司签约汽车玻璃配套项目
2006-2008 年	在德国、韩国、日本成立子公司,为这些市场的配套客户提供销售及客户支援服务
2010 年	在中国香港、美国注册成立子公司福耀集团(香港)以及福耀玻璃配套北美有限公司
2011 年	在俄罗斯建立汽车玻璃生产项目,与俄罗斯卡卢加州政府签署协议
2014 年	从 PPG 收购位于美国伊利诺伊州 Mt. Zion 的浮法玻璃生产基地;在美国注册成立福耀玻璃美国有限公司
2015 年	福耀玻璃成功发售 H 股,股票代号 3606,形成兼跨海内外两大资本平台的"A+H"模式;美国代顿工厂产出第一片汽车玻璃;芒山工厂浮法玻璃生产线点火,开始供应原片玻璃
2016 年	福耀玻璃美国汽车玻璃工厂竣工投产
2017 年	福耀欧洲公司在德国奠基
2018 年	福耀欧洲新厂正式投产
2019 年	获批收购德国 SAM 资产,提升汽车玻璃集成化能力;与发那科(日本)签署战略协议

在福耀全球化布局中,欧洲市场和美国市场是两个最主要的市场,其扩张过程并不容易。

(一)欧洲市场

福耀玻璃欧洲市场的布局开始于 2011 年俄罗斯卢加州工厂的建设。该工厂是福耀玻璃第一笔重大海外投资,投资金额达 2 亿元,是福耀玻璃迈向国际所建立的第一个海外生产基地,也是福耀玻璃出口欧洲市场的重要中转站。

2018 年底,福耀欧洲位于德国海尔布隆的新工厂建成并投产。该工厂不仅能够为大众、宝马等传统的欧洲车企提供汽车玻璃,也方便了福耀玻璃对接德国先进的制造及设备技术,进而不断提高自身制造及设备技术,有利于公司的长远发展。

2022年,俄罗斯和乌克兰的紧张局势阻碍了俄罗斯福耀向欧洲出口汽车玻璃,但是欧洲各大车企的汽车玻璃需求并未因局势紧张而下降,俄罗斯福耀仍然承担着向欧洲出口汽车玻璃的重任。同时,受局势的变化影响,俄罗斯进口的汽车玻璃份额下降,或将使俄罗斯福耀在俄罗斯的市场份额增加。

(二)美国市场

美国市场是福耀海外扩张最关键的一步,这是因为除去中国市场,美国市场就是世界上最大的汽车市场。所以,福耀玻璃在美国的市场份额很大程度上决定了福耀玻璃在海外的市场份额。深耕美国市场将会使得福耀玻璃的国际化脚步迈出一大步,也是其成为全球零部件巨头的唯一途径。

美国汽车市场存在高度集中的特点,CR7占市场的80%。其中,美国本土品牌有通用、福特、FCA,日本品牌有丰田、日产及本田等。为汽车企业提供玻璃的企业主要有板硝子、福耀及旭硝子等。正是由于美国市场的高度集中,加上激烈的市场竞争,决定了福耀拓展美国市场的道路并不容易。通过前文可知,为销售汽车玻璃,福耀集团于1994年在美国设立子公司——美国绿榕玻璃工业有限公司(以下简称绿榕玻璃)。曹德旺当时之所以会选择在美国设立子公司,看重的是汽车玻璃在美国销售的高利润率。当时的曹德旺注意到加拿大TCG公司在美国经营汽车玻璃方面非常成功,而其获得成功的原因在于在美销售汽车玻璃的利润率高达100%。但是,绿榕玻璃成立以来就一直处在亏损状态,直到1998年公司关闭。为了搞清楚绿榕玻璃持续亏损的原因,曹德旺亲自赴美考察,最后得出加拿大TCG能够赚钱的重要原因是其规模效应的结论。福耀玻璃第一次拓展美国市场的行动以失败告终。

第一次试水的失败并未打消曹德旺拓展美国市场的决心,其继续坚持拓展美国市场。2005年,公司在美国设立了福耀(北美)有限公司,主要负责销售汽车玻璃。该子公司成立初期也一直亏损,多年后才开始实现盈利。2014年,福耀美国成立,其下设立了福耀玻璃伊利诺伊有限公司(以下简称福耀伊利诺伊)和福耀美国C资产公司(以下简称美国C资产)两家子公司。福耀美国成立后的两年内,公司都在亏损,直至2017年才开始实现盈利。

在美国有一部很火的纪录片《美国工厂》，讲的就是福耀美国的成长之路。片中展现出了中美之间的差异，也展现了福耀美国成立初期的种种困难。最终，这些困难被一一克服，福耀美国也成为福耀玻璃海外布局版图上一颗耀眼的明星。为了能够给汽车厂商提供优质的产品和服务，加强与汽车厂商的合作，2019年，福耀集团收购了德国SAM资产。如今，福耀已在德美俄等9个国家和地区建立了产销基地，成了名副其实的大型跨国工业集团，其全球汽车玻璃市场占有率超过30%。未来，福耀仍将继续推进其全球化步伐，争取早日坐上全球第一的宝座。

二、福耀玻璃行业领先的秘密

（一）重管理、技术、质量

曹德旺曾表示，福耀发展至今，管理、技术、质量三者缺一不可。

1. 重管理

管理主要涉及福耀的高管团队和管理制度。

首先，福耀的股权集中，管理层稳定。根据2021年年报，前十大股东持股比例为59.59%，说明公司股权较为集中。公司高级管理人员平均服务年限是20年，董事会、监事会和高级管理人员多为硕士学位及以上，说明公司高管团队较为优质。

其次，严格的管理制度。1996年与圣戈班的第一次合资建厂，开阔了福耀的视野，也让其见识了国际先进的管理模式。自此，福耀开始狠抓管理，最为突出的就是审计制度，该项制度查清了公司的坏账、烂账，保障了企业长期健康的发展。此项制度使得福耀敢在2002年的倾销案中硬杠美国，并最终大获全胜，成为首个打赢美国反倾销案的中国企业。

曹德旺曾言："我的玻璃能够装在奔驰、宾利车上，你说质量好不好？"福耀的质量好得益于其"四品一体双驱动"的质量管理模式，它是整个管理模式的核心。同时，该模式以人文精神带动品德终身提升，以创新促使产品的更新迭代，从而推动企业长远发展，树立行业典范。此外，该模式还于2021年9月获得中国质量奖。目前，福耀的质量管理模式已在11个国家、中国16个省市的56个生产、营销和研究基地得到复制，公司综合经营效率和业绩远远超过同地区企业平均水平。

2. 重技术,造就技术高壁垒

事实上,有许多人觉得造玻璃是一项不需要技术的工作,但是曹德旺不这么认为,他认为"人无我有,人有我强"才能站得稳、站得高。所以,曹德旺非常重视技术研发。在其带领下,福耀玻璃已经研发出了隔音、隔热、隔水以及HUD抬头显示玻璃等多种具备技术含量的特殊玻璃。例如,福耀的憎水玻璃可让雨滴迅速被风刮走,不影响驾驶视野,提升雨天行车安全性。而HUD抬头显示玻璃可使驾驶者在正常驾驶时看到实时的路况、速度等信息。这些技术令人惊叹,而这样具有高附加值和技术含量的产品在福耀销售比重已经占到了三分之一。

为培养更多的人才,公司采取了一系列行动。例如,在2019年,公司在苏州成立苏州研究院,与福清研究院、市场技术中心形成合力,加强研发机构建设;在2022年,公司与清华大学全球创新学院成立联合研究中心等。目前,公司的研发团队已经从20世纪初的200多人增加至2021年的3847人,占公司总人数的14.5%,硕博学历达到2153人,占研发人员总数的55.67%。与此同时,公司每年投入大笔的研发资金,2021年投入9.97亿元,占公司营业收入的4.22%,远超同行。持续的高研发投入,再加上优质的研发团队,增强了公司技术实力,新型技术层出不穷。据天眼查统计,截至2022年12月,福耀玻璃申请国内专利共计801项,在行业中遥遥领先,构建了强有力的技术壁垒。

3. 重质量

1996年,曹德旺通过与每一个员工谈话、到车间蹲点,熟悉每一个工作岗位,亲自编撰了十几万字的《质量手册与程序手册》。正是因为这种细致的考察和认真的态度,福耀才有了卓越的品质。在"高性能、高稳健、高绩效"的"三高"质量保证下,福耀开发了轻量级超薄玻璃、镀膜隔热玻璃以及5G玻璃等数十种新型功能性产品,不断拓展一块玻璃的边界。如今,公司产品已得到世界著名汽车制造商和主要汽车制造商的认可和选择,并被各汽车制造商评为"全球优秀供应商"。好的产品质量加上无可替代的技术,现在福特、通用、奥迪、三菱、现代等全球汽车巨头都来积极寻求合作。因为先进的技术和严格的质量控制,福耀玻璃迅速占领了全球版图,建立了世界影响力。如今,福耀玻璃在中国16个省份和9个国家建立了生产基地,并已连续20年实现盈利。2019年,中国汽车玻璃几乎达到100%国产。

(二)严格的成本控制+极高的客户壁垒

第一,过去,福耀可能只给客户提供汽车玻璃,但现在福耀还提供汽车玻璃的安装配件等,甚至安装服务。这主要是因为福耀在汽车玻璃产业链的每一个环节几乎都有布局,如硅砂–浮法玻璃–非标设备–汽车玻璃模具–汽车玻璃–包边–设计开发,打通了整个产业链,掌握了核心技术。具体而言,在汽车玻璃方面,公司在国内外均建立了生产基地,如通辽、福清、美国伊利诺伊州等地;在浮法玻璃方面,公司在海南文昌、湖南溆浦等地建立了硅砂生产基地;在铝饰件方面,公司在通辽建立精铝生产基地。全产业链的布局,加上自主研发改进的设备,提高了生产效率和产品质量,进而使得公司的成本稳定,收益增加。此外,在全球竞争市场,汽车玻璃四巨头当中,仅福耀一家企业为中国企业,另外三家企业分别是日本的旭硝子、板硝子,法国的圣戈班。相比而言,中国的劳动力薪资水平较低,日韩美和欧洲区域人力成本相对国内高出2—3倍。福耀的生产基地多在国内,而竞争对手的工厂遍布世界各地,平均人工成本数福耀最低。

第二,汽车玻璃行业具有产能依赖性强、生产过程简单和运输困难三大特性,所以在整车企业附近生产汽车玻璃,不仅可以减少运输困难也能够实时跟进整车厂生产计划,提供更优质的服务,帮助整车企业稳定供应链,不断增强客户黏性。福耀在建厂时均是围绕整车企业而建,在东北、湖北、上海、重庆等地均建有生产基地,并且由于进入时间早,抢占了先手优势,能够为附近的整车厂提供就近配套服务,提升供货能力,增强了客户黏性。目前,公司的主要配套客户包括全球前二十大汽车生产商(按产量计),如丰田、大众、福特、现代等,以及中国前十大乘用车生产商(按产量计),如上汽通用、上海大众、东风日产等。2022年,公司五大客户占总收入的15%左右,最大客户占总收入的4%左右。同时,公司注重客户关系维护,与各个客户的关系始终保持在良好状态,如与最大客户的合作关系就维持了20年之久。

（三）精准定位：重点聚焦汽车玻璃

与国内外同行业对比，福耀玻璃是一个专注于汽车玻璃生产的汽车零部件供应商，产品不仅配套国内汽车品牌，也已成为德国大众、奥迪、现代、三菱、丰田、铃木通用和福特等国际汽车品牌供应商。汽车玻璃为其主营业务，占营业收入的比重达到90%以上，主要市场为中国市场和美国市场。随着全球汽车市场的恢复，福耀2021年营业收入和利润重回正轨。2022年第三季度，福耀营业收入为204.4亿元，同比增长19.16%，净利润39.01亿元，同比增长50.28%。在营业收入中，超180亿元的收入来自汽车玻璃。如今，福耀已经成为全球最大的汽车玻璃制造企业。在国内，其最大的竞争对手为信义玻璃。福耀与其余四个主要竞争对手的对比如表2-4-2所示。

表2-4-2　福耀与四个主要竞争对手的对比情况

厂家	主营业务	下游对象	汽车业务营收占比
旭硝子	汽车玻璃、平板玻璃、电子、化学、制陶及其他	LCD制造厂、汽车业、灯具业、建筑业等	20%—30%
板硝子	平板玻璃与特种玻璃、建筑产品和汽车电子产品	汽车业、家具业、建筑业等	50%左右
圣戈班	汽车玻璃、玻璃包装、保温隔音材料、玻璃增强纤维等	建筑业、运输业等	10%以内
信义玻璃	浮法玻璃、汽车玻璃、建筑节能玻璃等	建筑业、汽车业等	20%—30%
福耀玻璃	浮法玻璃、汽车玻璃	汽车业等	90%以上

国际市场上，福耀的竞争对手主要为旭硝子、板硝子和圣戈班，三者业务都偏多元化。其中，旭硝子有玻璃（汽车玻璃和建筑玻璃）、电子、化工和陶瓷四大业务。其中化工业务是其发展的重点，而汽车玻璃业务的利润率过低，逐渐被边缘化。板硝子主营业务为汽车玻璃、建筑玻璃和技术玻璃，汽车玻璃业务占比虽然超过50%，但收入增长率逐年下降，建筑玻璃为其重点发展领域。圣戈班主营业务为平板玻璃、玻璃包装、建筑产品、建材分销、高性能材料。建材分销业务在营收中所占比例最高，而汽车玻璃仅占不到

10%的营收,并且公司未来重心将会向建筑方面倾斜。依据远瞻智库的信息,2021年福耀玻璃海外对手的综合毛利一直处在30%以下,净利率不足5%,要低于福耀玻璃。这说明福耀玻璃的盈利能力明显领先于海外竞争对手。

国内市场上,福耀玻璃最大竞争对手为信义玻璃,目前,其营收已经超越福耀玻璃,净利润甚至是福耀的3倍,使得不少网友直呼"玻璃大王换人了"。事实上,导致这一情况是两者的主营业务占比不同,福耀玻璃占大头的是毛利率较低的汽车玻璃,而信义玻璃占大头的是毛利率较高的浮法玻璃,其次才是汽车玻璃。例如,2022年上半年,信义玻璃实现营业收入136.49亿港元,其中汽车玻璃的收入为14.71亿港元,仅占到信义玻璃营业收入的21%;而浮法玻璃的营业收入为92.31亿港元,占到营业总收入的68%。此外,福耀玻璃所面对的主要为OEM市场,而信义玻璃所面对的主要为ARG市场。这也导致信义玻璃汽车玻璃业务毛利率高于福耀玻璃。因为信义玻璃以经销商为主,集中度低,议价能力强,而福耀玻璃以OEM为主,议价能力弱。此外,ARG市场具有较高的消费频率和较低的劳动力成本。同时,信义的主要产品是利用率高的前挡风玻璃,而福耀的主要产品为使用频率低、人工成本高的侧玻璃、后玻璃和天窗玻璃。从汽车玻璃营收来看,福耀玻璃一直是信义玻璃的四倍左右,这意味着若是汽车玻璃领域有新的利好变化,那么福耀玻璃相对于信义玻璃的优势将呈碾压式增长。

可见,福耀玻璃的竞争对手业务都偏多元化,只有福耀玻璃专注汽车玻璃。专注为福耀玻璃带来了高效,更具规模效应。

综上,福耀保持行业领先的秘诀共有三点:一是重视管理(主要指福耀的高管团队和管理制度)、技术和质量。二是严格管控成本,并构建客户壁垒。相较于比亚迪,福耀的客户更加分散,不存在依赖一个或几个主要客户的情况,客户结构优质。三是精确定位,明确公司未来的重点发展方向为汽车玻璃,并将公司的主要资源集中于此。

三、福耀玻璃的产业链优势

据福耀玻璃内部数据估计,2021年公司在全球汽车玻璃行业的市场份额接近31%。2022年前三季度,福耀玻璃实现营收约204.4亿元,同比增加19.16%,占公司营业收入总额比例超90%;归母净利润为39.01亿元,同比增长50.28%。可见,在2022年前三季度,公司销量良好,这主要是因为公司加大了营销力度,同时,兼顾了国内国外两个市场,国内市场主营业务贡献收入比占52.41%,国外占47.59%。2017年福耀国外市场仅占36.4%,可见近年来国外市场增速相对较快。

如图2-4-1所示,汽车玻璃的生产中上游市场涉及浮法玻璃原材料等上游二级市场以及浮法玻璃、PVB膜片等上游一级市场。在汽车玻璃生产

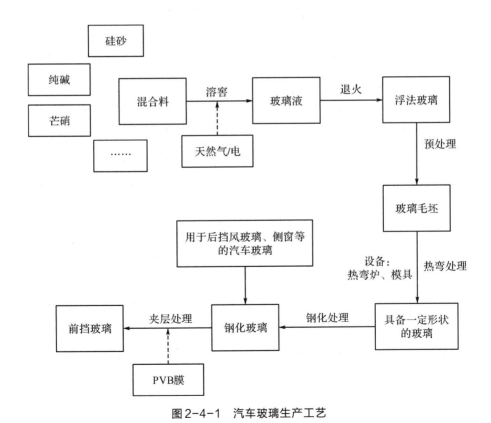

图2-4-1　汽车玻璃生产工艺

成本当中,35%—40% 为浮法玻璃的成本,10%—15% 为PVB膜的成本(若是只看夹层玻璃,成本占比将达到20%—25%),此外占比最多的为人工成本,占到15.3。由于福耀玻璃自建有浮法玻璃生产线(在重庆、通辽等生产基地均设有),浮法玻璃自给率提高到95%,进而降低了汽车玻璃的生产成本。

因此,对于福耀玻璃而言,其汽车玻璃生产的主要成本之一应当为生产浮法玻璃所需的原材料。纯碱、天然气材料、人工、电力和制造费用构成了浮法玻璃的主要成本,这些材料受市场供求关系、国际大宗商品价格波动等的影响大,福耀与关键材料供应商建立了长久的合作关系,通过拓宽供应渠道等手段控制该成本波动风险。PVB隔膜供应格局较为稳定,杜邦、积水和伊士曼占据全球80%的市场份额。企业通过签订长期供应协议,保证了PVB隔膜的稳定供应,降低了PVB隔膜价格波动风险。

汽车玻璃制造企业的下游有OEM前装和AM后装两个市场,分别对应整车厂和经销商或分销商两种类型的客户。福耀玻璃的汽车玻璃业务在两个市场均有覆盖,前装市场为配套业务(OEM),为汽车厂的新车提供汽车玻璃及服务;后装市场为配件业务(ARG),为维修市场供应用于售后替换的玻璃。公司生产的浮法玻璃主要用于满足企业自有汽车玻璃原件的需求。OEM渠道具备供货稳定、销售量大、产品质量要求高、品牌价值显著的特点,一旦与主机厂签订合同,合作就能够长久维持下去。ARG属于间接渠道,具有层次多、宽度大、类型复杂、采购批次小的特点,但是,经销商的忠诚度较高,品牌效应在该区域的传播效果较好(常华玲,2020)。

综上,从上游看,汽车玻璃的生产成本中占比最高的是浮法玻璃,其次为PVB膜。两者合计占汽车玻璃生产总成本的55%—65%。福耀自身就有生产浮法玻璃,并与关键原材料供应商建立了长期合作关系,以此保障原材料供应充足。从下游看,福耀实现了OEM前装和AM后装全覆盖,公司的OEM渠道更稳定,AM后装供应商的合作也很长久。可见,福耀具备较强的产业链优势。

四、福耀玻璃产品技术创新与新能源汽车产业

(一)产品技术

福耀玻璃全面提供高附加值汽车玻璃产品,包括OEM所需的前后挡风玻璃、车窗玻璃等基本产品,如表2-4-3所示。同时,公司还提供AM市场配套服务,产品可以实现多功能集成。

表2-4-3　福耀玻璃类产品技术

	优　点	适用产品	已供车型
隔音玻璃	可将噪声降低5—10db,更轻薄,防爆,UV(紫外线)穿透可控制在5%以内	前挡、侧窗等	大众、通用、奥迪、奔驰、本田、丰田、福特、马自达、长城、吉利等车型普遍采用
HUD抬头显示玻璃	方便车主实时观察路况,提高对突发状况的关注,更舒适安全	前挡	宝马、奥迪、大众、通用、捷豹路虎、马自达,吉利等系列车型
憎水玻璃	更舒适安全,改善雨天汽车的能见度和视野,更易去除玻璃上的灰尘、油污等	前挡玻璃	路虎极光、路虎发现、沃尔沃S80
镀膜热反射玻璃	反射65%红外线,降低车内温度,最高可达10℃;节能减排;隔绝99.9%紫外线;隔热效果永久有效,更安全舒适;采用激光除膜技术,支持ETC/TV/GPS等电子信号通过	夹层玻璃(前挡、后挡、边窗)、天窗	福特、蔚来、路虎、江铃、陆风、红旗等
加热玻璃	寒冷冬天,轻松应对	前挡玻璃、后窗	路虎、宝马、大众等系列车型
全景天窗	视野开阔,采光效果好,放大车内空间;通风良好,更安全,可集成隔音、调光、隔热、氛围灯、太阳能等多种功能	天窗	路虎、沃尔沃、福特、长城、吉利、众泰等
太阳能天窗	节能环保,更安全舒适	—	—

续表

		优　点	适用产品	已供车型
玻璃天线	印刷天线	—	夹层前挡玻璃、钢化后挡/边窗玻璃	—
	镀膜天线	无需印刷、不易损毁、成本更低、性能更好		
	夹丝天线	图案多样、信号灵敏度高、经久耐用		
防紫外红外玻璃		隔绝80%以上红外线、99%以上紫外线,具有优异的耐摩擦、耐老化性能	钢化车门玻璃	本田CRV
包边总成玻璃	注塑包边	抗振动、密封、降噪;装配效率高、可集成各类功能性附件、稳定性好	—	—
	挤出包边	开发周期短、成本低、可覆盖玻璃和车身之间的间隙等	—	—
	粘结性包边	适用于多种材料、开发周期短、模具工装开发成本低	—	—
PDLC调光玻璃		智能调节光线、保护车主隐私	夹层玻璃(天窗、侧窗、后挡)	—

(二)汽车玻璃

汽车玻璃按位置可分为前/后挡风挡玻璃、天窗/天幕玻璃以及车门玻璃等。上述每一款玻璃福耀都有生产,并且每一部位的玻璃都有一定的技术、功能和品类。随着汽车新四化的发展,汽车玻璃+新技术为玻璃行业带来了新机遇,汽车玻璃逐渐朝着"安全舒适、节能环保、美观时尚、智能集成"的方向发展,高附加值产品,如智能全景天窗玻璃、抬头显示玻璃以及超憎水玻璃等市场占比不断上升。

福耀在国内乃至全球都属于行业领头羊,这为公司的汽车玻璃销售带来了机遇。因此,对于包括前后挡风玻璃、车门玻璃以及全景天窗等在内的14种玻璃类型,福耀推出了美观时尚、节能环保、智能控制和安全舒适四大板块。例如,美观时尚的全景天窗、氛围灯玻璃等;节能环保的隔热玻璃、太阳能玻璃等;智能控制的调光玻璃、天线玻璃等;安全舒适的憎水玻璃、隔音玻璃等。

(三)福耀玻璃与新能源汽车

在新能源汽车时代,汽车逐步朝着"电动化、智能化、共享化"方向发展,汽车玻璃正朝着新四化发展。简单说,就是在要求汽车玻璃面积越大的同时重量越轻,还要求汽车玻璃具备安全、节能、舒适等多种功能。可见,目前的电动汽车正处于能源革命时期,汽车玻璃在轻薄、节能、隔音隔热、防紫外红外、疏水等方面的需求很大。

在所有需求的玻璃当中,天幕玻璃需求逐渐增加,并已成为整车配置的"潮流";抬头显示玻璃使得整车更显科技感,更加智能化;超薄玻璃能够满足节能环保的需求。

天幕玻璃兴起,打开了汽车玻璃的成长空间:中国是全球新能源汽车最大的市场。如今,各大造车新势力在玻璃的配置方面,均采用天幕玻璃。为什么天幕玻璃越来越受欢迎?相较于传统天窗,天幕玻璃的面积比较大,甚至整个车顶都是玻璃,这使得乘客能够拥有更好的观赏体验,同时让整车的空间感、科技感更强,也更加美观。不仅如此,对于汽车厂商来说,使用天幕玻璃的性价比更高。天幕玻璃使得玻璃厂商、用户以及汽车厂商实现了"三赢"。

特斯拉是目前全球销量最多的电动车品牌,旗下 Model 3 和 Model Y 属于爆款车型,都采用全景天窗设计,整体造型美观时尚,富有科技感。特斯拉的汽车玻璃就是从福耀订购的。因为目前,技术壁垒最高的汽车玻璃制造企业为福耀玻璃,并且现有产品当中有三分之一已经具备上述功能。特斯拉引领了天幕玻璃的"潮流",使得许多新能源车企迅速跟进。如今上汽荣威、吉利、长安等自主车企品牌,小鹏、蔚来等造车新势力以及大众等合资品牌均采用天幕玻璃的车顶设计方案,新能源汽车已成为天窗的核心消费群体。未来,全景天幕玻璃面积将会扩大,并且整车厂会增强对玻璃质量好、隔热、防辐射、智能化的要求。如今,福耀已经是比亚迪、小鹏、蔚来、威马等新能源汽车企业的供应商。

（四）智能化升级，抬头显示玻璃（HUD）已成新趋势

HUD可将车辆行驶速度、油耗以及导航等车辆信息投影到前挡风玻璃或其他显示媒体上供驾驶员查看，以此降低驾驶员低头观察或视线偏移带来的安全隐患。

最早使用HUD的汽车公司为通用汽车，时间为1988年。之后，使用HUD的车企逐渐增加。例如，宝马在2003年开始使用HUD，为欧洲第一家配备HUD的汽车公司；丰田、宝马以及奔驰等也推出搭载HUD的车型。

现在，车企在制造汽车时多追求极佳的体验感和科技感，HUD能够帮助车企实现这一追求，因此抬头显示技术逐渐成为各大车企关注的重点。通过前文可知，福耀玻璃已经实现了抬头玻璃技术的突破。因为普通玻璃的内外表面都能反光，容易出现图像重叠的问题，所以成像效果较差。针对这一情况，福耀玻璃的研发团队经过不断的优化研究，通过将夹层玻璃内部的PVB膜片设计成上厚下薄的楔形，完美将主图像和副图像重叠，实现了重影校正。同时，在前挡风玻璃内侧镀上透明纳米薄膜，增强主图像亮度，减弱副图像亮度，进而实现目视无重影。如图2-4-2所示。

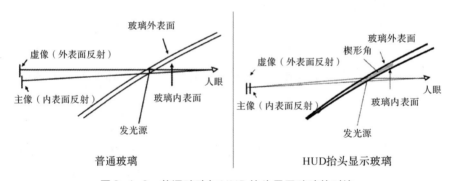

图2-4-2　普通玻璃与HUD抬头显示玻璃的对比

调光玻璃助力新能源汽车智能化发展，又称变色/智能玻璃，它可以切换玻璃的透明和不透明状态，如图2-4-3所示。根据控制方法和原理的不同，调光玻璃可分为压控、电控以及光控等类型。其作为一种重要的车辆信息媒介，能够根据外界条件，如温度、动力或光线等改变特性，是未来智能汽车浪潮下重点关注的技术之一。

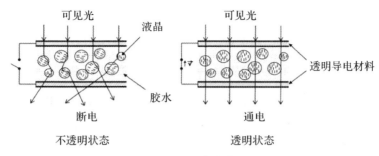

图2-4-3　调光玻璃原理

　　福耀集团研制出了多种调光材料,可用于制作热致调光玻璃、光控调光玻璃以及电控调光玻璃等。其中,电控调光玻璃可以控制玻璃内层的调光膜状态,达成自行调节透光与否的目的。安装了这款玻璃的车主不需要安装遮阳帘即可享有极好的隐私性。由该款玻璃打造的天窗具有8%—20%的可见光透射率,可见光反射率小于5%,太阳直接透射比小于10%,太阳能总透射率小于20%的复合功能。功能多的同时其生产成本也合理,完全能够替代传统汽车机械式的遮阳系统。2018年,福耀集团为这项技术申请了专利,专利编号为CN108515752B。此外,福耀在包边产品,隔热玻璃、憎水玻璃、隔音玻璃等产品上不断地进行优化和升级。这些高附加值产品为福耀玻璃带来了价值的提升。

　　综上,福耀汽车玻璃产品非常丰富,是汽车迈向智能化、电动化以及共享化的重要助推剂之一。例如,在福耀的多类产品中,天幕玻璃打开了汽车玻璃的成长空间,现已成为诸多车企新车型的标配;HUD在提高用户行驶安全性的同时还提升了整车智能化水平,逐渐成为新趋势。

　　曹德旺曾言:"我们要为中国人做一片自我的汽车玻璃,这片玻璃要代表中国人走向世界,展示中国人的智慧,在国际舞台上与外国人竞争。"未来,福耀将不断拓展其"一片玻璃"的边界,持续重视研发和技术创新,制造出更多智能玻璃;重视质量,不断向着"高绩效、高稳健、高性能"目标迈进;重视渠道建设,完善销售管理机制,不断巩固其全球地位,实现全球第一的目标。总之,随着新能源汽车的不断发展、传统汽车的不断智能化,福耀玻璃将会撕开量价齐升的新一页。

第五章 中国新能源造车新势力研究：
蔚来汽车、小鹏汽车、理想汽车

一、蔚来汽车

蔚来是立足全球的创业品牌,现已在美国圣何塞、英国伦敦、中国合肥和其他13个地区设立了研发、设计、生产和商务机构,拥有成千上万的世界顶级汽车行业、软件行业和用户体验行业的高端人才,并在中国市场初步建立了全国性的客户服务体系。其是由易车网分蘖发展而来的。易车网的服务理念是"让汽车生活更简单",是中国首家为汽车用户提供专业、丰富的互联网信息服务,并为汽车厂家和经销商提供有效的互联网营销解决方案的平台,现已成为中国国内领先的汽车专业媒体集团。蔚来汽车成立之初即在汽车用户数据、信息和互联网方面有着"先天优势"。靠着"先天优势",公司跳出了传统企业长期以来形成的固有思维模式、体制约束,极大地改变传统行业的格局,并将云经济下的互联网造车思维印在了新能源汽车制造过程中。该种全新的造车思维为蔚来吸引了包括联想、百度、红杉资本等在内的数十家互联网企业和投资机构。

蔚来的核心团队共有12人,创始人、董事长及CEO李斌有着连续四次创业的经历,并且是摩拜的股东之一;联合创始人秦力洪,其身经百战,曾任奇瑞销售副总,拥有十余年汽车市场品牌传播及营销经验。12位核心团队成员具备多年的工作经验,都来自全球一流车企和互联网公司。公司高管的工作领域涉及汽车制造、设计、采购、物流、销售等方面,有着专业技术背景、前沿技术和深厚人脉。2022年,公司高管团队再添一员猛将——原小鹏汽车自动驾驶产品总监黄鑫,公司实力获得了进一步增长。凭借众多重量级股东的影响力和高层管理集团的专业能力,蔚来不仅建立了健康的成长生态系统,而且迅速形成了核心竞争力,在短短几年内实现了从设计到样车再到量产的飞跃。如图2-5-1所示。

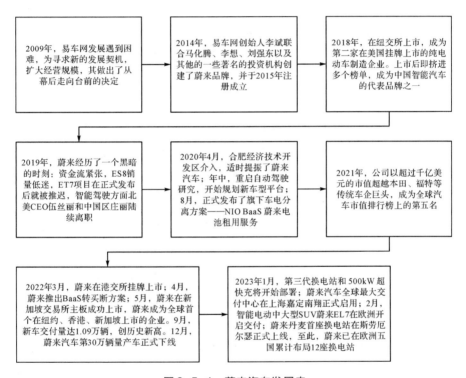

图2-5-1 蔚来汽车发展史

在组织结构上,蔚来采用扁平化的方式,分为研发部、供应链部、制造部和用户运营部。研发部下设外饰、内饰、底盘、三电部门。这种组织结构减少了管理人员的数量,并避免了逐层报告的模式。与传统汽车公司的直线型结构相比,提高了信息传输速度,保证了失真率的降低,有利于主管和团队解决相对复杂的问题。

在电池方面,蔚来汽车自主研发了半固态电池,并始终坚持与知名电池制造商合作。2023年,公司引进了新的合作伙伴。2月,宁德时代推出"锂矿返利"计划,蔚来可能与之签署该协议,签订后公司电池采购成本或将出现大幅下降。3月,中创新航与公司共同研发的电池包上线。此外,蔚来汽车是首个将换电模式推广开来的新能源车企。

(一)公司定位:中国的特斯拉,世界的蔚来

蔚来的定位是中国的特斯拉,世界的蔚来,它也一直被称为仅次于特斯拉的"宇宙第二神车"。首先,公司产品定位于中高端智能汽车,并参照特斯拉的路径,实行"三步走"战略。其次,公司通过江淮代工厂和合肥新桥产业园,降低生产成本。最后,公司通过给予客户极致的用户体验,增强客户黏性。

1. 产品定位:参照特斯拉

从产品定位的角度看,蔚来参照了特斯拉的路径,实行"三步走"战略规划,即先定位高端,塑造高端品牌形象,随后切入中高端豪华市场,最后下沉至大众市场:2015—2016年,公司以高性能超跑 Fmulor E 和 EP9 正式进入电动汽车行业;2017—2018年,推出 ES8(价格区间:47.8万—63.4万元)和 ES6(价格区间:36.8万–53.6万元)两款中高端豪华 SUV,为其打造了动感强劲的外观造型,定位于中高端纯电动车市场,销量持续上升。2020年7月,蔚来推出第三款终端豪华主打车型轿跑 SUV EC6(价格区间:37.8万—53.6万元)。其中,ES6和EC6在2021年12月的销量分别达到4939辆和2768辆,是蔚来的销量支柱,夯实了企业高端品牌形象;2020年至今,蔚来开始下沉市场,其规划了 ES3 紧凑型 SUV、ET7 轿车、ET5 跨界 Coupe、ET3 轿车和 EF9 MPV 多款售价在20万—30万元之间的大众化产品。如今已经上市,可在国内官网上购买的车型为 ET5(价格区间:32.8万—38.6万元)和 ET7(价格区间:45.8万—53.6万元)。蔚来在售车型如表2-5-1所示。

表2-5-1　蔚来中国在售车型

定位市场	上市年份	产品	车型	详细信息
高端市场	2015年	Fmulor E	高性能超跑	蔚来车队获得国际汽联电动方程式锦标赛历史上首个车手总冠军
	2016年	EP9		售价高达148万美元,但未进入市场公开销售,是以限量款的方式定向销售。刷新国际知名赛道最快圈速纪录以及最快无人驾驶时速世界纪录,是全球最快电动汽车之一。现已停售
中高端市场	2017年	ES8	中高端豪华SUV	2018年6月交付,蔚来的第一款量产车。面向一二线城市的新生代核心家庭,价格在40万—60万元之间。定位7座SUV市场、搭载双电机四轮驱动系统、725N·m强劲动力,最高续航580km
	2018年	ES6		定位5座SUV市场、搭载双电机四轮驱动系统、4.7s百公里加速,最高续航510km,延续了蔚来产品家族的设计语言,外观时尚运动,内饰精致而有科技感,有基准版和性能版之分
	2020年	EC6		ES6的姐妹车型,蔚来第三款量产车,定位轿跑SUV市场、2.1m² 穹顶式玻璃,4.7s百公里加速,最高续航615km
	2022年	ES7		基于蔚来NT2.0平台打造,指导价为35.8万—54.8万元,设计采用贯穿式空调出风口,最大亮点在于配备智能车载交互系统,通过一声"Hi NOM",就能唤醒
	2022年	全新ES8		采用蔚来第二代设计语言,激光雷达采用瞭望塔式设计;车身尺寸增加 轴距增长60mm;最新家族式内饰设计 换装6座布局;搭载双电机四驱系统,4.2秒破百
	2022年	EC7		定位中大型Coupe SUV,基于NT2.0技术平台打造;电池容量分为75KWh和100KWh两个版本;售价为48.80万—57.80万元;风阻系数0.230Cd,为目前量产SUV中最低
大众市场	2021年	ET7	轿车	蔚来首款自动驾驶车型,仍采用蔚来设计,但是更具科技感,3.8s百公里加速,最高续航1000km
	2021年	ET5		蔚来第二款轿车,完美融合超跑基因,美观且富有科技感,全景玻璃天幕,无框式车门,共有9种颜色,4.3s百公里加速,最高续航1000km

除全新版的ES8外,蔚来在2022年也发布了2022版的ES6、EC6,新版本车型的智能硬件均进行了重大升级,包括360环视摄像头、8155芯片、5G模块等。

2017年3月10日,NIO在美国得克萨斯州奥斯汀举行的全球潮流盛会"西南偏南"上发布了其第一辆概念车EVE,同时发布了其北美战略。4月,EVE在上海车展亮相。该款车现已停售。这辆车基于"第二客厅"的设计理念,通过全景座舱、智能全息屏等交互技术,实现车和环境、人和环境的融合。作为EVE的大脑,"NOMI"是一款具有情感的人工智能伴侣,可以不断了解用户的习惯和兴趣,根据不同的使用场景,满足每个人的个性化需求。从给人自由空间到释放人在车中的时间,从与环境的对立到与环境的融合,从纯粹的机器到情感的伙伴,蔚来EVE向用户展示了未来汽车的新概念。

综上,虽然蔚来的产品定位参照了特斯拉的路径,但是通过产品价格可知,蔚来现有车型的均价达到43万元左右,即使是两个面向大众的品牌ET5和ET7的价格也在32万元以上,所以从价格定位的角度看,蔚来的产品都是定位高端市场。蔚来总裁秦力洪曾表示,蔚来将会一直保持高端定位,不会推出低端产品。蔚来也受到了电池上游供应链的影响,但是李斌表示蔚来暂无涨价的可能,"我们现有的产品,我们认为没有必要去进行价格的调整。当然,我们会结合智能硬件的升级,也就是现有的ES8、ES6、EC6产品,做一个合适的价格调整"。这主要是因为即使是原材料涨价,蔚来仍旧有信心完成年毛利率为18%—20%的目标。

此外,在2022年5月,合肥市政府发布消息称,蔚来全新中高端品牌生产基地落户合肥,全新品牌的核心团队搭建完毕,并且首批产品已经进入关键研发阶段。该全新品牌产品的价格区间大概率会定在20万—35万元,该价格区间的新能源汽车竞争对手包括小鹏P7、大众ID家族系列和特斯拉Model Y/3等车型。可见,竞争非常激烈。

值得一提的是,2023年,在特斯拉长时间低价格的压力下,蔚来汽车也开始对部分产品进行降价出售,降价最多的达到12万元。

2. 产能布局:江淮代工,合肥新桥基地

蔚来汽车负责汽车设计和开发、供应链管理、制造技术以及质量管理和保障,其整车制造一般是交给代工厂。例如,江淮汽车就是负责蔚来汽车零部件的组装和运营管理。蔚来汽车的产能分为两部分,一为江淮蔚来先进制造基地,二为合肥新桥智能汽车产业园区的第二生产基地。如图2-5-2所示。

江淮合肥代工厂（主要产能）	合肥新桥产业园
• 2016年4月,蔚来与江淮汽车签订了《制造合作框架协议》,确认江淮代工一期产能5万辆的计划,有效期5年。江淮汽车为蔚来单独划片建厂和一条全铝车身生产线。 • 2017年下半年,工厂正式开工,工厂内设有冲压、车身、涂装以及总装四大工艺车间。还有质量中心、试车跑道、能源中心、蔚来中心和综合办公区。 • 2021年3月4日,江淮汽车与蔚来的合作进一步加深,两者联合设立了江来先进制造技术（安徽）有限公司。其中江淮汽车持股比例为51%,蔚来持股49%。该公司业务仍以汽车行业为主,具体包括智能电动汽车及零部件制造、运营服务、供应链管理、销售、技术转让等。 • 2021年5月10日,江淮汽车发布了《Gemini车型生产线柔性化技改项目总装底盘合装AGV改造招标公告》,Gemini（双子星）是公司将会在2022年推出的一款新产品的代号或名称,由于该款新品车的定位虽仍保持高端,但价格低于蔚来现有的所有车型,与特斯拉、大众、小鹏等展开竞争。 • 2021年5月24日,蔚来与江淮汽车续签“代工”协议,依据协议内容,合作期限为3年。在合作期内,江淮汽车将继续生产蔚来的ES8、ES6、EC6、ET7等已发布车型和其他可能在合作期间发布的车型。 • 2021年10月,蔚来表示,江淮蔚来合肥制造基地生产线已完成阶段性升级,整体升级将在2022年上半年完成。未升级前工厂的年产能为12万辆,而在整体升级完成后,工厂的年产将提升至24万辆,若是工厂实行双班生产制度,年产能最高能提升至30万辆。 • 2022年12月,安徽蔚来汽车持有的在建工程-设备安装工程项目资产包被江淮汽车花费17.04亿元收购。这一举动加深了江淮代工厂和蔚来汽车之间的合作关系。	• 与江淮汽车的合作类似,公司负责提供技术、设计等,合肥市政府则主要负责产业园建设所需的重资产的投入。 • 2020年4月,蔚来发布了和新桥智能电动汽车产业园区签订协议,蔚来第二大生产主力将在这里正式揭幕。 • 2021年2月,合肥市人民政府与蔚来汽车签署深化合作框架协议。双方同意共同规划建设新桥智能电动汽车产业园,打造具有完整产业链的世界级智能电动汽车产业集群。 • 2021年4月,合肥新桥智能电动汽车产业园（NeoPark）正式开工。作为世界一流的电动汽车产业集群,新桥产业园将开展汽车、核心零部件、自动驾驶等领域的研发。未来将引进数百家配套企业,形成完整、高度集中的产业链。除了汽车生产,蔚来汽车还将在这里建立电池生产工厂,电池生产能力将达到100Gwh/年,并且建成后的基地将会拥有1万名研发人员,超4万名技术工人,预计总产值将达到5000亿元。依据协议,蔚来还将在该基地建立研发与制造、营销和管理团队。 • 2022年5月合肥市经开区与蔚来就NeoPark新桥智能电动汽车产业园区整车二期和关键核心零部件配套项目签署合作协议。据了解,该项目占地1860亩,该生产基地预计将在2024年建成并投产。 • 2022年12月,新桥产业园第30万台量产车下线。

图2-5-2　蔚来汽车两大产能

3. 营销定位:追求极致的用户体验

由于蔚来汽车定位中高端,所以蔚来的客户多为80后高知群体,有一定的经济基础,甚至是财富相对自由。依据新车新技术的调查研究可知,蔚来

客户的购车行为多是增购和换购,25—35岁的群体多以自用为主。而依据
隐马数研的调查结果,30—40岁的用户群体比重为47%,接近一半,并且蔚
来车主在使用投资软件如雪球、富图证券等方面比其他车主更积极,表现出
一定的经济实力和投资积极性。蔚来始终坚持高端定位,准确补足了市场
空白,跟国内主流市场形成了错位竞争。

不同于特斯拉主打硬核、黑科技,蔚来更加注重用户体验,是典型的用
户型企业。蔚来的服务仅针对部分受众,所追求的是让蔚来的用户开心,而
不是让所有人开心。"与用户共同成长,真正把蔚来打造为用户企业"是蔚来
的承诺。蔚来被外界称为"汽车界的海底捞",其服务体系与流程每年都在
不断地优化,运营效率、服务水平也在不断提高,因此其服务受到多数用户
的好评。创始人李斌曾表示,除去服务人员的人工成本,蔚来每年在服务上
的亏损在4000元/车左右。

(1)"全天候营销"模式

2022年2月,蔚来在上海中心举办了一场主题为"蔚来的全天候营销"
的workshop,这是蔚来首谈营销。与其他汽车公司不同,蔚来汽车针对高
净值、注重品质的客户群体,致力于给予用户极致的服务体验。在用户激励
方面,不同于传统企业,蔚来采取"涟漪模式",即蔚来的用户路径为:让核心
用户满意,激发老用户推荐(蔚来69%的订单来自老用户推荐),新客户了解
蔚来后产生好感,随后变成喜爱,最后选择购买蔚来汽车。具体而言,蔚来
的老用户激励包括物质激励、精神激励和成就激励。在上述措施的基础上,
蔚来打造了"全天候营销"模式,品牌直销、全触点、无时限、新消费构成品牌
营销的核心,如图2-5-3所示。

蔚来通过NIO APP在线运营用户,提升用户黏性,线下通过体验店为
车主和准车主提供沟通服务。

其线上APP主要功能为线上商城、社区、活动、服务。蔚来APP的功能
性和基于用户的价值感是其他车企无法比拟的。第一,功能性。蔚来App
类似小红书和微博集合体。蔚来还引入了"积分",鼓励用户交流和反馈,营
造社区氛围,了解用户需求。客户可以通过发帖、投票等活动获得积分,所
获积分可在APP中的"惊喜"栏,也可在"NIO Life"中兑换美食、旅行箱包、

汽车模型玩具、酒店体验等8大品类物品,兑换比率为100积分=10元。例如,用户可用积分购买NIO周边产品、借用NIO House作为活动举办场所等。第二,价值感,如同微博、小红书等社交软件,也有粉丝值、获赞数、蔚来值等。随着某用户粉丝数和贡献值的增加,该用户可从普通KOC升级为KOL,即升级成"大V",以此来增加车主的影响力和蔚来重大活动或事件中的活动决策权,例如社区大事件投票权加成等,从而增强车主线下活动的参与度。蔚来汽车还打造了独特的"车主福利合伙人"模式,通过积分分配鼓励车主共享资源,如建立行业社区、线下门店消费折扣等。

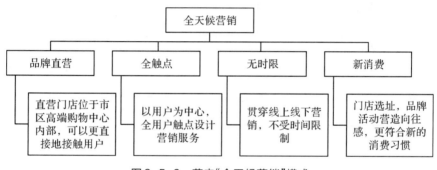

图2-5-3　蔚来"全天候营销"模式

如图2-5-4所示,NIO House、NIO Space是蔚来汽车最主要的线下销售网络,截至2022年10月,蔚来汽车线下服务中心的数量已经达到240家。其中,NIO House由蔚来公司直接运营,平均面积为数千平方米,具有七大功能区,平均造价上千万元。目前,共有十多个城市有NIO House。NIO House为用户提供了图书馆、咖啡厅等区域以及一系列的娱乐活动,使得蔚来与潜在客户进行更广泛的沟通,增强了客户黏性和品牌认同感,从而形成"涟漪模式",产生"老带新"效应,通过用户的口碑宣传吸引更多的潜在客户。NIO House一般位于一、二线城市核心区,能提升蔚来品牌影响力。NIO Space由蔚来合作伙伴直接运营或加盟,面积一般在200平方米以下,造价在100万元以下。NIO Space逐渐覆盖三、四线城市,主要作为品牌销售空间展现。此外,蔚来每年都会举办大型的NIO day活动,2020年的NIO day活动就包含了1个主会场和64个分会场,线上全网35个平台直播,线上观看人数超过1亿。可见,蔚来的NIO day活动规模巨大,用户参与度非常高,这是许多车企做不到的。

图2-5-4　蔚来NIO House、NIO Space

在全天候的销售模式帮助下,蔚来汽车销售成绩颇丰。2022年全国共举办428场活动,并且在2022年春节期间,门店留资趋势明显上涨。同时,蔚来APP在全国30个城市直播了158场"我和NIO云过年"活动节目,点击量超过28万。基于自身的智能座舱技术,NIO原创生活品牌NIO Life系列通过NIO APP、小程序、NIO House共销售4.2万件。FOTA基于其智能座舱技术,在节日期间推动人机交互,与用户共同创作10首歌曲,聆听次数超过35万次。

(2)三项增值服务

蔚来车主除享有"免费终身质保""免费终身道路救援"和"终身免费车联网"三项免费基本权益外,还享有"服务无忧""保险无忧"和"能量无忧"性价比极高的增值服务。

服务无忧、保险无忧,针对用户保险、维修、年检等用车场景设计。车主能够通过APP知晓维修的实时进度,当维修期限超出24小时时,公司会提供同级别代步车、350元/天出行礼券、3500积分/天三种解决方案供车主选择。整个过程给予车主"无忧""无感"的体验。

能量无忧,包括三项服务:一是一键加电服务,每个月可享受15次,车主通过APP下单后即可离开,蔚来道路服务专员会上门取车,代客户加电或换电;二是免费加电额度,可用于抵扣一键加电或专用充电桩、蔚来超充网络及任何公用充电桩时产生的电费;三是免费电池升级,即在流通体系内的电池有机会免费升级。

2022年2月28日,蔚来在《中国保险行业协会新能源汽车商业保险专属条款(试行)》基础上,正式发布2022版的"服务无忧""保险无忧",并于2022年3月1日起生效。与2021版相比,"服务无忧"2022版的定价和权益并未改变,还新增外部电网故障损失、自用充电桩损失和自用充电桩责任所对应的保障内容;车主全年享有35张增值服务券,若是到期未用完,公司会按照500积分/券进行回购。全年的爱车积分多至9000积分,若是车主当月未使用免费维修,次月将会得到750积分的奖励。同时,每月的免费流量升级至15GB。"保险无忧"2022版降价100元,降价后的价格为1580元/年,权益不变。此外,针对2021年12月27日(含)起保险生效的已购保险无忧用户,一次性返还1000积分。若是全年未使用划痕补漆服务的车主还可奖励60N蔚来值加上3000积分,年底维保服务未用完的车主以天数为计数单位,每剩余1天奖励3N蔚来值。车主全年享有15张增值服务券,若是到期未用完,公司会按照500积分/券进行回购。同时,每月的免费流量升级至15GB。相比较而言,2022版的"服务无忧"更适合注重体验、时间与便利性,续航里程相对较多的用户;2022版的"保险无忧"更适合用车不多、愿意多花些时间的用户。

未来,随着公司发展步入正轨,规模不断扩大,其产能或将实现进一步提升,粉丝数量进一步增加,与目标之间的距离进一步缩小。

(二)换电方案:可充可换可升级

针对客户的补能、续航焦虑,多数新能源车企选择布局"超充"网络,或是采用"CTC方案",代表车企如特斯拉。蔚来与多数车企不同,它选择了可充可换可升级的"换电方案"。所谓换电即直接更换电池以达到补能的目的。该方案能够缓解车主用电及续航焦虑,解决电池易损耗、贬值的问题,并且降低了客户的购车成本,但是增加了客户的用车成本。

换电技术最早诞生于21世纪初以色列的Better Place公司,但由于高成本低回报,该公司在2013年宣布破产。特斯拉也曾研发换电技术,但是最后还是选择放弃。中国换电技术开发完成的时间是2010年,起步较晚。

近年来换电技术发展迅猛,北汽等众多车企相继开展对商用车型的换电模式研发和落地,2017年蔚来发布了全球首个面向私人用户的换电服务系统,并实践了"车电分离"的商业模式,成为行业标杆。

换电模式是蔚来在新能源汽车市场上的一个重要优势。换电模式帮助蔚来打造了独特的商业模式,并且由于换电模式的难以复制性,也为蔚来建立了竞争壁垒。这主要是因为换电模式的成本过大。为追求极致的用户体验,蔚来几乎所有的换电站都是24小时运营,三班倒,一个换电站至少需要三名工作人员,人工成本高。同时,换电方案要求蔚来必须储备一些备用电池,电池成本较高。蔚来一个换电站成本投入在150万—200万元之间,这还未包括人工成本和电池成本。

蔚来的换电模式包含三部分内容:

一是从用户端的角度看,蔚来为车主提供终身每月6次的免费换电服务(不配置充电桩)或是每月4次的免费换电服务(配置充电桩),若是超出免费次数则按照180元/次计费或是用积分抵扣。这不仅节省了蔚来车主的电费和充电时间(5分钟即可快速补能),也增强了蔚来的竞争优势。同时,蔚来开创了租电模式。在该模式下,车主可选择不购买电池,而是通过每月支付电池租金使用电池,电池所有权归NIO。这在降低汽车价格和汽车折旧速度的同时为客户提供了更加灵活的用电方案。客户可依据个人的使用需求更换电池容量,更加人性化。在换电模式下,车主能够实现永久或是暂时的电池升级。例如,车主可以选择直接花费一定金额将原有的75kWh的电池升级至100kWh,实现永久升级。电池灵活升级服务是蔚来在2021年12月推出的服务,不论车主之前是否选择了BaaS电池租用服务,都可通过月租的方式租用更大容量的电池。2021年,蔚来交付新车9.14万辆,同比增长109.1%,连续两年翻番。此外,累计交付16.71万辆,使蔚来稳居汽车制造新势力之首。毫无疑问,换电,成就了蔚来的未来。

二是从车端看,蔚来在设计所有车型时即将电池的可替换性考虑在内,将电池大小和拆卸方式统一。现阶段,蔚来的电池规格主要有两种:75kWh的电池和100kWh的电池。

三是从换电站的角度看,蔚来投入了大量的研发成本和建设成本来建设和升级换电站。升级后的第二代换电站占地约4个停车位,电池数量倍增约有13块,实现了自动泊车、换电,换电时间约为4分半,大大提高了用户体验。蔚来计划到2025年,建设换电站总数超过4000座。而在2022年至2025年间,蔚来计划在中国每年新建600座换电站,海外共新建1000台换电站。2021年4月15日,蔚来与中石化签署了战略协议,成为中石化"2025年之前建设5000座智能充电站"的战略合作伙伴之一。同日,中石化朝英站(蔚来二代充电站)正式落成。3日后,蔚来第900座换电站也正式建成。9月21日,蔚来正式发布"五纵三横四大都市圈"高速换电网络布局方案,并于2022年春节前完成布局。换电模式使得蔚来离"90%的用户住宅将成为电力小区住宅""让加电比加油更方便""让油车能去的地方电车也能去"的愿景更近了一步。11月,蔚来第1200座换电站也正式建成,蔚来汽车用户换电次数已达1400万次。2023年年底,蔚来汽车换电站建设量或将突破1300座。蔚来汽车计划在2025年实现建成4000座换电站,90%的蔚来车主住的都是"电区房"的目标。

随着市场的发展,换电模式似乎已经开始蚕食蔚来。2022年1月9日,南通一名蔚来车主向蔚来汽车销售有限公司赠送锦旗,锦旗上写着"换电3分钟,等待1个小时",以此来吐槽换电业务。可见,车主换电的等待时间与充电时间近乎相同,原有换电模式的方便性和快速性已经荡然无存。导致这一现象的原因是随着蔚来销量的增加,换电需求也随之增加,但是换电站的建设并未跟上。这也使得蔚来掉下了新势力第一的宝座。2022年9月,埃安、哪吒、理想分别交付3万辆、1.8万辆、1.15万辆,同比增长分别为121%、134%、62.5%,位居新势力品牌交付量前3名;而蔚来仅交付1.08万辆,同比仅增长29.3%,排名第5,先发优势似乎已消耗殆尽。因此,蔚来目前面临着一个两难的境地:一是建设大量的换电站,保证车主的换电体验,但成本会大幅提高。换电站的建设成本远远高于快充站,这可能会使蔚来的财务报表数据更差。二是牺牲用户体验,但这样做,蔚来就失去了它试图构建的服务优势。

不过,如今国家正大力支持换电模式的发展。自2019年下半年以来,政府出台了多项鼓励政策。例如对换电技术车辆不设置30万元补贴门槛的补贴政策、发布《关于启动新能源汽车换电模式应用试点工作的通知》等。并且多地政府对换电站的建设都有相应的补贴。例如,重庆市对单个换电站给予不超过50万元的补助,海南省对投入使用的换电站给予15%的一次性建设补助,大连市对符合条件的换电站给予不超过200万元的一次性补助。

与此同时,2022年4月,"宁王"宣布首批四座换电站启动服务。宁德时代的入局表示了对换电模式的认可,并且作为新能源汽车上游企业,其所制造的电池能够满足如今市场上80%的新能源车的电池需求,"宁王"的入局或许有利于换电标准的建立,预示着换电站发展的拐点已经在路上。

(三)自研新能源汽车电动化及智能化技术

在诸多新能源汽车企业当中,蔚来颇有竞争力。不论是在电动化还是智能化方面,蔚来都秉持长期发展战略,确立自研路线,树立了高远的目标。

从研发投入的角度看,长期而又坚定的研发投入,使得蔚来在智能电动领域的竞争中保持领先地位。2017—2019年蔚来的研发投入分别为26亿元、40亿元和44亿元,其中2018年第4季度单季的研发投入高达15亿元。2020年,蔚来研发投入有所缩减,全年研发费用投入仅为24.9亿元,其中第1季度的研发投入为5.22亿元,同比下降51.58%,创历史新低。2021年,研发投入再次回升至45.92亿元,同比增长84.6%,增长比率要小于小鹏汽车和理想汽车。

从研发基地的角度看,蔚来在全球都有布局。国内,蔚来在上海、北京建立了研发基地。国外,蔚来在美国圣何塞建立了自动驾驶研发中心,在德国慕尼黑建立了全球研发中心,在英国伦敦建立了全球性能与前瞻概念研发中心,2022年5月20日在新加坡上市后,蔚来汽车与新加坡进一步展开合作,双方共同建立了人工智能与自动驾驶研发中心。自此,蔚来汽车全球研发及业务布局得到了进一步完善。

1. 电动化:追求领先驾驶性能

新能源车的三电包括动力电池、电驱和电控。按照自研程度排序,除去特斯拉,国内是蔚来领先,小鹏次之。

电池方面:蔚来的电池主要来自外购,但是即将开始电池自研,未来电池来源将会是外购和自研,类似比亚迪、特斯拉。蔚来现有车型与小鹏、理想一样皆与宁德时代有合作,依据不同的车型和续航里程,按需选取磷酸铁锂或三元锂技术方向。如图2-5-5所示。在2021年1月7日的NIO Day发布会上,蔚来宣布推出北京卫蓝新能源科技有限公司生产的150kWh固态电池包,能量密度高达360Wh/kg,CLTC续航里程超过1000千米,该电池包能够匹配当时蔚来已出的所有车型。该电池包已在2021年6月搭载上ET7车型,并量产,ET7成为目前续航里程最高的纯电动汽车。2022年5月25日,上海企事业单位环境公开平台显示,蔚来将会在上海嘉定区新建一个专注于电池研发的基地,这表明,蔚来将要开始电池自研。事实上,受2021年下半年整个资本市场遇冷、疫情冲击,再加上新能源汽车的芯片、电池等短缺影响,公司的新车交付量和市值都有所下降。若是蔚来自研电池获得成功,那么蔚来的竞争力将会进一步提升。

图2-5-5　蔚来三元锂电池包

电驱电控方面:蔚来高级副总裁曾澍湘曾表示,蔚来是除特斯拉以外的唯一一家具备电机装配、电机绕线、工艺控制器的生产装备全栈制造能力的企业。蔚来在成立之初便坚定了自研自产电机的想法,目前它也是国内造车新势力当中唯一使用自研自产电机的车企。为了保障产品的差异化和自由度,适应蔚来汽车高性能智能汽车品牌定位,其成立了XPT蔚来驱动科技,专注研发电驱电控系统。受益于XPT蔚来驱动科技有限公司,截至2021年,蔚来获得了269项电驱动系统专利,其中发明专利127项,累计生产自主研发的电驱动组件超过30万套,为蔚来的发展提供了强有力的技术支持。同时,通过XPT蔚来驱动科技有限公司,蔚来成功研发出第二代电驱动系统并于2021年10月19日正式发布。相比于第一代电驱系统,第二代电机系统在动力性能、效率、NVP三大衡量电驱系统优秀性的核心指标上均有进步,第二代电驱系统的进步是全方位的。

第一,在动力性能上。第二代电驱系统的技术路线与第一代相同,仍是使用永磁同步和后感应异步。但两台电机的输出功率均得到了提升,具体而言,输出功率提升至180kW/300kW,较第一代电驱系统提升了20kW/60kW。搭载了第二代电驱系统的ET7最大功率能达到480kW、峰值扭矩为850N·m,这意味着ET7能够推动2.3吨的整车在3.9秒内实现0—100km/h的加速。现阶段,量产电驱系统达到300kW并装车的车企并不多。在国内,蔚来是第一家。

第二,在效率上,蔚来第二代电驱系统首次运用了碳化硅技术,大幅提升了永磁电机同等体积下的最大电流能力、续航能力以及CLTC工况下的综合效率。并且,在电驱系统结构上,蔚来对减速器速比、后异步感应电机的IGBT模块、电机类型选择等方面都做了优化。

第三,在NVP上,性能的提升都会伴随噪声的增大,蔚来通过软件谐波控制算法来消除这种情况下的噪声。第二代电驱动系统可将整体噪声下降5—15db。

蔚来汽车不仅自研还自产,其在南京建立了电驱动系统先进制造中心,负责电机驱动系统的生产。也许自研自产模式的初始投资成本很高,但在确定一个基本的大方向后,即使在最困难的2019年,蔚来仍然保持"再苦不能苦研发"的态度,始终坚持电驱系统自产自研的模式。

2. 智能化:从合作NIO PILOT到回归NAD自研

蔚来的智能化道路并非一帆风顺。蔚来成立之初即进行智能化自研,但是在2018—2019年,蔚来北美区CEO伍丝丽和中国区CED庄丽离职,再加上公司资金短缺,蔚来的智能化研发经历了停滞期。直至2020年8月,蔚来才重启自研。

从自动驾驶的角度看,全球做得最好的是特斯拉。中国企业当中自动驾驶研发能力最好的应当是小鹏汽车,其次是蔚来汽车,两者都处于行业前列。

事实上,蔚来成立之初,在购买博世全套解决方案的同时也在进行自动驾驶自研,但是由于多种原因,其自主研发中止。2016年,蔚来选择与Mobileye合作,购买其自动驾驶芯片,蔚来首款量产车ES8就是全球第一款搭载Mobileye EyeQ4自动驾驶芯片的量产车型。同时双方也有合作研发芯片,如表2-5-2所示。2017年蔚来推出了NIO Pilot,是国内首个高级辅助驾驶系统。2020年9月,蔚来推出了高速道路领航辅助功能(Navigate On Pilot,NOP),该功能能够基于导航信息实现自主L2功能,如上下匝道、高速巡航、变道和超车等。然而,由于Moblieye的封闭系统和相对黑盒交付模式,使得整车厂无法掌握关键数据,自主设计自动驾驶功能比较困难,这极大地限制了整车厂对城区辅助驾驶及更高级别自动驾驶的进一步探索研究。

表2-5-2　蔚来辅助驾驶发展路径

	2017.12	2019.6	2020.2	2020.10	2021.1	2022Q1	2022.9
操作系统	—	NIO OS 2.0.0	NIO OS 2.5.0	NIO OS 2.7.0	NIO OS 2.9.0	—	—
芯片	Mobileye EyeQ4					NVIDIA Orin	
感知	前摄像头+毫米波雷达			前摄像头+毫米波雷达+高精地图		激光雷达+环绕摄像头	
功能	NIO Pilot首次发布	NIO Pilot车速、车道控制	行人/自行车自动紧急制动	NOP高速领航辅助	视觉融合泊车	NAD 高速+城区+泊车+换电	
覆盖车型	蔚来ES8搭载上市	蔚来ES6搭载上市	—	蔚来EC6搭载上市	—	蔚来ET7	蔚来ET5

因此,在2020年蔚来走出资金短缺困境后,公司重新走上自动驾驶自研的道路。从感知算法到地图定位,从控制策略到底层系统,公司全面自主研发,发布了NAD(NIO Autonomous Driving)自动驾驶系统。该系统搭载的是NIO Aquila SUPER SENSING超级感知系统,包含33个高性

能感知硬件,其中800万像素高清摄像头7个、300万像素环视摄像头4个、500米探测距离的高精度激光雷达1个。同时还具备NIO Adam SUPER COMPUTING超级计算平台,该计算平台是NAD的"大脑",由4颗英伟达最新款芯片DRIVE AGX Orin驱动,综合算力达到1016TOPS,是同类车型算力最好的,能够帮助车辆实现L3以上的自动驾驶功能。其中2颗主控芯片负责NAD的全栈计算,包括多方案相互校验的感知、多模式预测和决策等。有1颗是冗余备份芯片,起到安全保障的作用,剩下1颗为群体智能和个性训练专用芯片,可以加速NAD的整体进化,也可以进行个性化的本地训练。

正是因为超豪华的硬件配置,蔚来NAD致力于实现高速、城市、停车、换电等场景的全覆盖。从长远来看,蔚来的目标是实现安全、轻松的点对点自动驾驶体验。

(四)盈利模式

蔚来的营业收入主要来自智能电动车、汽车售后的刚性服务和衍生服务三部分。

第一,蔚来的主营产品是智能汽车。智能汽车相关业务中车辆销售业务收入占比达到90%以上。2023年1月,受国家新能源汽车补贴退出、特斯拉降价等多种因素影响,国产新能源汽车品牌的销量均不如意。该月蔚来汽车销量为0.85万辆,同比和环比均为负增长。直至2月,销量开始回升,该月公司销量为1.21万辆,环比增长42.9%,同比增长98.3%。其中,高端轿车销量为0.71万辆,高端SUV销量为0.5万辆。

同时,蔚来的BaaS电池服务、NIO day推出的NAD软件订阅式服务等的服务包可划分至智能电动车的销售收入领域。

首先,蔚来在2020年推出了BaaS电池服务,实现了"车电分离"。2022年4月,推出了BaaS转买断方案,自此,蔚来车主可以买断电池。有关BaaS转买断方案的具体内容如图2-5-6所示。其中服务费主要包含电池仓储物流、拆装、检测等。如果用户无须更换新电池,则可以免除3000元服务手续费。

终止BaaS租用协议，在蔚来中心更换全新电池	
支付电池款70000元（标准续航电池包75/70kWh）+3000元服务费	支付电池款128000元（长续航电池包100kWh）+3000元服务费

图2-5-6　BaaS转买断方案

其次，蔚来的订阅服务也带来了一定的收入。蔚来的数字化服务收费模式如表2-5-3所示。

表2-5-3　蔚来的数字化服务收费模式

订阅服务		收费模式
自动驾驶	NIO Pilot全配包+选装包	提供付费选装NIO Pilot全配包，包含NOP和视觉融合全自动泊车系统：3.9万元全配包（2020年）
		提供NIO Pilot精选包，不包含NOP，但包含ACC、视觉融合全自动泊车系统、道路自动保持等基本辅助功能：1.5万元精选包（2020年）
		ET7新一代NAD交付后提供按月订阅：680元/月（2022年）
车辆性能	电池租赁服务+更换大容量电池服务	无须在购车时购买动力电池包，只需要按需租用或升级不同容量即可（7万元或980元/月）
		原车自带70kWh电池可选装升级为84kWh的电池，可一次升级（5万元）或租赁升级（66元/天）
围绕售后的增值服务三项无忧		前文已有介绍

第二，汽车售后的刚性服务。如家电、保险和保养维修（NIO Power和NIO Service），追求不亏损。这一点蔚来与传统4S店在模式上存在着很大区别。蔚来汽车认为，在死板的服务上赚太多钱会让用户失去兴趣。

第三，其他衍生服务，主要指NIO Life，设置类似快速消费品的毛利率。NIO Life打造自主IP，自建线上线下物流体系。通过蔚来高端品牌的辐射力，NIO Life的商品定价略高于优衣库，低于高端消费品牌，这主要是因为蔚来App自营渠道和社区"人传人"模式，大大降低了渠道销售成本。NIO

Life售卖的产品很多,具体可细分为8大类,例如家居日常、科技数码以及食品等。根据NIO Life 2021年年度报告,其2021年开发了594款新产品,4年内开发了1400款新产品,销售超过500万款产品,并首次走出国门抵达北欧的挪威。同时,蔚来与全球500多名顶级设计师合作,坚持原创设计,所有产品都具有很强的设计感。这使得NIO Life上的产品都很"抢手",销量一直很好。未来,NIO Life的毛利率有望继续提高。

未来,极致的用户体验、持续性的研发投入等都将是蔚来的关注重点。其中,极致的用户体验包含车、服务、数字化体验以及超越汽车的生活方式。所谓超越汽车的生活方式,体现在设计、社区等方面。持续性的研发投入表示蔚来将不断专注于整车、APP研发、智能化、能源云以及换电站等诸多方面,持续扩大公司全球研发布局。蔚来已与德国最大的新能源公司签署战略合作协议,并逐步进入荷兰、挪威、瑞典、丹麦等欧洲各国,打好欧洲市场基础,之后进击全球市场。

二、小鹏汽车

小鹏汽车是中国领先的智能电动汽车设计和制造商之一。它致力于通过技术和数据实现设计、开发、制造、销售和改造智能电动汽车。

对于一个企业来说,CEO的节奏感非常重要,它不仅控制着企业的发展方向,也带动了后续员工的共同行动。小鹏汽车的创始人何小鹏就是一个极具节奏感的CEO。何小鹏2022年曾就小鹏汽车的硬件工程问题表示,为提高小鹏汽车的安全性、算力、智能化程度,小鹏汽车的硬件工程遵循以下三个节奏:一是造出安全性高、可规模化的东西;二是在节奏一的基础上进行降本;三是在节奏一二的基础上形成下一个节奏。同时,公司的管理团队来自广汽、福特、大陆集团以及中国一汽等国内外知名的整车和大型零部件制造公司,或是来自腾讯、阿里巴巴等大型互联网企业。例如动力总成副总裁刘明辉曾任中国一汽集团技术研发院长,具有深厚的汽车技术研发背景;互联网副总裁纪宇曾任上海友珠信息科技有限公司CEO,担任上市公司腾讯控股有限公司无线技术实验室主任等,具有深厚的技术研发与互联网背景。如图2-5-7所示,小鹏汽车是一家聚集了互联网先进人才和汽车科班出身人才的智能汽车制造公司。正因如此,公司非常注重研发投入和技术路线的实用性。从2018年到2021年,公司的研发投入逐渐增加。科技是新能源汽车的核心竞争力,先进的技术将会带来产品的升级迭代,促进汽车终端销售。未来,公司的研发投入只会越来越多。

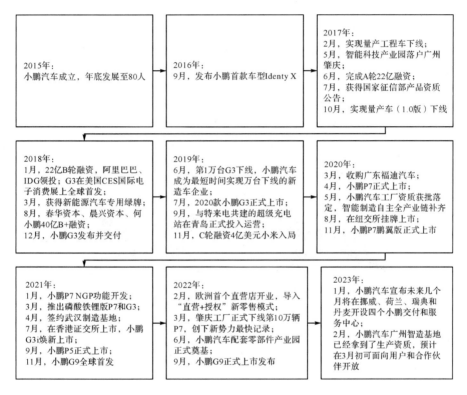

图2-5-7　小鹏汽车重要发展历程

不同于一般的企业,小鹏汽车采取的是同股不同权的股权结构。在进行全球首发之前,公司具有 A 类普通股(一股一票)、B 类普通股(一股十票)及 C 类普通股。发售完成后,淘宝中国所持 C 类普通股按1:1的比例转变为A 类股。2021年正式上市后,小鹏汽车为双重股权结构,其中 A 类股为一股一票,B 类股为一股十票。B 类股掌控在小鹏创始人手中,有利于公司的稳定,促进其长远发展。截至2022年,何小鹏及其公司持有小鹏汽车21.75%的股权(B 股)及超60%的投票权,为小鹏汽车的实际控制人;夏珩持有3.8%

的股权及超10%的投票权。阿里巴巴是公司最大的外部股东,持股比例为11.9%(A股),投票权不到5%。其次为IDG资本,持股比例为4.8%,投票权不到2%。

　　值得一提的是,在2022年10月,小鹏汽车组织架构进行了重大调整,设立了行业规划委员会、产销平衡委员会、战略委员会、技术规划委员会、OTA委员会5大委员会以及3大产品矩阵组织。通过此次组织架构调整,小鹏汽车的资源整合能力、集中决策能力以及团队活力都得到了极大提升。

(一)公司定位:未来出行者

　　2021年,小鹏汽车更换了新的品牌LOGO,如图2-5-8所示。虽然还是那个"X",代表着探险家,但是棱角更加锐利,寓意小鹏突破边界,勇于探索科技无人区。更新后的LOGO与小鹏汽车的定位"未来出行者"更加贴合。

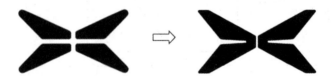

图2-5-8　小鹏LOGO变化

1. 产品定位

　　2021年,何小鹏表示小鹏汽车和很多其他汽车厂商在产品定义上有一个很大的区别,即小鹏汽车基本不做小定位。所谓小定位即以满足小部分人为主要需求,可将其理解为"汽车配置",即获得正确的配置,并找到最高的性价比。因为汽车是一门平衡的艺术,将每一部分都做到极致的成本极高,也不可能将所有做到极致。所以,何小鹏认为在企业的成熟和稳定阶段可以只做"汽车配置",但是当企业正处于创新和变化阶段时,仅仅做到"汽车配置"就显得狭隘了。这主要是因为"汽车配置"只能满足客户短期需求,但从长远来看,没有办法推动整体研究向前发展。事实上,多数客户无法准确描述出自己的需求,但是随着科研的进步,公司产品更新迭代后,做好引导工作,也能够满足潜在客户需求。小鹏汽车要做的是后者而不是狭隘的

"汽车配置"。

小鹏汽车相较于其他车企,其产品存在高性价比的优势。小鹏汽车产品定位于主流需求,价格区间在15万—40万元的中高端市场,目标群体为中产阶级,客户群体多为80后和90后。依据 HIS Markit 的数据,从2020年到2025年,中国电动汽车销量将以33.8%的复合年增长率增长,到2025年达到420万辆,其中售价在15万—30万元之间的有190万辆,占比约42%。该区间即为小鹏汽车的定位区间。由此可见,小鹏汽车的受众人群较多,并且其定位非常符合市场需求。

小鹏汽车的平均售价在汽车制造新势力中是偏低的。亲民的定价意味着其需求量较大,有望促进销量增加,进而加快算法迭代。2021年12月小鹏汽车的交付量为1.6万辆,同比增长181%,连续3个月拿下汽车制造新势力"销量冠军"。2021年,小鹏汽车共交付新车9.8万辆,同比增长2.6倍,拿下了中国新势力交付数量第一的桂冠。小鹏汽车的智能驾驶技术在低价位的车型上也有应用,让更多的用户体验到技术升级带来的更舒适的驾驶体验,促进电动汽车普及率进一步提高。

比亚迪、蔚来、理想等车企均表示未来将会推出20万—30万元的车型。对小鹏汽车而言,随着上述车企20万元新车的到来,小鹏 P7、P5 等主要产品必然会承受一定的压力。因此,在15万—40万元的主流价格范围内,小鹏迫切需要补上新产品。这不仅是为了增加市场份额,也是为了实现最终的盈利。2022年第一季度小鹏汽车营收74.5亿元,同比增长152.6%,净亏损17亿元。与2021年第四季度相比,净亏损仍在同比扩大。此外,在毛利率方面,小鹏汽车一季度为12.2%,去年同期为11.2%,同比仅小幅增长。但是,相比于蔚来和理想近20%的毛利率以及特斯拉超30%的毛利率,其毛利率上升空间仍很大,而汽车业务就是其提高毛利率的关键。

如表2-5-4所示,小鹏汽车在售的车型有小鹏 G3i、小鹏 P5、小鹏 P7、小鹏 G9。小鹏汽车目前有 David 和 Edward 两个平台。其中,David 平台是为轴距在2.6—2.8米之间的车型设计的,而 Edward 是为轴距在2.8—3.1米之间的车型设计的。在售的车型当中,G3i、P5是基于 David 平台设计的,小鹏 P7、G9是基于 Edward 平台设计的。根据小鹏的招股书,公司正在开发另一个全新的平台。

表2-5-4 小鹏汽车中国在售车型介绍①

产品	小鹏 G9	小鹏 G3i	小鹏 P7	小鹏 P5
上市时间	2022.09.21	2021.07.09	2020.04.27	2021.09.15
车型	智能纯电SUV	紧凑型SUV	中型运动轿车	家用纯电轿车
补贴后售价（元）	30.99万—46.99万	16.89万—18.89万	23.99万—42.99万	17.79万—24.99万
新能源性能 电池容量（kWh）	78.2—98	55—66.5	60—81	55.9—71.4
续航里程（km）	507—702	460—520	480—706	460—600
最大总功率（kW）	230、175与230	145		
电池类型	磷酸铁锂电池+三元锂电池	磷酸铁锂电池+三元锂电池	磷酸铁锂电池+三元锂电池	磷酸铁锂电池+三元锂电池
自动驾驶性能 自动驾驶芯片	英伟达 OrinX	Mobileye Q4	英伟达 Xavier	英伟达 Xavier
算力（TOPS）	508	8	30	30
激光雷达	2	—	—	2
摄像头	12	5	14	14
其他传感器	5mm波雷达，12超声波传感器	3mm波雷达，12超声波传感器	5mm波雷达，12超声波传感器，高精定位系统	5mm波雷达，13超声波传感器，高精定位系统
传感器总数	29	20	32	34

其中，小鹏G3系列旨在建立"智能化"的品牌基调。G代表"Geek"极客

---

① 资料来源：公司官网，汽车之家。

精神，而G3i的能力无疑使其成为“最智能”的电动汽车级别：车型上市即具备L2.5级别的辅助驾驶能力，量产视觉+超声波融合的泊车功能，并且十分注重人机互动体验。小鹏G3i与P7相同设计元素的家庭式前脸，造型更加简洁流畅，整体外观非常新潮，具备科技感，符合年轻人审美。

小鹏P7是长续航的智能轿跑，具有科技+美学的特点。在智能方面，小鹏P7配备了丰富的视觉传感器，使用1个三眼摄像头，1个单眼摄像头，10个自动驾驶高感知摄像头。同时配备了标准5毫米波雷达和12个超声波传感器，传感器总数达到31个，是同一代产品中最丰富的传感硬件。通过几次主要的软件OTA升级，P7已经实现了中国目前道路体验中最好的导航辅助驾驶（封闭道路NGP）功能，以及创新的停车记忆（VPA）功能。在美学上，P7的外观设计简约科幻，全封闭的前脸设计强化了车型的“新能源智能车”。车身相对较低的扁平和“掐腰”曲线，使汽车整体流畅、美观。小鹏P7系列在2021年的交付量占2021年交付总量的62%，即6.1万辆，是小鹏在售车型当中最受欢迎的“明星”车型。2023年，全新改款小鹏P7也将亮相。

小鹏P7定位在中高端市场，有鹏翼版和非鹏翼版之分。其搭载的是XPILOT3.0，具有NGP智能导航辅助驾驶和停车场记忆泊车功能。此外，小鹏P7还配备完善的车载神经网络和强大的双引擎处理器，实现了车载OTA智能体验的全面升级。所以，它是同期推出的产品中，硬件智能化程度最高的车型。如表2-5-5所示。

表2-5-5　小鹏P7系列车型及重点参数[①]

车型及参数			细分车型		
续航480km车型	480G	—	480N/480N+	480E	—
补贴后全国建议零售价(万元)	22.42		23.42/23.72	24.42	

① 资料来源：公司官网。

续表

车型及参数			细分车型		
电池类型	磷酸铁锂电池		磷酸铁锂电池	磷酸铁锂电池	
硬件系统版本	—		XPILOT 2.5+	XPILOT3.0	
智能辅助驾驶系统处理器	—	—	智能控制器	Xavier超级计算平台	
续航586km车型			586N	586E	
补贴后全国建议零售价（万元）	—		25.58	26.58	
电池类型			三元锂电池	三元锂电池.	
硬件系统版本.	—	—	XPILOT 2.5+	XPILOT 3.0	
智能辅助驾驶系统处理器			智能控制器	Xavier超级计算平台	
续航670/706km车型	706G	670G	670N/670N+	670E/670E+	670E鹏翼版
补贴后全国建议零售价（万元）	26.08	26.28	27.23/27.58	28.23/28.58	366.9
电池类型	三元锂电池	三元锂电池	三元锂电池	三元锂电池	三元锂电池
硬件系统版本			XPILOT2.5+	XPILOT3.0	XPILOT3.0
智能辅助驾驶系统处理器			智能控制器	Xavier超级计算平台	Xavier超级计算平台
续航562km车型（四驱）	—	—	562N性能版	562E性能版	562E鹏翼性能版
补贴后全国建议零售价（万元）			33.99	34.99	40.99
电池类型			三元锂电池	三元锂电池	三元锂电池

续表

车型及参数			细分车型		
硬件系统版本	—	—	XPILOT 2.5+	XPILOT3.0.	XPILOT 3.0
智能辅助驾驶系统处理器			智能控制器	Xavier 超级计算平台	Xavier 超级计算平台

　　小鹏 P5：空间+智能+可玩性强，主打"科技生活"概念。定位高性价比智能轿车，对标的是特斯拉 Model 3、比亚迪秦 PLUS、凯美瑞等车型，是小鹏汽车首款也是国内首款搭载激光雷达的量产车型。2022 年，小鹏将推出基于 P5 的城市道路 NGP 功能，仅限于城市高速公路、城市主干道和连接高速的次干道。小鹏将成为最早实现城市道路导航辅助驾驶的车企之一。

　　P5 再次在自动驾驶及智能体验上进行了全新升级，随着新的升级，小鹏 P5 的亮点主要有两个：一是高阶自动驾驶，电驱性能强劲，在电池寿命和自动驾驶硬件方面要优于 2022 标准续航后驱版；二是提升座舱体验，空间大且灵活，P5 搭载高通骁龙第三代旗舰数字座舱平台，可选硬件增加睡眠模式、投影仪、车载冰箱、大疆无人机 Mavic2 Pro 等。同时，P5 车型更好地利用了空间，后排伸腿空间高达 167mm，是类似于 B 级车的 A 级车。如表 2-5-6 所示。

表 2-5-6　小鹏 P5 系列车型及重点参数①

车型	460G	460E	550G	550E	550P	600P
综合补贴后全国建议零售价（万元）	16.27	18.27	17.83	19.83	20.53	22.93
电池类型.	磷酸铁锂电池	磷酸铁锂电池	三元锂电池	三元锂电池	三元锂电池	三元锂电池
自动驾驶系统	/	XPILOT3.0	XPILOT3.0	XPILOT3.0	XPILOT3.5	XPILOT3.5
激光雷达	/	/	/	/	2个	2个

① 资料来源：公司官网。

车型	460G	460E	550G	550E	550P	600P
高精毫米波雷达	/	5个	/	5个	5个	5个
超声波传感器	4个	12个	4个	12个	12个	12个
环视摄像头	1个	4个	1个	4个	4个	4个
高感知摄像头	/	9个	/	9个	9个	9个
高精驾驶辅助地图	/	/	/	/	/	/
处理器	/	Xavier超算平台	/	/	Xavier超算平台	Xavier超算平台

小鹏G9:定位大型SUV。其搭载了业界领先的800伏高压动力平台、XPILOT4.0自动驾驶系统和电子电气架构,达到"中央计算+区域控制"阶段。2023年,同样受到特斯拉价格战影响,也是为了能够快速占据荷兰、挪威、丹麦等地的市场,与国内上市的小鹏G9不同,国外版本将至少安装2个激光雷达,以此来降低造车成本,形成价格优势。例如,荷兰版本的小鹏G9起售价预估在57990欧元,价格上较宝马iX3等同等级车型低20%以上,极具竞争力。小鹏G9与小鹏P7相同,都属于小鹏汽车旗下的明星车型。2023年1月,小鹏汽车销量为0.52万辆,其中0.22万辆为小鹏G9。

此外,小鹏还计划2023年在新建的B级平台和C级平台上分别推出一款新车。

综上,小鹏汽车的目标市场为15万—40万元的中高端市场,且在该市场取得了不错的成绩。目前,小鹏与蔚来、理想相同,都属于新成立的新能源车企,旗下产品类型并不丰富。在其现有产品中,小鹏G3系列定位智能化;小鹏P7属于长续航智能轿跑;小鹏P5主打"科技生活"概念,是高性价比的智能驾车;小鹏G9定位大型SUV。但是随着特斯拉、比亚迪、蔚来等竞争对手旗下车型价格不断下探,小鹏汽车市场份额或将被蚕食。所以小鹏汽车未来必将不断推出更多新车型。当然,除了新车型的推进,小鹏汽车还在完善充电网络的布局。随着G9的大规模交付,小鹏汽车开始大规模部署

480kW超充桩(5分钟的充电时间能够实现200公里续航)。该充电桩率先部署于北上广深四个一线城市,并将在2022年底覆盖城市数量扩展至10个,充电桩数量扩展至50个。同时,小鹏汽车计划在2023年新建500+座充电桩,并在2025年扩展至2000座。

(二)产能布局

与蔚来相似,小鹏汽车也是采用"代工+自产"的生产模式。如今,小鹏汽车共有四大生产基地:郑州的海马小鹏智能工厂、广东肇庆工厂、正在建设中的广州智造基地以及武汉智造基地及研发中心。其中已经在运营的郑州海马小鹏智能工厂属于代工厂,广东肇庆工厂属于自建自产的工厂。

小鹏汽车最早的生产基地是位于郑州的海马小鹏智能工厂,由海马汽车和小鹏汽车于2018年按照高品质和高智能标准共同完成建设,是小鹏汽车第一款上市车型小鹏G3的量产工厂。工厂占地面积为43.89万平方米,总投资20多亿元。一期建设年产能为15万辆。海马汽车有限公司总经理助理李万锋表示,"根据小鹏汽车高智能的产品特点,工厂在规划和建设中引进了大量的智能化设备和控制方案,真正做到用智能工厂生产智能汽车"。

广东肇庆工厂是小鹏汽车全球第一个自建的整车生产基地。工厂位于肇庆市高新技术产业开发区,总规划面积60万平方米。工厂设有冲压、焊接、涂装、总装、包装五个车间,具备不同平台4种车型柔性生产能力,共计设置264台智能工业机器人。在2020年成功收购福迪汽车之前,小鹏汽车并无在广东建厂的资质,一直到2020年3月19日,小鹏汽车完成对广东福迪汽车的收购,福迪汽车的股东方变更为小鹏汽车旗下公司肇庆小鹏新能源投资有限公司,福迪汽车董事长、法人代表叶青,董事陈岩、沈振强、王殿武等均已退出,由小鹏汽车总裁夏珩担任福迪汽车执行董事,小鹏汽车副总裁何涛担任监事。福迪汽车的资质属于其他乘用车类,1988年成立,拥有年产30万台车身、5万辆整车生产线。公司经营业务涉及皮卡、SUV等整车,以及车身、零部件。此次收购仅花了小鹏汽车1600万元,远远低于之前造车企业对于生产资质获取的价格。收购完成后,小鹏汽车获得工厂生产资质。广东肇庆工厂建成后,其一期规划年产10万辆。肇庆工厂正式投产意味着小鹏汽车拥有自主研发和生产能力,摆脱了受限的OEM模式。2022年春节期间,肇庆工厂完成了升级。

同样是在广东肇庆,2022年5月,小鹏汽车与肇庆高新区管委会签署了合作框架协议,共同建设智能汽车配件产业园。双方将建立联合招商机制和政企互动机制,共同推进小鹏汽车产业链上下游项目。此次合作使得肇庆工厂具备更加完整的汽车产业链。

小鹏的第三个生产基地,广州智能制造基地目前尚未投产。该制造基地奠基于2020年9月,是一个包含冲压、焊接、涂装、组装、包装的汽车生产基地。广州工厂建设已经完成,并于2022年底投产,负责小鹏汽车新车型的研发、整车生产、销售等业务。同时,小鹏汽车获得广州经济技术开发区管委会全资企业广州资本投资控股有限公司的40亿元融资,用于支持广州开发区新基地建设和设备采购等事项,加快小鹏汽车的业务扩张。

小鹏汽车的第四个生产基地是武汉智能网联汽车智造基地。小鹏汽车在2021年4月8日与武汉经济开发区签订合同,计划投资百亿元建设整车工厂和研发中心。由于武汉是中国六大汽车生产基地之一,汽车制造氛围浓厚,所以小鹏汽车选择了它。该基地占地约1100亩,其作用为整车及动力总成工厂以及研发中心的建设,新一代智能车辆平台的引进,以及新一代新型智能电动汽车的制造。目标产能为每年10万辆,最高产能为15万—20万辆。同时,研发中心将会充分利用小鹏汽车以及武汉已有的技术和教育资源,不断研发AI自动驾驶技术、智能网联汽车以及车联网技术。何小鹏表示,小鹏汽车希望以武汉为支点,把公司产品、超级充电及销售体系辐射到中西部,出口至国外。

(三)营销+服务:数字化与品牌差异化

1. 营销模式

如今,企业要想在激烈的市场竞争中占据一席之地并脱颖而出,就必须注意打通线上线下渠道,注意消费者服务体验的提升,注意数字化营销竞争力的构建。其中,最重要的是做好数字化营销的构建。所谓数字化营销,是指品牌需建立一个全环节的数字化营销生态。在这个生态系统中,消费者可以从品牌、销售、内容、服务等方面进行深度链接,实现精准精细化的营销。

传统的汽车营销是采取"4S"的模式,即整车销售、售后服务、零配件和信息反馈四者缺一不可。传统营销模式下的销售、服务等都由4S店承担,这增加了车企在4S店装修、建设、人工等各方面成本的同时增加了消费者的购车成本。2020年"双11"期间,小鹏汽车和聚划算百亿补贴合作,开创了"2S+2S"的销售新模式。如图2-5-9所示,该模式主要由超级充电桩、体验中心和服务中心构成,实现了快速的品牌宣传和客户的无障碍沟通。通过"小鹏天猫旗舰店+小鹏线下店"的双渠道联动,小鹏汽车打通了线上线下两大领域,大幅降低成本的同时为消费者带来了更好的购车体验。这也让小鹏汽车双十一营销事半功倍。

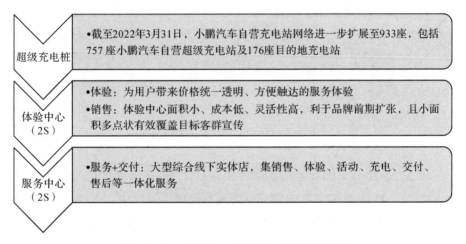

图2-5-9 小鹏汽车线下"2S+2S"营销模式

小鹏的线上营销方式很多,包括了线上APP、与腾讯合作利用企业微信、开展直播等。

第一,小鹏线上App功能强大。类似于蔚来的线上APP,小鹏汽车APP通过线上社区提升了用户体验、活跃度以及用户对于品牌的忠诚度和认可度。小鹏汽车APP主要有五大功能,如图2-5-10所示。

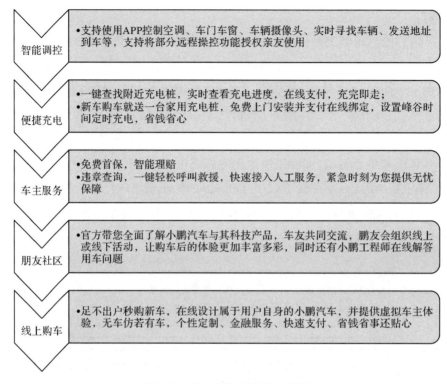

智能调控
- 支持使用APP控制空调、车门车窗、车辆摄像头、实时寻找车辆、发送地址到车等，支持将部分远程操控功能授权亲友使用

便捷充电
- 一键查找附近充电桩，实时查看充电进度，在线支付，充完即走；
- 新车购车就送一台家用充电桩，免费上门安装并支付在线绑定，设置峰谷时间定时充电，省钱省心

车主服务
- 免费首保，智能理赔
- 违章查询，一键轻松呼叫救援，快速接入人工服务，紧急时刻为您提供无忧保障

朋友社区
- 官方带您全面了解小鹏汽车与其科技产品，车友共同交流，鹏友会组织线上或线下活动，让购车后的体验更加丰富多彩，同时还有小鹏工程师在线解答用车问题

线上购车
- 足不出户秒购新车，在线设计属于用户自身的小鹏汽车，并提供虚拟车主体验，无车仿若有车，个性定制、金融服务、快速支付、省钱省事还贴心

图2-5-10　小鹏APP五大功能

第二，小鹏汽车的数字化营销已经从最初的"零运营"转变为"一次运营+二次运营"，一次和二次运营均非常具有代表性。

所谓一次运营是指获取消费者流量阶段的运营，与核心内容相关的运营，如直播、短视频、文字种草等。直播被小鹏汽车玩出了新花样。2022年4月小鹏在抖音平台开创了一个名为鹏克星球的元宇宙世界。据悉，"鹏克星球"每周五9时准时在小鹏汽车官方账号上线。自4月1日首播以来，已经吸引了超过2000万的观众，后台点赞非常火爆。小鹏的元宇宙直播人人都可参与，真正将用户角色从"旁观者"转变为"参与者"，用户只需指尖轻触，宏伟世界即可"因你而变"。小鹏汽车元宇宙打造了沉浸式的直播体验。这种虚实互动的玩法，为用户带来了远超传统直播的差异化互动体验。

所谓二次运营是将一次运营产生的流量进行承接，并进行持续的交互（沟通）与影响。小鹏汽车的二次运营模式被称为"双链路触达+私域沉淀

营销"。

　　所谓双链路,是指企业的电话号码和微信入口都可以获取消费者线索的链接。该种方式一方面能够建立与消费者的长期关系,另一方面在提高营销效率的同时能及时与消费者进行双向沟通,解决问题,提升用户体验。小鹏汽车通过实践证明,其二次运营的模式相较于传统表单链路订单率提高了70%,表单后添加企业微信的概率提升了45%。

　　2. 服务

　　买车服务:一是充电网络保障。小鹏汽车充电可通过家用充电桩、小鹏超充站和第三方充电站三种方式。其中针对首购小鹏汽车的车主,小鹏汽车会赠予其一个家用充电桩;小鹏的超充站在2021年年底就已开放1600+的站点,基本覆盖全国核心主城区;通过与国家电网、南方电网、特来电等企业的合作,小鹏汽车第三方充电站的布局也已覆盖200多个城市。并且对于首任非运营车主,在指定充电桩(站)充电时,可享受每辆车每年3000度的免费充电服务。小鹏正在持续扩大充电网络布局,旨在为客户提供便捷的充电服务,以此提高客户黏性和品牌影响力。此外,与蔚来一样,小鹏汽车也提供"车电分离"的电池租赁计划,客户在购车时可选择支付车身的部分价款,并在7年内(时间可选择,最长为7年)每月支付电池租金,进而获得车辆及电池的所有权,这一方式大大降低了用户的购车成本。二是X-SERVICE智能快享服务,主要提供一体化智能诊断,在线工程师解答问题或帮助车主进行到店预约;1小时触达服务,核心城区能够实现1小时内的上门服务;1个专属群服务,每个车主均会配备一名服务管家,以满足用户订车、交车、用车的全周期服务需求。

　　卖车服务:为了给消费者提供"安心买、安心用、安心卖"的二手车交易服务体验,让车主对二手车交易和置换更加放心,小鹏汽车创办了X-CERTIFIED小鹏官方二手车品牌。小鹏汽车在认证二手车时制定了199项官方检测标准,认证后会对二手车进行原厂软件硬件升级换新,之后对智能评估系统全方位记录车辆维保数据,这些数据会透明地展现在二手车买主面前,以此实现安心买。通过官方认证的二手车与新车享有相同的基础服务,如整车质保、代步服务、远程诊断等,以此实现安心用。对于卖车的车主,小鹏汽车还提供以旧换新等服务,要比车主通过其他渠道卖车更有优势,以此实现了安心卖。

3. 售后服务,主要指充电站、充电桩及相关技术

现阶段用户购买电车的最大焦虑为里程焦虑,为降低用户里程焦虑,提升用户用车体验,小鹏汽车自研了800V高压碳化硅平台,并发布了S4。前者能够大幅提升新能源汽车的充电效率,进而降低用户的里程焦虑。该平台的充电峰值电流可达600A,有着超95%的电驱效率以及近90%的系统综合效率,200公里的续航里程仅需5分钟的充电时间即可实现。后者的S4指的是480kW的高压超充桩。顾名思义,该超充桩单桩的最大公里可达480kW。同时,该超充桩还运用了液冷散热等技术,大大提高了汽车充电的安全性,即使在−20℃的环境下,仍可实现正常充电。截至2022年年底,小鹏汽车自营充电站已超1000座,其中超800座位超充和480kW超快充的充电站,覆盖全国337座城市。可见,未来小鹏汽车的充电体系将得到进一步完善,用户体验也将因此得到进一步提升。

(四)整车电子电气架构

集中化汽车电气电子架构(EEA)是实现智能化的必要条件。EEA是汽车的支柱,集ECU、线束、传感器、电气和电子配电系统于一体。博世将EEA划分为三个主要阶段:第一阶段为分布式电子电气架构;第二阶段为跨域集中电子电气架构;第三阶段为车辆集中电子电气架构。现阶段,传统车企电子电气架构都处于从分布式向跨域集中过渡的阶段。目前,部分以纯电子电气架构为平台基础的新能源车型,已经处于跨域集中电子电气架构阶段,并且进入从域中心控制器到跨域中心控制器的发展过程,明显比分布式阶段更加智能化。如表2−5−7所示,小鹏汽车、特斯拉、蔚来就处于该阶段。其中小鹏已量产的P7的电子电气架构为SEPA,属于第三代;未量产的P9的电子电气架构为X−EEA 3.0,属于第五代。

表2-5-7　电子电气架构和车型

种类	SEPA	X-EEA 3.0	特斯拉	蔚来
级别	第四代	第五代（未量产）	第五代	第三代
代表车型	小鹏P7	小鹏P9	MODEL 3	ES6
网络	百兆以太网	千兆以太网	百兆以太网	千兆以太网
控制域数量	3	4	3	5
域模块	动力、智能驾驶、智能互联	中央计算模块：前后左右车身域	中央计算模块：左右车身域	底盘、智能驾驶、车身、动力、信息娱乐

　　小鹏P7所采用自研电子电气架构SEPA智能电动平台属于EEA当中的跨域集成集中式电子电气架构，其在市场上的热度较高。与主要架构不同，SEPA平台拥有成熟的车载神经网络，通过以太网连接到整个车辆的域控制器，支持云传输。与传统汽车上的CAN总线相比，控制单元之间的数据传输速度提高了约200倍，平台架构中的控制器100%网络化，使得小鹏汽车具备L4级自动驾驶计算能力和5G通信扩展能力。该平台能够在仅耗能30W的基础上，实现30万亿次/秒的高计算速度。基于此，该架构不仅可以支持车载APP的升级和添加，还可以实现车辆软硬件的可控OTA，通过OTA的空中升级实现整车电子系统功能的优化和增强。同时，该平台使得小鹏汽车的安全级别达到汽车功能安全的最高ASIL D级别，信息安全芯片的计算能力是上一代智能汽车的8倍。与传统燃油车平台类似，小鹏汽车也可以基于SEPA导出不同级别的模型。在机械质量方面，基于SEPA平台的小鹏P7，具有良好的性能。

　　相比于小鹏P7，小鹏G9所搭载的电子电气架构X-EEA 3.0更为高级。X-EEA 3.0电子架构是基于SEPA打造的，于2021年12月正式推出。该架构能够实现中央超算和区域控制以及全车无感OTA，做到了硬件和软件的深度集成。这使得小鹏汽车G9处于EEA的3.0阶段。如图2-5-11所示，小鹏汽车X-EEA 3.0主要包括五部分内容，分别为：硬件架构X-HA、软件架构X-OS、通信架构X-CA、数据架构X-DA和电力架构X-PA。

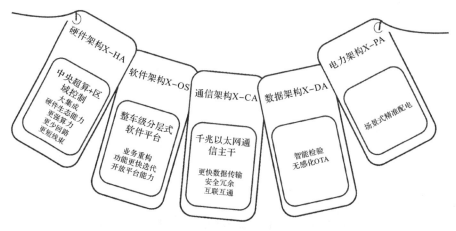

图2-5-11 X-EEA 3.0电子电气架构

区域控制器大大减少了ECU的数量,简化了线束拓扑,降低了线束的密度。新架构要求ECU的集成,即中央计算,这也是X-EEA 3.0新架构的亮点。

小鹏G9上的X-EEA 3.0电子电气架构,支持其搭载更高性能的芯片,帮助其集中算力,进而实现更为先进的自动驾驶、智能座舱等功能。小鹏G9也是XPILOT 4.0的第一款车型。同时,依托小鹏全栈自主研发的技术,将所有功能分布在一个平台上,实现软硬件接口标准化,缩短开发周期,使用户更快地使用更新的产品,并且支持车载级分层软件平台。所谓车辆软件指的是智能应用平台、基础软件平台和系统软件平台,通过车辆软件能实现智能场景、智能语音车控系统以及智能辅助驾驶系统等智能功能的快速开发和迭代。此外,这是国内首次实现千兆以太网主干通信架构。千兆以太网同时支持多种通信协议,使车辆传输数据更快。支持高级自动驾驶、智能座舱、基于海量数据传输的OTA等智能功能。

小鹏汽车的X-EEA 3.0电子电气架构,能够给车主带来更好的体验。这主要体现在以下几个方面。第一,该架构能够使汽车的自我诊断功能更加完备,进一步保障车主安全。同时,其能在整车出厂前完成自检,实现软件更新。第二,X-EEA 3.0电子电气架构的分层式软件平台架构,能够快速开发汽车的智能功能。这主要是因为该架构使得软硬件的接口标准化，进而大大缩减了智能功能的开发周期，加快了OTA的迭代速度。第三，受益于多控制器软件可同步刷新，大大缩短了升级过程时间，整车级OTA升级时间可在30分钟内完成。这一时间远小于目前整车级OTA升级所需的平均时间90分钟。第四，不同于其他车辆，搭载X-EEA 3.0电子电气架构的汽车在进行整车级OTA升级时仍可继续使用车辆。这主要是因为在X-EEA 3.0全新架构中，域控制器被划分为内存分区。一个区域用于升级，另一个区域则用于车辆的正常运行。这使得汽车在升级期间仍可继续使用，汽车在重置和启动后，即可完成升级。

（五）专注智能化

经过多年的发展，小鹏汽车的自动驾驶系统以及智能座舱已成为其在"汽车智能化"方面的前哨。2021年1—6月，小鹏汽车进行了大规模的OTA升级，重点是高速NGP导航驾驶辅助功能和VPA停车记忆泊车功能的开启。同年12月，小鹏汽车再次升级了VPA停车记忆泊车功能，增加了泊车路线图分享功能，这是行业内首个共享路线泊车辅助功能。由于辅助驾驶系统只是汽车智能化的一小部分，多数车企都有该功能，因此为了体现产品的差异化和品牌化，座舱智能化领域是关键。据ICV TANK预测到2025年，全球/中国智能座舱市场将分别达到413/168亿美元。而在智能座舱当中，截至2021年中控彩屏的渗透率接近百分百，智能语音系统的渗透率超过85%，OTA的渗透率也达到50%以上。可见，中控彩色大屏、智能语音识别系统、OTA远程在线升级已成为目前智能座舱的标配。在上述三个智能座舱标配当中，智能语音识别系统是小鹏汽车关注的重点。小鹏汽车正在尝试创造一种以语音交互为核心的感知融合交互方案。2021年7月，小鹏汽车在Xmart OS的智能语音助手中推出了小P的新音色。在语音助手的精准识别、快速反应、连续对话、语义中断等高级交互能力的基础上，此次升级使得语音助手更具温度。依据"MOS评测"的测评结果，小P的新音色的得分为4.49/5分，是目前车载智能语音助手中得分最高的。

对于汽车企业来说，通过软硬件自主研发，可以快速感知用户需求，开发出独特的智能解决方案。同时，通过掌握数据和算法的闭环能力，能够实现产品和功能的快速迭代和推送以及性能的持续演进。不同于其他造车新势力,小鹏汽车专注智能化研发,从自动驾驶到车辆的智能化设计,它投入了大量的研发费用。而且,在自动驾驶技术方面,小鹏汽车号称是国内首个"全栈自研"的车企。因此,其在智能座舱和ADAS领域处于领先地位。而小鹏之所以能处于领先地位,关键在于其自主研发软硬件的选择,以及对研发和人才的持续投入。在研发支出方面,小鹏汽车达24.86亿元,同比增长77.8%,远高于理想、蔚来。研发团队人数近6000人,占公司总人数的比例近40%,远高于全球包括宝马、奔驰在内的二十家主流车企的研发人数占比。

1. 智能驾驶

小鹏汽车在智能驾驶方面采用的是全栈式技术自主研发,主要涉及方面有软件、芯片和传感器。

第一,在软件方面,小鹏汽车逐步实现了软件算法的全栈自主研发。小鹏汽车的辅助驾驶系统以G3采用的主流博世L2方案为开端,基于博世方案开发了自动辅助驾驶系统XPILOT,并逐步增加自适应巡航、车道保持等功能。XPILOT开启了公司产品软件产品内容的商业化。

小鹏汽车的XPILOT自动驾驶技术开始研发于2017年。该年,初代产品Demon完成自动驾驶设计、软硬件的调配和改装,但是并未对外发布。次年,XPILOT 2.0正式落地,小鹏汽车实现了较为基础的辅助巡航功能,即L1级别自动驾驶功能。紧接着在2019年、2020年、2021年,小鹏汽车不断将XPILOT自动驾驶技术进行迭代升级,相继落实了XPILOT 2.5(首次搭载车型为小鹏G3)、XPILOT 3.0(首次搭载车型为小鹏P7)、XPILOT 3.5(首次搭载车型为小鹏P5)。XPILOT 2.5落地使得小鹏汽车实现了L2级别自动驾驶功能,并且首次实现了遥控泊车。XPILOT 3.0加入了激光雷达,在行业中先行一步。其落地使得小鹏汽车实现了L3级别自动驾驶功能,并且引入AI智能座舱,实现了高速NGP(Navigation Guided Pilot 智能导航辅助驾驶)功能。相对于传统的L2辅助驾驶,NGP具备了一定的自主决策能力,能够实现封闭道路的自主导航驾驶,其中最核心的功能就是能够实现自主变道和切换匝道。XPILOT 3.0落地使得小鹏汽车实现了全场景L3

级别高速自动驾驶功能,并且能够实现高速+城市 NPG。具体包括:高速公路驾驶辅助、城市路况超车、定制化跟车、基于路况调节车速、自主泊车、红绿灯路口通行。

何小鹏表示,XPILOT 3.5只是智能辅助驾驶功能开发的开始,XPILOT 4.0将彻底改变整个汽车行业的出行方式。其能够实现点到点的全场景 NGP,进而推动当前的新能源汽车进入真正的智能汽车1.0时代。

如表2-5-8所示,将小鹏汽车 XPILOT 的场景使用与特斯拉、蔚来、理想进行对比,可发现,小鹏汽车与特斯拉的驾驶辅助功能相比于其他造车新势力更加稳定和可靠,并且在中国,小鹏汽车比特斯拉更胜一筹。

表2-5-8 各造车新势力 XPILOT 的场景使用对比[①]

	场景	小鹏	特斯拉	蔚来	理想
特殊场景	无车道线	无论跟车与否皆可使用	无论跟车与否皆可使用	跟车可使用	无法使用
	雨天场景	全程开启	全程开启	无法开启	偶尔开启
	夜间场景	正常工作	正常工作	过弯道存在问题	基本正常工作
	弯道场景	成功率较高	成功率较高	成功率中等	成功率较低
常规场景	进出匝道	成功驶入 Y 字路口	失败	失败	失败
	自主变道合理程度	合理变道	激进变道	保守变道	尚未支持全自主变道
	大曲率弯道通行	成功	成功	失败	失败
拥堵场景	最长启停时间	90s	300s	3s	75s
	最短停车距	3.15m	5.1m	3.1m	3.3m
	减速是否平顺	较平顺	前车静止时不够平顺	前车静止时不够平顺	较平顺
	加速度响应速度	约1.2s	约1s	约1.7s	大于2s

① 资料来源:聆英咨询。

续表

场景		小鹏	特斯拉	蔚来	理想
可视化人机交互	画面流畅度	流畅、稳定	流畅、稳定	流畅、稳定	流畅度中等
	相对距离与现实	较一致	较一致	高度一致	较一致
	开启前后状态	较明显	较明显	相对不明显	较明显
	危险提示	较醒目	较醒目	较醒目	较醒目
	显示范围	四周	四周	四周	四周
	现实目标物	数量较多、种类相对丰富	数量较多、种类相对丰富	数量较多、种类相对丰富	数量较多、种类相对丰富

为进一步展现小鹏汽车的自动驾驶技术,再将小鹏汽车VPA(智能泊车系统,VPA停车场记忆泊车可以记录停车路径并自主复现路径及NGP)与其竞品对比分析。最终可得:

其一,小鹏2021年6月推送了泊车场景的全新探索——VPA停车场记忆泊车功能。

第一次使用时,车主需要手动驾驶车辆行过停车路线,在此过程中,汽车能够识别周围环境,利用VPA停车场记忆泊车功能生成停车路线和地图并加以记忆。此后,车主进入记忆区域停车,车辆能够有所感知并将实际情况与其记忆进行比对,最终完成自主停车。该功能目前能够实现的最远距离路线为1000米,能够记录的停车场数为100个。此外,当车辆行至转弯交叉口时会通过闪烁远程灯光,提醒周围车辆,并能够避开行人,识别减速带等。由于该功能的实现并非依赖于高精度地图或GPS定位,因此可用于地下车库等环境。

通过将小鹏P7与特斯拉Model 3、蔚来ES6、威马EXS进行比较分析,可得小鹏汽车VPA是围绕用户刚需、痛点、高频场景需求打造的,小鹏P7的垂直停车和侧方停车的平均耗时以及停车识别能力在竞品中遥遥领先,如图2-5-12所示。

场景	小鹏P7平均耗时	特斯拉Model3平均耗时	蔚来平均耗时	威马EX5平均耗时	说明
垂直停车	36.5s车位识别能力强	45.58s车位识别能力弱	57s车位识别能力一般	48.5s车位识别能力一般	• 自动泊车的领先性涉及车位识别能力、操作便利性、停车准确度以及附加项目等维度,其中停车效果主要围绕泊车速度和准确度每次围绕泊车操作取4次数据取平均值
侧方停车	25.4s车位识别能力强	49.6s车位识别能力弱	41s车位识别能力一般	34s车位识别能力一般	• 小鹏P7泊车速度最优,同时在车位识别上更强,具有用户粘度较高的升维功能

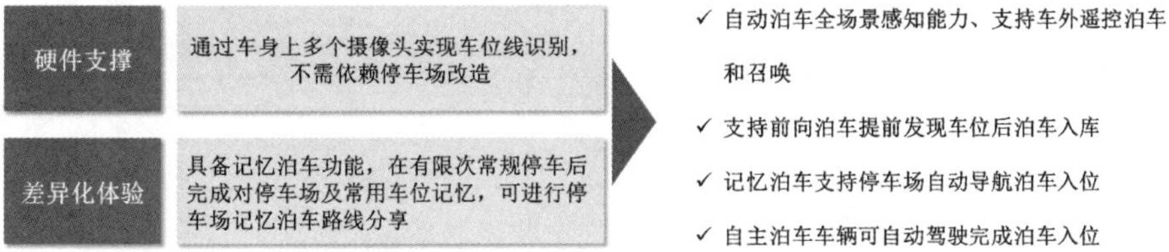 硬件支撑	通过车身上多个摄像头实现车位线识别,不需依赖停车场改造
差异化体验	具备记忆泊车功能,在有限次常规停车后完成对停车场及常用车位记忆,可进行停车场记忆泊车路线分享

- ✓ 自动泊车全场景感知能力、支持车外遥控泊车和召唤
- ✓ 支持前向泊车提前发现车位后泊车入库
- ✓ 记忆泊车支持停车场自动导航泊车入位
- ✓ 自主泊车车辆可自动驾驶完成泊车入位

图2-5-12　小鹏汽车VPA与竞品的对比

其二,自2002年1月11日起,小鹏汽车向部分用户推出了测试版的NGP自动导航辅助功能,并于15日后正式向XPILOT 3.0系统的所有用户推出了NGP功能。该功能依赖于高德提供的高精地图,并结合中国的实际情况,将中国复杂的道路进行了相关优化,使得车辆具备自动调速、最佳车道选择、上下匝道的能力。

如表2-5-9所示,将小鹏汽车NGP与特斯拉NOA以及蔚来NOP进行对比,相较于特斯拉和蔚来,小鹏NGP具备体验感最好、最稳定且效率最高的通行效率,并且其本土生态优势以及硬件装备均较好。

表2-5-9　小鹏汽车NGP与特斯拉NOA以及蔚来NOP对比

系统		特斯拉NOA	蔚来NOP	小鹏NGP
本土化场景	避障	可识别雪糕筒	不识别雪糕筒	可识别雪糕筒
	拥堵道路跟车	距离保守、易被加塞	保守	流畅
	夜间超车提醒	无	无	自动闪远光灯提醒远车
	大货车规避	激进、无躲避	一般	刻意远离/躲让
	旁车加塞	激进	识别较晚	对加塞快车不做反应

续 表

系统		特斯拉 NOA	蔚来 NOP	小鹏 NGP
道路切换	进/出匝道	常错过匝道	通过能力强	成功率高
	与城市道路衔接	存在领航功能与同时退出的情况		
	岔道路口	存在选择错误	方向盘摇摆	无用变道
道路行驶	超车/变道	过于激进	过于谨慎	逻辑合理
	大曲率弯道通行	成功	失败	成功
	自动选择最优车道	效率一般	效率较低	逻辑合理
	自动限速调节	人工介入率高	可自主减速	可自主减速
收费情况		6.4 万元（含在 FSD 内）	3.9 万元（含在全装包内）	交付件 2 万元；交付后 3.6 万元，需选装 XPILOT 3.0

第二,小鹏汽车的芯片于 2021 年走上了自主研发之路。如今,小鹏汽车搭载的芯片计算能力强于主流平台。小鹏汽车是中国唯一与英伟达合作的新动力车公司,小鹏 P7 是中国量产车中首次搭载英伟达 Xavier 芯片的车型,其计算能力达到 60 TOPS,性能表现优于蔚来 MobileyeQ4 芯片,逊色于特斯拉自主研发的 FSD 芯片。但是 Xavier 芯片的计算能力比目前主流的 EyeQ4 平台强大 12 倍,能够满足 L3 级量产的需求和未来 L4 级别的测试。依据小鹏汽车招股说明书,公司已经独立开发了一款基于 Xavier 芯片的 Xpilot 自动驾驶软件系统,旨在打造一款以智能驾驶为核心的电动汽车。XPLOT 3.0 自动驾驶辅助系统使公司车型具有强大的智能驾驶功能,在同价位的竞品中具有明显的优势。

第三,传感器方面。激光雷达+视觉路线,多传感器融合,扬长避短。自动驾驶传感器可分为摄像头(包括单目、双目和多目摄像头)和雷达传感器。特斯拉纯视觉路线以摄像头为主,辅以毫米波雷达。如今,北美版 Model 3 毫米波雷达取消,完全实现全视觉航路,这需要强大的算法和大数据积累作为支撑,在准确性和稳定性上有一定的局限性。

不同于特斯拉的纯视觉方案,小鹏汽车采用高精地图为主,摄像头的视觉系统、NVIDIA Xavier以及激光雷达为辅的多数国内车企采用的技术路线。如图2-5-13所示,该技术路线的运用使得汽车能够更全面地感知外部环境,但是激光雷达的价格高,致使整车的成本随之上升。

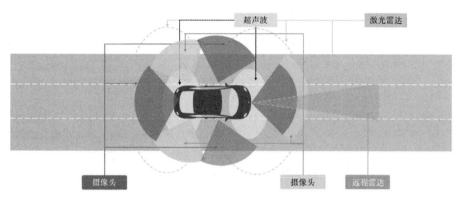

图2-5-13　小鹏汽车多传感器融合探测范围

2. 智能座舱

多感知设备、全场景语音设备,打造智能第三空间。小鹏汽车专注于为消费者提供除生活空间和工作空间之外的智能第三空间。其实,小鹏的智能座舱可以简单地被看作是把手机装进了车里。它采用高通芯片,主要亮点是人工智能语音助手,通过智能语音助手可以控制整个汽车,如空调、车门玻璃、导航、与你聊天等。例如,小鹏P7拥有多达47个传感设备,近50个人车交互设备,采用Spic全链路语音交互技术,语音识别率达92%。在现有P7使用场景的基础上,小鹏P5继续打造终极智能第三空间,包括X-Play娱乐场景、X-Sleep睡眠场景、X-Go户外场景、X-Life生活场景、X-DIY场景五大场景。车厢座舱储物空间丰富,标配最新Xmart OS 3.0车载智能能源系统,支持客舱外多元化智能交互。

与智能驾驶系统相同,受益于电子技术的快速发展,小鹏汽车的每款产品搭载的芯片不断地升级优化。例如,在小鹏G3发布时,其搭载的是Xmart OS系统。在小鹏P7发布时,公司同步发布了新的Xmart OS 2.0,

随后发布的G3i车型也配备了这套系统。而后在小鹏P5发布时,公司芯片再次升级为高通的8155P。Xmart OS已升级为3.0的第三代产品。如表2-5-10所示。目前,小鹏汽车最新的Xmart 3.0+高通8155方案处于主流水平,未来,理想L9将会搭载高通8155。

表2-5-10　小鹏汽车Xmart OS版本情况

系统版本	车型	时间	功能更新
XmartOS 1.1	G3	2018年底	G3开始正式量产,搭载XP2.0系统和第一代XmartOs,量产即上线视觉融合的泊车功能
XmartOS 1.3	G3	2019年4月	开放行车记录仪、基于人脸识别的ID登录
XmartOS 1.5	G3	2019年7月	G3将开放XP2.5功能,包括ALC自动变道辅助、TJA交通拥堵辅助、驾驶员疲劳预警等功能
XmartOS 1.6.1	G3	2019年11月	优化ACC自适应巡航、ALC变道辅助,智能泊车、BMS电池管理系统等功能
XmartOS 21.0	P7	2020年10月	P7开通自动辅助驾驶功能、场景语音交互功能
XmartOS 2.5.0	P7	2021年1月	封闭道路NGP导航辅助驾驶
XmartOS 26.0	P7	2021年6月	VPA车库记忆泊车功能推送,车辆能够识别、建立、记忆地图等
XmartO S3.0	P5	2022年Q4	小鹏P5将全线标配

3. 智能网联

智能网联是指智能车辆配备先进的车载传感器、控制器、执行器等设备,结合现代通信和网络技术,实现车、路、人、云之间的智能信息交换和共享,最终代替人进行各种操作。OTA将是智能网络的出路。领头的新势力都具备OTA的实力——特斯拉在2012年左右开始开发OTA相关技术。2014年4月,它首次向中国车主推出了V5.9升级系统。目前已经进行了多次迭代升级,包括导航、自动驾驶、自动停车等。其OTA技术成熟,领先国内新势力3—5年。

2018年10月,蔚来首次对硬件进行OTA升级,增加了全息图像融合雷达的显示和报警等功能,并且从2019年开始,蔚来基本每月进行一次OTA

升级。通过升级,ES6和ES8都配备了自适应巡航和自动停车功能,大大提升了硬件和软件能力。2019年1月,小鹏G3首次搭载OTA。如表2-5-11所示,截至2021年8月,已实现OTA 25个,新增功能150多个,优化功能2300多个。可以说,小鹏汽车是行业内仅次于特斯拉,第二家拥有整车的ECU(电子控制单元)OTA能力和大范围升级经验的汽车厂商。其他大部分厂商较少能够实现实际升级控制器,特别是对于动力系统、电池管理这些核心的部分。

事实上,小鹏汽车通过OTA已累计为用户推送了23次重大版本更新,新增功能134项,优化功能2326项,车辆OTA累计升级超过38万次。

表2-5-11　小鹏汽车OTA更新时间表

更新时间	版本	优化部分	历次OTA记录
2020.1.10	Xmart OS 1.7	辅助驾驶车机	优化智能泊车系统、驾驶导航AI语音助手等
2020.3.2	Xmart OS 1.7.1	智能座舱	新增"高温抑菌"功能
2020.5.6	Xmart OS 1.7.2	智能座舱	优化座舱净功能、椅调节稳定性
2020.6.23	Xmart OS 1.8	辅助驾驶	优化智能泊车系统、智能驾驶
2020.8.24	Xmart OS 1.8.2	辅助驾驶	优化辅助驾驶提示,ACC最大速度降至120km/h
2020.8.28.	Xmart OS 2.0.4	车机	车机:重点优化系统的综合性能,并针对大屏启动速度进行了优化
2020.10.22	Xmart OS 2.1.0	辅助驾驶	辅助驾驶:开放自动驾驶辅助系统
2020.11.16	Xmart OS 2.1.1	车机	车机:优化地图界面,优化仪表显示,优化其他车载智能系统
2021.01.26	Xmart OS 2.5.0	车机	车机:Xmart OS 2.5.0版本的车机新系统;辅助驾驶:开放NGP自动导航辅助驾驶(公测版)
2021.04.02	Xmart OS 1.9.2	辅助驾驶	辅助驾驶:新增XPILOT2.5驾驶辅助安全测试;车机:优化蓝牙音乐切换逻辑、优化AI语音助手

更新时间	版本	优化部分	历次 OTA 记录
2021.06.05	Xmart OS 2.6.0	辅助驾驶	辅助驾驶：新增 VPA 停车场记忆泊车，优化 NGP 功能；车机：新增驾驶员状态监测功能；全场景语音/智能灯语功能进行升级优化
2021.08.03	Xmart OS 2.6.1	辅助驾驶	辅助驾驶：优化 NGP 状态下弯道限速逻辑；DSM 疲劳检测将开放给智享版用户；车机：新增了智能语音助手小 P 的全新 AI 声音

（六）商业模式

小鹏汽车率先实现了软件收费，或将引领汽车商业模式变革。

小鹏率先在 P7 上实现了软件收费。2021 年第一季度，小鹏汽车首次确认软件收入，金额为 8000 万元，占营业收入的 2.7%。这使得小鹏成为中国第一家全线自主研发辅助驾驶及软件独立收入的汽车企业。

如今市场上自动驾驶软件的支付方式按照软件和硬件是否标准化，可以分为三类：第一类为硬件和软件全系标配。如，理想 ONE。第二类为硬件标配，软件付费模式。采用该类收费模式的车企有特斯拉、蔚来等。第三类为软硬件可选安装。小鹏汽车采用的就是这种收费模式。该种优势在于，对于定价在 20 万以上的车型，硬件配置的"分层"，使得车型的毛利更加可控，降低了成本压力，同时给消费者更多的选择空间。用户支付方式为：用户购买 XP 3.0 硬件的小鹏 P7，购车时再支付 2 万元即可开启 NGP、VPA 等完整功能。如果用户在买车时没有打开，那么其在买车后需要 3.6 万元来打开。公司业绩发布会显示，P7 软件累计兑付率为 20%，NGP 功能推出后，兑付率有所提升，2021 年 3 月达到 25%。随着公司的自动驾驶能力继续覆盖更多的场景，软件支付将继续增加，软件收入将成为公司的重要利润来源。

然而，潜在的问题是软件激活率受硬件购买的限制，不能达到 100%。中信证券认为，软硬件可选安装的收费模式是小鹏目前比较实际的做法，未来支付方式可能会根据模式进行调整。针对硬件购买率的问题，小鹏将调整后续机型的价格配置策略,让更多的消费者选择智能硬件包装最高的机型版本。

未来软件或取代硬件成为小鹏汽车利润的核心,小鹏汽车的商业模式或将发生转变。

自动驾驶软件的成本主要是前期已经支出的研发费用,因此软件收入的毛利率非常高。中信证券估计,未来具有一定规模的企业软件收入毛利率可达90%以上。如果未来3—5年自动驾驶技术得到广泛应用,软件收入将成为重要的利润贡献来源,使公司在盈利模式上有别于传统的整车厂。具体地说:现阶段,车企的收费模式多为买断模式,指的是消费者一次性支付软件价格,买断软件的使用权。未来,软件收入或将转变为对保有量收费的订阅模式。这表示用户可以按月、季度、年等方式订阅软件功能。蔚来汽车于2022年开始按每月680元的价格收取软件订阅费。小鹏将在2022年及以后推出第四款自动驾驶软件收费模式,并逐步成为软件收费的重要组成部分。订阅模式的计算基础是留存率和渗透率,用户黏性较高。因此在订阅模式下,软件收入的增长会更加稳定。

关于未来的发展,在2022年的年度总结会上,小鹏汽车董事长何小鹏表示过去五年内,公司实现了从0到1的转变,未来五年公司将实现1到2的转变。公司将在2025年实现正经营利润(公司最低毛利率应大于17%),并在2027年实现120万辆的销售目标。从现阶段小鹏汽车的发展情况来看,其市场表现尚可,但较蔚来汽车、理想汽车等仍存在一定差距,其未来目标能否实现还是个未知数。

三、理想汽车

理想汽车是中国知名的造车新势力之一,成立于2015年4月,是一家集设计、研发、制造和销售于一身的新能源汽车制造商,也是一家融合了人工智能以及互联网技术的科技公司(公司具体发展历程如图2—5—14)。与蔚来和小鹏汽车相同,其也致力于成为新能源汽车新势力的领导者。理想汽车的品牌使命为"创造移动的家,创造幸福的家",旨在为家庭打造更安全、更便捷、更精致的智能电动车产品。

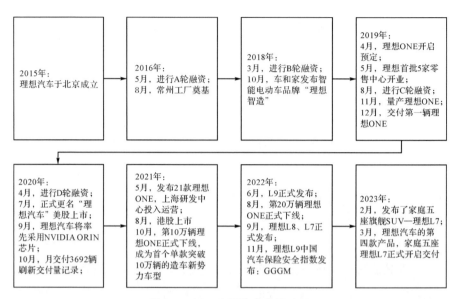

图2-5-14　理想汽车发展历程

　　创业企业从0到1,从1到10的过程是否能够取得成功很大程度上取决于创始人。创始人的融资能力、洞察力、凝聚力以及前瞻性都是至关重要的。李想过去的创业成功史让他在汽车制造线路上有了相对较高的成功概率。至于理想的其他核心管理团队人员,涵盖了汽车制造、互联网运营以及供应链管理三大领域的人才,均有着多年的互联网科技公司创立、管理以及汽车研发经验且熟知供应链运营管理。例如,总工程师马东辉来自三一重工;执行董事兼首席财务官李铁出自汽车之家,并曾在普华永道会计师事务所任职。

　　此外,不同于特斯拉掌门人马斯克的"天马行空",理想掌门人李想非常务实。2023年3月2日,在特斯拉"秘密宏图"发布的当天,理想2023春季媒体沟通会也正式召开。会上,李想分享了他为什么创立理想汽车,为什么选择增程和穿电两种技术方案,怎样布局纯电(继续布局480V高功率和800V高压充电桩,以期实现快速补能,降低用户续航里程焦虑)和增压网络,又是怎样进行企业管理和构建供应链,并带领理想汽车进入电动化、智能化汽车时代。相较于"天马行空"的特斯拉,务实的理想或许更受中国人喜爱。同时,理想提及了两个非常关键的数据——20%和30%。其中,20%指的是最低毛利率。李想认为特斯拉即使在成立初期，其毛利率也维持在20%以上，比亚迪亦是如此，所以20%的毛利率是一家智能汽车制造车企生存并发展下去的底线，也是其有余力或能力持续稳定进行研发投入的关键所在。30%则是比较健康的自制率，现在多数智能制造企业，尤其是汽车制造企业和手机制造企业，都会将其非核心业务进行外包，进而能够将有限的资源和精力放到核心业务上。比如苹果、华为、特斯拉、丰田等。李想认为过高的自制率对应更高的杠杆。如某公司采取全自制的生产方式，这意味着其销量大幅下滑40%时，其所背负的杠杆以及成本将是这40%里的全部。

截至2022年，理想汽车的第一大股东为创始人李想，其持有公司22.47%的股权，但是由于理想汽车采取双重股权制度，理想持有4.64亿股B类普通股（每股B类普通股投票权相当于10股A类普通股），因此其拥有公司69.8%的投票权。第二至第六大股东分别为美团、王兴、樊铮、沈亚楠以及李铁，对应的投票权分别为4.9%、2.5%、1.7%、0.3%、0.3%。可见，创始人李想为理想汽车的实际控制人，其曾经成功的创业史使得公司获得融资更加容易，有益于公司长远发展。

（一）公司定位

1. 产品定位：家庭用户的自主豪华品牌

目前理想汽车官网上仅有4款在售车型：理想ONE、理想L9、理想L8、理想L7。这是理想汽车的"爆款"车型。通过分析4款车型可知，理想汽车相较于其他造车新势力，其存在以下特点：一是专注于配备增程式电动车动力总成的豪华智能SUV，致力于为家庭提供便捷、安全、经济且高效的服务和产品。旗下产品的设计理念均是以"移动、幸福、家"为核心。二是其计划只做纯电动和增程式两类车型。三是其产品定位为"致力于研发比燃油车更好的智能电动车"，并且旗下车型定价均采取一价全含的模式。

理想ONE：是理想汽车发布的第一款车型，也是第一款增程式智能电动车，属于"奶爸车"，发布时间为2018年10月，瞄准中高端市场，"家庭豪华"全新品类细分市场，定位多人家庭长途出行细分场景。

如图2-5-15所示，理想ONE具备四大优点：一是能源补给灵活，体现在其供电方式的选择上，车主充电时可选择使用智能发电、功率达到60kW

的公共快充或是功率为7kW的家用充电桩;二是高效能耗,体现在其百公里油耗仅为6.8L,百公里电耗仅为20.2kWh;三是长距离,体现在其续航里程可达800km;四是高性能,体现在其百公里加速仅需6.5秒,最大输出功率240kW,峰值扭矩530N·m,这性能使得其完全能够与配备3.0T六缸涡轮增压发动机的ICE车辆媲美。与此同时,理想ONE还拥有豪华的内饰,例如座椅加热装置、米其林静音轮胎以及夹层隔音玻璃等。在安全方面,理想ONE配备了主动和被动的安全解决方案,例如防尘和防水的电驱动系统、乘员保护以及高强度的车身保护等。

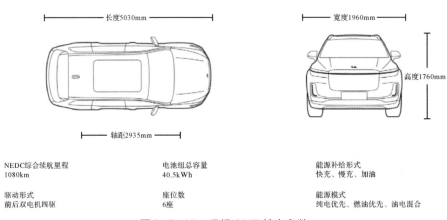

长度5030mm

宽度1960mm

高度1760mm

轴距2935mm

NEDC综合续航里程	电池组总容量	能源补给形式
1080km	40.5kWh	快充、慢充、加油
驱动形式	座位数	能源模式
前后双电机四驱	6座	纯电优先、燃油优先、油电混合

图2-5-15　理想ONE基本参数

2021年5月25日,2021款理想ONE正式上市,相较于之前的版本,2021款在智能驾驶、外观内饰以及其他基本参数三方面进行了升级,性价比更高。该款车型自交付以来,交付数量稳步增长,且增长速度较快。如图2-5-16所示,2021年整体呈现上升趋势,并在2021年12月达到2021年以来的销量最大值1.41万辆。但是,2022年1月开始至4月,该车型销量出现大幅下滑,虽在5、6、7月有所上升,8月份其销量仅为4571辆。8月销量之所以会出现断崖式下滑,主要有两个原因:一是公司即将推出新款车型理想L8,所以正在为理想L8的上市做清库存准备。因此,作为替代品的理想ONE才会降价2万元,并将会慢慢退出生产线,具体停产时间尚不确定。但是,理想汽车明确表示,即使理想ONE停产,其售后服务并不会受到影响,并且公司为了保障车主的用车及购车体验,还会赠送每月20G流量、3年的无忧流量、软件OTA升级服务以及12年的零配件等售后服务。二是受到疫情反复和8月份高温的影响,四川绵阳加长机工厂的供货延迟,甚至公司寄予厚望的理想L9的交货也延迟。因此,为了确保所需的理想L9的产能,公司降低了理想ONE的产能。

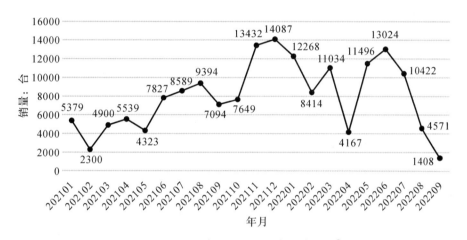

图2-5-16　理想ONE 2021年以来销量[①]

理想L9:为理想汽车的第二款旗舰车型,其相较于理想ONE进行了全面升级,"奶爸车"属性得到进一步强化。全尺寸智能旗舰、大型豪华SUV是其定位,价格区间为40万—50万元,其中Max版的定价为45.98万元。

如表2-5-12所示,理想L9重点升级的地方在于动力系统。L9采用了理想汽车新一代的增程混合动力系统,配备高效增程电动系统和44.5kWh电池组,这使得L9在CLTC工况下的续航里程达到1315km。增程发动机也由理想ONE的三缸1.2T发动机升级至四缸1.5T发动机,这大大提高了增程器热效率以及热机能耗,进而提升了理想L9的平顺性。同时,理想L9采用的是智能四驱系统,前后驱动电机的最大功率分别为130kW和200kW,扭矩为620N·m,百公里加速仅需5.3s。同时,理想L9

---

① 数据来源:汽车之家。

的车内空间进一步扩大。

表2-5-12　理想L9与理想ONE主要性能参数对比①

	2021款理想ONE	理想L9
售价（万元）	33.8	45—50
车身尺寸（mm）	5030 x 1960x 1760	5200x 1998 x 1800
轴距（mm）	2935	3100
车身结构	5门6座	5门6座
电池容量（kWh）	40.5	44.5
发动机排量	三缸1.2T	四缸1.5T
悬架形式	前：麦弗逊式；后：多连杆式	前：双叉臂；后：五连杆
驱动电机	双电机四驱	双电机四驱
系统综合功率（kW）	245	330
系统综合扭矩（N·m）	455	620
百公里加速时间（s）	6.5	5.3

理想L9配备了空气弹簧、一体化电驱动系统，体积使用效率更高，还配备了自主开发的中央域控制器，使用NXP最新的S32G汽车仪表芯片，并由理想汽车完成了所有软件、系统、硬件的开发，实现了座椅控制系统、空调系统以及增程电动系统等控制系统功能的全自研，更好地保证理想L9未来OTA的时效性及范围。如图2-5-17所示，此外，理想L9的车身尺寸和配置已经达到了百万级的SUV水平，但其价格仅需40万—50万元，是合资品牌旗下百万级SUV价格的一半。

---

① 资料来源：汽车之家，理想汽车，平安证券研究所。

理想L9全自研的旗舰级底盘控制系统（前部）
- 前"五合一"动力系统，将前驱动电机、发电机、双电机控制器和减速器高效集成。
- 前悬架采用双叉背结构，搭配空气弹黄和CDC连续可阻尼减振器，提供旗舰级的驾驶舒适性。

理想L9全自研的中央域控制器
- 全自研的中央控制器由理想汽车完成全部硬件、系统、软件的研发。
- 对增程电动系统、空调系统、底盘系统和座椅控制系统等在内的功能实现全自研。

图2-5-17　理想L9前悬系统以及自研的中央域控制器

理想L8：2022年9月底，基于X平台打造的理想L8首次亮相，其发布会定于9月30日举行。理想L8可以简单地将其看作新一代的理想ONE，而新名意在和理想L9组成一个家族系列。

理想L7：正式发布于2023年2月8日，被定位为中大型SUV，是大五座版的理想L8，座椅还具备按摩功能，大大提升了用户的驾乘体验。其尺寸与理想L8一致，正式上市后填补了理想产品布局的空缺。其动力系统与理想L9相似，CLTC续航里程可达210km，百公里加速仅需5.3秒。理想L6，预计售价仅为20多万元，将定位为5座的中级SUV，属于理想汽车旗下最便宜的车型。

理想汽车计划到2025年占据中国市场20%的份额，成为中国智能汽车品牌的领头羊，并希望在2030年具备全球竞争力。同时，公司计划从2023年开始基于Whale和Shark两个平台以每年两款高压纯电动车的频率不断推出更多的价格区间在20万—50万元的智能电动汽车，其目标用户群体将会随之进一步扩大。

综上，仅在半年时间里，理想汽车就推出了理想L9、理想L8、理想L7三款车型，产品矩阵得到丰富，由此实现了对30万—50万元家庭SUV市场的全面覆盖。从理想2023年一季度的表现看，得益于L系列车型，理想汽车销量为5.26万辆，销售额达到183.3亿元，净利为9.3亿元，是理想首次在第一季度实现盈利。正因如此，理想股价一路飙升，目前市值甚至超过蔚来和小鹏市值之和，一举成为造车新势力中最会赚钱的车企。虽然理想在2023年取得了开门红，但从月销量上看，与特斯拉、比亚迪等车企仍存在较大差距，所以还需继续努力，其未来需在保持高速扩张的同时，保持低费用率、高研发投入以及高毛利。

2. 产能布局：自建工厂

在所有的造车新势力当中，理想汽车是第一家自建工厂的公司。其第一家生产制造基地位于江苏常州，占地50公顷，建筑面积为18.5万平方米，建于2016年，是一家高度自动化生产的工厂（图2-5-18）。该工厂涵盖了IT、总装、焊装以及测试线等一系列完整的整车生产工艺。2018年，公司花费6.5亿元收购了重庆力帆汽车，并获得了其100%的股权，进而拥有了新能源汽车的生产资质。到2021年10月，该生产基地的年产能提高至10万台，并且通过安装其他机械和生产线，其年产能能够扩展至20万台。

图2-5-18　理想汽车常州工厂

2021年10月，理想汽车的第二家生产制造基地——北京制造基地（图2-5-19）正式开工建设，因此，到2023年年底，理想汽车的产能或将达到50万辆。如果采用两班制的生产方式，公司最大年产能能达到75万辆。除去江苏常州和北京两大生产制造基地外，在2021年年底，公司还与重庆市政府签署了战略合作框架协议，协议内容显示公司将会在重庆两江新区建设新的汽车制造基地。

图2-5-19　理想汽车北京制造基地

此外,2022年8月24日,由湖南三安半导体和理想汽车共同出资组建的苏州斯科半导体公司打造的江苏省苏州高新区理想汽车动力半导体研发生产基地正式启动建设,标志着理想汽车正式启动下一代高压电驱动技术的自主产业链布局。该生产制造基地主要专注于研发与生产第三代半导体碳化硅车规功率模块。2023年上半年开始样品试生产,逐步提高产能,2024年正式投产后,预计年产能将达到240万个碳化硅半桥功率模块。

3. 营销+服务:全流程优化触点体验

汽车行业的"三驾马车"分别为营销、产品和服务。做好其中一样即可在市场上生存下去。在汽车行业比较出名的企业中,奇瑞主要专注于产品,蔚来专注于服务,吉利则专注于营销。与吉利汽车相同,理想汽车也专注于营销。

新能源汽车行业非常注重创建去中心化的业务流程布局,以提升用户体验。造车新势力往往在总部层面设立客户体验部门/负责人,将客户体验管理提升到企业战略层面。理想汽车就是如此,如图2-5-20所示。

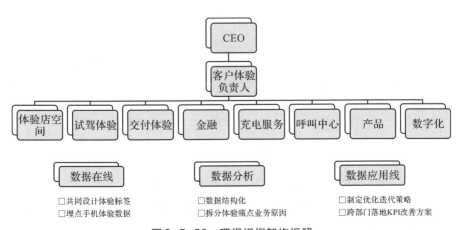

图2-5-20　理想组织架构拆解

在售前、售中、售后三大流程的管理中，理想汽车广泛运用SDP（Software-Defined Perimeter，软件定义边界）逻辑，对其全流程消费者体验的关键节点进行分析和优化。SDP中的S指的是SDP Client，即SDP客户端软件，SDP Gateway，即SDP业务代理网关，SDP Controller，即SDP控制中心。这三个部分构成了控制平面和数据平面。

（1）售前：服务、空间与产品三大抓手

在售前环节，理想对传统汽车行业的售前流程进行迭代优化，将服务、空间与产品体验作为三个提升用户增长的关键点。

第一，在服务体验方面。理想汽车在洞察自身面对用户（兴趣用户，购买意向尚不明确，销售人员接待用户时多侧重于产品的讲解而非用户的需求）和传统品牌（相对精准的用户，购买意向较明确，销售人员接待时侧重于用户的需求分析）不同画像的基础上，有针对性地调整售前服务的重点，结合自建的CRM（客户关系管理）工具，使销售人员更有效地接触到潜在客户。例如，在经过2020年的迭代升级后，如果导购在28天内无法邀请客户试驾，则客户会被转移到新的导购手上，线索利用率提高，目标更明确，零售终端的效率显著提高，每月新增80—150组试驾量。此外，CRM系统还可以根据销售线索转化率、客户满意度等业务指标，为员工建立能力值算法模型，成为一线人员晋升考核的重要依据。

同时，理想非常注重渠道端的建设。截至2022年，公司已建设完成288家零售中心，覆盖城市达到121座；已建成汽车维修中心318家，覆盖城市达223座。可见，理想整体渠道建设日趋完善。

第二，在空间体验方面。理想汽车采取营销全直营化、选址市中心化、风格简约化、精细化的"四化管理"。其中风格方面理想汽车与蔚来汽车截然不同，蔚来走的路线是重投资、更多元空间体验；而理想走的路线是简约，重点关注产品展示体验。精细化，指的是门店运营精细化。理想会对进入门店的客户进行筛选，筛选出有购买意愿的客户及闲逛人员。

第三，在产品体验方面。汽车产品体验包括静态汽车体验和动态试驾体验两个维度。其中动态试驾是理想在售前环节提升产品体验的主要策略，即通过与客户进行更多的与产品互动，深度试驾，从而尽可能延长消费者单次试驾的时间和里程。当然,随之而来的就是导购员的效率问题。为提升效率,理想在APP上启动预约试驾功能,用户提交试驾时间后,终端系统会弹出任务提醒导购员与客户沟通确认试驾安排,并给出消费者需求到确切时间。之后,以门店为单位使用后台试驾排程管理工具,精细安排当天的试驾任务,严密、全面地安排每次试驾的使用时间,平衡用户的试驾体验(长路线、长时间)与试驾次数之间的关系。

(2)售中服务体验:流程简化,保证信息透明

理想将其门店信息与其线上APP结合,使得用户从下单到体验的全过程都可在APP上随时操作完成。理想会把车辆的相关信息都清楚地呈现在APP上,所以这种线上链路体验的优势在于,信息是完全透明的。同时,这种链路让用户掌握了主动权,完全契合了新一代消费者信息对称性的需求。

(3)售后:通过统一保养方案和延伸用户沟通链路两方面优化用户售后体验方面

第一,统一保养方案,价格低且透明。理想汽车的保养方案均是明码标价,且多数维修项目价格比传统豪华车型低50%左右,这使得理想的售后保养服务评价远高于行业其他车企。此外,理想还注意将线上和线下结合。用户可通过APP时刻了解到车辆的保养状态,并且还有售后电话提醒,让用户与保养节点保持信息同步。

第二,延伸用户沟通链路。与其他造车新势力相同,理想也通过社群活动维护客户关系,延伸用户沟通链路。但是,相比于其他造车新势力,理想的线上引荐计划做得更好,车主试驾后可通过车主二维码累计积分进行消费,目前,理想的客户推荐率达到了70%。此外,理想也注重VOC(客户反馈)收集。对于所有用户的反馈意见,理想都会记录下来。对于获取客户反馈意见的渠道,理想更关注自有渠道理想APP的势能累积。其APP的用户活跃度较高,平均每个帖子有30—40条评论,有些甚至多达200条。并且理想并不会去隐藏负面评价,在APP上我们也能看到负面评价的帖子和评论。此外,理想还对APP各触点进行各类效果分析,赋能精细化运管。

综上,理想的营销实现了售前、售中以及售后全覆盖。售前,理想对传统汽车行业的售前流程进行迭代优化,将服务、空间与产品体验作为三个提

升用户增长的关键点。售中,理想开发了线上APP,简化了服务流程,保障了信息透明性。售后,理想通过统一保养方案和延伸用户沟通链路两方面优化用户售后体验方面。总之,理想通过营销和服务,实现了全流程优化触点体验。

(二)自研自动驾驶技术,重点关注人工智能

理想上海研发中心于2021年正式成立,该研发中心与北京研发中心共同进行下一代电动汽车动力总成系统和智能座舱、自动驾驶技术、系统和计算机平台、超快充电技术以及高压平台的开发。公司的研发团队成员都具有丰富的汽车行业经验,多数来自奔驰、上汽、日产等世界领先的国内外汽车制造商。其中,智能系统研发团队在自动驾驶、连接性以及智能等方面提供支持。同时,公司还制定了开发自主自动驾驶技术的全面计划。利用系统集成、算法、开发、仿真等能力开发从L2到L4的自动驾驶。汽车设计团队成员是来自世界各知名汽车厂商的设计师,他们将理想汽车系列的设计语言设置为"halo"。此外,公司的研发投入一直维持在较高水平,例如2022年第四季度理想的研发费用为20.7亿元,研发费用率为11.7%。同时,公司还进行了平台化开发,旗下L系列车型均出自一套硬件平台,保证了公司新车型的开发和迭代,大幅缩短了公司产品设计和量产周期。如公司推出L9/L8/L7三款车型仅用了半年时间。此外,公司认为人工智能是改变物理世界的关键所在、业务大势所趋。总之,理想具备电动汽车动力总成体系结构、电气控制系统、电池、底盘以及发动机的核心竞争力,即强大的内部车辆开发能力,并且公司非常关注人工智能的研发。

1. 增程式电动和高压纯电动

相较于燃油车,新能源汽车普遍存在里程焦虑。李想认为有三种解决方案,一是换电,二是增程,三是高压快充。第一种方式的补能体验直逼燃油车的加油体验,但是后期换电站建设、电池准备等需要巨额的资金。由于理想并没有足够的资金去支撑换电方案,因此,选择重点布局后两种方案。其中理想的增程技术有别于主流的增程、PHEV普遍只有50—60公里的纯电续航,其做大了电池,将CLTC续航里程增加至200公里以上。而高压纯电动技术包括了超级快充技术、高倍率电池组以及高压平台。如表2-5-13

所示,理想已经开发成功为 X 平台,属于增程式电动平台。正在开发的为 Whale 和 Shark 两个高压平台,前者主打空间,后者主打性能,两个平台均标配 L4 级别自动驾驶硬件。为了加快高压纯电动汽车的商业化步伐,理想正在计划部署一个高功率充电网络,该网络由超快充电站构成。随着超级快充相关技术的发展以及基础设施的不断完善,理想预测纯电动汽车的充电时间将会缩短 15—20 分钟,从而带来销量上升。

表 2-5-13　理想汽车平台规划[①]

平台	动力系统	补能方式	定位	自动驾驶硬件	量产时间
X	增程式电动汽车	慢充、快充、加油	豪华 SUV	标配 L4 级别	2022 年
Whale	高压纯电动汽车	慢充、快充、超快充电	空间优先	标配 L4 级别	2023 年
Shark	高压纯电动汽车	慢充、快充、超快充电	性能优先	标配 L4 级别	2023 年

李想表示,充电桩对于理想而言是产品而不是服务。理想在充电桩的布局方面打造了三级补能体系,即家用充电桩、公用充电桩以及 400kW 高速高压快充方案。顾名思义,家用是为满足家庭、公司充电需求,公用是为了满足用户泛目的地充电需求,快充则是为了实现快速补能,解决用户里程焦虑。

受纯电动汽车基础设施覆盖不全面的影响,人口密度较低的地区可能会倾向于购买补能方便、续航里程更长的增程式电动车而非纯电动汽车。因此,短期来看,增程式电动汽车还具备较大的成长空间。未来随着纯电动汽车基础设施的不断完善,补能的方便性不断提高,消费者的里程焦虑得到解决,再加上国家政策支持,购买纯电动汽车的销量或将迎来大幅度增长。

2. 自研自动驾驶技术

理想一直以将公司打造成“移动的家”为目标,在成立之初便开始研发自动驾驶技术。

公司成立初期:受技术、资金等条件的限制,公司采取与 Mobileye 合作的方式进行自动驾驶技术的研究。Mobileye 在高级驾驶辅助系统的解决方案方面的研究相对成熟,与之合作能使理想学习到很多自动驾驶相关技

---

① 资料来源:理想汽车招股说明书,平安证券研究所。

术以及经验。2020 年，理想 ONE 就配备了算力为 2.5 TOPS 的 Mobileye EyeQ4 芯片，同时还配备了包括环航摄像机、超声波雷达在内的感知硬件，能够实现 L2 级驾驶辅助功能。在该阶段，理想主要通过与 Mobileye 合作实现自动驾驶，同时也在自主研发自动驾驶技术，但是其占比较低。

2020 年 7 月，理想在美国上市，成功开始股权融资，公司资金逐渐充足。该年 10 月，理想即停止了与 Mobileye 的合作，走上了感知融合——决策控制——执行的算法全自研的道路。公司研发出了地平线的 J3 芯片，并将其配备至 2021 款的理想 ONE 上。2021 款理想 ONE 配备了两个地平线 J3 芯片，计算能力高达 10 TOPS。2021 年 12 月，理想研发出了基础 ADAS 和基础 AEB 功能。自此，理想拥有完整的 NOA 和 AEB 全栈自研能力。

理想的第二款电动车 L9 搭载了公司自主研发的 AD Max 智能驾驶系统，相较于理想 ONE，自动驾驶硬件水平大幅提升，其智能驾驶算力平台包含两颗英伟达 Orin-X 处理器，总算力达到 508 TOPS，并且 L9 将自动驾驶高阶传感器和计算平台变成标配，能够支持全场景的导航辅助驾驶功能。该系统的控制软件、决策、感知以及策划都属于公司全线自研。针对中国路况，理想 L9 的 AEB 自动紧急制动功能做了相对应的优化，加强了对行人和两轮车辆横穿马路的识别能力，可有效减少交通事故的发生。同时，全栈自研能力也保证了智能驾驶系统的可靠性以及快速迭代能力。

在 2022 年推出的理想 L8 身上，理想为其配备了 2022 年英伟达量产的 7nm&200 TOPS 高算力的 Orin 自动驾驶芯片。再加上与德赛西威在自动驾驶域控制器方面的合作，理想直通 L4/L5 级别硬件配置，实现可扩展性、开放性及可移植性的结合。在此基础上，理想真正实现了自身软件算法的全闭环迭代，用户体验得到了更好的提升。

从自研自动驾驶的节奏看，理想的自研算法正式落地时间为 2021 年底，这一时间晚于小鹏汽车，但和蔚来相比并不算慢，其依旧是行业第一梯队当中一员。从自研算法搭载车型数量和累计里程的角度看，不同于特斯拉、蔚来以及小鹏汽车对导航辅助驾驶功能收取费用，理想为积累更多自动驾驶数据，实现自动驾驶迭代升级，其自动驾驶相关功能都是每台汽车标配且免费对用户开放的，截至 2021 年底就有超 6 万台汽车激活 NOA 导航辅助驾驶。这一数据远高于中国市场上其他品牌导航辅助驾驶激活数之和。此外,依据佐思汽研提供数据,理想L2.5+自动驾驶2021年的搭载量超过了9万台,排名仅次于特斯拉。

事实上,理想在智能驾驶、智能座舱、实时操作系统Li OS以及汽车底层电子电气架构研发方面都有布局,四者共同组成了理想自动驾驶核心规划,如图2-5-21所示。在智能座舱方面,公司先行起步,是新势力造车企业中第一个使用四屏联动、全车语音交互、双系统架构的车企。所谓四屏指的是数字仪表屏幕、功能控制面板、副驾驶娱乐屏幕以及中央屏幕,四者分工明确。前两者属于为Linux系统,主要负责车辆控制,具体而言,数字仪表屏幕的主要作用为提供驾驶辅助的核心驾驶安全信息,功能控制面板则是提供零部件状态监测和功能控制,并支持模糊操作。后两者属于Android系统,主要负责车辆的导航、娱乐、车辆设置等功能。此外,车辆中部署了一个带有四个全向高灵敏度数字麦克风的全车语音交互系统,乘客在车内任何地方的自然对话皆可开启搜索方向、开启车窗、听音乐、打电话等一系列活动。

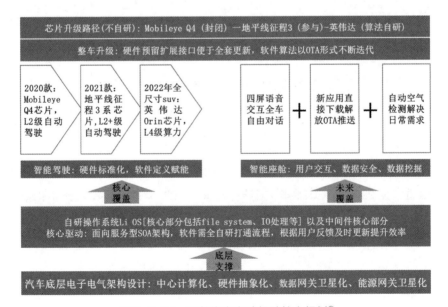

图2-5-21　理想汽车自动驾驶核心规划①

---

① 数据来源:汽车之家,东吴证券研究所。

此外,理想的"影子模式"加持智能驾驶算法优化。该模式能够打开汽车的智能驾驶软件,进而通过传感器探测汽车行驶道路周围的数据,便于驾驶者了解道路情况。同时,该传感器也会将数据及决策以加密的方式上传至云数据库中,接着,云数据库的人工智能算法和数据挖掘技术将会对数据进行技术分析,最后正反馈为自动驾驶算法的优化。

(三)商业模式

成本结构、客户关系、核心资源等9个模块构成了商业画布。若是按照前台、后台、财务划分,价值主张、渠道通路、客户关系、客户细分属于前台;重要伙伴、核心资源、关键活动属于后台,收入来源、成本结构属于财务。三部分的具体内容如图2-5-22所示。

财务		前台				后台		
主要收入来源	成本结构	渠道通路	价值主张	客户细分	客户关系	重要伙伴	核心资源	关键活动
汽车销售、充电桩、品牌增值、配件及服务	研发费用、管理费用、销售费用、充电站等基础设施建造费用	直营门店。理想汽车采用全直营的方式服务客户,包括卖车、服务和售后的保养	家用SUV、安全舒适、续航里程超150公里,全世界唯一个四驱的增长电动车,旨在实现创造移动的幸福移动的家	相对富裕的家庭用户。理想排名前三的用户群体分别为BBA的车主、VTH(大众、丰田、本田)的车主、豪华和合资的绝对线电动车品牌车主,以换购为主	客户经理、APP会员、线上社区客户可享受客户经理所提供的从购车到售后一条龙服务。成为理想PLUS会员,为车主提供的免费保养、接送用车、音乐VIP、无限流量和消费特权	投资商:明势资本、经纬中国、源码资本、美团等零部件供应商:能链智电、虹软科技、爵宇领驭、地平线等	理想汽车增程式技术,可以解决电动车充电时间长、里程短的问题,又实现了省油省钱和纯电驱动汽车加速平顺、提速快的体验,此外,还有智能驾驶系统	建设充电站社交媒体营销活动研发、制造与销售电动车

图2-5-22 理想汽车商业模式画布

在财务方面,主要收入来源中,汽车销售是重中之重。通过前文可知,理想汽车目前在售的车型有理想ONE和理想L9两款,2021年汽车销售收入占到了公司营业收入的96.74%,而充电桩、配件等其他业务收入占营业收入比重仅为3.26%。2021年上半年,汽车销售收入占营业收入比重仍然高达97.26%。而在成本结构方面,公司不断增加研发投入,为聘请研发人员,从2018年至2021年,公司的研发投入分别为7.9亿元、11.69亿元、11亿元和32.9亿元。截至2021年末,理想汽车研发人员较上年同期增加1991人,同比增加140%。除研发费用外,公司的销售费用及管理费用都在逐年增加。2022年全年公司亏损金额为20.32亿元,但在第四季度扭亏为盈。第四季度理想的总营收为176.5亿元,同比增长66.2%,环比增长88.9%。其中汽车业务收入为172.7亿元,同比增长66.4%,环比增长90.9%。环比上升的原因主要是2022年推出的新车型理想L8和L9带来了销量提升,再加上单车ASP的上行。

在后台方面,理想经过了12轮融资,其重要合作伙伴包括美团点评、明势资本、王兴、李想以及利欧股份等。除去投资商,公司的重要合作伙伴还有零部件供应商。公司通过与关键零部件供应商的密切合作,建立供应链管理系统,保证了零部件的及时供应。例如,公司与宁德时代就电池组建立了合作关系,与圣戈班就挡风玻璃建立了合作关系等。此外,公司还制定了符合公司自身的、覆盖整车生产制造的全生命周期的、包含了软硬件以及服务的质量管理体系,以保证公司汽车的质量安全。

在前台的渠道通路方面,理想采用直营模式。这种方式使得理想对经销商有绝对的控制力,这意味着消费者看车、试车、订车、提车、维保车的体验感更好,费用更加透明,速度也更加快捷。此外,该种模式提高了理想新技术产品开发推广的速度以及信息和管理效率。

2022年,理想汽车已成为造车新势力极具竞争实力的团体之一。2023年是理想汽车进入从1到10快速发展的新阶段。在这一年,理想希望成为全球领先的人工智能企业,并把重心放到销售服务体系、智能AI自研以及产品三方面。其中,在销售服务体系方面,理想将聚焦三四线城市,不做子品牌。对于未来,一位理想员工曾告诉雷峰网,"内部有两个非常重要的里程碑,2025年和2030年,公司整个战略规划、产品战略都将围绕2025年、2030年来制定。2025年的目标是整个车型销售达到市场渗透率20%"。

第六章　吉利汽车新能源转型发展研究

　　吉利控股集团（以下简称吉利）成立于1986年，1997年在浙江台州成立吉利汽车（以下简称吉利汽车），自此，吉利汽车进入汽车制造行业，业务涉及商用车、乘用车、出行服务等。吉利控股集团的实际控制人是李书福，其被称为"汽车狂人"，是中国特色汽车制造新时代的代表人物。"当世界其他地方在问'为什么'的时候，他却说'为什么不'"。造车路上，李书福曾说："请允许民营企业家做轿车梦。如果失败，就请给我一次失败的机会吧。"他的梦想没有失败，并且还在持续。除了汽车梦，李书福还有一个教育梦，他希望通过教育培养出公司需要、国家需要的人才。所以人才培养贯穿了吉利汽车的"一生"。成立初期，公司便筹办学校，目前已创办了9所院校培养技师技工。如表2-6-1所示，吉利由五个核心子集团组成，通过文化融合和技术合作，逐步发挥协同效应。

表2-6-1　吉利控股集团五个核心子集团的业务分布

企业	主营业务	旗下产品
吉利汽车集团	各类吉利旗下品牌汽车的生产和销售、出口	吉利汽车、几何汽车、领克汽车、宝腾汽车
沃尔沃汽车集团	两大瑞典品牌沃尔沃汽车和Polestar的生产销售	沃尔沃汽车（豪华品牌）、极星汽车（豪华纯电）
吉利科技集团	聚焦创新业务，助力吉利控股集团布局未来智慧立体出行生态，加快实现汽车制造商向移动出行服务商转变	曹操出行、国铁吉讯、太力飞行汽车、钱江摩托、亿咖通科技、耀出行

企业	主营业务	旗下产品
吉利新能源商用车集团	聚焦新能源商用车的研发、制造、销售和服务领域	远程汽车（新能源商用车）、伦敦电动汽车
铭泰集团	专注高等教育、体育运动、文化旅游、健康业务、新商业等领域多元化的产业投资和运营管理。	铭泰教育、铭泰体育、铭泰文旅

　　吉利从造冰箱到造汽车的发展史也可称为李书福的奋斗史，是李书福一手将其带到了如今的地位。李书福的梦想是"让中国汽车跑遍全球"，他曾言："做汽车有什么了不起，不就是四个轮子、两个沙发？"语出惊人并不算什么，关键是能为实现梦想付诸行动。刚刚进入汽车领域时，李书福非常明白打好基础的重要性，因此其注重人才培养、技术创新等。之后，在李书福的带领下，吉利集团的新能源汽车范围逐渐从混合动力汽车扩展至智能电动汽车、甲醇汽车领域，并成为中国第一个建立新能源商用车的集团。

　　如图2-6-1所示，在吉利发展的过程中有几个重要的时间节点：第一个重要的时间节点是1986年，吉利正式从冰箱厂起步，迈出了未来发展的第一步；第二个重要时间点是2001年，这一年公司成为全国第一家获得轿车生产许可的民营企业；第三个重要时间点为2005年，这一年，公司开始涉足新能源领域，为其后来新能源转型奠定了基础；第四个重要时间点为2009年，这一年，公司成功收购了沃尔沃汽车，自此走上了全球化的道路；第五个重要时间点是2022年，公司全面向新，智能化、电气化布局扩大。发展至今，吉利控股集团已经成为行业的"领头羊"，并跻身世界500强。但是公司认为，在企业发展史中，目前的吉利仍旧是一个"新兵"。为了能够早日成长为英勇善战的"将军"，吉利未来将会通过研发创新、人才培养等方式不断提升前沿技术方面的能力，并积极布局未来智慧立体出行生态，逐步完成新能源转型。

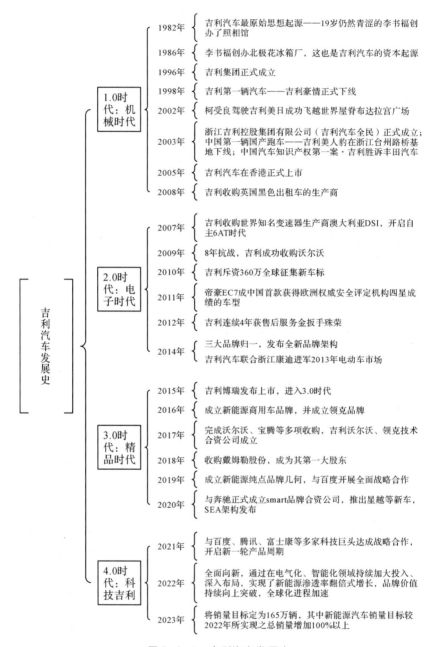

图2-6-1 吉利汽车发展史

一、吉利新能源技术研发创新路径

吉利通过建立汽车研究院、独立的汽车品牌和完善的销售渠道,逐步缩小与我国主要的汽车生产企业之间的差距。目前集团拥有专利1600多项,其中发明专利110多项,国际专利20多项。集团旗下汽车企业在中国上海、杭州、宁波,以及瑞典哥德堡、英国考文垂、西班牙巴塞罗那、美国加州建有设计、研发中心,研发设计、工程技术人员超过2万人。同时,集团在美英等地均建有世界一流的现代化整车工厂,世界各地均被其产品销售及服务网络所覆盖。

(一)模块化:动力/智能不断迭代升级,构建产品生态

吉利造车体系已经完成平台化到模块化的升级,具体表现为动力体系的升级和新能源的转型。第一,动力体系的升级。旧版本的G1.0平台自吸发动机已经被淘汰,新版本的模块化发动机及涡轮增压也在不断迭代升级,进而使得产品智能化程度不断提高。第二,新能源转型,主要表现为汽车架构的升级。吉利现拥有四大生产架构:CMA、BMA、SPA、SEA。其中,CMA表示超级母体,意味着它可以像生命的繁衍一般,孕育出不同的生命体。该架构将欧洲先进的研发理念与来自世界各地的尖端技术相结合,针对中级车(主要为A—B级车型)研发,主导者为沃尔沃。沃尔沃、LYNK&CO旗下部分产品以及部分吉利汽车旗下产品均是以该架构为基础。例如,星瑞、沃尔沃XC40、领克05等。BMA是由吉利汽车独立研发的基础架构模块,可覆盖包括轿车、MPV以及SUV在内的多种车型。其可以说是CMA架构的升级版,不仅具备CMA架构的可扩展性以及高灵活性,还具备尺寸小的特点,这一特点使得基于该架构打造的汽车一般都具备车内可使用空间大的特点。目前,吉利汽车、YNK&CO旗下部分车型出自该架构,如领克06、吉利缤瑞等。SPA是沃尔沃自有的,主要用于生产沃尔沃60、90系车型的一个可扩展整车生产的平台,是由可扩展系统、部件以及共享模块构成。SEA表示浩瀚纯电动车平台,其基于用户需求打造,高效率、高宽带是其核心能力,极氪001、几何、领克等品牌的诸多车型便是出自此平台。该平台具备的六大技术亮点如图2-6-2所示。

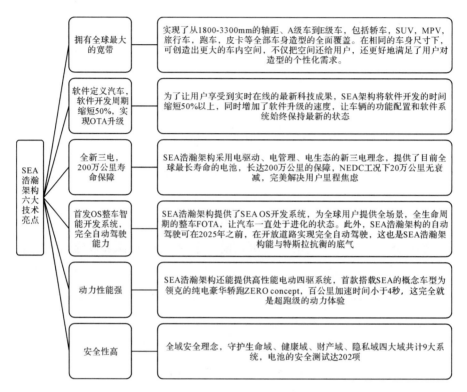

图2-6-2　SEA浩瀚架构六大技术亮点

(二)电动化:以蓝色吉利为指导,三电全面自研

2021年,"蓝色吉利计划二"开始实施。具体又可分为两个计划:

计划一:主攻节能与新能源汽车。包括混合动力汽车、插电混合动力汽车、增程式插电混合动力汽车,还有小排量节能汽车。上述汽车当中90%为新能源混合动力汽车,10%左右为传统节能小排量汽车,以保证吉利汽车在新能源转型切换过程的全球市占率保持稳步提升。

计划二:主攻纯电动智能汽车。组建全新的纯电动汽车公司,正面参与智能纯电动汽车市场的竞争。吉利汽车所组建的全新纯电动公司为极氪汽车。极氪汽车整合了吉利汽车旗下各类资产和技术,其中就包括吉利2016年开始研发的备受关注的浩瀚智能进化体验架构(SEA),是极氪的技术根基之一。

同时,吉利在电池、电驱、电控三电领域均有布局,如图2-6-3所示。

在电池领域,吉利汽车持续向上覆盖核心产业链环节。通过自建或合作,吉利汽车、吉利控股集团以及吉利科技集团保障了集团旗下包括几何、吉利等在内的多品牌新能源动力电池供应。自吉利控股集团成立以来,共自建了6项电池项目,与其他企业合作了5项电池项目。

自建项目:

2013年,吉利设立了威睿电动汽车技术(宁波)有限公司,为吉利旗下品牌供应电池包产品。

2016年4月吉利在武汉成立湖北吉利衡远新能源。建立动力电池的生产厂区、研发中心,两期工程总投资达到80亿元。

2017年,吉利在武汉成立湖北吉利衡远新能源。建立动力电池的生产厂区、研发中心,两期工程总投资达到80亿元。

2019年5月,吉利集团新能源电池研究院项目落户嘉兴,项目总投资约30亿元,拟建设电芯研发中心及电源系统研发中心、分析测试中心、储能及梯次利用中心等。

2021年3月,吉利科技集团与赣州市经济技术开发区签署动力电池投资合作协议。吉利科技将在赣州开发区规划建设年产能42GWh的动力电池项目,总投资300亿元。其中一期12GWh,预计2022年底投产。

2022年5月,吉利科技集团与桐庐签署动力电池投资合作协议,吉利科技集团将在桐庐经济开发区规划建设年产能12GWh的动力电池项目。

合作项目:

2017年4月,吉利全资收购LG南京工厂所有生产设备和制造技术知识产权的使用权,LG还将帮助吉利集团旗下高端品牌(含沃尔沃)继续升级电池技术。

2018年12月,吉利汽车子公司浙江吉润与宁德时代成立合资子公司,从事电池(包括电芯和模组)的研发、生产和销售。

2019年6月,吉利汽车附属公司上海华普国润与LG化学订立合资协议,双方同意成立合资公司,主要从事生产和销售电动汽车电池。

2020年12月,吉利科技集团与孚能科技宣布成立合资公司,建设动力电池生产工厂,年产120GWh,其中2021年开工建设不少于20GWh。

2021年7月,欣旺达与吉利集团、浙江吉润将共同投资设立合资公司,投资30GWh的动力电池产线。三方持股比例分别为30%、28.5%、41.5%。新成立的合资公司的产能建设包括电芯、模组及电池包产线,主要专注于配套生产HEV(含48V)动力电池包。合资公司建成量产后,一期峰值年产能配套不低于60万套HEV(含48V)动力电池包,二期峰值年产能提升至80万套以上。

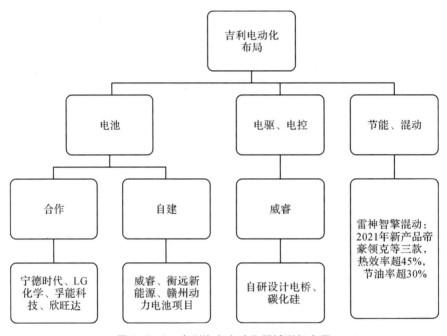

图2-6-3　吉利汽车电动化领域详细布局

在自主研发方面,吉利以威睿为核心实现三电系统的全覆盖,并在积极布局换电技术。被吉利收购后的威睿专注于三电相关业务。旗下产品包括了电池(EV、无须插电充电的HEV、PHEV电池包开发)、电驱、ED、EDU、三合一电驱动动力总成以及充电系统(包括快充站服务)。即企业五领域主要涉及电驱(具备独立的工厂产线)、电池(有苏州工厂、宁波工厂)以及充电三大领域。另外,在换电技术方面的布局,吉利推出了全新"换电出行品牌"

睿蓝汽车,定位"换电轻出行普及者",旨在打造"每车仅需60秒,每天单站可服务1000车次"的高效模块化换电站,提供极速换电体验。目前旗下车型包含2022年2月上市的枫叶60S,该车具备"可充可换"能力,能够为用户提供30min直流快速充电模式和60秒换电模式。

在节能、混动方面,雷神智擎Hi·X后发先制,驾驶体验+节油领先。相较于目前市场上较为主流的几种混合动力技术方案,吉利的混动系统能够将热效率提升至45%以上,节油率提升至30%以上,优势明显。

(三)智能化:自主研发与联合全面铺开

吉利的智能化布局思路包含沃尔沃旗下子公司Zenseact和吉利控股集团两方面,吉利控股股集团下又包含了亿咖通+吉利研究院、Waymo+百度(SEA架构)以及Mobileye三方面内容。沃尔沃Zenseact和亿咖通则是吉利自研之路上的核心,两者覆盖领域包括了智能驾驶以及座舱软硬件两方面。如图2-6-4所示。

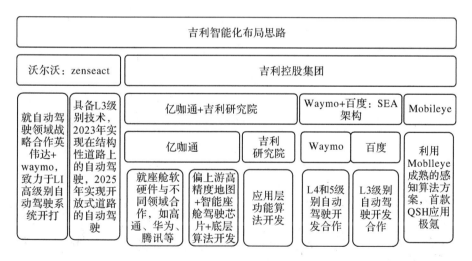

图2-6-4　吉利智能化布局[①]

沃尔沃旗下子公司Zenseact:在2022年年底,Zenseact的所有股份已

被沃尔沃收购,其成为沃尔沃旗下的全资子公司。Zenseact未来将会持续开发自动驾驶以及主动安全软件,并保持独立运作。

亿咖通+吉利研究院:其中,亿咖通成立于2017年,旨在赋能车企,成为行业领先的智能网联生态开放平台。目前其已具备多个研发中心,顺利完成多轮融资。其股东包括百度、吉利、海纳亚洲创投等多家知名企业。亿咖通旗下已有四大产品序列:E系列(高性能车规级数字座舱芯片)、AD系列(先进驾驶辅助芯片)、V系列(全栈AI语音芯片)以及M系列(微控制处理器)。从硬件角度看,AD系列、V系列以及M系列均为自研,且第一款车规级7nm智能座舱芯片——E01龙鹰一号即是由芯擎科技主导设计的(由安谋中国与亿咖通合资成立)。从软件角度看,亿咖通现已拥有三大系统,分别为GKUI、银河OS以及领克OS。且通过与腾讯、百度以及支付宝等多家名企的合作,其技术布局不断完善,用户产品体验感不断提升。

Waymo+百度(SEA架构):两者的合作主要体现在自动驾驶方面。以SEA浩瀚架构为基础,吉利2023年和2025年分别预计实现L4.5和L5。根据SEA浩瀚架构车型落地规划:第一,在2021年实现L3(在结构道路上达到高度自动驾驶),并与百度合作普及L3;第二,在2022年实现L4(在结构道路上达到完全自动驾驶);第三,在2023年实现L4.5(在开放道路上达到高度自动驾驶);第四,在2025年实现L5(达到完全自动驾驶)。

Mobileye:Mobileye为英特尔的子公司,通过与Mobileye的合作,吉利拥有了成熟的感知算法方案,并且将其运用于极氪品牌。2022年9月,吉利与Mobileye的合作再度升级,双方将继续扩大在自动驾驶以及ADAS(高级驾驶辅助系统)方面的合作。

二、吉利新能源汽车品牌发展的平台化优势

2003年3月24日,浙江吉利控股集团股份有限公司成立吉利汽车集团并开始开发海外市场,两年后在香港联合交易所上市(股票代码:HK 0175),成为首家在香港联合交易所上市的中国汽车制造商。吉利汽车是领先的中国自主品牌汽车制造商,聚焦于汽车制造和销售业务,包括传统燃料汽车和新能源汽车及核心零部件销售和生产。同时,吉利汽车集团稳步推

进全球创新科技企业建设,逐步实现汽车厂商向移动出行服务商的转型。吉利汽车集团最早从摩托车行业起步,然后进入汽车行业。1998年,吉利汽车集团通过自主研发生产出第一辆汽车。2001年,随着国家允许民营企业进入汽车行业,吉利汽车集团正式获得汽车生产资质,成为中国第一家民营汽车企业,并在第二年进入中国十大汽车企业。

如图2-6-5所示,吉利汽车集团下有吉利汽车、宝腾汽车、莲花汽车三大汽车品牌,其中宝腾汽车主要针对中低端市场,莲花汽车为超豪华品牌,吉利汽车旗下拥有远景、领克、吉利博瑞、吉利熊猫系列、新帝豪等品牌,并且还拥有完整的汽车技术生产线。现在共拥有四个独具特色的品牌:吉利、几何、领克和极氪。这四个品牌覆盖不同的细分市场和消费群体。

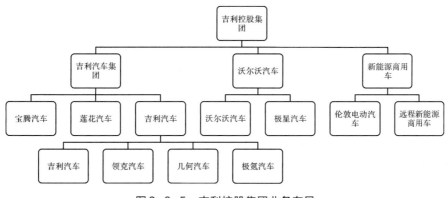

图2-6-5 吉利控股集团业务布局

如图2-6-6所示,吉利汽车是浙江吉利控股集团有限公司的全资子公司,而李书福为浙江吉利控股集团有限公司的第一大股东,持有82.23%的股份,所以李书福也是吉利汽车的实际控制人。

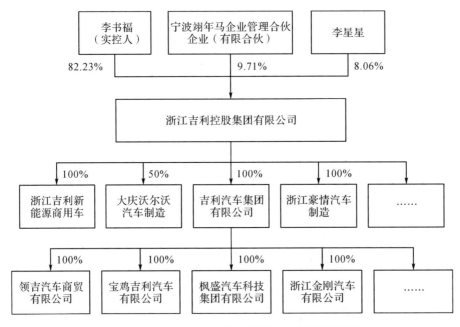

图2-6-6　2022年吉利汽车集团有限公司股权结构

（一）吉利汽车的转型之路

吉利汽车的转型之路开始于2007年5月17日。自该日起,4万元以下的车将不会再出现在吉利汽车的造车名单中。公司的口号由"造老百姓买得起的好车"转变为"造最安全、最环保、最节能的好车",竞争优势也由成本优势转变为技术优势。该年的下半年,吉利汽车的"老三样"被"新三样"所替代,即豪情、美日、优利欧变成了远景、金刚、自由舰等。由于公司对新三样的宣传,仅用了两年时间新车型的销量占总销量的比重便从63%提升至95%以上,这也表示吉利汽车转型之路在初期便取得了不错的成果。

一路走来一帆风顺的企业非常少,多数企业或多或少经历过一些挫折,这些挫折或来自企业自身或来自外部环境,如市场环境。2018年和2019年,中国出现经济增速下降、车市收缩的局面。在这样的背景下,许多车企被淘汰出局,即使是作为自主头部车企的吉利汽车也面临着一些挑战。2017—2020年上半年,吉利汽车产品销量出现下滑,公司财务业绩不及预期。直至2020年下半年,情况才开始好转。

从社会发展的角度看,未来,燃油车将会被逐步淘汰,新能源车将会占领汽车市场,所以吉利汽车的转型势在必行。在吉利汽车进行转型之前,新能源汽车领域就已经有一些造车新势力站在了潮头,例如蔚来汽车、小鹏汽车、理想汽车等。也有一些传统车企早已开始转型之路,如长城汽车、比亚迪等。如今,"不掉队"是悬在吉利汽车(HK.0175)心头的警钟,催促着吉利奋起直追。吉利控股集团总裁兼吉利汽车集团首席执行官安聪慧在2018年10月的一次公开研讨会上曾发出感慨:"我们可以从零开始,体验中国汽车企业成为世界级知名汽车企业的过程,但是生活很艰难,我们一直很小心,就像在冰上走路一样。"作为车企龙头,吉利汽车每年的汽车销量都很可观,但是其新能源汽车的销量却是一般。对于像吉利汽车这样的传统车企来说,转型的效率是决定命运的关键。

其实,早在2015年,吉利即发布了"蓝色吉利行动",该战略专门针对新能源汽车发展提出。2020年,吉利90%以上的汽车销量来自新能源汽车,其中混动与纯电占比分别为65%与35%。2020年,吉利汽车中新能源汽车销量仅占到5.2%,甚至不足10%。造成这一现象的原因主要是在新能源转型早期,吉利汽车采取了多品牌路线。2015年至2020年,吉利汽车推出的新能源汽车品牌众多,包括几何、枫叶、极星等,致使其无法集中精力在某一个品牌上,每个品牌都分散一部分精力,最后的结果就是有限的资源无法发挥其作用。因此,2021年,吉利汽车开始实行"蓝色吉利行动计划二",将精力聚焦于节能和新能源汽车。

(二)吉利汽车四大品牌

吉利汽车有着四大品牌:吉利汽车、几何汽车、领克汽车、极氪汽车。

一是吉利汽车。吉利主要覆盖汽油车市场的经济型市场和中端市场,几乎覆盖纯新能源汽车的中高端市场,其主要竞争对手为长城汽车、比亚迪、长安等中国自主品牌,价格区间在人民币4.99万至20.98万元。吉利汽车是中国领先的自主品牌汽车制造商,专注于乘用车和核心零部件的销售和生产。通过研发投资和与沃尔沃的深度合作,吉利汽车基于新的汽车平台和技术开发了一系列具有竞争力的车型,推出新的标识(图2-6-7)。2021年推出的华星系列销量突破21万辆,旗下领克汽车集团销量同比增长

25.68%,全年累计销量为220516辆。在新能源车型方面,极氪品牌仍受交付数量的影响,12月官方交付数据仅为3796辆,而其他新能源车型的销量为10.01万辆。在吉利汽车的发展过程中,吉利得到了宁波市政府的重点支持。吉利汽车已在中国的上海、杭州、宁波等城市,以及海外的加州、考文垂和哥德堡设立了研发中心。其生产基地主要分布在宝鸡、宁波、成都、湘潭等地。此外,吉利还在马来西亚、白俄罗斯、比利时等国建立了动力总成基地。2017年1月,吉利帝豪、跨界车型帝豪GS、吉利熊猫等多款车型进入阿根廷市场。目前,吉利在售的车型共有24款、涵盖了新能源汽车、传统燃油车,车型涵盖了轿车、SUV、MPV和跑车。停售的车型共有50款,其中有一款为新能源汽车。

旧　　　　　　　　　　新

图2-6-7　吉利汽车标识

吉利汽车的重点车型有星瑞和星越L,两者均主打大空间+强动力+高性价比,瞄准家庭用户,满足其出行需求。如表2-6-2所示。

表2-6-2　吉利中国星系列代表车型及其竞品分析[1]

| 车型 | 星瑞 | 轩逸 | 秦Plus DM-i | 星越L | | 宋Plus DM-i | 威兰达 |
				燃油款	雷神Hi·X油电混动版		
官方指导价(万元)	11.37—15.27	9.98—14.49	11.18—15.18	13.72—18.52	17.17—18.37	15.28—20.58	17.18—22.68

---

[1] 资料来源:公司官网,东吴证券研究所。

续 表

| 车型 | 星瑞 | 轩逸 | 秦 Plus DM-i | 星越 L | | 宋 Plus DM-i | 威兰达 |
				燃油款	雷神 Hi·X 油电混动版		
油耗（L/100km）	6.7	4.9—6.1	3.8	4.3	6.8—7.8	0.9—1.5	5.7—6.4
轴距（mm）	2800	2700—2712	2718	2845	2845	2765	2690
发动机	2.0T 190 马力 L4	1.6L 135 马力 L4	1.5L 110 马力 L4 插电式混动	2.0T 218 马力 L4	1.5T 150 马力 L3 油电混动	1.5T 110 马力 L4 插电式混动	2.0L 171 马力 L4
变速箱	7档双离合	CVT 无级变速	E-CVT 无级变速	7档双离合	3档 DHT	E-CVT 无级变速	CVT 无级变速
车道保持	选配	选配	选配	选配	标配	选配	选配
并线辅助	选配	选配	选配	选配	标配	选配	选配
360全景	选配	选配	选配	选配	标配	选配	选配
自动泊车	选配	—	—	选配	—	—	—

此外，帝豪L-雷神超级电混，是吉利首款雷神混动智擎技术加持下的PHEV插混车型。如表2-6-3所示，通过比较帝豪L-雷神超级电混、帝豪L-燃油版与秦Plus DM-i可知，帝豪L-雷神超级电混的节油能力较强，性价比较高，且居于行业领先地位。

表2-6-3 帝豪L-雷神超级电混与其竞品的比较分析[①]

		帝豪L-雷神超级电脑			帝豪L-燃油			秦 Plus DM-i			
补贴后价格（万元）		12.98	13.58	1458	9.39	9.99	10.99	11.18	12.58	13.58	15.18
混动比较	动力类型	PHEV			ICE 燃油			PHEV			
	电池容量	—			0			9.32 kwh		18.32 kwh	
	纯电续航里程	100km						55km		120km	
	是否外接电源充电	是			否			是			
动力指标	发动机类型	全新1.5T高效发动机+3挡混动电驱			1.4T 四缸发动机			骁云-插混专用1.5L高效发动机			
	发动机最大功率（kW/rpm）	133			104/5200			81/6000			
	驱动电机最大功率（kW/rpm）	100			—			132		145	
	0—100km/h加速时间	6.9s						7.9s		7.3s	
智能座舱	W-HUD	无									
	手机无线充电	无			无			无	前排	无	前排
	AI智能语音助理	有			有			无		有	
	AI智能脸部识别	无									
智能驾驶	L1-L2基础功能	无		有	无		有	无			有
	360全景环视	无		540°透明底盘	无		有	无			有
	ICA	无		有	无			无			

[①] 资料来源：公司官网，东吴证券研究所。

　　二是几何汽车。几何汽车为高端纯电品牌,在2019年正式宣布上市。其被注入了"多维、专注、纯粹"的品牌基因,目标用户瞄准一二线城市的高知新中产阶层。成立之初,几何汽车便致力于"做东半球最好的电动车"。2021年,在用户思维下,几何汽车新增了"人生几何,悦享当下"的品牌主张。在该品牌主张的引导下,几何汽车建立了用户运营中心、用户开发中心和产品规划中心,旨在实现用户意见快速传达,快速实现产品的升级和服务的改进。几何汽车还依托"几何之家"这个温馨有爱的平台强化与用户之间的沟通,提升用户体验。此外,通过零售+代理体系的新格局渠道布局,专注于纯电市场总销量占中国纯电市场销量80%的Top20的城市,以"小而精、精而美"渠道为主。

　　在品牌建设方面,几何汽车确立了"1+N"模式。也就是说,每个城市都要创建一个标准用户中心,并配备多个几何e商超店的模式,引导试驾,快速扩展渠道,减小用户服务半径。在渠道建设方面,几何汽车不断推进"零公里服务圈"的建设,并设立以城市为单位的"城市运营经理"第一责任人,全面负责城市产品营销、用户体验等工作。同时,为了使购车更加透明,几何汽车创造性地采用了新的订购流程,大大提高了客户购车体验度。

　　目前,几何在售的车型共有4款,分别为几何C、几何A、EX3 功夫牛、几何E。

　　其中,几何E被定位为一款"青春精品纯电SUV",这是一款全新的纯电动SUV,具有年轻的设计、严格的品质和轻松的A0级体验,主要面向年轻一代。该款车型采用笼式高强度吸能车身结构,可有效保证碰撞后车厢的完整性。其颜色外观共有四种,每种颜色都充满活力,该款车型的上市可以说是对A0级SUV进行了重新定义,改变了人们对于电动代步车型低价格、低质量的刻板印象。它不仅考虑了用户对产品的需求,还考虑了用户的购车压力。可以毫不怀疑地说,该款车型在实用性、质量和安全性方面,已经达到了非常好的水平。在同类车型中,几何E是一款罕见的、经过耐心打磨的兼具品质和智能的纯电动SUV。未来,几何E有望成为几何汽车的"明星"模型。

　　2022年11月,吉利汽车销售14.5万辆,同比增长7%。其中,几何汽车销量为 1.38 万辆,同比大涨 61%。几何品牌已成为吉利新能源销量增长的主力来源。

三是领克汽车,其基于 CMA 基础模块架构建,主打中高端市场,是由沃尔沃集团、吉利控股集团和吉利汽车集团在 2017 年合资成立的企业,三者持股比例分别为 30%、20% 和 50%。其主要市场竞争对手包括大众汽车、丰田和本田等全球领先的汽车品牌。领克目前的生产基地主要有三个,分别位于浙江余姚、河北张家口以及四川成都。

领克汽车的高端主要体现在材质和设计两方面。从材质的角度看,领克汽车内饰多为环保材料,因此车内异味特别小。同时车身采用大量高强度钢材,大幅提升了汽车的抗撞击能力,进而提升整车安全性。从设计的角度看,领克的外形设计纯原创、精致美观、个性十足,即使是车身尺寸较大的SUV 领克 09 也不显得臃肿。此外,领克旗下所有车型的建造均采用全球标准。因此,领克在欧洲多地获得了极佳的口碑,同时启动了“亚太计划”,相信未来领克的足迹将遍布全球。

在现有车型中,领克 01 为领克汽车旗下第一款,其于 2017 年 11 月在宁波国际赛车场正式上市。领克 01 共有六个版本,其中五个版本为量产车型,价格区间为 15.88 万—20.28 万元,另一款时间限量版车型的价格为 22.08 万元。次年 3 月,领克第二款量产车型领克 02 在荷兰阿姆斯特丹亮相,4 月即在中国亮相。领克 02 和领克 01 共同构成了 SUV 双子星战略,以差异化定位协同布局主流 SUV 市场。随后,领克逐步发布了多款车型。目前,领克在售的车型共有 11 款,停售的车型共有 4 款,未售车型共有 3 款。其市场价格从 10 万到 35 万元不等。具体布局如图 2-6-8 所示。除去领克 01 和领克02 外,领克旗下还具备 03、05、06、旗舰 SUV 领克 09 等车型,而在完善产品线的同时,各类车型的销量也取得了不错的成绩。例如,领克 01 自上市以来已累计销售 80 万辆,2022 年全年销量更是达到 18.01 万辆,其中 97% 为新能源汽车。

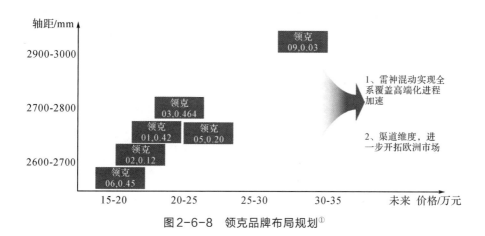

图 2-6-8　领克品牌布局规划①

　　四是极氪汽车,英文名 ZEEKR,是由吉利汽车与吉利控股集团共同创立的纯电动汽车市场上的"极致、领潮、挑战"的潮流科技品牌。极氪与领克相似,均瞄准中高端市场,其有着两大股东,一是吉利汽车,二是吉利控股集团。其中吉利汽车持有极氪58.3%的股份,吉利控股持有极氪35.7%的股份,其他投资者合计持有极氪5.9%的股份。极氪品牌下的所有车型都是由吉利的浩瀚智能进化体验架构(SEA)支持。SEA架构是全球领先的纯电动车平台。从吉利汽车"跨界"到极氪汽车,从传统燃油汽车到智能电动汽车,极氪汽车演绎出一条与造车新生力量和而不同的道路。极氪拥有百万产销规模量级的背书,自带流量,而用户和市场都非常关注极氪的首款高端猎装电动车——极氪001。以极氪001为开端,极氪汽车将在未来三年内推出6款全新车型,到2025年销量达到65万辆,这对于一家高端电动汽车制造商而言,可谓是一个宏大的目标。

　　目前,极氪汽车在售的车型仅有极氪001(2021年10月开始交付,价格区间为29.9万—38.6万元),它是由原领克ZERO更名而来。该款车为中大型车,拥有惊艳的外观、丰富的配置、强悍的性能,上市后获得了车主一致好评,也成为2023年最热门车型之一。2022年11月,其销量更是达到1.10万

――――――――――

① 数据来源:汽车之家、有驾、公司官网。

辆,同比增长超440%,未来有望成为吉利汽车旗下的爆款新能源汽车品牌。

综上,吉利汽车集团下共拥有四大新能源汽车品牌:一是吉利汽车,主要覆盖汽油车市场的经济型市场和中端市场,几乎主要覆盖纯新能源汽车的中高端市场;二是被注入了"多维、专注、纯粹"品牌基因的几何汽车,是高端纯电品牌,其目标用户瞄准一二线城市的高知新中产阶层;三是领克汽车,主打中高端市场,对标的是大众汽车、丰田和本田等全球领先的汽车品牌;四是极氪汽车,定位"极致、领潮、挑战"的潮流科技品牌。四个品牌实现了不同的细分市场和消费群体的全覆盖。

针对不同品牌,吉利汽车采用差异化营销模式。具体的营销思路,如图2-6-9所示。

品牌	发展方向	详细渠道布局
吉利	开辟数字化营销模式,全面升级用户服务,更好掌握用户数据,实现共创	2021年起,为优化用户的进店体验,吉利筹建全新的4.0形象展厅,包括智能机器人的服务体验、APP预约等。2022渠道方面将做出更新,导入全新数字化展厅和全新服务理念。并且在2025年,吉利、几何、领克三大品牌计划实现100%用户数字化服务,100%用户直联,与用户无缝交互
领克	继续补全国内空白市场,同时大力发展海外欧洲市场	领克渠道持续下沉和服务延展,后续还将积极入驻空白城市,优化用户的服务半径和服务速度。除了开辟国内渠道之外,领克还将目光瞄准海外市场,稳步推进欧洲战略和亚太市场规划
几何	直营拓展经销,实现渠道网络更快布局	2022年,极氪将启用名为"极氪家"的新商业模式,在这一模式下,极氪会寻找经销商作为合作伙伴,由他们负责选址、建店、装修等硬件建设,极氪负责派驻销售和服务人员,制定流程和体系
极氪	门店之外拓展展厅等引流渠道,进一步增加品牌覆盖面和知名度	2021年起,几何汽车通过直营+代理的全新模式布局渠道体系,具体前文已有介绍

图2-6-9　吉利汽车四大品牌渠道营销思路汇总

(三)产能情况

吉利汽车建设汽车工厂的第一步开始于1997年,该年启动了浙江台州临海工厂。经过多年的探索后,如今的吉利汽车拥有两个非常重要的新老基地。对此,李书福曾表示,随着竞争越来越激烈,只有建设工厂,并且是具有全球竞争力的工厂,不断地开发新车型,才能实现可持续增长。此后,吉利汽车重新布局了生产基地——要么在同一地点升级生产线,要么重新建设新的生产线。

对于老基地,吉利只能通过技术改造或是扩建的方式进行调整。比如在车身焊接、涂装等方面,工人的手工操作很难保证车身质量,使得车身质量波动较大,涂料喷涂不均匀,因此,吉利汽车通过引进机器人完成大量的手工工作。正是在这样大规模、高投入的技术改造下,吉利的老生产基地实现了"旧貌变新颜"。

对于新基地,吉利选择按照更高的要求从源头开始建设。李书福表示:"中国汽车业和吉利汽车的发展进入新阶段。吉利汽车一定要用具有全球竞争力的标准建工厂、开发车型,才能取得可持续发展。"如果新的生产基地不按照高标准建立,吉利未来产品的竞争力将会下降。

吉利汽车集团在中国的建厂方式是由浙江向外辐射的。从1996年台州沿海基地的第一个生产基地开始,首先以杭州总部为核心,围绕浙江省建设了其他四个基地,具体包括台州路桥、宁波北仑、宁波杭州湾和宁波春晓。随后,吉利的制造基地布局进一步扩展到华东、华中和华西地区。

从吉利汽车建厂的时间顺序来看,可将吉利汽车的建厂分为三个时期。

第一个时期为1996—2005年。在这段时间内,吉利汽车在浙江省和上海地区建立了生产基地。其中上海地区的生产基地前身为上海华普,其曾经生产过海域、海尚等车型。

第二个时期为2005—2010年。在这段时间内,吉利汽车在江苏、湖南、甘肃等地建立了新的工厂。例如,在2006年,吉利汽车就在湖南湘潭建立了湘潭基地,该基地年生产能力为30万辆。目前该基地主要负责生产远景和远景X1;同年,吉利汽车还建立了兰州基地,其年生产能力为10万辆,曾经生产过自由舰和帝豪两款车型。

第三个时期为2010年至今。在这段时间内,吉利汽车在四川、山西、贵州、广西等地建立了新的生产基地。例如,在2009年,四川的成都基地正式运营,其年生产能力为10万辆,目前主要负责远景SUV的生产。2015年,山西的晋中基地正式竣工,其主要负责生产甲醇汽车,但是经过改造后,也能够生产帝豪GL和帝豪GS。该基地所在区域为晋中新能源汽车产业园区的龙头企业和核心区域,有着便捷的交通网络。为了响应国家"碳减排"的号召,2021年11月,吉利集团商用车品牌远程汽车与中铁联运签署共同开展双挂列车试点项目合作协议,前期将在晋中开展合作试点。2022年1月,远程汽车发布了国内首款甲醇双挂汽车,相比普通单挂车运输效率有了大幅提升。目前,吉利整车生产基地的总产能或已超过300万辆,远远超过大众和通用等大公司在中国拥有的工厂数量。

三、沃尔沃新能源汽车的国际化竞争

"沃尔沃",瑞典著名汽车品牌,原沃尔沃集团旗下汽车品牌,由亚瑟·格布森和古斯塔夫·拉尔森于1924年创立,该品牌的汽车安全性能一直得到公众的认可,拥有"世界最安全汽车"的称号。沃尔沃汽车公司是北欧最大的汽车公司、瑞典最大的工业集团,世界前20名。沃尔沃汽车在北欧以其高性能和高质量以及安全系统而闻名。美国公路信息研究所将沃尔沃列为第一大品牌。1937年,沃尔沃汽车产量达到1万辆。此后,沃尔沃将业务范围扩大到开发能源产品、家庭和生产资料等方面,成为北欧最大的公司。

(一)吉利控股收购沃尔沃汽车

在被吉利控股收购之前,沃尔沃汽车在1999年曾被福田汽车收购,但是此次收购并未促进沃尔沃的发展,甚至在2007年开始出现销量狂跌、市占率下降的局面。2008年的金融危机更是使得沃尔沃与其控股公司福特汽车均陷入经营困境。在这样的背景下,福特开始将沃尔沃汽车出售。

2008年,吉利控股有意收购沃尔沃汽车,但是其营业收入不到43亿美元,远小于沃尔沃汽车出售定价的60亿美元,并且同期还有许多强劲的对手,如宝马,这大大增加了吉利控股并购沃尔沃汽车的难度。但是,李书福提前做了相应的战略准备,聘请了专业团队对并购进行评估,包括财务咨询公司、专业公关团队等。这些优秀团队的参与让吉利赢得了福特的信任。中国政府还为吉利控股的并购提供了强有力的政策和资金支持。最终,2010年3月28日,福特与吉利签署股权收购协议,交易价格为18亿美元,其中2亿美元为票据支付,其余部分以现金支付。在此期间,吉利利用欧元贬值的机会与福特讨价还价,最终以15亿美元的价格完成并购,仅支付13亿美元现金和2亿美元票据。2010年8月,吉利控股与沃尔沃汽车的并购及

相关赠款正式完成。吉利控股拥有沃尔沃汽车100%的股权,并拥有沃尔沃关键技术的使用权,吉利控股通过这一点大大提高了自己的研发技术。

　　判断一个企业并购成功与否,必须关注并购前、中、后三个阶段,尤其是并购后的整合阶段。吉利控股在并购沃尔沃之后,将人力资源、财务、技术和文化进行了整合。在人力资源整合方面,吉利控股成立了相应的人力资源整合团队,以便及时了解员工的真实想法,安抚沃尔沃汽车公司员工不安情绪的同时制定相应的人才保留计划,避免沃尔沃的人才流失;在财务整合方面,吉利控股整合了双方的财务制度体系,并确定了共同的财务目标,旨在实现财务决策的一致性、财务运作的一体化,提高财务效率,规范财务行为;在技术整合方面,并购初期,由于吉利控股的技术水平与沃尔沃汽车存在很大的差距,所以并未展开全面的合作,并购完成后,吉利控股即刻在中国建立沃尔沃分公司,注重沃尔沃汽车的中国化,并依据中国市场消费者的需求和中国本土环境来调整产品,逐渐实现对沃尔沃汽车多项技术的转化,最终实现技术协同;在文化整合方面,吉利控股并购沃尔沃汽车的文化差异不仅来自公司文化,还来自国家之间的文化差异。吉利控股采取有针对性的文化整合模式,大大增强了两个公司的文化整合度。经过几年时间,在吉利和沃尔沃汽车的共同努力下,双方虽然有分歧有自己的想法,短期内暂时无法达成一致的想法和理念,但已经看到了转变,都朝着共同的目标努力,吉利和沃尔沃汽车的发展越来越好,员工之间的融合也越来越顺利。

　　收购沃尔沃后,吉利控股逐步通过和沃尔沃的联合研发、技术转让、专利转让等方法,实现技术共享。2013年,吉利控股集团在瑞典哥德堡成立欧洲研发中心,开始由沃尔沃牵头,吉利共同参与首个针对中级车的基础模块架构(CMA)。通过CMA的研发,吉利控股开始系统性地学习沃尔沃的造车技术。2015年,基于GMC平台延伸的KC平台,成功孵化出吉利博瑞。吉利博瑞外观造型由沃尔沃前副总裁彼得霍布里操刀设计,并且引入沃尔沃安全技术理念。博瑞对于吉利汽车有非同凡响的意义。在博瑞出现前,国内15万—20万元的中档车市场大多被合资车占领,而国产自主品牌主要集中在10万元以内,博瑞以高性价比让更多消费者在中等档位上考虑自主品牌。2016年,极氪CEVT(极氪欧洲创新设计中心)成功推出CMA架构。

2017年,领克合营公司(由吉利汽车、吉利控股、沃尔沃汽车合资建立)成立。之后,借助沃尔沃的高端技术,吉利汽车发布多款热销车型,包括帝豪、博越、远景等,产品线也从以往的低端车上移到中高端车型,品牌力进一步提升。2021年10月29日,沃尔沃汽车在瑞典斯德哥尔摩证券交易所正式挂牌上市,是20年来瑞典历史上规模最大的一次上市,首日涨幅达22%。

可见,此次收购非常成功。吉利控股选择并购沃尔沃汽车的原因有三个。

第一,吉利控股存在战略转型需求。吉利控股一直想要进军高端市场以及海外市场,所以在2007年,其公司战略由"造老百姓买得起的好车"转变为"造最安全、最环保、最节能的好车,让吉利汽车走遍全世界"。当时吉利控股成立时间较短,存在技术研发能力不高、品牌不够响亮、市场占有率小的问题。因此,吉利控股要想迅速提高市场份额,就必须寻求其他路径,收购其他公司就是实现战略转型、增强竞争力的可行策略。

第二,为了获取先进技术并实现规模效应。国内汽车企业的自主创新能力不够强,技术研发水平有限,迫切需要在技术层面发展能力。正如前文所述,当时的吉利控股存在技术研发能力不高的问题。而在吉利控股收购沃尔沃汽车时,沃尔沃掌握汽车安全方面的核心技术,有"三点式安全带"专利,其驾驶疲劳预警系统、自动制动系统等技术全球领先。因此,吉利控股选择通过收购沃尔沃汽车来进行技术整合,通过获得沃尔沃汽车的专利和技术支持来提高自身的技术研发能力,是一种可行且明智的战略选择。同时,通过对沃尔沃的并购,能够扩大吉利控股集团的规模,增加产量,最终帮助其实现规模经济效益,即吉利控股的经济效益会随着生产和经营的成本的降低而扩大。

第三,提高市场份额和品牌形象,在国内,除去比亚迪、奇瑞等中国本土车企外,吉利控股还需与跨国汽车竞争汽车低端市场,其市场份额较小。为寻求新的突破,吉利控股必须提高其技术研发能力,扩大市场份额,提高市场竞争力。通过收购沃尔沃汽车,吉利控股实现了产品差异化,并且弥补了其技术上的不足,提高了产品质量,扩大了市场份额。此外,由于吉利控股早期的战略定位树立了"低端产品"形象。收购一个为大众所熟知的品牌,并以此带动自身品牌形象的转变是吉利寻求突破的捷径。通过对沃尔沃汽车的并购，丰富自身产品，弥补吉利在高端汽车市场的品牌缺失。吉利对沃尔沃汽车的并购好比"蛇吞象"，在汽车行业引起了很大的轰动，吸引了各大媒体的关注，吉利由此被世界了解，一跃成了汽车界的明星。

（二）产品定位

沃尔沃汽车属于二线豪华品牌，瞄准中高端市场，其致力于以个性化、可持续、安全的方式提供无忧的出行解决方案。之所以为二线豪华品牌，是因为其主要竞争对手为BBA（奔驰、宝马、奥迪），在三者的强势打压下，沃尔沃只能位居二线。目前，沃尔沃旗下车型已有轿车、SUV、跑车等品类，车系共有22个。

沃尔沃汽车的新能源汽车车系共有6个，其中在售的有沃尔沃S60新能源（图2-6-10）、沃尔沃XC60新能源（图2-6-11）、沃尔沃S90新能源（图2-6-12）和沃尔沃XC40新能源（图2-6-13）。

其一，沃尔沃S60新能源，为插电式混合动力车，主要对标宝马3系和捷豹XEL。如今在售的有2款车型，一款为2022款T8 E驱混动 四驱智逸豪车版（售价36.99万元），另一款为2022款T8 E驱混动 四驱智雅运动版（售价46.19万元）。

2022年11月份，沃尔沃S60新能源最新月销量为82辆，同比下降28.07%，排到同类车型中的第36名。其销量超过捷豹XEL，也比凯迪拉克CT4高一些，但相比宝马3系还是有相当大的差距。综合来看，沃尔沃S60新能源卖不过宝马的原因主要是其品牌与影响力不及宝马，且相较而言，该款车型的配置低于宝马3系。

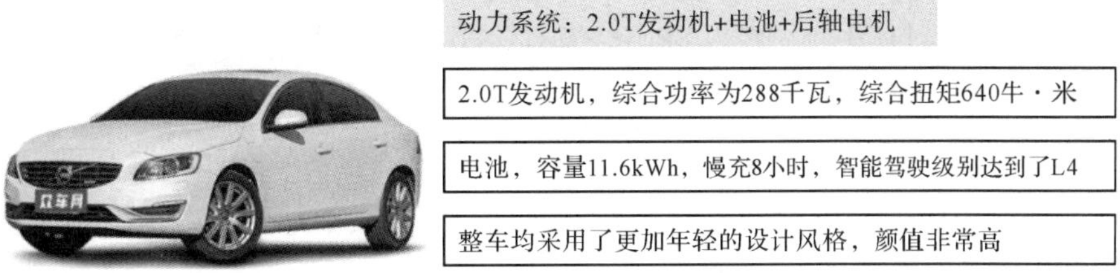

动力系统：2.0T发动机+电池+后轴电机

2.0T发动机，综合功率为288千瓦，综合扭矩640牛·米

电池，容量11.6kWh，慢充8小时，智能驾驶级别达到了L4

整车均采用了更加年轻的设计风格，颜值非常高

图2-6-10　沃尔沃S60新能源

其二,沃尔沃XC60新能源,为插电式混合动力车,对标宝马5系新能源、奔驰GLC、唐新能源等。如今在售的有3款车型,一款为2022款T8 插电混动 长续航四驱智远豪华版(售价52.79万元),一款为2022款T8 插电混动 长续航四驱智远运动版(售价52.79万元),一款为2022款T8 插电混动长续航四驱智雅豪华版(售价60.39万元)。

2022年11月,沃尔沃XC60销量为310辆,占到沃尔沃亚太销量的3.21%,同比下降32.53%,在SUV车型中的排名仍旧居于200名之后。其销量要远低于宝马5系新能源、奔驰GLC、唐新能源等。导致这一现象的原因除去在品牌形象和溢价能力方面沃尔沃XC60新能源并不占据优势外,最主要的原因是其质量问题多发。例如,有车主反馈其电池总成故障且电池衰减快。

动力系统:2.0T发动机+电池+后轴电机

2.0T发动机,综合功率为335千瓦,综合扭矩709牛·米

电池,容量18.8kWh,慢充13小时,智能驾驶级别达到了L4

整车均采用了雷神之锤经典的外观设计,运动氛围重

图2-6-11 沃尔沃XC60新能源

其三,沃尔沃S90新能源,为插电式混合动力车,对标奥迪A4L、奔驰E级、凯迪拉克CT5、红旗H9等。如今在售的有4款车型,一款为2022款T8 E驱混动智雅豪华版(售价61.39万元),一款为2022款T8 E驱混动 智逸豪华版(售价49.99万元),一款为2022款 改款T8 E驱混动智雅豪华版(售价61.39万元),一款为2022款 改款T8 E驱混动 智逸豪华版(售价49.99万元)。

2022年11月,沃尔沃S90销量为2187辆,实现同比正增长,增长9.08%,在中大型车销量中排名第9,在其他车销量排名中排到了第2位。可见,该车型的销量不错,属于沃尔沃的"明星"车型。其销量虽不及奥迪、宝马、奔驰等老牌豪华轿车,但是远超其他车企的同系列车型。该车型受欢迎的原因主要有三点:一是空间宽敞,满足客户的大空间要求;二是动力充沛,油耗少;三是颜值在线,运动感十足,但也不缺稳重。

动力系统：2.0T发动机+电池+后轴电机

2.0T发动机，综合功率为288千瓦，综合扭矩640牛·米

电池，容量11.6kWh，未改版慢充8小时，改版慢充13小时，智能驾驶级别达到了L4

整车设计风格比较简洁大方，深受年轻人的喜爱

图2-6-12 沃尔沃S90新能源

其四，沃尔沃 XC40 新能源，为插电式混合动力车，对标唐新能源、Model Y、奥迪Q3、蔚来ES6、ID.4 X等。如今在售的有3款车型，一款为2023款 长续航版（售价26万元），一款为2023款四驱高性能版（售价30.9万元），一款为2023款长续航版Pro（售价28.6万元）。该车型的2021款和2022款受到了用户的一致好评。这主要是因为其动力表现非常出色，且整体的设计风格非常符合大众审美，其外形设计深受年轻消费者的喜爱。

2022 年 11 月，沃尔沃 XC40 新能源销量为 101 辆，占沃尔沃亚太销量的32.67%，同比下降1.14%。在SUV中，月销量排名第200名。其销量虽不及奥迪、宝马、奔驰等老牌豪华轿车，但是远超其他车企的同系列车型。这主要有三点原因：一是上市的时间不长，知名度不够；二是过度强调自身安全性，给消费者留下的印象只有安全而无其他；三是品牌影响力不够。

电动机，前置永磁同步电动机，总功率为170kW，总扭矩为330牛·米，可高度确保启动舒适性和驾驶的敏捷度

续航里程，CLTC纯电续航里程为529km

底盘的调校以及安全配置均非常出色，操控也过关，对震动的过滤和过弯时的侧倾抑制都很到位

外形设计，采用家族最新设计语言，有质感和辨识度，符合大众审美

图2-6-13 沃尔沃XC40新能源

四、曹操出行打造城市共享新能源出行平台

如果不参与出行市场，汽车制造商就会被时代淘汰，这是刘金良从摩托罗拉、诺基亚、爱立信等公司衰落的例子中悟出来的教训。随着传统车企转型为出行服务商成为常态，吉利汽车的出行版图也在不断扩张：从线下到线上，从分时租赁到专车，从汽车交通到轨道交通，从地面到空中……吉利控股正在玩一场很多人现在还不太理解的大游戏。然而，作为中国品牌车企的代表，吉利控股对出行服务市场的一系列布局和行动，只是中国品牌车企面对新趋势、新业态转型创新的样本之一。在这场前所未有的汽车行业革命中，吉利控股始终认为"不做出行的汽车制造商必然被淘汰""不做出行的车企造车是睁眼瞎"。

（一）曹操出行简介

吉利控股在出行服务上的布局开始于2013年。该年，吉利控股成立了浙江左中右电动汽车有限公司，进入了分时租赁市场。随后，一种名为"微公交"的小型电动汽车跑遍杭州城。2016年，"的蓝租车"正式上线，"的蓝租车"使用的电动汽车为吉利控股旗下的帝豪EV等高速电动汽车。吉利控股并未满足于分时租赁市场，2015年，在几家先入局者激战正酣，忙于融资、烧钱、大打价格战，并且网约车行业受到监管重视，开始踏上合规道路的背景下，吉利控股开始向网约车市场发起进攻。2015年11月，"曹操专车"（现名为"曹操出行"，图2-6-14）上线，由吉利集团的营销老将、吉利集团有限公司总裁刘金良挂帅。按照吉利的规划，"曹操出行"致力于打造互联网+吉利集团新能源汽车共享出行服务平台。目前，"曹操出行"业务范围涵盖了出租车、曹操租车、互联网专车等，且是首个涉足并建立个人/企业用户自愿碳减排信用账户的新能源汽车低碳出行品牌。

图2-6-14　曹操出行 logo

（二）曹操出行商业模式

曹操出行秉持的品牌商业模式是"营运新能源车辆+认证司机服务"模式。其中，"营运新能源车辆"符合国家《关于2016-2020年新能源汽车推广应用财政支持政策的通知》等系列文件，享受到了国家政策的"保驾护航"。"认证司机服务"通过线下司机认证服务，考察司机素质等指标，并利用零散时间租用具有营运资质的新能源汽车，形成了曹操专车的安全竞争优势。如图2-6-15所示。

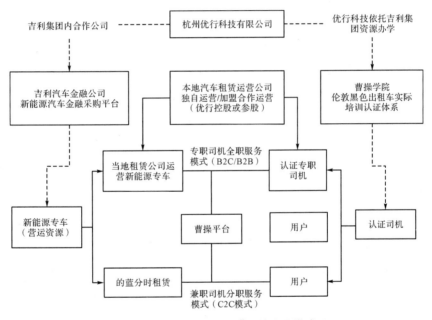

图2-6-15　"曹操出行"品牌商业模式

"曹操出行"的商业模式相较于其他车企，其创新主要体现在曹操平台上。

首先，"曹操出行"建立了"曹操碳银行"，响应了国家的"碳中和"政策。这是"曹操出行"在鼓励用户低碳出行方面的重大创新。在纯电动专车起步的第一年，"曹操出行"便在打车APP端上线了"曹操碳银行"专栏，专门统计、折算每位乘客的碳资产总量。用户选择"曹操出行"，使用后每次都可以获得相对应的碳减排量（约每公里142克）。根据全球碳价波动，用户可将其获得的碳资产出售（卖给交易传统能耗"造碳"型产业），或是存在"曹操碳银行"，作为碳资产积累下来，届时可在"曹操商城"中置换自己中意的出行优惠权益。通过曹操出行碳银行的计算方式，纯电动汽车与燃油车每公里碳减排量约为142.18克。

其次，曹操商城定位生活服务平台，为用户提供碳资产兑换的场所。曹操商城内商品有服饰、美妆、生鲜水果、数码产品等，同时还涵括餐饮、酒店等生活服务类产品和火车票预订等票务服务。而且曹操彩选商城中，部分商品售价低于其他平台。例如华为P30手机在曹操彩选中的售价要比华为官网以及京东平台便宜400元左右。曹操彩选——新零售，设立于2017年，定位为集吃喝玩乐购于一体的生活服务提供商，致力于为用户提供高效、轻松的购物体验，最大限度满足用户多样化的购物和生活服务需求。所采取的社群运营及口碑推广两种方式帮助其在两年时间内即快速积累600多万用户。

接着，"曹操出行"为了满足客户的需求，不断拓展其业务渠道，在APP上不断更新其功能。"曹操出行"APP具备基础功能。针对个人用户，提供了专车服务。具体包括现在（即时出行）、预约、接机、送机、包车等5种服务类型，以满足用户对于专车出行的基础需求。用户可以根据不同场景的出行需求，对出行的时间、车型、使用时长进行自主选择。针对企业用户，提供了绿色公务服务。企业同平台达成协议后，员工根据用车权限使用车辆，费用由企业统一支付。该功能能够简化公务出行的流程，提高处理效率，方便企业统一开票，省去报销流程。此外还能够满足企业多元化场景的用车需求，例如员工日常用车、会议用车、推广用车等。相比于其他网约车APP，"曹操出行"的优势在于：一是其B2C的模式，"曹操出行"坚持公车公营，使得平台对车辆、司机有着统一的管理，规范性更高，能带来更好的用户体验。二是其动态议价模式，能够根据实际路况等，给用户一定的折扣。相比于普遍收费偏高的专车服务存在价格优势。三是主打新能源汽车。曹操专车绝大部分使用纯电动汽车或插电混合汽车。目前使用的车型为商务型GL8、新能源EV、博瑞、枫叶80V以及枫叶60S。后两款车型具备"可充可换"能力。

最后，"曹操出行"APP还有其他功能。如，"曹操帮忙"，是曹操专车由出行延伸的同城配送功能。"曹操帮忙"业务是"曹操出行"平台基于满足乘客主流专车需求之外,单独设立的一条产品线。该产品线为用户每一次需求购买足额保险,为用户提供专车专人、点对点的个性化即时帮忙取送服务。

(三)曹操出行重视用户体验与司机福利

如今,我们已经进入后疫情时代,也进入了小康社会,消费者变得越来越注重服务的细节和体验感,并且个性化需求越来越突出。随着网约车品牌越来越多,消费者的选择也就越来越多,网约车逐渐进入存量用户争夺的时代。因此,网约车要想在市场上占据一席之地,就必须对平台进行精细化运营,提高司机以及客户黏性。

"曹操出行"作为网约车的龙头平台,其非常重视用户体验,致力于打造"国民专车",并已将"体验为王"确定为平台未来发展方向。早在2021年9月,"曹操出行"即颁布了"N³战略",即三个新,分别为定制车(New Car)、新能源(New Power)与生态系统(New Ecosystem),该战略涉及曹操专车和曹操惠选两条全新的产品线。2022年4月22日,曹操专车即在重庆焕新上线。之所以称为"焕新"上线,在于其同样采用了新车型——枫叶80V(前文已有提及),新车给了客户在观看和乘坐上的新体验,进一步增强了客户黏性。

从司机黏性角度看,极光大数据发布的《2021年Q3移动互联网行业数据研究报告》显示,"曹操出行"司机端的APP人均每日的在线时长达到543.8分钟,远远超过其他竞争对手。由此可明显看出,"曹操出行"的司机黏性之高,也增加了"曹操出行"的月活用户量。那么,为什么"曹操出行"的司机黏性会这么高?这离不开"曹操出行"为司机提供的诸多保障。

第一,"曹操出行"在每个运营城市设立了"曹操家园"司机俱乐部,定期举办团建、生日会等活动,丰富司机的日常生活。同时,"曹操出行"成立了曹操家园关爱金项目,专门为司机及其亲属提供重大疾病或是意外保障,可使司机及其家庭在遇到困难时得到相应的救助。

第二,独特司机荣誉体系给予司机成就感与荣誉感。"曹操出行"会举办曹操中国好司机挑"赞"赛,选拔出"全国曹操好司机"等,进行隆重表彰,并予以奖励,以此来激励司机提升自主服务能力,让优秀司机拥有荣誉感与成就感。

第三,"曹操出行"通过一系列福利保障、荣誉体系等多举措提升司机黏性,给足了司机持续提升服务品质的动力,以差异化夯实平台竞争实力。专业的司机服务,进一步反哺良好的出行体验,在司乘两端形成良性循环。

从用户黏性角度看,使用"曹操出行"的用户中超过30%一个月使用平台的次数不少于4次,可见其黏性尚可。这主要是因为在这个越来越注重服务和体验感的时代,"曹操出行"凭借着吉利大出行生态的定制车型以及智能技术,能够在满足用户高效便捷需求的同时提供个性化出行方案。同时,"曹操出行"的每一位司机都会参与公司的全周期标准培训,以增强司机群体的服务意识、职业道德以及正义感,同时进一步增强了用户安全感。

"曹操出行"非常看好共享出行,因此其依托吉利大出行战略,率先整合新能源和出行生态资源,利用车辆、新能源和司机的生态优势,推动了整个共享出行2.0的开发。利用云计算和大数据等智能技术,实现了人、车和平台的互联,为用户提供了更可靠、高效和可持续的出行计划。并且在用户与司机两者相互作用下,"曹操出行"形成了服务端和服务端利益的双满意闭环,这也使得其遥遥领先于其他网约车平台,成为行业的领头羊。

李书福表示,"汽车智能化前景广阔,不能只停留在汽车产业。通过布局手机业务,消费电子产业与汽车产业深度融合,跨界打造用户生态链,可以实现超级协同"。现阶段,汽车电动化成效显著,未来汽车行业的竞争将会是智能化程度的竞争。并且,未来手机行业和汽车行业将不再是并行赛道,两者将实现深度融合。吉利集团的竞争对手将不再是现有的传统制造车企或是造车新势力,还将是手机制造厂商。为了在新能源汽车市场站稳脚跟,实现长远发展,吉利集团制定了明确的规划:首先,吉利将深入推进本土化战略,不断提升产品和服务质量;其次,吉利将持续推进新能源汽车的发展,不断进行产品研发创新以满足市场日益多样化的需求;接着,吉利将加大研发投入,不断学习新技术,引进先进设备,以提升自身技术创新能力,提升旗下汽车产品的智能化水平;最后,成为具备全球竞争力的车企一直是吉利的目标,因此吉利仍将积极拓展海外市场。总之,未来的吉利必将在发展中不断创新,走向更加明亮的未来。

第七章　奇瑞集团新能源汽车自主创新与品牌战略研究

　　1997年1月8日,奇瑞汽车股份有限公司成立,其经营范围包括生产、销售汽车产品,生产、销售发动机等。公司成立以来,坚持V字形正向研发体系,目前技术、管理、产品研发比较完善,组建了轿车+SUV的产品体系。公司以"创新奇瑞,让你更精彩"为宗旨,意在强调奇瑞汽车的正向研发理念,旨在让客户享受奇瑞汽车带来的精彩生活体验。其核心价值观主要包括客户至上、以人为本、自主创新和开放包容四个方面。

　　如图2-7-1所示,从1997年成立以来,奇瑞汽车的发展历程可划分为五个阶段。

第一阶段:艰难起步期	第二阶段:快速成长期	第三阶段:失败阵痛期	第四阶段:战略调整期
20世纪90年代,由于国家政策对轿车项目的限制,即使奇瑞汽车公司在成立后的短短两年内就下线了第一辆整车,但仍无法获得轿车生产目录;2000年底,奇瑞与上汽集团签订协议通过分给上汽20%的股份,才顺利取得准生证	2001年,奇瑞成功开辟以叙利亚为代表的海外市场;2003年,奇瑞一口气推出了三款汽车,在当年获得了9万台整车的销售成绩;2006年成为第一家年销量突破30万台的自主汽车品牌,到2010年奇瑞汽车的海内外销量达到70万台	2013年,为扭转销量下滑的局势,奇瑞推出全新LOGO,但销量仍然较差;2014年,联手捷豹路虎推出合资路虎极光车型,但仍无起色,可以说是其战略选择的败笔	2015年,奇瑞开始在本品牌车型研发上发力,陆续推出了新车型,但2016—2017年又是停滞不前;2018年,开始将战略重点转向SUV领域;2021年,发布其全新产品系列

图2-7-1　奇瑞汽车发展历程

　　奇瑞汽车股东当中,2022年持股比例在9%以上的股东共有4名,奇瑞汽车的核心人员为董事长兼总经理尹同跃以及董事长陈安宁。其中陈安宁曾在福特汽车公司效力近20年,先后担任过小型车辆开发、平台技术研发以及合资业务拓展等执行管理层面的职务,具有深厚的车辆技术背景。奇瑞汽车股份有限公司持有奇瑞新能源88.27%的股份,是其第一大股东。奇瑞新能源的另外2名股东分别为芜湖瑞创投资股份有限公司和芜湖市建设投资有限公司,分别持有奇瑞新能源7.81%和3.90%的股份。所以,与奇瑞汽车相同,奇瑞新能源也具有国资背景。奇瑞股权结构如图2-7-2所示。

　　值得一提的是,奇瑞集团年销96万辆的背后,是奇瑞汽车的掌门人尹同跃无尽的白发。尹同跃为奇瑞兢兢业业25年,志在打造中国领先的自主汽车品牌。他带领着奇瑞走过了一段又一段弯路,只为朝着最初的目标前进,即要为中国普通老百姓造车,打造民族汽车品牌。

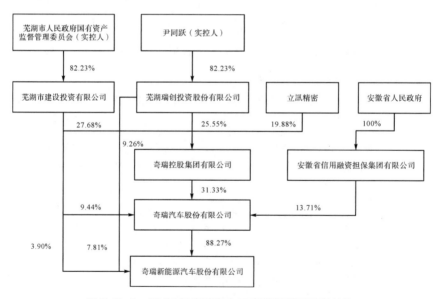

图2-7-2　2022年奇瑞汽车及奇瑞新能源股权结构

　　商用车和乘用车两大板块是奇瑞集团涉及的两大业务。在乘用车业务方面,奇瑞集团打造了捷途、星途、凯翼、奇瑞路虎等产品品牌,价格范围全面覆盖高中低端。例如奇瑞品牌旗下产品主要面向的是中端市场,捷途品牌旗下产品主要面向中低端市场,而星途品牌旗下产品主要面向的是高端市场。在商用车业务方面,奇瑞集团打造了瑞弗、万达客车以及开瑞新能源等产品品牌。

一、奇瑞汽车产品系列与产能布局

(一)产品系列

从 2013 年正式宣布转型开始,奇瑞非常喜欢出新车型,老车型几乎都已停售。目前,奇瑞汽车较火爆的只有艾瑞泽 GX 和瑞虎 8,都是转型后上新的车型。

奇瑞汽车(奇瑞汽车股份有限公司)拥有瑞虎系列、艾瑞泽和欧萌达系列三大车型产品。其中,瑞虎系列在售车型最多,包括瑞虎 7 PLUS 贵妃黄限定版、瑞虎 8 PRO、瑞虎 8 鲲鹏版、瑞虎 8 PLUS 等共计 15 款车,其中,瑞虎 8 系列有 7 款,瑞虎 7 系列有 3 款,瑞虎 3x 和 5x 各 2 款,瑞虎 3 有 1 款。其中属于新能源汽车的有瑞虎 3xe(纯电)、瑞虎 8 PLUS 鲲鹏 e+(插电式混动),价位区间在 5.99 万—17.19 万元。目前,瑞虎 8 系列是奇瑞汽车“大单品”策略下的明星车型。

瑞虎 8 系列产品首发于 2018 年 4 月,是奇瑞旗下的“大单品”,其设计以及品质都非常符合市场需求,因此在其上市之后不久,便连续两年(2020 年、2021 年)夺得了中国品牌中型 SUV 与 7 座 SUV 销售冠军,更是在包括巴西、智利以及沙特在内的多个海外市场热销。2022 年一季度,瑞虎 8 系列车型的销量为 4.11 万辆,同比增长 14.2%,占到奇瑞汽车一季度总销量(6.03 万辆)的 23.87%,依旧是奇瑞汽车旗下最畅销的系列车型之一。同年 4 月,瑞虎 8 PLUS 鲲鹏 e+ 正式下线,瑞虎 8 系列车型销量再创新高,一举进入“50 万辆俱乐部”。

那么,为什么瑞虎 8 系列会如此受欢迎呢?奇瑞汽车党委书记、董事长尹同跃曾表示这离不开瑞虎 8 系列以用户为中心、顾客至上的理念,更离不开消费者的支持和信任。奇瑞汽车的“大单品”战略仍会继续推行,其会不断增强研发力度,不断提高旗下“大单品”的性能,不断推出新车型。例如,在 2022 年 5 月,具备年轻化和科技化特性的“全域动力科技旗舰”瑞虎 8

PRO正式上线。

艾瑞泽系列共有3款在售车型,分别为艾瑞泽5 PLUS、艾瑞泽5 PRO 2021款和艾瑞泽GX冠军版,价位区间在6.99万—12.98万元。艾瑞泽系列的3款车型中艾瑞泽5系列是奇瑞汽车的明星车型,是奇瑞旗下最畅销的轿车产品,月均销量保持在1万辆左右,也是中国品牌中比较热销的紧凑型轿车。2021年,艾瑞泽系列累计销售10.51万辆,仅次于吉利帝豪、比亚迪秦、长安逸动和荣威i5。2021年10月10日,该车的换代车型——艾瑞泽EX正式开卖,直接与吉利帝豪、长安逸动以及传祺GA4等车型竞争。

欧萌达是奇瑞汽车在2022年新成立的品牌系列,其于2022年6月8日开启预售,目前只有纯电版本,未来将推出插电式混动版。该品牌计划在全球30多个国家上市,上市的车型包括1.6T、1.5T、混合动力DHT和纯电动EV等,能够充分满足新一代年轻人的多样化用车需求。在该品牌车型进行预售的同时,奇瑞汽车OMODA元宇宙社区线上发布会同步召开,这一举措打破了奇瑞汽车的传统模式,通过共同创造以及自由的理念为用户带来了归属感。该系列目前仅有1款车型OMODA 5,采用的是最新的设计理念,相比于奇瑞此前的车型要更加前卫一些。该款车型外形凌厉、动力十足、操控简单。例如其在动力方面就非常重视"硬核"概念,用户可选择1.5T+9CVT版本车型或是1.6TGDI+7DC版本车型。后一版本的车型的最大扭矩为290N·m,峰值功率为145kW,遥遥领先于同级的其他车型。它能够爆发出超出次元限制的能量,百公里加速仅需7秒。前一版本车型的最大功率为115kW,峰值扭矩为230N·m。该动力系统应用于奇瑞旗下产品,有着出色的流畅性和可靠性,在市场上的口碑极好。奇瑞OMODA 5将科技与动力、舒适与驾控完美结合,其有四大驾驶模式,分别为ECO、Normal、sport、super sport,用户可依据自己需要自行选择。

星途汽车成立于2018年,拥有奇瑞20多年的先进汽车开发经验和深厚的技术积累。该品牌共有追风系列、TX系列、凌云系列、追风ET-i、揽月系列5大系列,该品牌的核心价值观为"智能、高端、活力",主要面向高端市场。该品牌的成立进一步推进了奇瑞汽车的"雄狮智云"战略,为包括中国在内的全球范围消费者提供了一种全新的、全方位的智能出行服务。其价格区间为11万—25万元。该品牌旗下的首款量产车型为2009年上市的TX。目前,星途汽车在售的车型一共有五款,全部为SUV。其中包括中大型SUV星途揽月、中型SUV星途凌云和两款紧凑型SUV星途TX以及星途追风,另外还有星途追风的插电混动版车型。

虽有着先进的技术和车辆开发经验,但是该品牌车型自上市以来的销量并不好。作为奇瑞集团的高端品牌,其似乎被边缘化了,2022年1—5月全球销量仅为1.61万辆。但是即使销量差强人意,公司始终未放弃钻研,仍然保持着芯片迭代速度。2022年5月,该品牌旗下新车型——星途揽月5座探享版上市,具备全新概念(智能+绿色)的SUV"AtlantiX"也随之亮相。如图2-7-3所示。

图2-7-3　星途汽车旗下车型

综上,奇瑞汽车旗下共拥有瑞虎系列、艾瑞泽系列和欧萌达系列三大车型产品。其中瑞虎系列下的瑞虎8因其"以客户为中心、顾客至上"的理念成为奇瑞汽车旗下最受欢迎的车型。除上述三大车型产品,星途汽车也隶属奇瑞汽车,其主要面向高端市场,主打高端、智能、活力,但是其上市后的销量不佳,名声不显,直至2022年新车型星途揽月5座探享版上市才多次被人们提及。未来,奇瑞汽车或将丰富其车型产品,推出更多新车型,并着力打造出多个"瑞虎8"。

(二)产能布局

在奇瑞汽车股份有限公司的12个汽车工厂中,有5个工厂负责生产奇瑞汽车以及星途汽车。

第一，奇瑞汽车总部及三大乘用车工厂，为超级工厂联合体。公司总部和三家乘用车制造厂位于芜湖经济技术开发区长春路8号。第一家工厂建于1999年，接着是第二和第三家工厂。全区共有5个焊接车间，4个涂装车间，5个总装车间，3条路试道，还有一个研发中心，一个发动机工厂和一个大型车辆仓库。在三条作为"车试验场"的路试跑道中，最长的约为394米。三个工厂的年生产能力为90多万辆，加上配套的发动机和变速箱工厂，总投资100多亿元，总占地面积为160万平方米。这个超级工厂联合体生产了奇瑞品牌除新能源车型以外的所有车型，包括初代的QQ、瑞虎，后面膨胀期的瑞麒、威麟品牌等，目前主要负责生产奇瑞艾瑞泽5、瑞虎8、瑞虎7、星途LX、星途TX等车型。

第二，奇瑞汽车大连工厂（图2-7-4），一期占地面积为35万平方米。2009年9月，奇瑞汽车工厂正式落户于大连保税区大窑湾垦区。该区域的地理位置优越，区域内有运输体系、港口、国际物流等核心要素，同时该区域对外开放程度高，为引进相关企业政府给予了一定的政策优惠。该工厂建成后的年产能大概为20万辆，主要生产的是中高端车型。该工厂是一家现代化工厂，厂内有装配厂、焊接厂以及公共设施等，工厂的自动化程度已跻身国内先进水平行列。该工厂主要承担奇瑞新品牌、新体系下的产品——奇瑞瑞虎5以及部分出口车型的生产，且产品出口比例较大。

图2-7-4　奇瑞汽车大连工厂鸟瞰图

第三，奇瑞汽车鄂尔多斯工厂，成立于2010年7月16日，投产于2013

年1月,产能约为每年20万辆,主要负责生产奇瑞瑞虎3X系列SUV。

二、奇瑞新能源汽车技术创新与品牌发展

从项目组开始,奇瑞新能源研发新能源汽车最早可以追溯到2000年,是国内最早开发新能源汽车的公司。奇瑞新能源汽车技术有限公司是2010年4月正式成立的奇瑞汽车股份有限公司的子公司。其前身是奇瑞汽车的一个新能源项目组。该公司成立后先后参与了20余项国家"863节能与新能源汽车"重大项目,10个省、市重点科技项目。2013年前,奇瑞新能源的新能源专利数量位居全球第三。2019年5月,奇瑞新能源在2018世界制造业大会上向全球的参观者展示了第四代增程式燃料电池汽车,该款产品在NEDC工况下续驶里程达到540公里,匀速续驶里程达到700公里,将新能源汽车的续航里程推上了新高度。

奇瑞新能源成立以来,始终坚持"自主创新、世界一流、造福人类"的奋斗目标,逐步建立了国际化的整车协同开发流程体系,掌握了一整套设计质量管理流程和方法以及整车及系统试验验证体系、规范和标准、试验数据库,并且建立了国内先进的电动化专业技术实验室。公司拥有独立于奇瑞汽车的销售和服务网络,以更好地保障专业性和高效性。研发产品包括纯电动、混合动力、燃料电池等多种类型的新能源汽车。

对于未来新能源汽车的发展,奇瑞新能源有着明确的思路。在技术方面,重点发展汽车电池系统和电动底盘、集成电力驱动、汽车智能技术和信息技术等。在产品布局上,重点发展a级及以上车型的智能电动汽车和插电式混合动力车,在A0和A00产品中以纯电动和增程混合动力车为主要发展方向。在产业配套方面,逐步完善新能源汽车三横三竖的产业链布局,研发纯电动和混合动力汽车的同时积极跟进并及时开展燃料电池汽车技术开发,完善新能源汽车关键零部件配套体系,并与国内外优秀企业建立战略合作关系。

(一)奇瑞新能源产品系列

如表2-7-1所示,在在售车型当中,小蚂蚁、QQ冰淇淋是奇瑞新能源的"明星车型"。两款车型都属于微型电动汽车,两者的总销量占据了奇瑞

汽车新能源产品的90%。

表2-7-1 奇瑞新能源车型

是否在售	类别		价格（万元）	能源类型	续航里程
在售	小蚂蚁	轿车	7.39—9.4	纯电	408km
	艾瑞泽 e		15.24		401km
	无界 PRO		7.99—10.19		408km
在售	QQ 冰淇淋	轿车	3.99—5.752	纯电	170km
	大蚂蚁	SUV	18.38		510km
停售	奇瑞 eQ	轿车	15.99—17.19	纯电	200km
	奇瑞 QQ3EV		4.58—5.28		120km
	艾瑞泽 5e		11.98—23.28		401km
	奇瑞 C3e		暂无数据		
	瑞虎 3xe	SUV	9.38—17.08	纯电	401km
	瑞虎 e		10.88—14.39		401km

小蚂蚁：小蚂蚁的前脸设计呈 X 形，在中间添加了一个小的黑色网格格栅，并在下部外壳使用梯形进气口设计，以增强精致度。车身采用双色设计，分段腰围丰富了车身层次。2017年，第一辆基于 LFS 平台为纯电动微型车——小蚂蚁诞生。一上市，小蚂蚁便获得了超25万用户，并长久霸占着纯电动微型车女性市场第一的位置。市场上的女性用户都选择了小蚂蚁，这也让其获得了"女车主好闺蜜"的称号。为此，小蚂蚁在2021年特别设计了整体小巧可爱的甜粉款。除去甜粉色以外，该款车型还有包括古得白、维 C 黄以及乐予绿在内的八种颜色。2022年6月21日，奇瑞小蚂蚁魅车型正式上市，魅车型共推出罗曼司和洛可可2款车型，售价区间为8.55万—9.15万元。其主打优雅浪漫，更适合都市丽人以及追求精致生活的女性。

"蚂蚁虽小，五脏俱全"，这句话较好地描述了奇瑞新能源旗下的小蚂蚁系列车型。小蚂蚁不仅价格友好，最主要的是其在配置、操作和里程方面都做到了方便且够用,可以说是性价比非常高的一款车型。说它小,是因为其长度、宽度和高度为 3200 mm/1670 mm/1550(1590)mm,轴距仅为 2150 mm,远小于一般的汽车车型。说它"五脏俱全",是因为其座位也是 2+2 的布局,即在保证前排两名成人适当坐姿的前提下,后排仍可乘坐两名儿童,非常适合用于小家庭的日常通勤。在配置方面,其搭载 LFS(轻型框架结构)平台——国内唯一且最新的,具有国际竞争力纯电动汽车平台,具备全景天窗、LED 高制动灯、前后座舱地板、后座 5∶5 比例下降和遥控键等功能。在动力方面,其搭载高性能永磁同步电机,提供 30kW(最大扭矩为 120N·m)和 55kW(最大扭矩为 150N·m)两种不同的动力。在续航能力方面,用户可依据自身需要选择搭载三元锂电池(可续航 301km)或是磷酸铁锂电池(可续航 408km)的车型。同时,除去普通的慢充外,小蚂蚁还提供仅需 30 分钟即可充满 80% 电量的快充模式。在价格方面,小蚂蚁的价格区间为 7.39 万—9.4 万元,面向低端市场,价格亲民。

在疫情期间,多数新能源车企出现芯片短缺、零配件供给不足等情况,一些新能源车企便采取了停产新车型或是抬高价格等手段。但是,奇瑞新能源并未停产小蚂蚁,并且对外宣称"不涨价",获得了市场一致好评。

QQ 冰淇淋:自五菱宏光 MINI EV 推出以来,微型车以其小巧的车身和低廉的价格受到众多用户的青睐,成为电动汽车中的热门车型。其实早在十几年前,燃料车市场上奇瑞 QQ 就是微型车的代表,但现在因为受到电动汽车的冲击,认可度不高,最终导致产量下降。奇瑞新能源因此研发了一款新能源的新车型——QQ 冰淇淋,旗下车型命名为奶昔、甜筒、圣代和桃欢喜,主打 5 万元以下的微型电动汽车市场。

在 QQ 冰淇淋的车型当中,桃欢喜是 2022 年 6 月 21 日全新推出的品牌,是备受瞩目的新车型。自其在 2021 年成都车展亮相以来,就有诸多用户要求量产。相较于普通版车型,QQ 冰淇淋·桃欢喜尺寸加长,配置升级,竞品包括五菱宏光 MINI EV 等。另外,新车还将推出 GUCCI 联名版,造型更时尚。桃欢喜具有香桃款、甜桃款和蜜桃款三款具体车型,对应的价格(续航里程)分别为 4.75 万元(120km)、5.45 万元(170km)以及 5.75 万元(170km)。

如表2-7-2所示,QQ冰淇淋的主要竞争对手为五菱宏光MINI EV。相比较而言,奇瑞QQ冰淇淋的外观更可爱一点,且颜色选择较多,更受年轻人,尤其是年轻女性的喜爱。而中规中矩的五菱宏光MINI EV受众范围就较广。从外观上看,奇瑞QQ冰淇淋桃欢喜,整体延续了现款QQ冰淇淋的外观造型,整车外观相较于宏光MINI EV显得更精致,且尺寸大于普通版宏光MINI EV,但小于宏光MINI EV GB版。在动力方面,其动力及续航能力稍差于宏光MINI EV GB版。在安全方面,整车采用100%高强度钢焊接而成,车身侧面装有W型防撞梁以保障驾驶员安全,车身前部还配有能量吸收箱。安全配置超越了竞争对手。此外,奇瑞QQ冰淇淋配备了82种环保材料,座椅面料已获得德国莱茵汽车安全认证。即使是新车,车内的空气环境也能给予用户舒适体验。

表2-7-2　QQ冰淇淋与宏光MINI的尺寸对比

尺寸	QQ冰淇淋		宏光 mini	
	桃欢喜版	普通版	EV版	GB版
车身(mm)	3033	2980	2920	3061
车宽(mm)	1496	1496	1493	1520
车高(mm)	1656	1637	1621	1665
轴距(mm)	1960	1960	1940	2010

无界Pro:该车采用众筹模式打造,续航里程301公里版本为7.99万元、8.99万元;续航里程408公里版本为9.29万元、10.19万元。价格较低者对应低配版无界Pro,较高者对应高配版无界Pro。无界Pro的竞品车型有广汽埃安Y、欧拉白猫、比亚迪海豚等。如表2-7-3所示,无界Pro车身虽小,但续航能力不弱,续航里程、最大功率及最高车速均高于欧拉白猫。同时,无界Pro旗舰版的续航里程要高于比亚迪海豚低配版,且价格较低。综上,无界Pro的性价比还算可以。

表2-7-3　无界Pro与竞品车型的比较分析

车型	无界Pro	广汽埃安Y	欧拉白猫	比亚迪海豚
所属级别	微型车	SUV	微型车	小型车
车身尺寸（mm）	3402*1680*1550	4410*1870*1645	3625*1660*1530	4070*1770*1570
车身结构	3门4座两厢车	5门5座SUV	5门4座两厢车	5门5座两厢车
指导价格（万元）	7.99—10.19	13.76—18.98	7.18—10.68	10.28—13.08
续航里程（km）	301/408	500/600	305	301/401/405
最大功率（kw）	70	135	35	70/130
最大扭矩（N·m）	120	225	125	180/290
最高车速（km/h）	120/125	150	102	150/160

通过以上分析可以看出，奇瑞新能源的销量几乎都来自微型电动车，因此其销量受微型电动车市场波动的影响较大。例如，在2019年，当国家将新能源汽车补贴门槛从150千米提升至250千米时，奇瑞新能源就受到了极大的冲击，其市场份额出现大幅跳水。此外，进军中高端市场是每一家车企的必由之路，也是车企避免被市场边缘化的重要途径。因此，奇瑞新能源需要努力走出低端廉价的产品和市场范围，不断向上发展。

事实上，许多新能源汽车自主品牌从未放弃腾飞的梦想。然而，很明显，奇瑞更加执着。在第一次尝试腾飞失败后，奇瑞汽车间歇性地推出了两个高端品牌，即观致和星途。这两个品牌的表现并不如意，观致已经被卖，星途销量依旧差强人意。相较于吉利、长安等竞争对手，奇瑞汽车在高端市场上并没有什么优势。所有新能源车企在冲高的过程中，除去比亚迪外，其余车企均处于探索阶段。但是通过观察新能源车企以及传统车企可以发现，只有具备能够打动消费者的特点，才有可能获得阶段性胜利。因此，为了征服中高端市场，奇瑞新能源不能沿袭传统汽车企业的理念，而应创造自己独特的优势。

（二）奇瑞新能源产能布局

奇瑞新能源的工厂主要有奇瑞新能源芜湖工厂、奇瑞新能源合肥巢湖基地以及奇瑞新能源山东齐河工厂3个。

奇瑞新能源芜湖工厂：是国内唯一具有"短流程+低能耗+低排放+智能化"的新能源汽车生产工厂。生产的主要车型为奇瑞小蚂蚁、奇瑞大蚂蚁。

奇瑞新能源合肥巢湖基地：主要负责奇瑞新能源旗下的小蚂蚁（eQ）车型生产。

奇瑞新能源山东齐河工厂：该工厂投资金额约为10亿元，设施较为完全，内设有试车跑道、总装车间等，主要负责生产奇瑞小蚂蚁（eQ1）。

三、奇瑞商用车（捷途汽车）及奇瑞万达客车

（一）奇瑞商用车——捷途汽车

捷途汽车的成立时间很短，是奇瑞控股集团于2018年1月22日成立的。成立之初，捷途汽车就瞄准了"旅行+"市场，明确了"用行动定义旅途"的目标，并致力于成为"旅行+"细分市场的领导者，打造"旅行+"生态圈。"旅行+"，加的是产品、体验、权益以及平台。

公司目标客户多为90后，甚至是00后热爱旅行的年轻人或是大家庭。捷途汽车在发展的过程中，始终以用户为中心，迎合用户需求，其第一款产品捷途X70便广受家庭用户喜欢，上市短短4个月就销售超4万辆。之后，捷途汽车为满足客户需求，跟上市场化进度，推出了捷途X90系列产品，该系列产品相较于捷途X70系列产品具有更高的定位和更强的品质感。两大系列产品几乎实现了用户需求的全覆盖。虽然捷途汽车成立仅4年，但是其粉丝及用户增长却很迅速，目前，公司已在全球范围内拥有60万用户，粉丝数突破1800万人。

同时，公司不断增加研发投入，还特别成立了捷途新能源研究院，研发捷途汽车系列产品，严格把控新能源车的产品品质。2021年，公司推出了专门为"旅行+"打造的平台架构——"昆仑"架构（图2-7-5）。该结构有着延展性强（不同的轴距车型可通过物理模块的魔方组合实现，不同动力组合车型也适用）、智能化程度高、BAT生态深度融合等特点，能够提高整车安全性

（例如，底盘平台既兼容承载形式，也兼容非承载形式。可配备电四驱动系统、主动悬挂系统以及全时机械系统，进而使得车辆在行驶过程中能够灵活应对各种恶劣路况）、舒适度（例如，降噪能力优秀、空间大等）以及智能化（例如，车辆具备L4级自动驾驶能力）程度。并且，昆仑架构是世界上第一项全功能混动异构型变速箱技术。

图2-7-5　专为捷途汽车"旅行+"打造的"昆仑"架构

2022年1月，捷途品牌正式发布了X（主打SUV）、T（主打硬派越野）、P（主打硬派皮卡）、V（主打MPV）四大产品序列，同时布局了"4+3+N"产品矩阵。其中，"4"指的是SUV系列的4款车型：捷途X90、捷途X-2、捷途大圣以及捷途X70。"3"指的是跨界系列的3款车型：捷途硬派皮卡、硬派越野以及MPV。"N"指的是混合动力系列的所有产品。同月，捷途品牌旗下的第一款硬派越野概念车捷途T-X正式发布，该车型配备了混合动力系统和雄狮智能驾驶系统，具有车型力量感的同时也具备技术感。

未来，捷途汽车的产品研发将继续聚焦用户需求，专注打造车、人以及场景三者合一的产品，并从功能开发向场景体验开发转型。基于公司的"昆仑架构"，公司产品线将会更加丰富。

如表2-7-4所示，捷途汽车在售车型均为SUV，并且仍然以燃油车为主。每款车型的定位都非常准确并具备各自的特点。对于企业而言，产品是其发展的基石。近年来除了一开始的X70和X90系列产品外，捷途汽车又推出了X95系列产品。并且在产品打造和营销上与中国传统文化相结合，推出了X70诸葛、X90子龙、捷途大圣等车型，车型设计极好地展示出中国制造的自信,深受广大消费者的喜爱。

表 2-7-4　捷途汽车在售车型①

车型名称	所属级别	特点	价格区间（万元）	能源类别
X90	舒适智能SUV	智能、舒适、安全、稳定	8.99—10.69	燃油车
X90子龙			13.99—16.99	
X90 PLUS			10.09—12.69	
捷途大圣	紧凑型SUV	强延展、高智能、机甲运动设计	9.99—12.19	
X70S	旅行智能SUV	有颜、智能、操控	15.69	
X70 PLUS	舒适智能SUV	有颜、有空间、稳定	7.7—14	
X70	宽体智能SUV	空间大、品质好、智能化	8.69—15.59	
X70诸葛	环保智能SUV	环保、健康、安全	14.19—16.79	
新X70S	旅行智能SUV	性价比高、空间大	8.79—11.99	
X70 Coupe	技术派时尚SUV	时尚、节能、高性价比	12.69—12.99	
X70M	超值大SUV	国民好车、有颜有智更舒适	6.49—9.89	
X95至尊版	舒适智能大六座SUV	高颜值、空间大、动力强、智能、舒适	16.99	燃油车
X95酋长版			14.69	
X70S-EV	纯电动SUV	长续航、快充电、好品质	16.98—17.98	纯电

值得一提的是,在现在新能源盛行的背景下,捷途汽车依旧只有一款纯电动车型——捷途X70S EV(图2-7-6)。该款车型于2022年1月正式上市,基于燃料版本X70建造,外观与X70大致相同。其采用永磁同步电机和磷酸铁锂电池的功率组合动力系统,续航里程可达401公里。车头设计清秀、简单,富有层次感的同时极具辨识度,整车看起来非常时尚、大方。同

---

① 资料来源:捷途汽车官网。

时,该车型具备大灯高度调节、延迟关闭等功能,还配备驾驶模式选择、遥控钥匙、后排中央扶手、后雨刷器等,配置达到了同级别主流水准。其电池具有安全性高、重量轻以及循环寿命长等优点。该车型的主要客户为网约车公司、终端客户以及政府。

图2-7-6 捷途X70S EV

此外,在产能方面,奇瑞商用开封工厂主要负责生产捷途汽车旗下的开瑞K50、捷途X70、捷途X70PLUS、捷途X95、捷途V70等车型。该工厂隶属于奇瑞商用车有限公司,早期主要负责生产开瑞品牌下的微客、微卡。而在2018年捷途品牌成立后,其开始生产捷途品牌汽车,并成为捷途品牌唯一的生产工厂。可见,捷途品牌是开瑞品牌走向主流乘用化的品牌。

(二)奇瑞万达客车

位于贵阳经济技术开发区的奇瑞万达贵州客车股份有限公司是奇瑞贵阳客车的生产基地,占地面积为517亩,年产能为3万辆客车。奇瑞万达客车始终坚持国际化、信息化和自动化的发展路线,专注于客车整车的研发、制造和销售,涉及细分市场有公交、客运以及旅游等。目前,公司已开拓了包括南非、南美以及东南亚在内的十多个国家和地区,建立了多家销售代理和服务提供商。同时,凭借奇瑞集团的研究和实验资源,奇瑞万达客车被公认为"安全、高性价比、优质服务"的客车品牌。

一家企业要想持续发展,并在市场上占据一席之地,科技创新和研发必是重中之重。在这两方面,奇瑞万达客车贯彻得很好,从成立之初的燃油车生产,到油电混动汽车的生产,再到纯电动汽车的生产,从未停下脚步,并始终将科技创新和研发作为其核心工作。奇瑞万达客车的发展历程如图2-7-7所示。在经过供给侧结构性改革后,奇瑞万达客车的销售、物流等相关数据均已上"云",为后续企业进行精细化管理奠定了坚实的基础。目前,奇瑞万达客车已成为具备氢能源资质及整车资质的客车制造企业,并且是贵州唯一一家具备这三个资质的客车制造企业。未来,奇瑞万达客车仍会继续坚持稳步前进的主旋律,为用户提供安全、绿色、环保的客车产品,并以市场为导向,以做大做强为目标,不断地提升和发展自己,逐步成为国内外重要的客车企业之一。

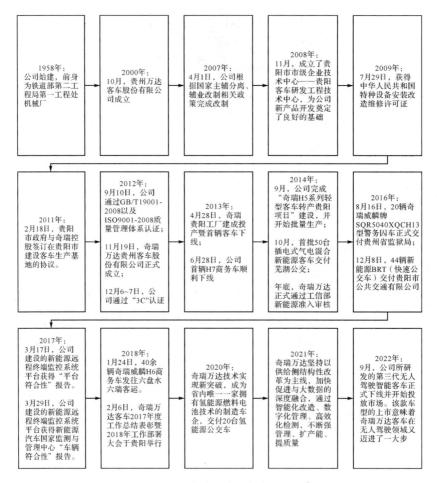

图 2-7-7　奇瑞万达客车发展历程①

---

① 资料来源:公司官网。

奇瑞万达客车旗下生产的新能源车型包括公交、客车、物流车以及商务车。

第一，新能源公交有包括6m纯电动公交车WD6600BEVG01、8m纯电动公交车WD6815BEV系列、7系纯电动公交车（低入口）在内的9款车型。

第二，新能源客车。目前，其在售的新能源客车仅有10.5m纯电动旅游、通勤车WD6109BEV1。

第三，新能源物流车。目前，奇瑞万达在售的新能源物流车仅有纯电动物流车WD5040XXYBEV系列。该系列共有WD5040XYBEV、WD5041XYBEV12款车型。

第四，新能源商务车。目前，奇瑞万达在售的商务车有6款，其中纯电商务WD6602BEV6和WD6602BEV系列为新能源。

综上，奇瑞万达客车旗下生产的新能源车型有四类：公交、客车、物流车以及商务车。其中新能源公交有9款，新能源客车和新能源物流车有1款，商务车有6款。为了提高各类车型的智能化，奇瑞汽车始终未停止智能化研究。2022年9月，奇瑞汽车第三代无人驾驶客车成功实现量产下线，公司在无人驾驶领域又迈进了一大步。

四、奇瑞智能化、电子化发展与海外市场拓展

（一）依托雄狮科技以及多元合作，推进智能化领域发展

"奇瑞雄狮"是奇瑞集团在2018年发布的智能化战略品牌。该品牌包括五大板块，具体为雄狮智赢（指数字化营销）、雄狮智驾（指自动驾驶业务，奇瑞汽车有望在2025年实现Level 4高度自动驾驶，2026年以后实现Level 5全自动驾驶）、雄狮智行（指共享出行）、雄狮智造（指智能制造业务）以及雄狮智云（指智能互联业务）。其中雄狮智驾和雄狮智云，是"奇瑞雄狮"的两大核心业务，也是智能汽车业务和技术的核心价值链。可见，这五大板块涉及制造、研发、服务和营销等全生命周期的智能和数字化布局。同时，它们还会依据消费市场和智能产业的变化不断调整、合理演进，形成一个战略性、可持续、合理的雄狮体系，支持奇瑞品牌的智能演进。据了解，2018年奇瑞汽车推出的车型都已搭载"雄狮"框架下的新一代奇瑞智能技

术。次年,奇瑞集团设立雄狮科技公司,专注于智能化业务。目前,集团已在硅谷、上海、北京以及芜湖等地建立了智能研发中心,拥有1000多位智能汽车领域的相关人员。

除去"奇瑞雄狮"以及其背后的奇瑞汽车的综合能力突出外,奇瑞汽车的智能化、电子化发展也离不开其与产业链相关伙伴的多元化合作。例如,在2015年,奇瑞汽车与百度进行合作,次年,双方合作研发的无人驾驶汽车在中国首次投入试运行;在2020年,公司与华为开展合作,共同在安徽芜湖探索5G创新应用场景,同时双方还在自动驾驶、5G+V2X等方面进行深度合作;在2021年,公司与科大讯飞以及海尔均已展开合作,进一步推进了公司智能化发展。同年,国家级芜湖经济技术开发区正式开始了奇瑞智能网"未来工厂"的建设,该项目将以绿色制造、智慧数字化技术为引领,致力于打造全国一流的绿色智能标杆工厂、智能网联示范区。值得一提的是,奇瑞汽车非常注重用户需求,旨在为用户创造有效、快速且主动的服务。

(二)电动化布局全面,微型纯电车引爆下沉市场

奇瑞汽车在电动化方面混动与纯电双线并重。

在混合动力方面,奇瑞汽车发布了鲲鹏DHT,它是中国第一个双电机驱动的品牌,它有11个组合挡、9种工作模式。前文提及的瑞虎8系列中的鲲鹏e+车型即搭载了DHT超级混动系统。在新能源技术方面,奇瑞汽车出台了"457"技术计划。这一计划有四大新能源平台、七大核心技术以及五大通用子系统。其中四大平台分别为轻量化纯电、电动四驱、插电混动、超轻智能互联,七大技术包括新能源汽车集成、增程/氢燃料技术以及整车控制技术等,五大系统包括电动驱动、电动驱动后桥、动力电池、整车控制以及插电式混合动力系统。

同时,新能源产品丰富,微型乘用车成为中低端市场爆款。具体可见前文。

此外,国际化布局早,出口优势明显。如图2-7-8所示,公司自2001年起走出国门,目前,已有10余家海外工厂(年产能为30万辆),服务网点和经销商超1500家,产品在全球80多个国家和地区都有销售(出口量排第一),其海外主销车型为艾瑞泽家族和瑞虎系列。并且公司已在中东、俄罗斯以及巴西等多地形成了一定的规模和品牌效应。同时,公司非常重视研发,在全球范围内共有6家研发基地。由于公司产品性价比高的同时品质好,其海外用户已达到195万户,全球范围的汽车用户已达1000万户。

2001-2013年	2014-2019年	2020年至今
•产品成功"走出去"以发展中国家市场为切入点,以出口贸易形式为主。	•扎根当地"走进去"积极布局巴西和俄罗斯等新兴市场,对当地工厂和经销渠道实施主动规划和管理	•推动品牌"走上去"完成包括欧美等主流市场在内的国际布局

图2-7-8　奇瑞汽车走出国门三阶段

(三)与立讯精密合作开创整车ODM业务新模式

苹果产业链巨头立讯精密入股奇瑞控股的时间是2022年。依据公司公告,立讯精密与奇瑞控股、奇瑞新能源以及奇瑞汽车共同签署了《战略合作框架协议》。并且在该协议的基础上,立讯精密与奇瑞新能源将会建立合资公司,主要负责制造与研发新能源汽车,并为立讯精密核心汽车零部件业务提供出海口、量产平台和前沿研发设计。公告显示,上述协议签署当日,立讯精密的控股股东立讯精密与青岛五道口新能源汽车产业基金企业(下称"青岛五道口")签署《股权转让框架协议》,协议中明确规定立讯精密以人民币100.54亿元收购青岛五道口(持有奇瑞控股46.77%股权)持有的奇瑞新能源6.24%股权、奇瑞控股19.88%股权以及奇瑞股份7.87%股权。收购完成后,立讯精密将会成为三家公司的股东但不对三家公司构成控制。在立讯精密入股后,此前持有奇瑞控股46.77%股权的青岛五道口股份减少至26.89%,低于芜湖市建设投资有限公司(芜湖市国资委全资控股)27.68%的持股比例,为第二大股东,而立讯精密则为第四大股东。随着时间的推移,在2022年一季度,青岛五道口逐渐退出奇瑞控股五大股东之列,立讯精密也成为奇瑞控股的第三大股东。同时,立讯精密表示会与奇瑞新能源共同建立合资公司,研发和制造新能源整车。2日后,即13日,立讯精密在《投资者关系活动记录表》中表示不造车,协同奇瑞做整车ODM,助力奇瑞造好车,未来12—18个月ODM会陆续投产。奇瑞汽车销量有望进一步增长,配套产业链迎来新的机遇。

立讯精密称,本次与奇瑞的战略合作,是协同奇瑞开拓另一个新产业——为别人造好车,即整车ODM模式。长期以来,公司核心目标一直是成为行业第一的汽车领域制造商,并且一直在寻找一个平台来锻炼自身的核心零部件能力。与立讯精密的合作是在打造合作整车制造ODM模式的基础上,快速扩展业务,快速提升公司作为一级制造商(零部件供应商)的综合能力。

电动化和智能化推动整车ODM成为新的业务模式。随着汽车的电动化和智能化发展,软件在汽车中的作用越来越大,科技巨头纷纷涌入汽车行业。但是,他们对制造能力、车辆等级标准以及体系能力建设的理解不够深刻。为了保证汽车的产量和质量,这些科技巨头急需高质量的OEM工厂,这就催生了ODM制造汽车的机会。此外,ODM模式还可以缩短上市时间,增强品牌竞争力。奇瑞的新能源车型面向的市场主要为中低端市场,尚未打通北美以及欧美等海外市场。但是其优质的客户资源也帮助奇瑞汽车获得进入苹果产业链的机会,能够帮助奇瑞汽车拓展海外发达国家的市场。

综上,奇瑞建立了"奇瑞雄狮"这一智能化战略品牌,并依托该品牌的技术与产业链相关伙伴的多元化合作,不断推进奇瑞在智能化领域的发展。同时,奇瑞的微型纯电动车销售非常火爆,直接引爆了中低端纯电动车市场。在混电领域,奇瑞发布了鲲鹏DHT——中国第一个双电机驱动的品牌,也因此占据了一定市场份额。此外,通过与立讯精密的合作,奇瑞开拓了另一个新产业——为别人造好车,即整车ODM模式。可见,奇瑞在新能源汽车电动化、智能化这条路上走得还算不错。

依据其2022年发布的"瑶光2025"战略,公司未来将向着全球科技公司转型,并在鲲鹏动力、银河生态、火星架构以及雄狮科技四大核心领域的基础上不断打造包含智云平台、智能驾驶、三电等在内的13大核心技术,向着全球科技公司转型。而在产品规划上,奇瑞将在2023—2027年五年间发布33款新产品,其中有19款为纯电产品。总之,在未来五年,奇瑞将不断丰富其产品矩阵,不断提升其技术创新能力,争取早日成为具备全球竞争力的汽车企业。

第八章　五菱宏光供应链战略优势
打造新能源爆品车型

　　上汽通用五菱汽车股份有限公司(以下简称上汽通用五菱,前身为1958年成立的柳州汽车动力机械厂)是一家由通用汽车(中国)公司、上海汽车集团股份有限公司和柳州五菱汽车有限责任公司共同组建的大型中外合资汽车公司(图2-8-1),位于广西壮族自治区柳州市。其成立于2002年11月,主要从事商用车和乘用车的生产和销售。旗下拥有五菱汽车和宝骏汽车2个商用车品牌。公司拥有柳州宝骏基地、重庆分公司、柳州河西总部以及青岛分公司四大制造基地。

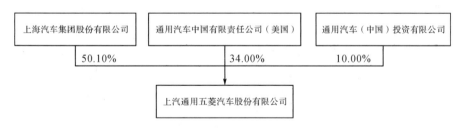

图2-8-1　2022年上汽通用五菱汽车股份有限公司股权结构

　　2022年3月,上海通用五菱发布了"二百五十亿"新能源战略。战略指出,未来要将公司打造成百万混合动力和纯电新能源平台以及电控、机器人、电池、商务服务和电控五十亿产业。次月,上海通用五菱推出五菱宏光Mini EV Gameboy,宏光MINI EV的产品矩阵扩展为GAME BOY、马卡龙以及MINI EV。相比于第一代宏光MINI EV,该款新车型所属的细分市场为5万—7万元。目前,上海通用五菱在售的新能源车型共有4款,还有一款为五菱Nano EV。

自2014年开始,为适应消费者需求,上汽通用五菱开始将精力聚焦于小型新能源汽车,并重新定义了小型汽车。2020年,凭借着小型新能源汽车,公司在新能源汽车市场快速占据一席之地,成为该年唯一一家销量超过10万的车企。旗下产品五菱宏光MINI EV更是跻身新能源汽车销量前十名,成为公司重要产品之一。

五菱宏光MINI EV已经成为全国乃至全球当之无愧的明星车型,在小型电动车市场的地位不可撼动。2022年全年,该款车型的销量达到55.4万辆,登上全球小型汽车销量榜首。截至2023年1月底,该款车型的累计销量达到111万辆,已经连续28次拿下中国纯电动汽车月销量冠军。

五菱宏光MINI EV为何如此热销?归根结底还是低价。其上市之初,价格仅在3万元左右,降低了新能源汽车的购车门槛,也颠覆了人们的认知。五菱宏光MINI EV的热销使其他车企看到了小型新能源汽车市场的发展前景,于是市场上出现了与其差不多的车型,例如奇瑞的QQ冰激凌、东风的风光MINI EV等。这使得五菱宏光MINI EV的市场空间大大缩小,给五菱宏光带来了挑战。面对挑战,上汽通用五菱选择不断扩大宏光MINI EV的产品线,以保持和扩大销售规模。同时,为满足用户对电动汽车服务体验的创新需求,五菱还为GAMEBOY车型提供原创定制服务,并搭建了LING LAB服务平台。据了解,该公司预计将在全国198个城市拥有246家门店,主要分布在二线和新的一线城市,并计划设立LING LAB线下体验区。

那么宏光MINI EV为什么能够保持低价?答案在于它的供应链战略以及成本管控。

一、宏光MINI EV的供应链管理

(一)宏光MINI EV的竞争优势

2014年上汽通用五菱和柳州市政府一起开创了小型新能源车"柳州模式"。通过数据分析,上汽通用五菱洞察到了新能源汽车推广存在充电难和

停车难问题,因此2020年五菱宏光推出新能源车宏光MINI EV。

宏光MINI EV相较于其竞品而言,存在4个竞争优势。

一是定位准确,瞄准了代步车市场。人们需要什么,上海通用五菱就造什么。例如,人们非常在意价格。在2020年7月,五菱宏光推出了全新A00级新能源汽车宏光MINI EV,起价为2.88万元,再次突破了乘用车价格底线,瞬间点燃代步车市场。发布当月,该款车型的销量即达到7348辆,8月即破万辆,是全球销量破万速度最快的小型新能源车。正是因为定位为日常代步车,并不需要很长的续航里程,因此其续航里程仅有120—170km,完全能够满足多数用户买菜、接送小孩、上下班等需求。

二是抓住趋势,引领新能源汽车市场。目前,中小城市和农村的新能源汽车市场仍有很大空间,因此汽车销往中小城市必是趋势所在。五菱宏光MINI EV上市初期即瞄准了中小城市,抓住了市场趋势,引领了新能源汽车的潮流。不止如此,小型汽车的定位本身也是一种趋势。如表2-8-1所示,2022年全年新能源汽车销量排行榜前10名中,就有3款纯电动微型车,分别是宏光MINI EV、QQ冰淇淋、奔奔E-Star。在前10名中,销量占比32.59%。其中,宏光MINI EV位列第一,销量达到了40.48万辆,较第二名的比亚迪秦PLUS多出6.29万辆,比排名第七的微型车奇瑞QQ冰淇淋多出30.83万辆。可以说,宏光MINI EV占据了中国微型车的半壁江山。不仅如此,其在全球新能源汽车销量中依旧是占据首位。

表2-8-1 2022年中国新能源汽车销量排行榜[①]

排名	车型	厂商	级别	销量(辆)
1	宏光MINI EV	比亚迪	微型车	404823
2	比亚迪秦PLUS	上汽通用五菱	紧凑型车	341943
3	比亚迪汉	比亚迪	中大型车	272418

① 数据来源:乘联会

排名	车 型	厂 商	级 别	销量（辆）
4	比亚迪海豚	比亚迪	中型 SUV	204226
5	特斯拉 Model3	特斯拉	轿车	124456
6	埃安 Aion s	广汽埃安新能源	紧凑型车	116332
7	奇瑞 QQ 冰淇淋	奇瑞新能源	微型车	96529
8	奇瑞 eQ	奇瑞新能源	中型 SUV	94330
9	长安奔奔 EV	长安汽车	微型车	92053
10	风神 E70	东风汽车	紧凑型轿车	73447

三是高颜值。五菱宏光 MINI EV 的外观设计非常符合年轻人的审美，整车线条锋利，采用了大量方形因素，设计感、立体感和时尚感十足。同时，针对男性和女性，五菱宏光 MINI EV 分别推出了 GAMEBOY 和马卡龙 2022 款。

其中，GAMEBOY 引领时尚，创造潮流，让潮创文化更深入人心。GAMEBOY 具有飓风魅影版、丛林穿越版、星际漫游版、派对甜心版四大炫酷潮装车，为潮流青年们解锁了 N 种潮创玩法，该车有玩乐款和玩咖款可供用户选择。

四是极高的性价比。宏光 MINI EV 完美诠释了"日常代步"。依据《中国小型新能源汽车低温续航白皮书》显示，在低温条件下，宏光 MINI EV 的续航里程保持率达到了 67.5%，较同行业的平均值高出 7.55%。值得一提的是，在 48 小时冰封测试中，宏光 MINI EV 并未出现任何异常，且在测试后，其电池仍旧正常，并未受到任何影响，可见其实力之强。在高温条件下，宏光 MINI EV 的表现在 10 万元以下的车型中表现非常优异，被评为 10 万元以下高温可靠性唯一优秀车型。这主要依赖于其三电系统和整车设计的可靠性、续航里程等。此外，因其整车小巧轻便，掉头容易且占位小，完美解决了停车难、车位少的问题，很适合日常代步出行。

（二）宏光 MINI EV 的供应链管理

随着供应链逐步成为企业的竞争力所在，其重要性不断提高。对于上汽通用五菱而言，其供应链战略是五菱宏光 MINI EV 热销的重要原因之一。

五菱宏光 MINI EV 的供应链目标即整体价值最大化，因此，五菱宏光 MINI EV 在设计时始终遵循低成本、低利润率的原则。各部件供应商如表 2-8-2 所示。

表 2-8-2　宏光 MINI EV 各部件供应商①

宏光 MINI EV 部件			供应商
电池	电芯	磷酸铁锂	国轩高科、宁德时代、鹏辉能源
		三元锂电池	星恒电源
	PACK		华霆动力、江苏时代
	电池壳		万安科技
电机			方正电机、双林股份
电控			华域汽车、宁波央腾、阳光电源、英博尔
OBC、动力电池高压线束、充配电系统总成			铁城科技
VCU			联合电子
BMS			华霆动力、宁德时代（配套电池）
冷凝器、空调箱、暖风机总成			松芝股份
电子加速器踏板			宁波高发
制动助力真空软管			川环科技
制动系统电子真空泵、ABS 支架、副车架			万安科技
鼓式制动器、前悬架总成			亚太股份
玻璃			福耀玻璃
安全带总成			松原股份
配套天线总成			盛路通信
轮胎			玲珑轮胎

① 资料来源：工信部公告。

在供应链的前端采购环节,五菱宏光 MINI EV 的供应商多为国内一流厂商,具备一定的专业技术,实力较强,值得信赖。为了降低成本,上汽通用五菱经常会向供应商订购大量的零部件,以形成规模效应,增强其在供应商处的话语权。在配件生产环节,其选择将其外包,而非自己生产,此举大大降低了整车生产成本。在供应链装配环节,延迟化策略和组成技术是五菱宏光 MINI EV 所采取的方式,该方式的原理即按照订单转配成型,以期达到规模效应,进而在产品规模上实现利润增长。

对于供应商,上汽通用五菱常通过成本和质量管控帮助其提质降本,但是并非所有的供应商都能够把控到位,如"三电"系统的供应商。因此,为了能够让供应商了解最新情况,在上汽通用五菱决定进军小型代步车市场时,邀请了所有合作伙伴共同商讨产品定位、用户需求、市场前景等。最终,五菱宏光 MINI EV 的大卖使得其供应链上的多家企业都分享了红利。

综上可知,五菱宏光 MINI EV 之所以能够将价格定在 3 万元左右,是因为其整合了上下游资源,把非核心的配件生产制造外包,并向世界一流厂商采购零部件,极大地发挥规模效应,进而降低了整车的生产成本。此外,为紧跟潮流步伐,提高供应链的准时性,降低制造成本,五菱宏光 MINI EV 的营销手段十分巧妙。其允许客户依据个人喜好对车辆进行改装(包括外观颜色、内饰装扮等),以迎合有个性追求的客户,并成功打造了属于自己的品牌文化,形成价格低外的又一大卖点。

二、宏光 MINI EV 供应链成本管控

供应链总体成本包括很多方面,简单地来说分为以下几类:库存成本、采购成本、制造成本、物流成本以及信息成本。

第一,库存成本。一般而言,只有极冷门或是极热门的车型才有可能出现"零库存、无展车"情形。宏光 MINI EV 就属于极热门车型。其能够成为极热门车型的原因是其遵循"薄利多销"的原则,并且门店和车辆交付时间大幅降低,车主能够第一时间提取到店实车而无须再等待 15 天。同时,受其热度影响,宏光 MINI EV 常处于供不应求的状态,因此为满足庞大的客户需求,制造商纷纷推迟了上海五菱宏光旗下其他车型的生产进度,优先将产

能分配给宏光MINI EV。同时,宏光MINI EV的热卖使得其基本实现"零库存",进而使资金周转速度加快、管理费用降低,公司可用资金增加,降低了公司资金短缺的可能性。

第二,采购成本。宏光MINI EV所用配件均不是上汽通用五菱自己生产的,而是通过采购的方式获取。其采购方多为福耀玻璃、松芝股份以及方正电机等各行各业的领军者。又因为宏光MINI EV的热销,使其形成了规模效应,加大了在采购方的话语权,进而降低了采购成本。

第三,制造成本。一台电动车的最终动力水平取决于电池容量、电机功率以及逆变器性能三者,并非其中之一。如图2-8-2所示,三者之间的关系就好像是一个木桶,存在短板效应,电池就像最短的"木板",只能容纳这么多的水,其余的只需要保持齐平即可。过高的配置会在不改变性能体验的情况下增加无用的成本。宏观MINI EV之所以能够胜出,在于其很好地运用了"短板效应",完美地说明了"适用远比技术更重要"。

图2-8-2　宏光MINI EV制造成本控制策略"短板效应"

首先,从电池的角度看,电池成本是一辆新能源汽车最主要的成本,占总成本近40%。宏光MINI EV定位为日常代步车,续航里程要求并不高。通过前文分析可知,宏光MINI EV 2022款的续航里程仅有120km,所需电池容量比较小。依据名古屋大学的宏光MINI EV拆卸报告可得知,宏光MINI EV所搭载的电池包有着116Wh/kg的能力密度和13.9度的电池容量。宏光MINI EV的电池包价格约为9000元,每度电远低于市场上电池包平均成本,可见在电池包的成本控制上,其可谓做到了极致。如图2-8-3所示,一般而言,电池对于外界温度非常敏感,如果温度过高,电池包的使用寿命缩短,甚至可能膨胀并起火。如果温度过低,电池的容量会骤降,甚至连电池的充电和放电都会变得困难。通常,10—30℃是电池的最理想温度,因此为了确保电池在行驶阶段的稳定性,散热结构非常重要。而在散热上,宏光 MINI EV 也做到了成本控制。目前,水冷和风冷是电动车散热的两种主要方式。前者的散热效果比后者强得多。由于宏光 MINI EV 的定位,一般难以出现电池和电机因频繁急加速或大负载出现热衰退的问题。因此,为降低成本,宏光 MINI EV 选择采用风冷散热的形式。最终呈现出的效果为在−7℃气温下的续航保持率为67.5%。这一数据要高于同行业的平均水平,并能在冬天保证续航。

其次,在电机方面。电池包的容量与其电压成正比。而电压值会直接决定电机的最高转速,进而决定电机的功率。所以要想提升功率,首先就得提升电池包的容量。宏光 MINI EV 的电池包的能力密度为116Wh/kg,电池容量为13.9度,仅为主流电动车的五分之一。与之相对,宏光 MINI EV 的电池包电压只有90V,远低于目前市场上的一般电动车。电机的差价仅为几百块,并不大,但为了匹配更大功率的电机,电池包、逆变器、散热系统以及绝缘防护等等一系列配套设施都要增强,成本也会随之增加。因此,MINI EV 选择搭载的电机输出功率仅为20kW,整车的最高车速虽然只有100km/h,但是已经符合其产品定位。

图2-8-3　MINI EV动力模块

接着,在 IGBT 芯片上。降低芯片成本的途径有两个,减少芯片数量或是降低芯片的耐久性标准。MINI EV 选择了前一种途径。一般来说,为了尽可能增加电动汽车的续航能力,电动汽车配备了动能回收系统。部分制动任务交给电机反向拖动来实现,反向拖动的速度由电机产生并存储在电池中。这个功能的实现需要额外增加一个降压装置,将电动机产生的电力降压后才能储存在电池中。由于MINI EV续航里程的要求较低,所以其直接省略了这一部分以降低成本。同时,根据名古屋大学的拆解报告,宏光MINI EV逆变器中的IGBT芯片仅采用了工业级的设计标准,制造成本远低于车规级、军工级的设计标准,这进一步压缩了整车成本。

再者,宏光MINI EV为降低车身重量,选择加大铝合金及高强度钢的使用比例。如图2-8-4所示,其车身横踢架构就像一个"金钟罩",且整车高强度钢使用比例达到57%以上,将刚性与抗压能力做到极致,整车重量降低,显得牢固且坚实,大大降低了车主的安全风险。

图2-8-4　MINI EV车身制造结构

最后,在车身防护上MINIEV做得也比较简单。前防撞梁直接连接到纵梁,取消了可减少低速碰撞损失的能量吸收箱。在车尾外侧,吸能盒和防撞梁被一起取消,这意味着一旦发生重大事故,汽车损坏将直接影响纵梁,维修成本将大幅上升。如此操作大大降低了整车生产成本。

名古屋大学的教授们为弄明白为什么宏光MINI EV能够做到如此低价将其进行拆解。他们最终得出结论:宏光MINI EV的生产成本为2.69万元,其中电池占到33.46%,电动零部件占到10.41%,电子零部件、组装及销售和装备均占到12.64%,内饰以及车身等占到10.41%,行驶成本占到8.18%。

第四,信息成本。在宏光MINI EV上市之前,上汽通用五菱做了充足的市场调研。通过调研,公司发现,超80%的用户日行驶里程小于40公里,超60%的用户周充电次数不大于2次,这些用户用车只为满足日常代步,即多用于上下班、日常购物等,所需座位一般为2—4人。在获得以上信息之后,上汽通用五菱选择与合作伙伴共享信息,更加精确地掌握了用户信息,也大幅降低了供应链的信息不对称性,节约了信息成本。

第五,物流成本。上汽通用五菱的成本控制还体现在物流方面。例如,对于轻便小巧、单次运输量大的零部件,其通过与铁路部门合作的方式,开通青岛–柳州宏光MINI EV零部件铁路运输专列,形成规模化运输,大大降低了物流成本。再比如,在整车运输上,其通过与物流供应商的合作,同样形成了规模化运输,其中运输方式多以公路为主,少量采用铁路运输,两种方式的物流成本大致相同。通过计算,从广西柳州将一辆宏光MINI EV运输至北京所需的费用为1元/公里。

可见,MINI EV可谓是将供应量成本控制做到了极致。

通过上述分析可知,宏光MINI EV在上市之前所做的调研以及信息共享非常的重要,正是基于这些信息调研结果,其发现了市场的潜在需求,才能够在上市之时"点燃全场"。当然,低价、国家政策的支持等也是宏光MINI EV成为明星车型的重要原因。

上汽通用五菱可谓是将成本控制做到了极致,但是,一些人"便宜没好货"的观念不易改变,他们会因为低价而对宏光MINI EV的安全性、质量等产生怀疑。如何消除这部分人的疑虑将会成为未来宏光MINI EV销量继续攀升的关键所在。此外,在看到小型新能源汽车市场的红利后,多数高端企业也进入了该领域,如长城汽车、小米等。这些高端企业的进入给上汽通用五菱带来极大的压力,所以,上汽通用五菱需要尽早思考其在未来的发展方向,以及如何保持自身品牌优势。

第九章　红旗——大国品牌的新能源汽车之路

在中国,有一个特殊的品牌——红旗。它在中国人心中扮演着重要的角色。它的出现代表着中国汽车发展史的开始,也体现了中国人民自强不息的精神。红旗轿车自诞生以来,见证了中国汽车工业发展的每一步,也帮助现代汽车新星们铺平了发展的道路。它是中国人所崇尚的高标准"礼"代名词,致力于将自身打造为自主豪华品牌。红旗有着包容、自立、谦逊和自尊的态度,这一态度使得红旗不断开发出所有高端豪华轿车中最舒适、安全、人性化、高科技的自有品牌车型,提供最受尊敬的服务,并在各个方面让消费者感受到"以人为本"的用车体验。

红旗生而不凡。1958年5月12日,国产第一辆小轿车"东风"——红旗轿车的前身试制成功,车型编号为CA71。1959年,红旗轿车第一次参与国庆大阅兵,并发布了第一辆中国自研的国产红旗轿车——CA72。次年,该车参加了日内瓦展览会,并被编入"世界汽车年鉴"。1964年,红旗成功研制出了三排座高级轿车——"红旗"CA770。与此同时,为了庆祝建国15周年,一汽生产的40辆CA72红旗车被送往北京。9月,CA72与苏联"吉姆""吉斯"两款车型共同进行测试,红旗轿车击败了苏联轿车,顺利通过测试。自此,"红旗"成为出席国庆15周年外交迎宾活动的专用车辆,并被正式指定为国宾车。1965—1970年,红旗成功研发出了我国第一辆红旗新型三排座高级轿车以及专为领导人设计的CA772高级特种保险车。1972年,毛主席坐上红旗特种保险车,为红旗轿车罩上了更加耀眼的光环。

不过,这一辉煌并未持续。1981年5月14日,《人民日报》发表了国务院关于节电节油的指示。红旗并不符合节油标准,因此停产。自此,被定义为国宾车的红旗消失在人们的视野中,直至1996年才开始复产。好在这些年间红旗并未停止其研发工作,为以后红旗的崛起奠定了基础。复产的第一年,红旗就通过与奥迪合作,开发出一款新的车型——CA7220(基于奥迪100改进而来,之后被称为"小红旗")。该款车型上市后反响不错,因此在1998年,红旗对其进行了改款,改款后的CA7220,即CA7460(大红旗)搭载了国产发动机,并于2000年正式上市。上市后,其最低价仍需68万元,由于CA7460不再具备"中国味",且市场竞争尤其激烈,其上市后销量不佳。随着汽车市场参与者逐步增多,且红旗上新慢,其市场竞争力逐步下降,并在随后几年陷入"停产–复产"的循环。为摆脱此循环,红旗在2012年开始走上自研的道路,并放宽了自身市场定位,开始进军家用车市场。此后红旗就像安装了加速键,新车型层出不穷,市场领域也开始扩散至新能源、SUV及轿车等各大细分市场。旗下车型的售价也在不断下探,大家最熟悉的车型恐怕就是红旗H5了,从设计、配置到动力再到售价,体现出品牌满满的诚意,上市之后取得了不错的销量成绩。

为顺应时代潮流,紧跟绿色发展趋势,一汽红旗也迈进了新能源汽车市场。若要追溯其新能源化历史,最早可以追溯到2008年。这一年,红旗推出了混合动力车型,更在2010年推出了纯电动汽车。那么红旗的新能源转型之路究竟是怎样的?

一、红旗汽车新能源转型

在对红旗进行电动化转型之前,其母公司一汽集团先对奔腾汽车进行了转型。奔腾汽车旗下第一款自主知识产权混电轿车——奔腾B70 HEV发布于2008年,其也是中国第一款混电轿车。奔腾汽车2006年11月开始研发该款车型,在16个月后结束研发,并在2008年4月正式上市。上市后一年,奔腾B70 HEV出现了轿车、客车等车型,并且公司还发布了集成当时一汽在混合动力系统技术平台和整车制造方面最新成果的B50 HEV。同年,与丰田展开合作,通过借鉴丰田先进技术和成熟经验,一汽开发混合动力汽车的脚步进一步加快。

2010年,奔腾汽车发布了奔腾B50和伟志B50两款纯电动车型,标志着其正式进入纯电动汽车市场。同时,一汽集团还建立了新能源汽车生产基地,并设立了新能源汽车分公司,自此,奔腾汽车的电动化转型不断深化,直至今日。

有了奔腾汽车这一试金石,一汽旗下其他品牌也逐步开始转型,以顺应国内新能源汽车行业的蓬勃发展趋势。其他品牌开始转型之时,恰是国内新能源汽车产业迅猛发展的时期。许多造车新势力均在这两年成立,例如小鹏汽车、理想汽车和蔚来汽车等。在这样的背景下,一汽集团旗下海马品牌、夏利品牌以及骏派品牌均制定了相应的发展规划。如海马就将以新能源汽车为重点,围绕动力、渠道以及新车进行建设。除了投资布局和新车上市,一汽还布局了新能源基础设施建设。例如,在2016年,一汽集团与中国石油集团公司在互联网汽车和新能源汽车领域以及加油站充电业务方面开展了合作。

事实上,一汽集团通过奔腾、夏利、海马所进行的电动化转型并未取得很好的成绩,但为一汽集团在新能源领域的探索积累了一定的经验。在此基础上,一汽开始将电气化改革的重点转向旗下高端豪华自主品牌——红旗。在一汽集团旗下的所有自主品牌中,红旗的新能源之路起步较晚。2016年,一汽方才完成了混合动力和纯电动平台的开发,要晚于造车新势力蔚来和小鹏。同时,红旗旗下第一款混合动力车型——H7 PHEV正式上市。2018年1月8日,在中国一汽红旗品牌战略大会上,红旗公布了新品牌战略、新造型概念、新产品序列、新能源产品规划等信息。自此,新红旗正式诞生。2019年,红旗在新能源上的布局已经得到基本明确,大三电平台和小三电平台将是其未来重点关注方向。其中大三电平台包括2个整车控制平台总成、3个动力电池平台和5个电驱动系统平台,而小三电平台则是由2个电动空调平台总成、2个DC/DC平台和4个充电机平台构成。同年,红旗推出了第一款纯电动SUV E-hs3,代表着红旗开启了新的篇章。2020年,红旗在纯电动市场继续发力,推出了第一款基于FME平台打造的电动汽车E115和第一款纯电动豪华旗舰SUV E-hs9。该年年底,一汽集团党组书记、董事长徐留平发布"12211"战略,如图2-9-1所示。该战略明确了一汽集团以及红旗飘飘的未来发展方向。

图2-9-1 一汽集团"12211"战略

2021年,新红旗以"双碳"目标和一汽红旗发展规划为指引,以品牌营销为辅助,不断完善旗下产品。9月,红旗3款车型——HS7、HS5、H5正式上市,三者在内饰、外观、配置以及智能等多方面均进行了升级。H9、E-HS9也在2021年进行了全新升级。至此,新红旗形成了"双舰双星"产品矩阵。同时,在2021年,新红旗的销售成绩喜人,年销量达30.06万辆,在中国豪华品牌中排名第4。同年,一汽集团董事长徐留平宣布将以新能源开启红旗品牌第二阶段跃迁发展的新篇章。

2022年,新红旗在销售、制造、低碳等方面继续保持高质量发展势头。3月,红旗E-QM5正式上市,该款车型的换电版由红旗与奥动新能源合作推出。8月,红旗飘飘第一款豪华MPV——红旗HQ9开始在繁荣工厂进行量产,次月便正式上市。同时,为满足用户出行、情感以及社交方面的需求,红旗在9月发布了元宇宙社区。几乎是在同一时间,一汽董事长徐留平即以虚拟形象+虚拟语音出现在元宇宙中向红旗用户介绍了红旗超级电动智能平台、新能源战略以及新红旗SUV EV、新红旗E-LS、新红旗Sedan EV三款新能源概念车,为红旗品牌向新能源转型吹响了"冲锋"的号角。在转型的过程中,红旗成功树立了高端、年轻的品牌形象,"中式新高尚精致主义"的品牌理念得到了市场的认可。不仅销量不断增长,新红旗的品牌影响力也进一步提升,成为自主高端品牌的代表。

从红旗推出的车型来看,其产品基本符合红旗此前的规划,这也从侧面反映了红旗的电动化正在朝着预期的方向顺利推进。未来,红旗将始终坚定高质量、绿色智能发展方向,其计划到2025年累计推出新能源系列车型13款——涉及H、Q、S、L四大系列,实现50万辆的销售目标。

2023年1月8日,"2023中国一汽红旗品牌新能源汽车全球战略发布会"在广州正式召开。在此次发布会上,红旗品牌被赋予了新的Logo、新的设计理念、新的技术平台以及品牌架构等。

首先,在技术平台方面,红旗发布了旗帜超级架构(即FMEs超级架构),主要包含HME平台和HIS平台。其中,前者为"旗羿"电动化、智驾化集成平台,内含四大系统——智能安全底盘、高能安全电池、高功智慧补能以及高效电驱;后者为"旗偲"智能化、体验化集成平台,是一个预计在2023年上半年完成开发的全新的平台,包含了三大系统——自动驾驶、先进电子电气、舒享座舱。基于该架构红旗开发了三款新能源汽车:E001、E702和E202。三款车型将会在后文进行详细介绍。据IT之家发布的信息,未来,红旗还将基于FMEs超级架构发布15款新能源产品,车型覆盖了SUV、MPV以及轿车。

具体而言,FMEs平台打造了"1+1+6"的全新架构。其中的两个"1"代表的是1个电子电气架构(FEEA3.0域控制融合架构)和1个承载架构(一体化压铸地板+钢铝混合车身),"6"表示6大核心模块。这一架构能够让红旗未来5—10年在自动驾驶等新能源汽车相关领域始终保持性能上的领先。

其次,是全新的品牌Logo。如图2-9-2所示,该Logo寓意为"旗妙双翼",由两个简化版的字母"E"组成,非常简洁、干练,代表了环境(environment)和享受(enjoy),体现了红旗新的时代追求,即追求与自然和谐共处、珍爱生命,追求新能源智能化转型、实现绿色出行。

图2-9-2　红旗的全新品牌Logo

接着,是产品规划。依据红旗的规划,2023年,红旗正式开始"All In"新能源领域,并定下2025年销售100万台汽车,2030年150万辆的宏伟目标。其中,2025年超50%为新能源汽车,2030年新能源汽车成为销售主体。除去国内市场,海外市场的拓展也必不可少。在2025年,海外红旗销量占到总销量的比例在10%以上,预计2030年该比例将提升至25%。

最后,从品牌架构的角度讲,红旗未来将会建立四个框架,分别为"超级跑车""节能汽车""新能源汽车"以及"红旗顶级车",全力打造民族汽车品牌"新名片"。四个子品牌所对应的设计语言、理念以及标识不尽相同。其次,从产品理念的角度讲,新的理念在原有的理念——中国式高尚精致主义前新增了"新时代"三个字,目标客户也转变为"新时代中国式新高尚情怀人士"。最后,从设计语言的角度讲,红旗将"美妙"作为核心理念,并以此理念贯穿至未来所有车型的设计风格中。2023年4月,第二十届上海国际汽车工业展览会于国家会展中心(上海)开幕,红旗旗下三大品牌红旗新能源、红旗节能车以及红旗金葵花正式发布。其中金葵花就是红旗的"顶级车",针对的是新高尚情怀人士,属于红旗的品质用户。"金葵花"有着和谐、繁荣之意,续接着传统红旗的定位,即尊贵与匠心,该品牌是红旗先进技术匠艺与中华千年文明的深度融合。红旗节能车的标识有"旗开得胜"之意,形似飘扬的红旗,彰显着民族自信和情怀。旗下新产品包括H6、HS5、HS3和HS7四款。未来,三个子品牌将会陆续推出更多的新车型,进而丰富红旗新能源产品线,帮助红旗完美实现转型。

二、红旗明星车型与新能源汽车产品研发

目前,红旗的产品阵营主要有轿车系列和SUV系列两大产品体系,覆盖15万—70万元的中高端市场,涵盖燃油车和新能源汽车。目前,红旗品牌旗下车型仍以燃油车为主,但已构建L、S、H、Q四大系列产品,并开始智能化和电动化转型。如图2-9-3所示。

到2025年,中国一汽将推出全新的17款红旗车型。红旗投放产品累计达28款(15款为新能源产品),销量突破100万辆,其中新能源车占到40%。到2030年,红旗计划全面实现自动化,但就目前的情形来看,任重而道远。

图2-9-3　红旗四大系列产品

（一）红旗燃油车明星车型

红旗旗下的燃油车车型有红旗H9、红旗H9+、红旗H7、红旗E-HS3、红旗H5、红旗E-QM5以及红旗HS5等。

红旗L5是中国一汽自主研发的E三厢轿车，是迄今为止唯一一款中国品牌的E级三厢轿车。红旗本就被定义为国宾车，有着其他车企没有的品牌势能。红旗L5是红旗行政旗舰轿车，售价为700万元，如此高价依旧是一车难求。因为红旗对于L5的拥有者有着严格的审查标准，即所有者必须有足够的财富、干净的背景和一定的影响力。目前，红旗L5的已知车主有福耀玻璃集团董事长曹德旺、影视明星靳东以及万达董事长王健林。

新红旗超级跑车S9所采用的技术是全球首创的三电机混动技术以及V8T发动机，这两项技术使得该款车型的马力高达1400，百公里加速仅需2秒，最高车速可达400km/h。超级跑车的生产制造对于技术有着很高的要求，所以其研发生产技术代表了汽车行业的最高水平。新红旗超级跑车S9是新红旗斥巨资研发生产的S级跑车，是一种基于品牌势能和竞争战略上的思考。

红旗H5是B级高端豪华轿车，是"国车"国民化的典型代表。其于2018年4月25日正式发布，价格区间为14.58万—19.08万元，油耗为6.2—6.4L，排量为1.5T/1.8T。对于新红旗而言，红旗H5是代表性产品。作为一款接地气的中型家用车，红旗H5凭借其卓越的综合产品实力和国民化定价，仅在2018年即贡献了红旗品牌一半以上的销量。2020年，红旗H5的年度销量达到6.19万台，占品牌总销量的31%。即使在2021年产品生命周期结束时，红旗H5的销售量也达到8.39万辆，约占该品牌总销售量的28%。

2022年5月，红旗H5销量同比增长6.88%，环比增长324.76%；最近12个月中，红旗H5销量在2022年1月达到最高，销量为1.31万辆。在中型车市场,红旗H5在2022年5月份的市场份额同比增长0.33%,在中型车的排名较上月上升1个名次。2022年,红旗H5销量为1.72万辆,在混电中排名第24,中型车中排名第27,在红旗旗下所有车型中排名第5。红旗H5销量占一汽红旗的份额一直保持在20%以上,有时甚至超过30%,可见红旗H5对于一汽红旗的重要性。

红旗HS5是一款秉承新高尚精致主义理念的SUV,也是国内第一款豪华B级SUV,发布于2019年5月26日,价格区间为18.38万—24.98万元。它是红旗上市的第一款SUV,定位于中高端SUV,主要面向中高端市场。虽然与众多独立中型SUV车型相比,这款18.38万元起售价的HS5并不便宜,但实际销量却出奇地好。在红旗HS5上市的第一年,其销量达到2.93万辆。次年,红旗HS5总销量为9.84万辆;2021年,红旗HS5的总销量将达到13.16万辆。2022年1月,红旗HS5销量达到2.45万辆,成为国内汽车市场第一个月销量超过2万辆的豪华高端SUV,稳居销量榜首。2022年,红旗HS5的销量为12.76万辆,在中型SUV中排名第6,在汽油车型中排名第7,更是红旗旗下所有车型中排名第一的存在。可见,其绝对是红旗旗下最耀眼的"明星"车型。

红旗的两款明星车型之所以能够卖得这么好,主要原因有3个:第一,红旗选择了主流市场、对的市场,并不局限于品牌思维的范畴。第二,相对国民化的价格,红旗并非只生产高端不亲民的车型,也生产接地气的车型,但是其价格并不会像其他自主品牌那样一味地"廉价"。可以说,红旗H5在合资品牌和自主品牌之间找到了非常合适的位置。第三,新红旗招牌产品来自用户,而不是来自企业。可以说,红旗H5和HS5基本上是按照普通家用车的理念设计的。虽然在造型上没有那么多运动元素或标新立异,但风格显然开始追求动感、年轻和时尚。

(二)红旗新能源车研发及明星车型

由于红旗进入新能源市场的时间比较晚,所以相较于造车新势力以及转型较早的传统车企,旗下新能源车型相对较少。目前,红旗在售的车型仅有三款,分别为E-HS9和E-HS3、E-QM5,且三款车型的销量并不佳。

红旗E-HS3,为红旗第一台新能源车型,是一台纯电能驱动的SUV,目前仍处于概念车的状态,但是实车已非常接近量产车型。该款车于2019年8月18日上市,定位为豪华A+级纯电Cross SUV,分为E-HS3智联旗悦版与E-HS3智联旗领四驱版,官方指导价格分别为22.58万元与26.58万元。

红旗E-HS3并未改变红旗一贯的外观设计风格,依旧是以大气庄重为主,车型logo的设计以及位置均未发生改变。与以往不同的是,该款车型在细节处新增了许多新元素。例如,汽车前脸设计形似"瀑布",极具冲击力;内饰则偏严谨,商务风十足,但由于多处采用了仿皮材质和硬塑料,致使内饰体验感并不好。在动力方面,红旗E-HS3有两种动力总成可供选择。其中一种只有一个前置电机,电机功率为114kW,有着340N·m的最大扭矩;另一种搭载了双电机,因此功率可达到228kW,最大扭矩可达到680N·m。两种车型的电池均为52.5kWh容量的锂离子电池,搭载单电机的车型最高续航里程可达407公里,搭载双电机的则为344公里。相较于同价位的其他纯电汽车,红旗E-HS3的续航里程较短,因此其竞争力较弱。

可见,红旗E-HS3的外观与其他新能源汽车大不相同,虽不具潮流气息,但足以给人大气耐看的感觉。但是,其在内饰方面的表现差强人意,与其价位不符。动力方面,动力输出尚可,但续航里程并不佳。这是导致红旗E-HS3销量差于同价位新能源汽车的重要原因,目前该车型已停产。

红旗E-HS9配备了强劲的电芯,是红旗品牌顺应电动化、网联化、智能化以及共享化发展趋向,抢抓消费、产业双升级的转型发展机遇,汇集了世界百余家顶尖供应商资源倾力打造的首款C+级纯电动智能SUV,同时亦是第一个在全新电动化智能网联技术平台以及全新智能化电子电气架构技术平台的基础上研发的车型。红旗E-HS9的成功研发,意味着红旗品牌朝向电动化和智能网联化又迈进了一大步,也承载着一汽集团红旗品牌加速转型升级、深化绿色发展、抢占新能源市场、逐步攀升新能源产业高峰的重任。其于2020年11月15日正式投产,并于2020年12月4日正式上市。红旗E-HS9集中展示了红旗团队在电动化、智能网联等领域的最新技术成果。

红旗E-HS9分为旗·悦版(七座)官方指导价格范围为50.98万元—72.98万元。其为2021年第7批新能源汽车推广应用推荐车型。上市之初,其被很多人称为"国产电动版库里南"。从外观设计角度看,其前脸造型似

"高山直瀑"，装配红旗家族式立体徽标，车身线条简单，整车看起来大气又具备辨识度。从内饰角度看，真皮"遍布"，钢琴烤漆等，豪华程度高。从配置角度看，按摩功能、无线快充、AR-HUD、记忆泊车、L3级自动驾驶系统和转向系统等使得整车更智能、更舒适。从动力角度看，红旗E-HS9百公里加速仅需4秒，由于其前轴和后轴上均配备了一个电机，提供高低两种不同的动力选项。低功率版本前后电机的最大功率为160kW，最高车速200km/h，续航里程为460km。高功率版前电机最大功率160kW，后电机最大功率245kW，极速200km/h，续航里程可达510km。

2022年1—11月，红旗E-HS9的销量为4616辆，在大型SUV销量排名中位居第2，但是在中国所有车型的销量排名中位居第215。从同类型车的角度看，红旗E-HS9的销量很不错，但其也曾陷入过"谁买谁后悔"漩涡中。原因是：其一，续航里程短。宣传的续航里程远高于实际，曾有车主表示在路况良好、未开空调、温度20℃左右的条件下，宣传续航里程为510公里的车型也仅能续航390公里左右，冬天或将更低。其二，车机系统不好用。虽然视觉感官佳，但易死机、信号差、听歌收费等广受诟病。其三，车身过大，不适合日常代步。其四，部分4S店服务差，客户体验感不佳。

红旗E-QM5是红旗旗下的首款轿车，是红旗品牌针对网约车市场专门开发的产品。车型外观设计语言仍采用红旗品牌"尚致意"，前脸车尾相呼应，造型时尚前卫，细节处则进行了电动化、科技化的调整。内饰方面，大中控屏、仿皮座椅、宽大座椅，整体看起来霸气有型。配置方面，制动力分配、LED日间行车灯、车防抱死等提高了整车安全性。同时，红旗智联APP的全时智慧陪伴、远程空调控制等使得整车更加智能化。

2021年上市初期，红旗E-QM5并不面向个人消费者。受网约车市场萎缩且头部企业滴滴业务量缩减影响，该车型在2021年销量并不理想。并且在2022年1月，其销量仅为6辆，在新能源汽车销量中排名倒数，原因在于：第一，内饰设计缺乏科技感、中控台简陋。第二，红旗E-QM5的全系售价均为23.98万元，价格高但配置、续航、颜值等方面均逊色于同价位下的比亚迪汉、小鹏P7等热门车型。第三，前文所述部分4S店服务差、车机系统等问题，致使其口碑差。直至2022年3月，红旗E-QM5新上市充电款和换电款两款车型,如表2-9-1所示。自此,该款车型开始向个人消费者销售,车型销量才有所上升。如图2-9-4所示,2022年1—11月销量为2.88万辆,位居轿车销量排行榜第20名、中国所有车型销量排行榜第174名。

表2-9-1　红旗E-QM5充电乐享版和换电乐享版对比

红旗E-QM5	充电乐享版	换电乐享版
电池类型	比亚迪的刀片磷酸铁锂电池	塔菲尔或宁德时代三元锂电池
电池容量	54kWh	56kWh
续航里程	431km	
价格(万元)	16.58	12.28
最大功率	140kW	100kW
最高车速	130km/h	160km/h
充电速度	仅支持快充(10分钟)	支持换电,仅支持慢充

此外,在2022年9月5日的发布会上,红旗发布了三款新概念车型:新红旗Sedan EV、新红旗SUV EV和新红旗E-LS。如表2-9-2所示。

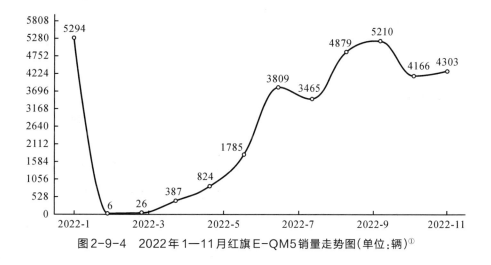

图2-9-4　2022年1—11月红旗E-QM5销量走势图(单位:辆)①

————————

① 数据来源:车主指南。

表 2-9-2　红旗三款新概念车①

车型	类型	上市时间	平台架构	续航里程	补能模式	百公里加速
新红旗 Sedan EV（代号：E001）	B级新能源轿车	2023年下半年	全新 FMEs 平台架构	600—1000公里	可充可换可升级	3秒+
新红旗 SUV EV（代号：E202）	B级新能源 SUV	2024年		–	800V超级快充,5分钟即可续航300km-	–
新红旗 E-LS（代号：E809）	新能源旗舰 SUV	2025年	新红旗 L 平台	–	–	–

综上,为实现长远发展,红旗走上了转型之路。在燃油车领域,红旗一直是"国民品牌"的代名词,其具备多款经典燃油车型。如红旗 L5 是中国迄今为止唯一一款中国品牌的 E 级三厢轿车;红旗 H5 是 B 级高端豪华轿车,是"国车"国民化的典型代表;红旗 HS5 是一款秉承新高尚精致主义理念的 SUV,也是国内第一款豪华 B 级 SUV。而在新能源汽车领域,红旗因起步较晚,在售车型仅有三款,分别为 E-HS9 和 E-HS3、E-QM5 且销量不佳。已知,红旗在 2023 年至 2025 年将会发布三款新概念车型:新红旗 Sedan EV、新红旗 SUV EV 和新红旗 E-LS。这三款概念车型具备颠覆性的创新外观、科技含量十足,让人充满期待。且目前红旗有 5 款新能源车型正在研制中,分别为红旗-EV、红旗 H7-PHEV、红旗 A0-EV、红旗 H5-PHEV 以及红旗 A2-EV。

(三)红旗新能源汽车发展的问题总结

红旗新能源汽车的发展存在着 4 个主要问题。

一是,市场占有率低。红旗进入新能源领域的时间比较晚。前有比亚迪、特斯拉、蔚来等新能源车企瓜分着市场,后有其他传统车企转型逐渐进入市场。在这样的环境下,红旗新能源车市场占有率非常低。中国 2021 年新能源乘用车的销量为 293.98 万辆,占据全球新能源乘用车市场份额达

---

① 资料来源:IT之家。

45%，全球排名第一。2021年新能源汽车销量排行TOP10的车企有：比亚迪汽车、上汽通用五菱、特斯拉中国、长城汽车、广汽埃安、上汽乘用车、小鹏汽车、奇瑞汽车、蔚来汽车以及理想汽车，占据了中国80%以上的市场份额。在2021年，红旗新能源车全年累计销量仅为2.38万辆，市场占有率极低。

　　二是，产品线单薄。第一，在新能源汽车车型方面，一汽集团红旗品牌目前在新能源汽车市场上销售的新能源汽车车型仅有红旗E-HS3、红旗E-HS9与红旗E-QM5共3款。而插电式混合动力汽车车型仅有红旗H7轿车，没有推出SUV车型。第二，在新能源汽车类别方面，目前一汽集团红旗品牌推出的新能源汽车类型重点集中在纯电动汽车上，对插电式混合动力汽车与燃料电池汽车的研发力度较小。虽然纯电动汽车的应用前景广泛，高效能、低噪声，然而相比于插电式混合动力汽车也存在着续航里程短、蓄电池生命周期短、储存能量小的缺点。纯电动汽车和插电式混合动力汽车的蓬勃发展，对我国的电力能源也是一种考验。面对电力需求的不断增长，未来可能会受到电力资源紧缺的制约，因而燃料电池汽车则是未来重点发展的领域。一汽集团红旗品牌在燃料电池汽车领域的研究与开发相对空白。因而，着眼于新能源汽车未来的发展，一汽集团红旗品牌应逐步扩大新能源汽车的研发领域，需要在新能源汽车技术研发方面加大功夫，以自主创新带动产业结构向纵深发展。

　　三是，宣传推广力度不到位，渠道建设滞后。随着我国新能源汽车产业的发展，越来越多的汽车企业如比亚迪、广汽新能源、蔚来等在新能源汽车领域崭露头角，竞争日渐激烈。而一汽集团红旗品牌对于新能源汽车的宣传推广力度不到位，在报纸杂志、电视与互联网平台以及户外墙体等地方很少可以见到红旗新能源汽车的宣传推广广告。有的消费者至今不知道红旗品牌推出了新能源汽车车型。而提到在市场上销售的红旗品牌汽车，消费者首先想到的是传统燃油车型红旗H7、红旗H5等，并没有提及一汽集团红旗品牌旗下的新能源车型。加之红旗品牌新能源汽车产品的定价不具有优势，而传统的定价策略已很难满足企业的实际发展需求，导致其无法在一众新能源汽车里脱颖而出，因此一汽集团红旗品牌应精准识别用户的消费需求与购买力，以此来差异化制定价格。

此外,一汽集团红旗品牌应该通过市场细分来帮助企业找到适宜的目标市场,以迎合市场中消费者对新能源汽车的差异性需求,并根据市场细分的结果对消费者需求的变化进行快速反应。同时应该利用大数据来明确目标市场结构,整合数据资源,通过实时数据采集,帮助一汽集团红旗新能源汽车寻找客户、开发客户,获得更多有效群体。也可以通过大数据来分析目标市场中的消费者、供应商、竞争对手、替代产品、潜在竞争对手等。其次,利用大数据加强对目标市场的规模和潜力分析,深入剖析消费者和市场,确定新能源汽车市场的规模以及发展前景,为选择目标市场提供依据的同时还可以帮助一汽集团红旗新能源汽车有针对性地制定营销策略。

总之,红旗已经发现了上述问题,并在2023年开始加快转型之路。这一年,红旗明确了未来发展的方向和目标,并以新设计(包括品牌LOGO的设计、车型的设计等)+新平台(两大技术平台)为战略武器,与时俱进,使之保持高端定位的同时也能够"接地气",获得广大群众的喜爱。相信未来,红旗将不断完善其产品矩阵,重视研发并增加研发投入,积极开拓海外市场,继续让"新红旗"随风飘扬。

第十章 新能源商用车发展趋势与市场研究

有限的石油储量决定了人类必须为汽车寻找新的动力来源。尤其到2022年,国内外油价持续上涨,国际原油价格达到130美元,创下了8年来的最高纪录,油价上涨背后反映的正是能源危机。就中国而言,超70%的原油是进口的,可见中国对国外原油的依赖程度很高,受到能源危机的影响也较大。因此,中国急需改变过度依赖石油资源的现状。

从国内石油消费的角度看,交通运输业石油消费占国内石油消费总量的70%以上,其中,商用车能源消费又占到交通运输业能源消费总量的51%。商用车的碳排放量占到全国汽车碳排放量的65%,其中重型货车占到了80%以上。因此,为了应对能源危机,国家逐步开始重视商用车向新能源汽车转型。所谓新能源商用车,是一种从设计和技术特点上用于运输人和货物的新能源汽车,其驱动能源为电力或氢能等新能源。目前,新能源商用车电力驱动居多。

现阶段直接购买新能源商用车的用户仅有30%,剩下的70%均是以租赁的方式使用新能源商用车。可见,用户信心仍有待解决。相较于乘用车,商用车的使用场景较为特殊,常常需要全天候作业且用车强度高。因此,其对于续航能力、补能方式等配套服务的产品需求更为强烈。商用车一般属于生产资料,一旦商用车由于续航里程、补能方式等问题导致使用保障跟不上,用户以及其所服务的企业都不得不承担运力中断带来的直接经济损失。特别是现在新能源汽车充电桩普及率尚有待提高、相关技术仍需加强的情况下,新能源商用车用户信心较差。除此之外,新能源汽车还存在价格较高、贬值速度快的问题,这也是影响用户信心的关键所在。

因此,为促进商用车的转型,国家层面发布了《"十四五"现代能源体系规划》,提出到2025年,城市公交等公共交通中20%应当为新能源汽车。交通运输部运输服务司司长蔡团结也明确表示,"十四五"期间全国出租车、公交车以及物流配送车中,新能源汽车的占比应达到35%、72%和20%。而在《新能源汽车产业发展规划(2021—2035年)》中,提出到2035年,公共交通领域用车应当全面实现电动化。2023年2月3日,工业和信息化等八部门联合发布《关于组织开展公共领域车辆全面电动化先行区试点工作的通知》,提出在全国范围内启动公共领域车辆全面电动化先行区试点工作,试点期为2023—2025年。

除去国家层面,许多地方政府也发布了相关政策,进一步推进新能源汽车产业发展。例如北京颁布了《北京市"十四五"时期交通发展建设规划》,表示"十四五"时期,北京市交通行业营运车辆中新能源车占比力争达到50%;上海也颁布了《上海市新能源小型货运车辆专用营运额度投放通知》,以推进新能源汽车在上海市城市配送领域的运用。

新能源商用车可分为客车和货车两大类。如图2-10-1所示,2022年商用车受前期环保和超治理政策下的需求透支,再加上疫情、油价等诸多因素影响,仅完成318.5万辆和330万辆的产销量,同比分别下降31.9%和31.2%。其中,货车产销分别完成277.8万辆和289.3万辆,同比分别下降33.4%和32.6%;客车产销分别完成40.7万辆和40.8万辆,同比分别下降19.9%和19.2%。

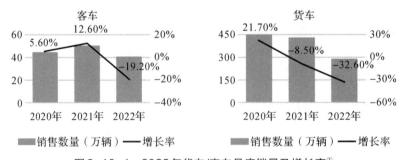

图2-10-1　2022年货车/客车月度销量及增长率[①]

---

① 资料来源:汽车工业协会。

未来,随着充电桩等基础设施不断完善,相关技术的不断成熟,再加上国家政策的支持,相信新能源商用车的普及率将会得到大幅提升。

一、新能源客车

新能源客车是中国汽车产业新能源领域研发、生产和竞争的焦点和重点。在国家持续推出相关政策支持新能源客车发展的背景下,新能源客车的研发和推广也逐步成为多数企业未来的长期战略规划。如图2-10-2所示,新能源客车可具体划分为混合动力客车、纯电动客车、燃料电池客车等8类,其中纯电动客车占主导地位,市场份额达90%以上。

混合动力客车
- 主要是柴油-电混合,优点是可减低30%以上的燃油消耗,缺点是蓄电池容量和寿命问题尚未彻底解决,其尚处在发展期,被允许量产,但仅能在批准的区域、范围、期限和条件下销售、使用

纯电动客车
- 约占我国新能源客车市场90%以上份额。由蓄电池作为动力源。以电机代替燃油机、噪声低、无污染。而且,纯电动车的蓄电池可在夜间利用电网的廉价"谷电"进行充电,可平抑电网的峰谷差

燃料电池客车
- 主要是氢燃料电池客车,被认为是最有前途的产品,能够真正解决能源短缺问题,并且真正实现零排放。但仍处于起步期

CNG客车
- CNG(压缩天然气)作为一种气体燃料,与空气混合更珍匀,燃烧更充分,排放的CO、HC等有害物质更少。同时,行驶同样公里数,天然气客车的燃料费用要远低于柴油或者汽油机,经济效益非常高

LNG客车
- LNG(液化天然气)可更大地压缩天然气体积,一次充气可行驶500km甚至1000km以上,非常适合长途运输使用,并且LNG是液态,不受天然气管网的影响,同时各项指标显著优于LPG

LNG客车
- LNG(液化石油气)的性能和使用基本与CNG相似,其使用的原因主要有三方面:一是作为燃油的替代品,二是排放清洁,污染较低,三是使用价格便宜。但因液化石油气也是来自石油,资源有限,推广受质疑

醇燃料客车
- 醇燃料主要是指甲醇和乙醇。因甲醇燃料可从天然气、劣质煤、木屑等能产生一氧化碳和氢的物质中提炼出来,且生产工艺简单,设备少,运输方便,故在我国得到主要应用。但是国际上对于乙醇燃料的研究更加重视

其他能源客车
- 在我国出现的主要有二甲醚燃料与液压混合动力公交车和超级电容公交车等

图2-10-2　新能源客车类别

从新能源客车的发展历程来看,其发展与国家政策息息相关。从2009年发展至今,在国家政策补贴的支持下,我国新能源客车经历了2009—2012年试水的市场培育期、2013—2014年信心坚定的小规模增长期、2015—2016年"超常规增长"的市场爆发期以及2017年至今的市场调整期。

(一)新能源客车产销情况

自2018年政府对国内新能源客车补贴退坡以来,国内客车产销状况日渐萎靡,2020年受新冠疫情的冲击,销量更是出现大幅下降。随着2021年国内经济逐渐复苏,新能源客车销量才开始逐渐回升。概括而言,导致2018—2022年上半年新能源客车产销不佳的原因有四个:一是前期需求高导致客车电动化率较高,大城市新能源客车客户基本处于饱和状态,终端需求不足;二是2021年刺激新能源公交车增长的政策很少,主要依靠政策刺激发展的新能源公交车市场受到影响;三是私家车、轨道交通和叫车服务的快速发展带走了新能源公交市场的客户,挤压了新能源公交车市场的需求空间。四是受疫情影响和经济下行压力,地方政府的财政约束降低了购买力,许多地区取消了购买新能源公交车的计划。但是,随着2023年无补贴时代的到来,再加上"双碳"政策的推进,2022年下半年开始,公交的市场需求开始逐步增加。2023年受补贴退坡影响,销量并不佳。例如,2023年1月,我国新能源客车的销量仅为0.2万辆,相较于2022年1月下降了43%。直至2月,新能源客车市场才有所回暖。

从能源类型角度看,国内新能源客车中,纯电占比高达95%,占据主导地位,混电、氢能等其他新能源客车的占比较低。如表2-10-1所示,2018—2022年新能源客车中纯电动客车占比达到90%以上。其中,轻客的销量占比逐渐提升,由2018年的5.98%上升至2022年的22.61%。而大客和中客的销量占比则是逐年下降。此外,氢燃料电池客车的销量整体呈现上升趋势,这是因为其完全无污染、国家支持、不受新能源汽车补贴退坡影响且技术不断成熟。未来,氢燃料电池客车或将成为新的发力点。从总体销量来看,近几年新能源客车销量整体呈现下降趋势。究其原因有5点:一是受新冠疫情影响;二是受大环境影响,全国经济下行压力较大,客户端投资预期转弱;三是在城市轨道交通的挤压下,新能源客车原有客源被抢夺,终端需求减少;四是一些地方政府因财政紧张取消了购买新能源客车的计划;五是原材料价格上涨、分期付款等诸多原因导致新能源客车企业整体运营成本上升,迫使其不得不降低新能源客车的生产规模。

表2-10-1　2018—2022年各细分市场新能源客车销量(单位:辆)①

新能源客车		2018年	2019年	2020年	2021年	2022年
纯电动	轻客	5239	5944	6288	6182	12393
	大客	47126	35920	27634	22823	23255
	中客	35280	31299	22257	17575	19161
汇总		87645	73163	56179	46580	54809
插混	大客	4600	3287	4428	1062	1575
	中客	1488	1020	648	166	63
	轻客					9
汇总		6088	4307	5076	1228	1647
氢	中客	173	337	833	136	153
	大客	191	529	510	892	1106
	轻客	67	307	10	4	
汇总		431	1173	1353	1032	1259

从客车功能角度看,2018年至2022年,新能源客车中销量最多的为市内公交,新能源公交车销量占比超过80%,占据绝对主导地位。经过10余年的发展,新能源公交车已经取代了大量传统柴油公交车,成为全国公共交通的新选择。与柴油公交车相比,新能源公交车更环保。例如,8.5米纯电动客车每辆每年可节约16.6吨标准煤,减少41.3吨的二氧化碳排放量。但是,除去城市公交这一市场外,新能源客车在其他市场的拓展并不容易,尤其是

---

① 数据来源:中国汽车流通协会提供的上牌信息。

非运营领域的商用车市场,2022年与2023年甚至因为国家补贴退坡而出现销量下降的情况。

如图2-10-3所示,我国新能源客车正朝纯电动、轻型化方向发展,并且未来轻型客车将会成为新能源客车的主力。但是,近几年新能源客车的产销量并不佳,仅在市内交通市场占据主导地位,在例如长途客车等其他市场的拓展并不如意。因此,新能源客车要想提高市场占有率,实现燃油车替代,仍需不断完善相关基础设施建设、提高相关技术能力。

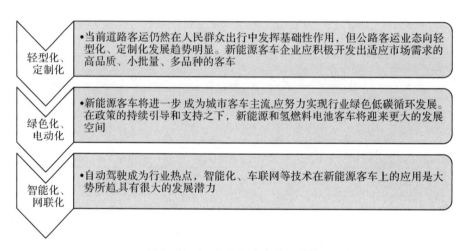

轻型化、定制化	•当前道路客运仍然在人民群众出行中发挥基础性作用,但公路客运业态向轻型化、定制化发展趋势明显。新能源客车企业应积极开发出适应市场需求的高品质、小批量、多品种的客车
绿色化、电动化	•新能源客车将进一步 成为城市客车主流,应努力实现行业绿色低碳循环发展。在政策的持续引导和支持之下,新能源和氢燃料电池客车将迎来更大的发展空间
智能化、网联化	•自动驾驶成为行业热点,智能化、车联网等技术在新能源客车上的应用是大势所趋,具有很大的发展潜力

图2-10-3 新能源客车发展趋势

(二)企业格局

从市场份额来看,客车和新能源客车行业均呈现"一超多强"的格局。宇通客车不管是在传统客车还是在新能源客车领域都是绝对王者。2022年6米以上客车和新能源客车销量排行榜前15名企业并未发生较大变动。排名前15的车企所占市场总额合计达90%以上,可见,中国客车市场及新能源客车市场均较为集中。

2022年,宇通客车的客车销量为2.49万辆,其中1.15万辆为新能源客车,两者均位列排行榜第一名,均远高于排名第2的车企销量,并且宇通客车是唯一一家销量破万的客车车企,与其他企业之间的差距非常明显。宇通客车之所以能够连续夺冠,一方面在于其品牌传播在注重内容优质性及长远发展的同时也注重深化以文化情感为核心的品牌科技实力。另一方面在于其各项传播指标发展均衡且位于行业前列。同时,其技术实力不容小觑,其牢牢掌握了氢燃料电池、混合电动以及纯电动三大新能源技术。并且早在2021年,宇通客车即完成了公路细分市场及国内纯电动公交新能源系统的全面技术升级,推出了6米全新微循环纯电动客车,并进行了海外市场的推广及布局。其还打造了将网络化、电气化和智能化深度融合的产品,两次获得全球工业设计奖的"红点奖",是第一个获得该奖项的中国客车品牌。

如表2-10-2所示,依据车企的销量,可将新能源客车划分为三个梯队:第一梯队为宇通客车;第二梯队包括中车电动、比亚迪、福田欧辉、中通客车在内的8家车企,市场份额达5%以上;第三梯队则包括吉利商用车、奇瑞万达、安凯客车等市场份额在5%以下的车企。

表2-10-2　2022年中国6米以上客车及新能源客车销量排行榜①

排名	客车			新能源客车			
	企业名称	销量(辆)	市场份额	企业名称	销量(辆)	同比	市场份额
1	宇通客车	24892	26.98%	宇通客车	11515	-2.52%	18.71%
2	中通客车	8957	9.71%	苏州金龙	5306	56.98%	8.62%
3	苏州金龙	7741	8.39%	中通客车	5032	-13.15%	8.18%
4	金旅客车	7457	8.08%	比亚迪	4870	-15.63%	7.91%
5	金龙客车	6576	7.13%	中车电动	4516	7.12%	7.34%
6	福田欧辉	5803	6.29%	金旅客车	4320	105.81%	7.02%
7	比亚迪	4870	5.28%	福田欧辉	4226	203.81%	6.87%
8	中车电动	4526	4.91%	金龙客车	3641	28.43%	5.92%
9	开沃汽车	3365	3.65%	开沃汽车	3365	79.37%	5.47%

① 数据来源:中国客车信息网。

续表

排名	客车			新能源客车			
	企业名称	销量（辆）	市场份额	企业名称	销量（辆）	同比	市场份额
10	安凯客车	2419	2.62%	申沃客车	2009	147.41%	3.26%
11	亚星客车	2132	2.31%	吉利商用车	1907	107.06%	3.10%
12	申沃客车	2009	2.18%	力钛新能源	1736	−14.27%	2.82%
13	吉利商用车	1907	2.07%	奇瑞万达	1650	168.73%	2.68%
14	力钛新能源	1789	1.94%	安凯客车	1551	−9.56%	2.52%
15	奇瑞万达	1653	1.79%	亚星客车	1475	31.58%	2.40%

除处于第一梯队的宇通客车,处于第二梯队的中车电动、中通客车、福田欧辉、比亚迪均是值得关注的企业。

其中福田欧辉2022年新能源客车同比增长203.81%,在一众车企中非常耀眼,这主要是因为其2021年的销售量较低。而中车电动之所以能排在第5名,得益于其出色的"行业新闻发布传播"和"微信阅读传播"能力。同时,中车电动还突破了非洲、中东和拉美市场,向韩国、新西兰和马来西亚等地交付了一批高质量订单。中车电动在努力以高品质产品走出去的同时,也传递着绿色环保的理念,创造更加环保、绿色的出行模式。中通客车排名第三,挤进前三名原因在于其"微信阅读传播"和"行业新闻发布量"三方面做得好。近几年,中通客车在逆境中奋勇前进,实现了技术、产品和服务的"多元提升"。并且中通客车抓住机遇,用实力接连斩获大订单,不断向市场注入信心。

最值得一提的是比亚迪,这一新能源乘用车巨头在客车领域的成就也不错。在2022年6米以上客车销量排名中,其以0.49万辆的销量位居第7位,并以同样的销量位居6米以上新能源客车排行榜的第4位。这同样得益于比亚迪多年的技术积累。事实上,早在2008年,比亚迪就开始布局新能源商用车。并且其以纯电动客车为切入点,依托电池、电机、电控、车规芯片等核心技术和前瞻性战略布局,迅速实现规模化、商业化推广应用。同时,比亚迪的新能源大巴早已走出国门。比亚迪在欧洲新能源汽车市场占有率能达到20%以上,离不开新能源客车这一先锋队。目前,比亚迪已在日美英法以及匈牙利5国建立生产基地,足迹遍布全球70多个国家和地区,而其中的主力军就是新能源客车。且比亚迪客车产品线已覆盖6—27米全系列纯电动客车,可广泛应用于城市公共交通、道路客运等场景,实现人、车、城的深度融合,为城市公共交通节能减排、智能升级增添强大动力,为新时代现代城市建设汇聚正能量。

随着新能源客车的发展,市场上的新能源客车企业竞争也越来越激烈,为了在激烈的竞争中占据一席之地,新能源客车企业应从技术、服务、销售三个层面出击,提高自身竞争力。首先,技术层面。加强技术研发投入,专注客车领域关键技术的自主研发。随着市场竞争的加剧,新能源客车逐渐向着安全、舒适、智能化等方向发展。其次,服务层面。各新能源客车制造企业应当要结合客车细分市场的产品特点和客户运营需求,不断探索和完善各细分市场产品差异化服务模式。同时,根据乘用车后市场客户多样化的服务需求,搭建综合服务平台,开发推出程序化服务产品解决方案,为客户提供更专业、便捷、高效的售后服务体验,为客户创造更大的价值。最后,销售层面。随着新能源客车行业的产能日益过剩,国内销量难有大的突破,新能源客车企业可以放眼全球,积极拓展海外市场。未来,随着补贴退出,政策对新能源汽车市场的影响将削弱,客户需求或将主导着汽车研发的方向。

二、新能源货车

新能源货车是国家"双碳"目标以及新能源汽车战略改革发展的重要领域之一。货车与客车更加不同,其种类繁多,应用场景也更为特殊,用途包括城市渣土、长途运输、城市物流、港口运输等,一般都有着充电快、强动力、长续航、低耗能和高可靠等要求。目前,受技术成熟度以及基础设施影响,货车的新能源化率相对较低。

(一)重卡

重型卡车是指车辆总质量≥12000kg的车辆,包括自卸车等,但不包括军车、底盘等。新能源物流重卡主要包括载货车、自卸车和牵引车,但是不包括自卸式拉驾车等。

新能源重卡从场景上区分可划分为长途运输的重卡、短倒的重卡以及城市物流车等。其中长途重卡从短期来看,应是多种新能源技术路线共同发展,简言之,就是氢能源、换电、混电以及纯电等都有。但是从长期的角度看,氢能源的重卡才是最终的发展方向。之所以这么说是因为相较于动力电池而言,氢能源燃料电池具备三大关键技术优势。一是大于250kW的大功率电堆系统,该系统能够减少电池用量且能够满足重卡的大功率需求。并且随着大功率电堆系统价格的下降,氢燃料电池的成本也随之下降,整车性价比将会得到提升。二是金属双极板的应用。目前氢燃料重卡所使用的双极板多为石墨双极板,但是其存在密度上限,之后随着金属双极板寿命短的问题得到解决,电堆体积功率密度或将得到成倍的提升,而石墨双极板或将面临淘汰。三是高压/液态储氢系统推广。目前,氢燃料电池汽车主要采用35MPa储氢罐与Ⅲ型铝内胆。未来3年,随着技术的进步,储氢罐将会实现Ⅲ型35MPa向Ⅳ型70MPa气体储氢罐的转换。

除长途重卡外,其他货车(如短倒的重卡以及城市物流车等续航能力要求偏低)的未来发展方向是纯电重卡。化工厂、火电厂、钢铁厂以及水泥厂等重污染行业,城市公共服务、矿山、公园以及港口等封闭场景都将成为纯电动重卡的主场。例如,2021年1月,深圳招商港口第一批66辆换电式纯电动新能源拖车正式交付并投入使用。2023年4月,重庆钦元物流实业从汽红岩、光银集团处取回新型智能渣土车30辆。纯电动在货车上的应用将会遵循4大关键技术趋势。

一是800V整车高压电气平台,该平台能够大大减少货车的充电时间,并且降低电池和线束损耗。

二是集成电驱动桥总成。轻量化是未来新能源汽车(包括乘用车以及商用车)转型的重点方向,而集成电驱动桥系统能够帮助新能源汽车实现这一目标。目前,新能源商用车已经大规模地使用该系统,但是由于该系统的开发成本较高且存在可靠性问题,所以新能源重卡仍旧是以中央直驱模式为主,未来将会逐步使用集成电驱动桥总成。一旦使用该系统,新能源重卡的重量将会得到大幅下降,传动效率也会得到大幅提升。如图2-10-4所示。

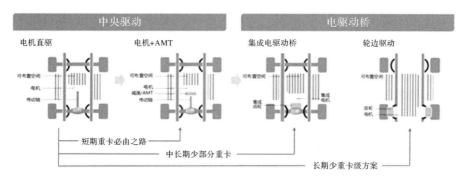

图2-10-4　中央驱动和电驱动桥的对比图①

　　三是高功率密度发卡扁线电机(图2-10-5)。该电机与电驱系统是相匹配的,其相较于圆线电机,能够完全契合现阶段整车对电机系统的低噪声、高功率、低成本、高集成性以及高功率密度的需求。永磁同步机主要由转子组件、定子组件以及其他辅件组成,而扁线电机定子组件中采用的是扁铜线而非圆线,并被绕成了发卡形状。这一方式能够将槽满率提升近30%,以此来提高电机功率、整车性能,降低电耗,同时还能降低整车成本。

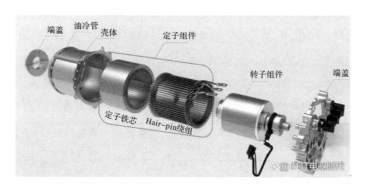

图2-10-5　高功率密度发卡扁线电机②

　　四是自动化和智能化。这一点在前文已进行过详细介绍,在此不再赘述。

---

① 资料来源:EDT电驱时代。
② 资料来源:EDT电驱时代。

之后,随着技术的不断进步,电动车的应用规模将会逐步扩大,性能也将大幅提高。汽车企业要想在新能源汽车产业的浪潮中稳住脚跟,就必须思考如何发挥自身技术优势,形成自己的技术壁垒。

从销量的角度看,在经济低迷、油价上涨、市场需求饱和、疫情防控等诸多因素的影响下,重卡市场经历了"12连跌"。该年国内销售量仅为67.2万辆,较2021年同比下降超50%。并且重卡销量排名前十的企业均出现下降,少则30%—40%,多则降幅超过60%。虽然2022年是重卡市场"腰斩"的一年,但是该年重卡市场也存在着惊喜:一是重卡在出口市场上以及新能源重卡市场的表现尚可,销量均实现正增长;二是重卡头部车企竞争加剧,市场"优胜劣汰"的作用将得到更好发挥。

新能源市场表现良好可体现在新能源重卡生产企业的销量上。据商用车新网统计(终端上牌数据),如表2-10-3所示,2022年新能源重卡销量排名前3的企业分别为三一汽车(唯一一家年销量在4000辆以上的企业)、东风汽车以及汉马科技,并且前5名企业的销量均突破2000辆,前10名的企业均实现同比正增长,其中增长幅度最大的为徐工重卡,销量同比增长323%,市场份额也因此增长了4.81%。前10名企业的市场份额合计达86.88%,较2021年上升3.17%,可见我国新能源重卡市场相对集中,且主流企业的垄断程度进一步提高。

表2-10-3　2022年新能源重卡生产企业销量表[①]

排名	新能源重卡生产企业	2022年累计销量(辆)	同期累计销量	销量同比增长(%)	2022年份额(%)
1	三一汽车	4196	1497	180	16.74
2	东风汽车	2848	967	195	11.36
3	汉马科技	2792	1168	139	11.14
4	徐工重卡	2788	659	323	11.12
5	宇通集团	2597	1477	76	10.36

---

① 数据来源:商用车新网。

续表

排名	新能源重卡生产企业	2022年累计销量（辆）	同期累计销量	销量同比增长（％）	2022年份额（％）
6	上汽红岩	1703	846	101	6.79
7	北奔重汽	1526	775	97	6.09
8	福田汽车	1485	772	92	5.92
9	一汽解放	934	559	67	3.73
10	陕汽集团	910	175	420	3.63
Top10累计		21779	8895	1690	86.88
行业合计		25151	10448	140.7	100

如表2-10-4所示,2022年中,12月的实际销量为6115辆,环比和同比增长分别为198%和103%,是销量最好的一个月,也是唯一一个销量破6000辆的月份。该月的销量之所以如此优秀,可归结于以下几个原因:一是新能源汽车补贴退出刺激了消费;二是换电模式的推广大大降低了消费者的购车成本,成为2022年新能源重卡销量的"顶梁柱"。依据下表可知,2022年新能源重卡的销售车型主要为普通纯电动、换电式纯电动、燃料电池以及插电式混动四类,其中换电式纯电动车型在12月销量为3349辆,占比达54.8%。不仅是在12月,重卡换电车型在2022年的全年销量为12431辆,占新能源重卡2022年总销量的49.4%。2023年,随着疫情防控放松、人们生活秩序恢复正常、经济逐渐回暖,重卡销量或将实现恢复性增长。并且随着"双碳"目标不断深化,新能源重卡销量或将进一步提升。华创证券预计,未来5年换动力重卡市场年复合增长率将超过60%,2030年可能有10倍的潜在发展空间,市场渗透率也将达到50%,纯电重卡占比将达到70%,换电重卡又将占到纯电重卡的70%,达到23万辆。其中,换电型重卡的占比或将突破50%。那么,为什么换电重卡会如此受欢迎?申万研究表示原因有三:一是换代模式适合在技术和应用场景均相对成熟的重卡市场进行推广;二是多数重卡的行驶路线较为固定,换电站的建设并非难事,进而降低了消费者的里程焦虑;三是换电模式大大降低了消费者的购车成本。利

弊总是相对的,换电模式也存在一定弊端,因重卡所使用电池规格不尽相同,换电站仅能够为其中一种规格的重卡提供服务,利用率较低。但是,未来随着电动重卡换电标准统一,这一问题就将得到解决。

表2-10-4 2022年12月及全年新能源重卡各细分车型销量、占比及占比同比增减[①]

	普通纯电动	换电式纯电动	燃料电池	插电式混动	新能源重卡合计
2022年12月销量(辆)	1977	3349	779	10	6115
2021年12月销量(辆)	1969	840	196	1	3006
2022年12月占比(%)	32.3	54.8	12.7	0.2	100
2021年12月占比(%)	65.5	27.9	6.5	0.1	100
2022年12月占比同比增减(%)	-33.2	26.9	6.2	0.1	0
2022年全年销量(辆)	10227	12431	2465	28	25151
2022年全年占比(%)	40.66	49.4	9.8	0.14	100
2021年全年销量(辆)	6323	3327	779	19	10448
2021年全年占比(%)	60.5	31.8	7.46	0.24	100
2022年占比同比增减(%)	-19.84	17.6	2.34	-0.1	0

(二)轻卡

轻卡,指车型分类中的N类载货车中最大设计总质量不大于4.5吨的N2类车型。不同于重卡,轻卡的应用场景相对简单一些,多为一些个体户购买,主要用于一些基本生活需求的运输,例如快递、超市、商场等。其行驶路线一般较为固定且每天的行驶里程基本可预知,较长的行驶里程一般为300km。

中国新能源轻卡的发展经过了3个阶段:先是政策驱动、主流产品为"油

[①] 数据来源:商用车新网。

改电"的1.0阶段,后是政策、市场双驱动,核心产品为"油电共享技术平台"的2.0阶段,2023年正式开始进入市场驱动为主,核心产品为"专业商用电平台"的3.0时代。

如表2-10-5所示,2021年全年轻卡的销量为2.01万辆,2022年全年轻卡的销量为4.05万辆,较2021年同比增长101.51%。并且2022年全年,新能源轻卡的销量实现了罕见的12连涨,可见其发展势头良好。这主要得益于国家政策的支持、双碳目标的推动以及石油资源有限致使油价上涨三因素。值得一提的是,2022年12月,新能源轻卡的销量突破1万辆,创历史新高。出现这一现象的原因主要有两个。一是2022年12月是国家新能源补贴政策推出的最后一月,致使用户在该月集中购买;二是受年终环保达标考核推动,主要为物流公司购入。

表2-10-5　新能源轻卡2021年及2022年销量[①]

	2022年销量（辆）	2021年销量（辆）	2022年同比增长
1月	781	448	74.33%
2月	1010	221	357.01%
3月	1564	558	180.29%
4月	2085	947	120.17%
5月	1953	1184	64.95%
6月	2239	1692	32.33%
7月	2313	1554	48.84%
8月	3715	1846	101.25%
9月	2708	1858	45.75%
10月	2613	1957	33.52%
11月	4533	2257	100.84%
12月	15031	5599	168.46%
全年	40545	20121	101.51%

① 数据来源:商用汽车总站。

如表2-10-6所示,从技术路线角度看,2021年和2022年销量最多的是纯电动轻卡,占比分别为93.73%和94.93%。可见,在新能源轻卡中,纯电动车型是主要车型,并占据主导地位。其次,是汽油混合动力车型,同比增长5.9%,其市场占比下降2.9%,可见受欢迎程度有所下降。接着,是燃料电池轻卡,相较于2021年,2022年起销量可谓实现爆炸式增长,同比增长22000%,引领着新能源轻卡市场的发展,市场份额也增长至1.66%,是同比增长最大的板块。之所以会出现这一现象,是因为部分地区发布了补贴政策,进而提高了各地燃料电池轻卡的消费积极性。剩下的就是柴油混合动力轻卡,相较于2021年,其销量虽有所上升,但是市场占比却有所下降,与汽油混合动力轻卡一样不太受欢迎。

表2-10-6 2022年新能源轻卡各细分车型销量(含3.5吨以上车型)情况①

	纯电动	汽油混合动力	柴油混合动力	燃料电池	新能源轻卡合计
2022年销量(辆)	38489	1175	218	663	40545
2021年同期销量(辆)	18859	1110	149	3	20121
2022年同比增长%	104.1	5.9	46.3	22000	101.5
2022年占比%	94.9	2.9	0.54	1.66	100
2021年占比%	93.7	5.5	0.74	0.06	100
2022年占比同比增减%	1.2	-2.6	-0.2	1.6	100

从企业格局的角度看,如表2-10-7所示,2022年新能源轻卡销量排行前五与2021年的前五名可谓是大不相同,新能源轻卡的市场格局尚未稳定,2022年暂且呈现"三强鼎立"的格局,并仅有吉利远程一家市场份额超20%,达到23.4%。东风汽车销量7536辆,市场份额18.6%。排名第三的是北汽福田汽车,销量4507辆,市场份额11.1%。与新能源重卡相同,新能源

---

① 数据来源:商用汽车总站。

轻卡改变了轻卡行业格局。除了这三家车企，其余车企的市场份额均在10%以下。

表2-10-7　2022年新能源轻卡销量TOP10企业及车型①

排名	车企	销量（辆）	市场份额%
1	吉利远程	9501	23.4
2	东风汽车股份有限公司	7536	18.6
3	北汽福田汽车股份有限公司	4507	11.1
4	上汽大通汽车有限公司	3608	8.9
5	江铃汽车股份有限公司	2173	5.4
6	一汽解放青岛汽车有限公司	1974	4.9
7	东风汽车集团有限公司	1766	4.4
8	比亚迪汽车工业有限公司	1541	3.8
9	安徽江淮汽车集团股份有限公司	1453	3.6
10	广西玉柴新能源汽车有限公司	1220	3

　　值得一提的是，吉利远程汽车已经连续两年拿下新能源轻卡销量榜首，其2022年轻卡销量比排名第二的东风汽车高出2000辆，可以说是碾压。吉利商用车之所以能够取得如此成绩，得益于以下几方面。首先，吉利商用车是国内第一家聚焦新能源领域的商用车企，并早在2014年就开始布局，之后更是通过重组、兼并等一系列手段完成其产业布局。其次，吉利远程品牌星智E200、星智H、星智GLR等车型都具备较强的竞争力。在2022年最受欢迎的5款车型中，吉利商用车的远程星智H和远程星智E200榜上有名，合计占据了新能源轻卡17.43%的市场。其中远程星智H更是以5044辆的销量拿下最受欢迎新能源轻卡的称号，占据了新能源轻卡12.45%的市

---

① 数据来源：电车资源。

场。其余三款车型分别为福田汽车的智蓝轻卡、东风汽车的凯普特e星以及上汽大通的上汽轻卡EC300,市场占比分别为10.5%、7.9%、6.27%。

在2023年一季度,包括宇通汽车、福田汽车、江铃汽车以及徐工轻卡在内的各大轻卡生产商均加快了迈向新能源的步伐。例如,徐工轻卡就在2023年一季度发布了全新的动力类型为柴油/电混合动力的插电式混合动力载货汽车底盘。其中,宇通汽车引领了新能源轻卡的产业变革,开启了新能源轻卡的3.0时代。2023年3月,宇通汽车发布了新能源轻卡T系列产品,实现了价值、电池、质保、安全、效率以及平台6个层面的跨越,深入解读了"更商用、更好用、更耐用"的商用车需求,以性能为用户带来新的价值,推动城市物流配送高质量转型。

中国新能源轻卡市场的空间巨大,且随着技术不断成熟、价格不断下降、政策支持力度大,未来将会有越来越多的新产品和新品牌涌现。例如,货拉拉是一家2016年成立的企业,旗下车型包括大货车、小型厢货、小型面包车、中货车等。除了司机自用车,无车司机可租赁的车均是来自东风、长安、五菱等车企。到2022年,公司业务已覆盖全球11个市场400多个城市,平均月活跃商户达1140万,月活跃司机数达100万。可见,货拉拉是一家非常知名的物流货运平台。2020年以来,受滴滴货运发展的影响,其市场份额被大量蚕食。为增强自身竞争力,在市场上立于不败之地,2023年4月左右,货拉拉向港交所递交了招股说明书,打算投资进军新能源商用车行业。其创始人周胜馥曾表示,公司的目标是实现物流效率的提升,具体的方法表现为"人、车、货、路、仓"的数智化改造。可见,进入新能源造车领域是贴合公司目标,能够促进公司未来发展的。

综上可知,未来重卡智能化、轻卡电动化、氢能源逐渐兴起。

第一,重卡智能化。智能汽车可以分为0—5级6个等级,智能重卡目前能达到2—4级水平,主要应用在干线物流、港口、矿山等场景。当前,中国重卡自动驾驶整体处于从2级向3级发展的阶段,部分港口、矿山等封闭场景已经可以实现4级自动驾驶。目前主流车型的自动驾驶功能基本处于1—2级阶段,即ADAS(Advanced Driver Assistance Systems,高级驾驶辅助系统)仍处于逐步完善的过程中。ADAS是重卡智能化的发展基础,主要包括疲劳驾驶预警系统(DMS)、车道偏离警示系统(LDW)、前向碰撞预警系统(FCW)、盲区监测系统(BSD)、自适应巡航系统(ACC)等。

2020年,《智能汽车创新发展战略》与《关于促进道路交通自动驾驶技术发展和应用的指导意见》两份关于自动驾驶发展的重要文件相继出台,加速推动特定场景自动驾驶商业化落地,重卡迎来特定场景智能升级重要的契机。根据交通运输部《营运货车安全技术条件》,2020年9月起18吨以上载货车需要强制安装LDW和FCW,2021年5月起12吨以上载货车需要强制安装AEB,因此LDW和FCW的强制安装范围覆盖了部分重卡,AEB则覆盖全部重卡。在法规推动下,一方面,中国重卡智能化市场完善了产品标准;另一方面,车企加快重卡智能化升级进程,迈入高质量的发展阶段。

目前,中国的重卡司机存在老龄老化、人手不足,进而导致人力成本上升的问题,并且重卡一般用于跑长途,容易出现疲劳驾驶,事故多发。而重卡智能化升级能够解决司机短缺、人力成本上升、交通事故多发等诸多运输行业痛点:在3级自动驾驶技术应用场景中,驾驶员主要担任车辆管理者角色,能够一人管理多辆车。4级及以上自动驾驶技术的应用场景更接近无人化驾驶,可以有效解决司机短缺问题,大幅降低运输成本;其次,高级别自动驾驶可让车辆的操作更加稳定可靠,不会疲劳驾驶,安全性比司机驾驶更高,能够有效提升车辆安全性;再者,在增量市场转向存量市场竞争的情况下,重卡产品力升级,能进一步帮助车企扩大存量市场份额。

第二,轻卡电动化。在"双碳"背景下,城市物流也在向新能源迈进。作为城市物流运输的主力军,轻卡已成为城市物流改革提高货物运输效率、降低能源消耗的关键环节。例如,2021年12月4日,奥铃智蓝新能源战略会议暨长沙50台交付仪式在湖南长沙举行。中国汽车工业协会副秘书长陈士华在致辞中表示,商用车必然新能源化。目前,轻卡市场规模较小,但未来发展机遇巨大。

第三,氢能源逐渐兴起。氢能具有零排放和高能量密度的优点。然而,氢能作为一种处于推广阶段的新能源,具有易爆燃、难储运的问题,这两个问题目前仍在探索解决方案的阶段。例如,为降低脱氢爆炸的风险,宇通氢燃料客车采用氢燃料电池混动系统方案,分别实现氢和氧的储存,并利用反应过程中产生的电能驱动车辆。未来,随着技术的不断进步、能源变革脚步的不断加快,全球氢能产业必将迎来跨越式发展。

目前,新能源商用车与乘用车的发展仍存在差距。例如,在市场渗透率方面,2022年国内新能源乘用车的渗透率达到27.6%,而新能源商用车渗透率才堪堪突破10%。未来三年,新能源客车将会进入发展的爆发期。依据最新规划,"十四五"期间将进一步明确新能源汽车的新推广目标,到2025年底,全国物流和新能源汽车配送、出租车和城市公交的市场占有率将分别占到20%、35%和2%。

第十一章　广汽集团新能源埃安品牌战略和
市场布局发展

广州汽车集团有限公司(以下简称广汽)成立于1997年6月,现已更名为广州汽车集团股份有限公司。该公司总部设立于珠江新城,是一家国家持股、规模较大的股份制企业集团。作为中国汽车行业的开创者,广汽在公司改制时率先引入多家合资伙伴并成立股份制公司,这彰显了市场改革的重要历程。2005年6月28日,广州汽车集团公司被广州汽车工业集团有限公司、万向集团公司、中国机械工业集团有限公司、广州钢铁企业集团有限公司、广州市长隆酒店集团有限公司共同发起人进行了股份制改造。

2010年8月,这家公司在香港联合交易所实现了成功上市,其后于2012年3月顺利进军A股市场,成为第一个整体实现A+H股上市的大型国有汽车控股集团。目前有113000名员工,在世界财富500强中排名第176位。该公司的主营业务分为六大板块,分别是汽车研发、整车生产、零部件制造、商贸服务、金融服务和出行服务。为了实现科技型企业的转型目标,广汽坚持自主创新和合资合作并重的发展模式,并正全力努力。为探索颠覆性的、具有创新性的技术方向,进一步加强其技术领先的优势,广汽积极实施科技转型。截至2022年上半年,该集团已经向专利机构申请了564项新的专利,累计申请超过11000项专利,其中包括4200项发明专利。例如,广汽发布一种新的复合电池技术,其基于微晶技术,是一种突破性的新一代超能铁锂电池技术,在节能与新能源领域具有重要意义。这项技术综合提升了电池性能的各个方面,涵盖了电芯质量能量密度、体积能量密度、低温容量、快速充电和寿命等。与此同时,广汽积极预见未来的技术发展,加强智能化和自动化驾驶领域的技术储备,加速科技进步。

一、广汽的发展历程

迄今为止,广汽的发展共经历了四个阶段。广汽汽车梦的萌芽始于1954年。那年,广州市的公众汽车修理厂凭借着手工和毅力,成功制造出了一辆"华南牌"铁木结构公共汽车。此举代表着广州人在自力更生的环境中,拥有着一股创业的劲头,也标志着"广州汽车"的雄起。广州人始终在逐梦的道路上走着,20世纪60年代广州迎来了第一辆红卫牌卡车的问世,而到了70年代初,广州市的小汽车修理厂更是试制出了属于自己的广州牌轿车。在80年代中期,广州标致的创立,实现了广州人民长期以来不可企及的汽车梦想,这也促使广州成为中国汽车行业中的"三大三小"之一。随后诞生的广州标致505系列车型,由于颇具吸引力,在市场上一度受到热烈追捧,令广州汽车产业焕发全新的荣光。在90年代,广州标致公司宣告退市后,广州汽车产业站在了成与败、前进与后退的十字路口,探索着前行的道路。

第二个阶段是广汽集团发展的黄金阶段。1996年4月,广州市制定了新的轿车项目发展战略并换了新的外方合作伙伴,这一决策标志着广州汽车工业开始进入一个重要的转折时期。次年,广州汽车集团有限公司正式成立,该集团将骏达汽车集团、羊城汽车公司、广州客车集团、安迅投资公司全部纳入旗下,并以集团之力扛起了广州汽车产业的大旗,实现了行业内多元化、协同发展的愿景。从那以后,广汽与本田合作,成功开创了一条"低成本、高效益、持续发展、技术领先"的道路。

广州汽车工业发展的新纪元由广汽本田的成立开创,他们通过引进最新车型起步就与世界同步,并实现了业界多个第一,令人惊叹。譬如,他们在国内推出四位数合一销售模式(4S店);成功实现汽车制造领域零排放的历史性突破,成为我国首家实现这一目标的汽车企业;率先成立第一家以独立法人模式运作,由合资企业投资的汽车研发机构。在这个时期,中国汽车产业有了快速发展的黄金时期,而广汽则通过令人瞩目的"广汽速度"走在了前列,并且与丰田、日野、菲亚特、克莱斯勒,以及三菱等大品牌合作,扮演着越来越重要的角色,在中国汽车制造业的布局中占据了重要的地位。

在第三个阶段,为提升企业竞争力和影响力,广汽着手建设自有品牌。在2005年结束时,广汽集团召开了一场战略研讨会,旨在共同探讨自主研发和自主品牌的重大问题。2006年,广汽集团成立了汽车工程研究院,其肩负建构高超乘用车车型基础以及打造能引领市场的自主品牌整车系列的重担。2010年,广汽人带着梦想铸就的"传祺"汽车正式下线,不仅成为广汽集团的自主车型之首,更是展现了广汽汽车产业腾飞的雄心壮志。自问世以来,传祺不停地扩充其车型阵容,并通过技术和品质与国内外合资品牌媲美,顺利进入行业中的主流车型行列,广受市场欢迎。广汽的自主品牌之梦不仅已经成为现实,而且正以日益加快的速度追逐着更加雄伟的目标。

2015年,广汽集团迈入第四个阶段——"新能源转型"。在第十四届上海国际汽车工业展览会上,广汽集团庄严宣布了其新能源汽车发展计划,并详细揭示了"十二五"时期新能源汽车的发展方向。2017年,广汽集团的新能源分公司从母公司广汽乘用车中正式脱离,独立为一个子公司,与广汽乘用车并列。广汽乘用车现将旗下所有的新能源车型转移到了新公司,并与华为公司达成了一项关键的战略合作协议。在2018年广州国际车展上,广汽集团发布了全新的Aion系列新能源产品,这个系列包括全球首款超长续航的AI纯电定制座驾——广汽新能源Aion S以及广汽新能源APP。这个发布表明广汽集团在新能源领域的发展和突破迈出了更加坚实的一步。

二、广汽的经营现状

(一)营收呈现增长,费用结构日益优化

如图2-11-1所示,广汽整体营业收入仍有增长趋势,从2015年的294.2亿元增至2018年的723.8亿元,年综合增长率达到35%。由于2019年汽车行业低迷,自主乘用车的新车周期已经到了尽头,因此公司总营收开始出现下降的趋势,并在最终降至597.0亿元。自2020年以来,尽管受到疫情的影响,公司总收入仍继续快速增长。到2022年,公司营收再次进入新一轮增长期,从2020年的631.6亿元增至1100亿元。2022年复合年增长率达到32%。广汽埃安车型的大量投放,成为本次增长的主要驱动力,为企业

带来持续的业务增长。2022年,公司营收总额1100亿元,同比增长45.4%,净利润80.7亿元,同比增长10%,不及营收增速。这主要由于公司计提资产减值损失约30亿元,对母公司净利润产生明显影响。尽管各方面多有波折,归母净利润总体趋势与营收的增长基本持平。

2022年,集团整体累计的汽车销售是243.4万台,同比增长13.5%。其中一季度的销量是60.8万台,同比增长22.5%。二季度受上海疫情的影响,销量是54.2万台,同比增长2.2%。三季度的销量是67.5万台,同比增长44.5%。四季度继续受疫情的影响销量是60.9万台,同比减少6.4%,主要得益于埃安销量的迅速增长。与行业平均水平相比较,广汽2022年的产销分别增长16%和13.5%,较行业水平高12.6%和11.4%,总体销量的排名在全国各大集团当中从2021年第五名上升到了第四名。

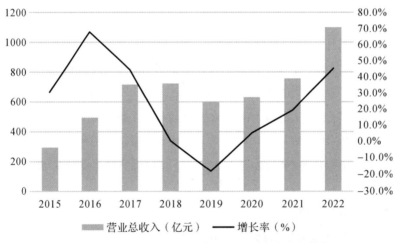

图2-11-1 2015—2022年广汽集团营收变化趋势

广汽2022年的投资净收入同比增长21.2%,广汽丰田占总投资收入的52.5%。公司营业利润的主要来源是投资利润。收益的来源主要为各大合营企业和联营企业。其中广汽丰田发动机、上海日野发动机以及其他汽车零部件公司是联营企业的重要成员,广汽本田、广汽丰田、五羊-本田摩托、广汽三菱和广汽日野等公司都是合资企业。合资企业的投资回报贡献了绝大部分的整体投资利润。2022年,广汽丰田的现金股利或利润高达75.2 亿元,占据了公司整体投资收益的52.5%;广汽本田的投资收益为35亿元,占据了总投资收益的24.4%。整个投资收益中,两者的合计投资收益占比高达76.9%。

2022年,广汽销售毛利率约为7%,同比略微下降0.9个百分点,销售净利率为7.3%,出现了同比下降2.5个百分点的现象,主要由于公司计提了资产减值损失。公司成功地抓住电动化浪潮的机遇,顺势而为,成功占领了新能源汽车市场的领先地位。随着公司的新能源汽车销售不断扩大,同时伴随着原材料的价格下滑,公司自主品牌的盈利态势逐渐有所好转。此外,随着成本控制的逐步加强,公司的费用构成正在逐渐优化,费用率也得以不断地降低。如图2-11-2所示,2022年,公司总营收的增加使得销售费用、管理费用和研发费用总和降低至9%,费用率水平得到了大幅度下降,公司的盈利能力逐渐改善。

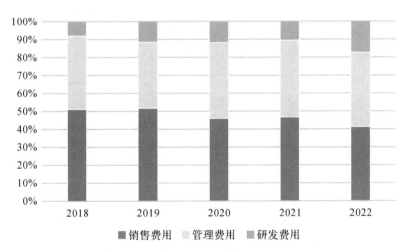

图2-11-2　2018—2022年广汽集团销售、管理和研发费用变化趋势

(二)自主研发成果显著

除了财务表现外,广汽的自主研发也获得了突破性的进展。在纯电专属平台上,广汽从最早的1.0版本、2.0版本,发展到了纯电专属平台3.0。AEP3.0为打造低重心、轻量化车身布局提供了支撑,通过AICS智能底盘系统和超跑级电驱技术,让操控成为基因,并即将搭载Hyper车型量产,为广

汽应对激烈的市场竞争提供了重大依托。在自主电池上，广汽拥有210Wh/kg的能量密度、-20°C下82%的保持率以及2C以上的快充性能的微晶超能铁锂电池。该电池电芯质量能量密度比行业内磷酸铁锂电池提升13.5%，体积能量密度提升20%，-20°C低温容量提升约10%，有效解决"性能均衡"的锂电技术难题。与此同时，自主电池相关工厂正在建设，预计2023年年底就会批量生产装车。在"四合一"电驱方面，铜扁线高绕组Hair-pin电机技术、高精度低噪声齿轮啮合技术、低能耗传动技术及全域变频高效控制等多项技术即将搭载Hyper车型量产。

与此同时，广汽的智能网联技术比如星灵电子电气架构、普赛OS、ADiGO PILOT以及ADiGO SPACE也实现巨大突破。由汽车数字镜像云和中央计算机、智能驾驶计算机、信息娱乐计算机三个核心计算机群组组成的车云一体化集中计算式电子电气架构，即将搭载Hyper车型量产。普赛OS，星灵架构下面向全车的、跨域的标准化操作系统，包含SOA跨域服务引擎、高性能中间件引擎、车云镜像引擎和异构执行调度引擎，实现了三大核心计算机在软件层面的有机融合，大幅提升电子电气架构的运行效率，并即将搭载Hyper车型量产。ADiGO PILOT NDA可实现自动上下匝道、自动换道、自动超车、自动避障等功能，已搭载于广汽Aion LX plus等车型量产，ADiGO PILOT超级泊车已搭载影酷量产、ADiGO PILOT无人驾驶车已在如祺出行平台启动商业化运营。ADiGO SPACE以体验与情感为中心，打造了"更懂用户的智能座舱"。

（三）板块发展成效显著

广汽集团板块发展成效显著。除了整车板块，广汽在零部件板块围绕着产业链强链补链延链。广汽聚焦新能源动力系统及材料、智能网联核心零部件领域，重点推进电驱系统核心零部件、汽车电子、线控底盘、智能车灯、内外饰系统等项目，加快推进芯片国产化替代，并携手矿企布局锂矿材料供应链，实现向产业链的前端延伸。在金融服务板块，广汽汇理汽金发行3期共计150亿元ABS，广汽租赁发行3期共计约30亿元ABS，大幅降低公司综合融资成本，并为经销商及客户购车提供金融支持，夯实产融协同。广汽汇理汽金、众诚保险、广汽财务、广汽租赁积极为集团各整车企业定制配套金融资产。在商贸服务领域,打造"新媒体曝光引流 – 沉浸式到店体验 – 活动促成订单"营销模式,挖掘线上潜在客户,抢占市场销售先机,实现店头拓客引流。全年销售渠道新建在营网点33个,目前销售网点已覆盖全国22个省份50个城市。在出行服务领域,如祺出行注册用户已超1600万人,2022年10月,如祺出行在广州正式开启有人驾驶车辆与自动驾驶车辆混合运营,加快引领Robotaxi商业化。

三、广汽新能源布局

在汽车行业中,新能源汽车正以势不可挡的趋势迅速发展壮大。数据显示,我国在2020年的交通领域所排放的碳达到9.3亿吨,占据全国终端碳排放总量的15%。这意味着交通领域已经成为仅次于工业和建筑的第三大碳排放来源。如何促进低碳出行、推进节能减排是实现双碳目标的关键环节,也是汽车行业转型的重要任务。面对新的局势,广汽集团主动应对,并提前规划,采取自主+合作的双重策略,不断推动技术研发,积极利用科技作为未来机遇的抓手。同时,积极寻求优秀的合作伙伴,共同打造广东、香港、澳门新能源汽车产业生态圈。广汽在汽车电动化这方面的技术积累和沉淀通过其在一系列相关行业所处的领先地位得以彰显。

电动汽车的核心技术就是电池。2021年上海车展上,广汽集团宣布推出两项伟大的计划,即"GLASS绿净计划"和"绿擎技术"混合动力技术平台。为了实现可持续发展的目标,广汽集团采取了绿色低碳的行动,以助力实现"双碳"目标。这些计划不仅有利于公司的可持续发展,而且还有助于推动我国汽车行业的绿色发展。海绵硅负极电池是广汽集团自主研发的,其能量密度和低温特性已达到行业领先水平。去年,这种电池被成功地搭载在Aion LX Plus上市,引起业内广泛的瞩目。此车型是工信部公布的首款续航超过1000公里的车型,不仅创造了行业纪录,也彰显了广汽集团在新能源领域的技术实力和领先地位。超高速电池技术也伴随着Aion V Plus的大规模生产应用。弹匣电池系统安全技术使三元锂电池整个包装的针刺起火问题得到了有效的解决,在Aion Y等车型中得到了成功应用。

广汽在减碳汽车研发方面积极推进,取得了巨大的成功,其中包括氢动力技术的进一步开拓。2020年7月,广汽集团推出了Aion LX Fuel Cell,这款氢燃料电池汽车在如祺出行平台开始了示范运营,也成为粤港澳大湾区首家上线氢燃料电池汽车的出行平台。广汽自主研发的首款氢动力发动机于2021年9月5日成功点火,这一重要事件意味着广汽发动机已经正式进入"零碳排放"时代。

广汽集团不断推出多种环保型新能源汽车产品,其中涵盖合资和自主品牌。2021年11月,广汽丰田推出纯电动SUV bZ4X车型。2022年3月29日,广汽本田正式推出全新电动SUV。到2025年,广汽传祺计划所有车型均能实现混合动力的推动,而到2030年,其混动车型销售额将占据市场的60%以上。广汽埃安将继续投入EV(电动汽车)和ICV(智能互联汽车)领域,集中精力推进这两个领域的创新和发展。

四、新能源独立品牌——广汽埃安

广汽纯电新能源领域的独立品牌——广汽埃安,专注打造高端智能电动车,引领行业潮流。2017年7月,广汽新能源汽车有限公司正式注册,于4月推出三款Aion S、Aion LX和Aion V车型。2019年至2020年6月,广汽东盟品牌正式独立运营,于2020年11月在广州车展上亮相。其定位为高端智能汽车品牌,同时推出第四代EAN AION Y品牌。2021年7月份见证了埃安与华为的合作项目的正式实施。据悉,公司计划在2023年底扎实推进,力争实现高端车型的顺利量产。

广汽通过混合所有制改革,完善企业的独立经营能力,并计划在未来寻求上市,以进一步扩大资本实力。自2021年8月以来,广汽集团宣布有意推进对埃安混合所有权的改革。2021年11月,广汽集团完成其内部重组,实现埃安整合集团的纯电资产并聚焦于新能源汽车业务,以进一步深化和整合其业务。2022年3月,广汽完成员工激励和内部持股计划,建立长久有效的激励体系。同时,为激发员工的热情,也可以吸引更多的战略资源,共同推进企业的发展。公司还将引入战略投资者,优化股权和治理结构,以满足国家资本布局要求。

(一)电动化技术布局:电动化自研技术积累深厚

广汽是国内最早开始布局电动平台的汽车制造企业之一,他们不断进行平台换代,以提高纯电动整车的制造水平。埃安公司一直坚持两大核心理念,即以全面电气化架构为基础,以用户价值体验为中心,来开展纯电平台的设计和研发工作。2017年,埃安推出 GEP 纯电动专用平台,2019年推出新的换代平台 GEP 2.0,2023年陆续向市场推出基于新 GEP 3.0 平台开发的全型号版本。

埃安现有的车型都是基于 GEP 2.0 的开发而来的,它们在空间利用率、电耗和安全性等方面都表现出色,并具有五大特点。第一,空间布局非常宽敞:采用第二代 GEP 纯电平台,借鉴鲸空间设计理念,通过采用较大的轴距与车长比值,结合扁平化和模块化的机械结构布局,最大限度地增大了乘员舱的空间。平台可完成不同尺寸的轿车、SUV 和 MPV 的开发,同时涵盖 A0—C 级。采用"三合一"电驱系统可轻易缩减电机簧的巨细,优化空间使用率。第二,卓越的续航能力:GEP 2.0 平台采用全新 VDA 电池组,综合覆盖 300—700公里。第三,动力性能卓越:埃安采用深度集成的"三合一"技术,GEP 2.0 在不降低性能的前提下,成功降低了体积和重量,同时大幅提升了传输效率、扭矩密度和电驱动模块的稳定性,既实现了长续航,又实现了强动力。第四,高度的灵活性:GEP 2.0 可以根据不同车型的定位以及其对底盘性能的需求,灵活地搭配适合的后悬架系统,以满足不同用户的需求。第五,安全性:为了确保车辆行驶的安全性,GEP 2.0 经过五星传祺第二代 GAC 碰撞吸能控制技术的改良,不仅在车身的设计上注入了充分吸能的机舱结构,更采用高刚性笼式乘员舱保障驾驶员的身体安全。它的机舱结构吸能超过60%,在最大程度上保护车内乘员的安全。

2021年4月,广汽公司发表了"中子星战略"动力电池计划,旨在自主研发和产业化应用动力电池以及电芯。广汽将按照此项战略,在电池和电芯方面进行自主研发,并从三个角度进行布局。在电芯方面,海绵硅负极片电池技术和超级快充电池技术的配合使用,将有利于同时解决用户续航和充电的不同问题。其次,BMS 系统依托其卓越的域控制管理和大数据应用能力,为电池提供全方位的保障。最后,具备"高安全、轻量化、高集成、低成本"四维优势电池包也将成为企业的主要研究方向。

(1)充电快:2021年1月,广汽埃安推出了一款石墨烯超级快充电池,不仅充电速度惊人,还大幅提高了电池充电效率。通过在正极材料中添加石墨烯导电添加剂,将石墨烯的导电性应用于电池中,与600A超高功率充电设备相结合,可以在8分钟内充电80%,并实现500公里的行驶里程。整辆车的核心成本比目前普通动力电池成本高出5%—8%。广汽集团推出两款快速充电电池6C-500km、3C-500km,并为了满足不同用户的快速充电需求,于2021年9月应用于广汽AION V车型。

(2)高耐久性:新型负硅电池装载到AION LX上,NEDC的耐久性可达1000公里。经过改进,海绵硅负极片电池将硅负极在充放电过程中形成的高膨胀倍率难题完美消除。这一突破性的进展使得大容量硅负极材料得以在动力电池中广泛应用,可轻松地实现20%的体积缩小和14%的重量减轻。2021年2月,广汽海绵硅负极片电池技术完成了冬季低温测试,经过数月时间的等待,7月终于完成了夏季测试,并于2022年7月开始交付,第一批装载的是广汽埃安LX。

(3)安全性:为了确保电芯安全防范措施,弹匣电池系统采用了多项安全技术保障。广汽在2021年发布了弹匣电池系统安全技术,该技术可以应用于磷酸铁锂和三元锂两种材料的电池包中。通过弹匣电池系统的应用,广汽首次成功实现了整包电池不起火和爆炸的针刺试验,同时还成功解决了电池包安全性和续航能力方面的问题。首款搭载型号是Aion Y。弹匣电池系统的安全得以保障,这要归功于四项核心技术。①第五代电池管理系统。通过采用最新一代车规级电池管理系统芯片(相比前代系统提升100倍),埃安车辆能够实现无死角的全天候数据采集、24小时全覆盖的全时巡逻模式,从而更好地保障行车安全和数据收集质量。②超高耐热稳定芯。通过采用掺杂与包覆工艺,埃安提升了电芯正极材料的热稳定性,同时应用了新型添加剂来实现自修复的SEI膜。与此同时,为了降低热失控反应的产热,埃安选择了高安全性的电解液。③超强绝缘电池安全舱。埃安使用网格状纳米孔隔热材料和耐高温上壳体,确保电池热失控后不会蔓延。④三维冷却系统。埃安采取了全贴合液冷集成系统,优化高效的散热通道,并设计了高精准的导热路径,从而降低电池热失控的几率。

1. 超充技术

广汽埃安同步打造车端+桩端快速充电体系,实现超级快充"充电5分钟,行驶207公里"的成绩。

车端:超倍速电池技术。广汽埃安在电池充电过程中,采用高孔隙涂覆陶瓷隔膜和新型低粘度高功率电解液来降低电解液离子迁移阻力,以提高电池的锂离子脱出、迁移和嵌入速率。通过特殊的包覆改性技术,在电池的负极材料中引入软碳、硬碳和石墨烯,从而大大提高了电池的嵌入速率。利用新型导电剂——三维结构石墨烯,建立立体导电网络,从而提高导电能力,以实现超高速充电。石墨烯作为导电剂,在超倍速电池技术的量产中发挥了重要作用。广汽自主研发了三维结构石墨烯(3DG)制备技术,并拥有完善的专利权,这使得石墨烯的稳定量产和成本可控成为可能,从而对超倍速电池技术的量产和实际应用做出了积极贡献。广汽还打造了领先于其他汽车厂商的高电压平台,它能够承受高达880V的最高工作电压,同时还能达到480kW的最大充电功率。

桩端:全球充电功率最高的A480超充桩。目前,市场上的快速充电桩和专用充电桩一般在60—180kW之间,特斯拉V3充电桩的最大输出功率为250kW。广汽埃安最新推出的超级充电桩A480,创造了全球充电功率的最高纪录。

2. 供应链

广汽埃安在动力电池产业链上的话语权得到了提升,这一成就得益于它的自建生产线、合作公司的孵化和多样化的供应商。

(1)巨湾技研:超级快充电芯、下一代新型储能器件及PACK集成系统的研发和生产。2020年9月7日,广汽集团、广州巨湾投资合伙企业、广汽资本、黄向东和裴锋加盟,共同打造了广州巨湾技研有限公司。2021年7月,巨湾科技研发与能源存储设备与系统工业基地项目在广州落户。公司建成后预计总投资30亿元,产能8GWh,年产值72亿元,税收4亿元,2023年竣工投产。

(2)建设自主研发的电池电芯生产线,储备自主研发电池的量产工艺。

2021年10月,广汽埃安宣布打算投资3.36亿元来快速建设一条自研电池电芯的中等规模生产线,旨在验证电池工艺成熟度、产品一致性和产品成本等方面,并且储备自研电池量产工艺技术,以加快自研电池技术的产业化进程。2022年3月,广汽埃安将开始建设自己设计的动力电池试制线,该项目占地面积约10500平方米,覆盖了电池全流程生产工序,从浆料制备到电池Pack,并配备材料研发和理化测试实验室以及电性能实验室,于2022年底建成并开始正式运营。在此试制线上,广汽埃安将实现海绵硅负极片电池等自主研发电池的自主生产。

(3)2020年,广汽埃安开始支持中创新航,提升其在供应链中的话语权。广汽针对中创新航,提出超过2000项整改意见,助其成功打造出符合量产标准和品质要求的盛况,两者之间的合作日益紧密,同时为广汽电池的供应链安全提供了强有力的支持。

(4)为了确保供应链的安全,广汽于2019年与日本电产合资成立尼得科汽车驱动公司,共同打造汽车驱动系统。2019年8月,广汽零部件与日本电产在共同努力下,一举成立尼得科汽车驱动系统有限公司。这是一家致力于开展新能源集成电驱动系统项目建设、投资规模高达10.5亿元的企业。广汽零部件作为广汽全资子公司,其持股比例高达49%。日本电产是全球精密小型发动机领域坐拥巨头地位的企业。为了更好地服务广汽集团,合资公司充分整合了广汽的整车技术与日本电产的马达及电装技术,推出了高度集成的驱动马达系统。此举旨在为广汽集团提供更加先进的驱动技术,同时为日本电产在中国市场扩大业务打下了坚实的基础。未来,该合资公司将向更多的汽车制造厂商扩展销售,为中国汽车工业的整体发展贡献力量。

(二)智能化技术布局:智能化自研合作并驱

2011年,广汽开始研发无人驾驶技术。2016年,广汽领导下的团队在多个战略合作伙伴(如腾讯、华为等)的支持下推出了ADiGO智能出行系统,其中包括智能工厂生态、自动驾驶系统以及物联系统。ADiGO 3.0是一款配备"高精地图+高精雷达+高清摄像头"的三重感知技术的系统,该系统于2020年上市。除此之外,ADiGO 3.0还采用了双制动系统以及驾驶员双重保障(HOD方向盘脱离预警+DMS疲劳监测)等多重安全冗余设计。

2021年,星河智联汽车科技有限公司自主研发并推出了ADiGO 4.0,广汽全新智能操作系统,其中,ADiGO 4.0实现了国内首款AR-HUD的量产搭载。在自动驾驶系统方面,广汽推出了NDA领航驾驶辅助系统与HPA记忆泊车系统。这些系统利用整车31枚传感器的高精度数据,实现单车道巡航、自动换道、自动超车、自动上下匝道,以及中长距离的低速自动驾驶与自动泊车等多种功能,实现了L2.5级自动驾驶功能,让驾车更加安全、便捷。

(1)感知层面:ADiGO自动驾驶系统搭载RoboSense(速腾聚创)第二代智能固体激光雷达,AION LX等多款车型即将量产。AION车型广泛应用了博世摄像头、毫米波雷达和超声波雷达等智能装备,以实现更加智能、安全的行车体验。

(2)在决策层面上,目前AION车型所配备的Mobileye Q4芯片、Linux操作系统、伟世通中间件和百度智能驾驶解决方案,已成为当下的主流选择。同时,广汽与地平线联合发布了广汽版征程3芯片,并计划在未来车型中大规模生产使用。

(3)在执行方面:配备了日本电产电机,博世制动系统以及采埃孚转向系统。

(4)在智能座舱方面:采用了最新的ADiGO 4.0智驾互联系统,这个系统由基于高通820芯片打造的伟世通SmartCore座舱域控制器平台和星河智联自研的G-OS操作系统、腾讯应用以及讯飞语音交互融合而成。

1. 自主研发域集中式"星灵"电子电气架构

2021年11月,广汽发布了一款全新的、由自主研发的电子电气架构组成的"星灵架构"。整个架构包含三个核心计算单元:汽车数字镜像云和中央运算单元、智能驾驶控制单元,以及信息娱乐控制单元。四个主要的区域控制器包括前侧、后侧、左侧和右侧区域控制器。利用汽车数字镜像云、高速以太网、5G等多项尖端技术,将车辆与云计算有机融合,形成车云一体的高集中度计算能力,从而全面支持高于L4级别的顶尖自动驾驶技术。采用SOA软件架构,方便快捷开发新功能,更加优化并加强OTA能力与速度。公司将于2023年量产,并计划搭载在埃安高端车系上。与广汽的上一代电子电气架构相比,"星灵架构"的计算能力提高了50倍,数据传输速率提高了10倍,线束长度缩短了大约40%,同时控制器的数量减少了约20个。

2. 合作华为共同构建智能汽车数字平台

广汽与华为联合开发的首款中大型智能纯电SUV AH8 车型拥有L4级自动驾驶功能,计划于2023年底开始量产。为实现这一目标,双方将基于广汽GEP3.0 底盘平台以及华为CCA 架构,共同开发新一代智能汽车数字平台。这一平台将搭载华为全栈智能汽车解决方案,并经过双方共同定义和开发。双方将依靠共同构建的智能汽车数字平台,在未来推出更多的车型。

(三)产品特点:科技感&年轻化

广汽埃安以"先进、好玩、新潮、高品质"作为整体品牌形象,以"成为世界领先和社会信赖的绿色智慧移动价值创造者"为企业愿景,以用户体验为重心,以富有活力和时尚的品牌形象及卓越的产品力吸引核心用户,超越同级别对手。

当前埃安在售车型共5款,主要覆盖10万—20万元市场,车型包括位于10万—20万元区间的轿车Aion S/S PLUS、SUV 车型 Aion Y、Aion V Plus,以及定位高端、标价在30万—45万元区间的SUV 车型 Aion LX Plus。其中Aion S/S PLUS和Aion Y为销售主力车型。埃安销售客源集中在广东省,在广东地区销量占比始终在40%以上。

根据埃安已有的销量数据以及埃安APP用户数据,可以发现埃安用户在使用用途、用户个人特征上具有明显的相同点。

使用用途:发展初期埃安主要阵地为网约车等营运&租赁市场,营运&租赁销量占比达50%以上。随着2021年4月针对To C市场的Aion Y/Aion S PLUS等逐步上市,非营运市场销量占比逐步提升,To C转型取得良好成效。

用户性别&婚姻状况:性别均衡+已婚居多。当前埃安APP活跃用户男女比例基本为1:1,其中已婚用户约占七成。男女比均衡表明埃安未对品牌进行类似于欧拉式的性别定位,已婚用户比例较高表明埃安较好地满足了家庭用车需求。

用户年龄状况:80后&90后占比较多。埃安APP活跃用户中80后用户占比达22.49%,其次为90后占比19.56%。

1. 主要汽车产品

2022年广汽埃安共计销售27万辆,同比增长125.7%;Aion Y和Aion S车型为其销量主力。在2023年,埃安汽车的销售量持续增长,与去年相比仍保持着强劲的势头。其中,3月份埃安品牌总销售量达到4万辆,同比增长97%,环比增长33.0%。取得这一成绩的主要原因是Aion S车型的销售量极速增长。2022年,Aion Y车型销量占比为44.1%,Aion S车型销量占比为42.7%,两者合计占比为86.8%,为埃安车型的销量主力。

Aion S、Aion V和Aion Y作为广汽埃安新能源汽车推出的主力电动汽车,拥有差异化的特点和适用场景。其中,Aion S是一款紧凑型轿车,外观时尚简洁,空间较为紧凑。Aion V是一款中大型SUV,外观硬朗豪华,内部空间较为宽敞。Aion Y则是一款紧凑型SUV,外观年轻时尚,内部空间适中。Aion S采用三电平架构,搭载了一块61.9kWh的电池组,最大续航里程达到510公里,加速性能和动力输出较为出色。Aion V和Aion Y也拥有较好的动力和续航性能,分别搭载了77.1kWh和63.2kWh的电池组,续航里程分别为530公里和510公里。就价格方面,Aion S的起售价为15.28万元,Aion V的起售价为23.88万元,Aion Y的起售价为16.28万元。

(1)Aion S & Aion S Plus。Aion S于2019年4月发布,是埃安品牌首款车型,因其驾驶舒适性与稳定性受到网约车车主青睐,在To B端销量表现良好,2021年2月针对出行市场推出专有车型。2021年6月,埃安在重庆国际车展上发布了Aion S的升级改款车型Aion S Plus,通过内外饰重新设计重点挖掘个人车主,非营运销量占比也随着Aion S Plus的推出逐月攀升。

Aion S Plus在车型定位和价格方面与Aison S相比略高,但在外观、动力、智能化和安全配置等方面实现了升级。尺寸方面,新车横竖高度分别为4810mm、1880mm、1515mm,轴距2750mm,与Aion S相比,车长增加42mm,车高降低15mm,进一步降低车身姿态。在外观上,新车保留了与家族设计一致的风格,但整体造型比 Aion S 更加前卫、运动。新车的前脸变化非常明显,去掉了原本前大灯之间的横向银色饰条,而是使用了类似于 ENO.146 概念车的设计,以减少风阻。虽然新车头灯造型与 Aion S 相似,但是该灯组内部的光源经过重新设计,从而使得整体照明效果更加出色。车头的底部采用夸张的大嘴造型格栅,并配置了自动开闭功能,这使得整个车头更富有视觉冲击力。Aion S Plus 的侧面造型与 Aion S 相似,但车身线条简洁,腰线向上延展,进一步降低了车辆重心,营造出一种蓄势待发的姿态。除此之外,这辆新车还配置了隐藏式门把手,有效地减少了车辆在行驶时的空气阻力。

配置方面,Aion S Plus 配备 14.6 英寸浮游式中央控制屏幕,搭载 ADiGO 4.0 的驾驶互联生态系统,与现有车型搭载的 ADiGO 2.5 智能驾驶辅助系统相比功能性更强。ADiGO 4.0 智驾互联生态系统除了可以对车内大部分功能进行调节外,还进一步改进了 AINO S 的设计,取消了空调控制按键,使得整车中控区更加简洁。与此同时,Aion S Plus 取消了启动按钮,以便上车并打开挡位前往。全场景一键遥控泊车系统得到了全面支持,不仅支持常规的自动泊车功能,而且还支持能通过手机 APP 进行一键遥控泊入/泊出和记忆泊车,且其覆盖的距离高达 150 米,这一举措有助于提升消费者在驾车过程中的智能和便利体验。此外,该车还内置了超过 3000 款 3A 游戏大作,如《拳皇 14》《最终幻想 15》等,为用户带来畅爽游戏体验。

动力部分,现款 Aion S 电动机最大功率为分别为 100kW 和 135kW,最大扭矩分别为 225N·m 和 300N·m。而 Aion S Plus 电动机最大功率为 150kW,上市后将会有最大功率为 165kW 的版本,两种动力表现相比于现款 Aion S 均有显著提升。

在电池安全性方面,广汽埃安全系标配弹匣电池技术,即将一个电芯放置在类似"弹匣"的安全舱中,每个电芯中间采用航空级的二氧化硅耐高温纳米材料,可在最大程度上做到阻燃、隔热的效果。此外,该电池在安全防护方面采用多项技术,包括超高耐热稳定的电芯、极速降温三维速冷系统,以及全时管控第五代电池管理系统等,以确保电池在多方面都能安全运行。

自 2022 年 2 月以来,埃安在全国各大城市推出了"充电免费,埃安买单"

的活动,这一举措深受广大车主的喜爱和赞誉。在活动中,许多车主得以节省数额不等的用车成本,而这一优惠措施不仅仅是针对埃安车主,所有新能源车主均有机会参与,呈现出了埃安的大气和慷慨。伴随着2023款Aion S Plus的面世,埃安汽车延续了免费充电的好处,同时还推出了多项极具吸引力的福利措施,如购车即可获得高达2年的无息分期付款优惠,还可享受置换补贴最高达到6000元的惊人优惠。新推出的Aion S Plus系列车型可以免费获得价值4999元的充电桩安装服务,有效期为3个月。这不仅降低了用户购车的门槛,还丰富了用户的用车体验。

如图2-11-3所示,作为埃安旗下的热门车型,Aion S系列的销量自2022年11月的15323台,增长至2023年4月劲销的19569台,高居纯电轿车销量TOP2,更是豪取A级纯电轿车3连冠,超越Model 3、秦PLUS EV等车型,在全品类销量排行榜中超越凯美瑞、速腾、卡罗拉等热门油车。

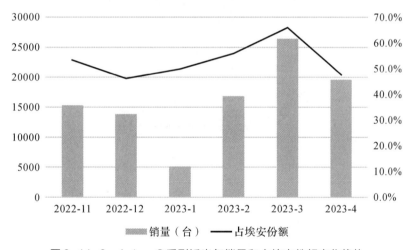

图2-11-3　Asion S系列近半年销量和占埃安份额变化趋势

(2)Aion Y& Aion Y PLUS。Aion Y定位"10万级科技头等舱"。据官方介绍,Aion Y名称中的"Y"是英文单词"Young"的缩写,代表这款车更专注于年轻消费群体。2022年9月,埃安通过自创厂牌国服榜脱口秀的形式,正式发布了Aion Y的升级版:Aion Y PLUS。

如图2-11-4所示,尺寸方面,Aion Y PLUS的长度比老款增加了

125mm,高度比老款增加了5mm。当初为了保证后排乘坐空间,老款汽车的后排座椅向后挪动,压缩了后备箱的空间,因此,现如今的PLUS款主要加长了前后悬。加长后,后备箱的容积增加了39L。

外观上,Aion Y PLUS仍然延续了老款"天空之城"的设计主题,但也有了一些变化。老款的前脸偏利落,层次感强,尾部偏圆润,新款Aion Y PLUS则是反过来了,前脸更加圆润,尾部反而稍显利落和层次感。在色彩的运用上,新款对比老款增加了"小确杏"的外观颜色和"零蕉绿"的内饰颜色,除了提供18英寸和19英寸两种轮毂选择之外,轮圈内可以进行跳色处理,这样的点缀更符合年轻人个性化的标签。

图2-11-4　Asion Y新旧款对比

在座舱内部,新款取消了原来的旋钮换挡,换成了很多新能源车上的同款怀挡形式。中控扶手箱上的格局也做了新的规划,能够收纳两个手机,并且利用模块化设计进行了分布。智能座舱使用的是ADIGO SPACE的智舱交互系统,这次的座舱芯片对比老款也实现升级,用到了8核的运算平台,并且针对年轻人存在的开机长的痛点,专门对车机的开机时间做了优化。针对年轻人当前的露营热点,为丰富用户个性化需求,在打造多场景的交互上,车机的模式选择会更多,也增加了更多游戏。同时,埃安保留了放倒座椅成床的功能,拨开头枕放倒前排座椅,搭配埃安提供的充气床垫可以进行小憩,车内空间比较大,虽然后排座椅的角度不可以调节,但1.8米的长度还是足够躺平。另外,这次还升级了支持对外220V放电的功能,可以在露营场景中对电器进行使用。

动力上,Aion Y PLUS搭载的电机功率达到150kW,对比老款增加了15kW,续航能力可以达到610km。

如表2-11-1所示,与竞品车型相比,埃安Y的竞争优势包括:①安全性,Aion Y全系搭载广汽全新弹匣电池,提高电池系统安全性;②续航能力,续航里程最高可达600km,高于可比车型;③空间大,受益于GEP 2.0纯电平台打造,轴距方面领先于可比车型。

表2-11-1　埃安Y竞争对手对比

	埃安Y	比亚迪元	几何C
售价(万元)	11.98—17.98	13.40—16.20	12.77—20.28
长(mm)	4535	4455	4432
宽(mm)	1870	1875	1833
高(mm)	1650	1615	1560
轴距(mm)	2750	2720	2700
纯电续航(km)	430—610	430—510	400—550
百公里耗电量(kWh/100km)	12.9—13.8	12.2—12.5	13.9—14
电机功率(kW)	100—150	150	150
车载智能系统	ADiGO	DiLink智能网联	GKUI
中控屏尺寸(英寸)	14.6	12.8-15.6	12.3

在车身长度与比亚迪元、几何C、小鹏G3、哪吒U、荣威eRX5等车型相差不大的情况下,埃安Y整体的售价最低,其整体的续航里程表现也更为出色,并且在座舱的中控屏幕方面,还配置了一块尺寸为14.6英寸的屏幕。除此之外,Aion Y的空间设计十分灵活,可以拆下头枕并让前排座椅靠背放平,与后排座椅连接,从而实现极大的空间扩展,让整个车辆成为用户的另一个可移动的空间。在性价比、年轻化以及座舱智能化方面,该产品展现了

相当的竞争实力。

如图2-11-5所示,Aion Y是埃安2023年4月份销量最高的车型,其当月销量达到21065辆,环比上个月的13267辆涨幅达50%以上,Aion Y也直接带动了埃安的销量攀升,使其4月份单月销量达到4.1万余辆,同比增幅达302%,创国内零售市场销量排名第二的佳绩。从单月销量来看,Aion Y已经能够将销量稳定在万台之上,未来有望进一步稳定在月销2万台之上。

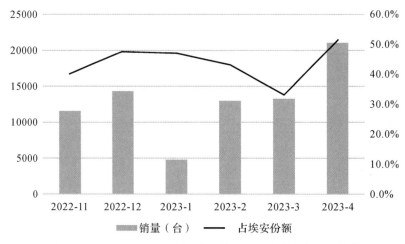

图2-11-5　Asion Y系列近半年销量和占埃安份额变化趋势

（3）Aion V。Aion V Plus定位星际母舰纯电SUV,智能化+续航强为核心卖点。目标人群为年轻全面进取精英,于2021年9月上市。前脸部位采用官方命名为星战弹头的设计,补贴后售价区间为18.76万—24.96万元。在续航与快充方面,Aion V Plus NEDC测试续航里程分别为500km、600km和702km。超级快充版本车型搭载超倍速电池和弹匣电池安全系统,可以做到"充电5分钟,续航207公里",续航+快充极大缓解了里程焦虑问题。在空间方面,Aion V Plus长宽高分别为4650mm、1920mm、1720mm,轴距为2830mm,领先于竞品宋PLUS DM-i&EV（2765mm）,同时空间灵活性高。在智能化方面,Aion V Plus可选配ADiGO 3.0 L2+智驾辅助系统,拥有超视距记忆泊车和NDA智能领航辅助系统。在保值上,为解决新能源车保值率低、快速迭代的顾虑,埃安推出1999元的"Aion Care+真保值"权益,2年换购埃安任意车型7折回购。根据中国汽车流通协会统计,在紧凑型SUV中Aion V一年保值率为70.89%,排名第一。

(四)渠道维度:多层级渠道提高效率,APP直联用户

广汽埃安的销售渠道分为两条轨道,以经销为主、直营为辅的方式进行实施,同时也启动了合营直管模式的推行。直营体验中心的使命是在核心区域逐步布局,探索创新营销方式,并且打造渠道样板。以经销方式作为销售方式,不仅能够快速扩大市场份额,降低主机厂的成本和风险,更能与合作伙伴共享发展的机遇。直接由主机厂管理,直管展厅、体验中心和直营店,可增强服务的标准化和规范化水平。埃安渠道和传祺渠道实现了独立发展,而且所有渠道所售产品价格始终如一。此外,客户可以通过APP轻松下单,而经销商则通过获得佣金赚取利润,避免了背负库存之苦。

2018年,广汽提出一个多层级的渠道体系建设规划,以体验中心为太阳、展示中心为月亮、社区服务站点为星星,共划分为三个级别。这个规划展现了广汽追求创新和卓越的决心,让消费者可以在城市标准店面、位于主流商业消费区的城市展厅以及社区服务站点中享受广汽的品质服务和无微不至的关怀。强调以用户为中心,广汽埃安将其体验中心命名为"25hours",并特别注重打造全天开放的服务体验,让用户在这里享受到全方位的优质服务。在城市网络体系中,三级渠道如涓涓细流般汇聚成一条奔腾的河流,呈现出"轻资产、小体量、多触点"的特点。同时,这一网络体系与市场新业态深度融合,形成了具有强大生命力的生态系统。截至2022年4月,广汽Eran体验中心共有145个,上超+汽车城展览中心共有316个,分布在我国27个省自治区,单店效率32套/户。

1. 广汽线上APP

埃安APP所提供的各式各样的产品功能在不断地更新和升级,而其线上经营策略也在逐步完善中。广汽的APP非常强大,其中包括线上购车、车主社区、充电服务、时尚商城等多种实用功能。这款APP既能够提供服务,又能够满足人们不同的社交需求,是该公司线上营销的重要基石。对于新兴品牌而言,车企的APP贯穿整个购车和售后流程,给消费者带来非凡的体验。通过APP,消费者能够与更多用户分享他们的用车生活,获得用车所带来的情感价值。此外,APP还拥有极强的社交属性和圈层文化,能够帮助用户更好地展示自我价值,进一步增强用户的自我认知。因而,这个APP也成为用户协同创新的必不可少的工具。汽车消费特性在汽车公司的应用程序中得到了扩展。截至2022年2月,广汽埃安应用的月活跃数量为21.93万。自2021年1月以来,人口有持续增长的趋势,月综合增长率为9.41%,位列新势力品牌APP月活复合增长率前列。APP运营良好的作用在于提升用户黏性和忠诚度,从而帮助品牌将用户转化为私域流量。因此,APP运营的成功与否直接关系到品牌的发展和成长,是品牌建设中不可或缺的一环。

2. 埃安充电站计划

广汽埃安计划到2025年在全国建设2000多个充电站,覆盖300个城市。2021年4月,广汽埃安品牌充电站在上海虹桥机场盛大开启,这是品牌充电的第一站,为Aion客户提供了一个免费并且专属的停车场。在这里,客户们可以畅享快充免服务费的服务,也可以免费享用慢充服务。这个品牌充电站象征着广汽埃安对用户的诚意和用心。2021 年12月,广汽埃安在首都国际机场建设的第二家埃安超级充电服务中心,经历漫长历程,接受重重考验,终于圆满竣工,将为更广泛的用户提供更方便、快捷的充电服务。通过不断完善埃安能源补给网络,埃安高端智能电动车品牌形象得到进一步的强化,并且用户出行体验得到全面提升。

2022年4月,埃安超级充换电中心在广州正式落成,该中心实现了超级充电、快速更换电池和自动充换电等多项技术,并成功构建起光、储、充、换一体的能源补给生态和电池循环生态。广汽埃安计划到2022年在广州市辖区内建设220个充电站,到2025年增加到1000个,实现半径1.5公里的覆盖范围,并将其复制并进一步传播到全国各地。

(五)产能

广汽智联新能源汽车产业园的首个项目就是广汽埃安智能生态工厂,该工厂于2018年底竣工并在2019年5月开始投产。智能生态工厂的规划总产能是每年40万辆车,在2022年2月将完成二期扩建并实现产能扩充至每年20万辆。

2022年3月,广汽埃安智能生态工厂被工信部、国家发改委、财政部和国家市场监督管理总局共同发布的2021年度智能制造示范工厂榜单评为示范工厂。就生产效率而言,2022年扩张后生产效率提高了45%,可定制性提高35%;在数字化方面,采用了行业首创的源头数据分类规整和分布式边缘服务器,使全球汽车工厂的联网率达到最高水平98%,且实现了极快的采集速度小于300毫秒。这使得数字派单指导生产实现了100%的全面覆盖。全球领先的钢点焊和铝热熔钻快速切换技术被用于柔性化生产,可以在生产过程中同时制造10种不同型号的车体,包括使用钢和铝材料制造的车体。

(六)优质服务和创新营销

AEAN通过优质服务增强竞争力,不仅享有六项基础权益,包括免费获得新一代智能共享充电桩、终身免费软件升级、终身免费道路救援、终身免费数据流量等,AION S全系车型用户还可以享受代客充电服务、出行无忧服务以及车辆保障政策。在客户服务质量上下功夫,不仅可以增强消费者对品牌的忠诚度,而且还可以提升品牌的整体影响力。

年轻化营销、娱乐互动收获Z世代青睐。针对该特点,埃安利用"年轻化营销"策略,通过举办"王者荣耀挑战赛""人气改装争霸赛"等一系列互动活动,成功赢得年轻人的青睐。自2021年4月AION Y预售以来,95 Gen Z后订单达50%以上。

1. 体育厂牌联动

2022年1月23日晚,广汽出品的埃安·路人王2021年总决赛在广州国羽中心成功结束。在AIONMAN体育厂牌的主持下,广汽埃安与路人王通力合作,共同举办了篮球界的盛大年终盛典。当晚,数百位AION车主和数千万网络用户,与王者见证了加冕时刻。周锐以高超的技艺和敢拼敢赢的精神,一路过关斩将,最终勇夺2021年度"路人王"桂冠。

因为AIONVPlus在整场比赛中展现出了与"路人王"气质高度相契合的不错表现,因此吸引了许多粉丝的关注。球赛中,路人王凭借精准走位和灵活运球，在瞬息万变的赛场上捕捉得分机会，而AIONVPlus所具备的AVP超视距召唤泊车，能够精准记录泊车路线，自主避障，无论面对多么复杂的停车场也能精准泊入位；AIONVPlus搭载了超倍速电池技术，让其实现了充电5分钟就能续航207公里，仿佛路人王一样，应对激烈比赛，仍能迅速恢复体能。而且，超越路人王的运球技巧令人惊叹。与此同时，AIONVPlus拥有智能领航辅助系统，可实现智能领航和其他智能驾驶功能，如快速平稳进行超车、避让等操作，因此它被誉为"道路之王"，是冠军座驾的典范。

本届路人王赛事不仅在现场如火如荼的氛围中展现了其魅力，在网络世界中也吸引了众多新时代年轻人的浓厚关注。大赛直播的弹幕上热火朝天，吸引了众多球迷。年轻人为了表达对路人王的真挚热爱，在公屏上使用了"YYDS、顶级、无敌、热血"等词汇。近年来，路人王与年轻人同频共振，凭借着接地气的街头篮球文化，经过长年累月的积累，创造出独特而引人注目的顶级比赛，已成为许多热爱篮球的人所展现自我和实力的首选平台，并成为年轻篮球爱好者每年必看的重要比赛。在篮球比赛中，各种顶尖球员运用精湛的技巧和华丽的表现征服全场观众，不仅吸引了更多人喜欢篮球运动，也让更多普通人有机会实现自己的篮球梦想。

在新能源领域，广汽埃安以大量先进科技保持EV和ICV方面的持续领先地位，面对愈加激烈的科技竞争，体现了"路人王"精神，逐渐被赋予"头号科技玩家"的形象。靠着"左手科技，右手年轻"的理念，该品牌成功地展现了先进、有趣、时尚以及高质量的品牌基因，因此在年轻人中广受欢迎，也促进了绿色出行事业的快速发展。

2. 引领潮玩新方式

随着汽车消费者的年轻化趋势日益明显，车企之间竞争的焦点也愈加集中在如何获取Z世代的消费群体上，这不仅是一个重点，更是一项紧迫的课题。Z世代与父辈们不同，他们不只是把车当成一种交通工具，而更加注重将汽车作为一个个性化的时尚品牌。埃安Y从诞生之初起便自带年轻、新潮和好玩的属性，这种特质不仅表现在外观的新颖和易于辨识上，还在科技配置方面非常符合年轻人的喜好。广汽埃安依据对年轻Z世代需求的深度了解,精准地把握了他们追求新潮好玩的态度,因而推出了潮颜创造营。借助 AION Y 的"百变潮颜",上千名 Z 世代参与创作,设计了超过 1500 款车身拉花作品,通过改装热潮,引领了一股全民热情。

在 2021 年成都车展上,广汽埃安继续展现其改装新潮气息,带来了一场 Aion 人气改装争霸赛(图 2−11−6)。在这个活动中,他们充分展示了自己的百变颜值基因,成为成都车展上最为靓丽的一道风景线。

图 2−11−6　Aion 人气改装争霸赛上的改装车型

Aion Y 爱琴海敞篷版的改装设计灵感取自希腊爱琴海这个全球最浪漫的旅游胜地之一。设计师在 AION Y 的设计中,除了融合当地建筑特色和"蓝+白"的建筑主色调外,还进一步丰富了设计内涵。同时为了让用户更轻松地享受美好的风景,采用敞篷车的造型设计,反映了年轻消费者对悠闲生活的渴望。设计另一款 Aion Y 赛博电竞版时,设计师参考了游戏《赛博朋克 2077》的风格,并结合一些影视作品和游戏元素,以此打造出具有高科技和实用性的座驾。它的炫酷外观和功能特点,充分体现了现代年轻人对电竞游戏的热爱。

自诞生以来,广汽埃安利用年轻化的产品和年轻化的营销策略成功进军年轻人市场,并与年轻人建立了友好关系,同时在新能源汽车领域迅速成长,成为备受行业关注的黑马,引发了"埃安现象"。广汽埃安已经成功地将年轻 Z 世代的独特个性和生活方式融入品牌基因,使其成为汽车市场鲜明的"年轻化标杆"。

五、广汽核心竞争优势

广汽竞争优势主要体现在国企混改释放活力、自研科技赋能产品以及企业共建生态化联盟方面。

(一)国企混改

2021年8月30日,广汽集团发布公告,拟通过对新能源汽车研发能力及业务、资产的重组整合,推进广汽埃安的混合所有制改革,对其增资扩股并引入战略投资者,以备独立上市。此次重组后广汽埃安注册资本将增加至60亿元,资金和技术双重赋能,实现"产销研"一体化,综合竞争力进一步强化。

2022年3月17日,埃安采取非公开协议增资的方式,实施员工股权激励,广汽研究院科技人员"上持下"持有埃安股权及同步引入部分战略投资者。广汽集团开创性地采用"上持下"持股方式,给予115名科技人员埃安股权,是广汽集团作为国企改革"双百企业"用足政策红利、全力推进改革的一次创新性突破,增资使部分研发人才能够同时享受到广汽集团、广汽埃安的双重激励政策,最大程度激发创新活力。

埃安作为广汽集团发展电动智能化的核心载体,背靠集团全球化体系优势,在新能源"赛道"快速发展。2021年埃安销量12.4万辆,超额完成10万辆年度目标。22M1 Aion S PLUS和续航达1008km的Aion LX PLUS上市,快充+长续航打造强产品力。22M2埃安智能生态工厂二期项目顺利竣工,随着工厂扩产+新建积极推进,预计2022/2023年埃安产能将达20/40万辆,今年销量有望翻倍。对标"蔚小理"PS估值水平,埃安估值有望破千亿。

(二)自研ADiGO4.0+普赛OS,掌控核心科技

2016年,广汽旗下的研发枢纽广汽研究院专门成立智能网联技术研发中心,截至2020年底,自主研发投入累计已经超过300亿元。智能化方面,广汽自动驾驶已达到L2+级别的水平,计划2022年投放1000台L4示范,并实现自研L4量产,2025年实现L4大规模应用。网联化方面,广汽自研全球首个车载智能通信系统5G+V2X智能通信系统等技术,预计2025年后实现

智慧交通大规模应用。

ADiGO 系统诞生于 2016 年,该系统集智能工厂生态、自动驾驶系统、物联系统、云平台及大数据于一身。2021 年的广汽科技日上,ADiGO 4.0 正式发布。ADiGO 智驾互联生态系统陆续搭载于广汽传祺和埃安的量产车型,其中 Aion V PLUS、Aion LX PLUS、第二代 GS8、影豹等近期推出的车型已搭载最新 ADiGO 4.0。

在自动驾驶领域,NDA 领航驾驶辅助系统和 HPA 记忆泊车系统、AVDC 影子车手等亮点技术不断推出,保持行业领先地位。目前 AVDC 影子车手已经首次搭载于第二代 GS8。除此之外,2022 年广汽科技日发布的即将量产的研发成果"ADiGO PILOT"涵盖 39 个智能感知传感器,包括 3 个可变焦激光雷达、12 个高清摄像头、6 个毫米波雷达、2 个高精度定位单元、1 个红外摄像头等传感器系统。能够实现 8 大系统冗余,如架构、感知、制动、转向、通信等;实现超级泊车功能,覆盖超 50 种复杂泊车场景,以及高阶无人驾驶、Robotaxi 等的应用。

在智能座舱领域,自研国内首个全功能智能座舱孵化平台 GIEC,与科大讯飞共同开发全新一代智能操作系统 G-OS,为消费者带来全场景全过程的移动出行新体验。除此之外,广汽联合星河智联共同开发的 ADiGO SPACE,能够实现更自然的语音能力、更新锐的生态内容、更智能的场景解决方案。

(三)携手科技领军企业,共创生态化联盟

近年来,广汽集团先后和华为、腾讯、珠江投管等企业达成战略合作协议,携手构建跨界融合的智能网联汽车生态圈。目前战略合作成果已逐步落地。例如腾讯生态车联网产品(如企鹅 FM、QQ 音乐、腾讯语音、腾讯地图等)已经在第二代传祺 GS4、广汽传祺 M6 等,以及广汽埃安的 Aion S、Aion LX 等车型上搭载应用;第二代传祺 GS4 为全球首款搭载车载微信的量产车型。

自 2017 年签署战略合作协议以来,广汽与华为在智能网联电动汽车领域技术展开战略合作,2021 年 4 月双方宣布合作开发 L4 级别自动驾驶汽车,7 月广汽集团同意埃安与华为 AH8 项目的实施,合作再度升级。AH8

车型定位中大型智能纯电SUV,进军未来的蓝海豪华纯电市场。

广汽与腾讯的合作成果已经在传祺M6、GS5、GS8、广汽埃安Aion S、Aion LX等车型上搭载应用,双方将以此次合作为契机,继续共同推进平台数字化、生态化进程。2021年5月广汽与滴滴发布公告,双方共同从线控底盘、自动驾驶传感器与系统集成等基础维度,全新定义并开发一款可投入规模化应用的无人驾驶新能源车型,并全速推进量产。目前,广汽埃安已于2020年正式推出了搭载ADiGO 3.0的Aion LX。在该系统的支持下,埃安LX可实现部分场景下的L3自动驾驶。2021年4月份滴滴正式发布了全新硬件平台——滴滴双子星。与速腾聚创合作搭载激光雷达的自动驾驶方案,全球首款智能可变焦激光雷达车型Aion LX PLUS年初上市,加速广汽高阶自动驾驶的实现。

六、广汽未来发展战略

2023年,广汽发布了名为"万亿广汽1578发展纲要"的宏伟计划,旨在充分发挥自身优势,在1578发展纲领的带领下,于2023年着力提升增量,促进变量,全力挑战汽车产销同比10%的增长,并力争2030年成为产品卓越、品牌卓著、创新领先、治理现代的世界一流企业。

"1"代表1个目标,到2030年,广汽集团的目标是成为世界一流的科技企业,实现产销超过475万辆,实现1万亿元的营收和1千亿元的利税,同时在产品卓越、品牌卓著、创新领先和治理现代等方面处于领先地位。"5"代表发力5大增量,包括整车转型升级、强化供应链与延长产业链、能源和生态环保赋能、大力推行国际化战略、将智慧出行转为商业化运营。"7"指夯实车辆制造的七大核心板块,涵盖研发、整车、零部件、能源及生态、国际化、智慧出行,以及投资与金融。这七大板块为车辆制造业的全面发展提供了坚实支撑。"8"代表落实8大行动:深化体制机制改革,大力推进科技创新研究和投资,全力提升自主品牌,优化产品链和供应链结构,全面推动能源和生态发展,深度布局软件业务,突破海外市场,创新智慧交通模式。

(一)深化改革,依托埃安引领转型升级

电动化转型是达成广汽万亿目标的关键步骤,并且整车转型升级在五

大增量中排名第一。背靠广汽集团的强大投入和前瞻布局,作为集团旗下的高端智能电动汽车品牌,广汽埃安自成立之初就开始吸引市场眼球。尤其是在 2022 年,它成为新能源汽车领域的销售黑马。眼下,中国的汽车产业正在全球范围内进行变革,而广汽埃安则是广汽集团在电动汽车领域的破壁之兵。在过去的 2022 年,广汽埃安销售总量达到 27.1 万辆,同比增长126%。这数字堪称销售增长史上的新高。在那场价格战混乱的局势中,今年 3 月,埃安汽车销量达到 40016 辆,与去年同期相比高涨 97%,成为一个成功"突围"的范例。广汽埃安在 2023 年计划生产销售 50 万辆汽车,同时也迎接着挑战自己生产销售 60 万辆汽车的目标。

同时,在资本层面,广汽埃安加速布局。近年来,广汽加快推进投资企业实现实施混改的所有制,取得了显著的成效。自完成员工持股计划之后,埃安于 2022 年成功完成了股份制改革,在 A 轮融资之后,估值迅速突破1000 亿元,成为国内未上市新能源车企中的最高估值公司。同时,埃安成功地引进了 53 名战略投资者,为公司的未来发展奠定了坚实的基础。2022 年新晋独角兽榜单已在福布斯中国发布,其中埃安名列其中,成为全球新晋独角兽企业的一员。2023 年,广汽将继续加快推进广汽埃安的分拆上市,进一步激发发展动力和活力,着力将埃安打造成为世界一流的高端智能电动车品牌。同时还将加快推进如传祺出行、巨湾科技等科技企业的资本运作,打造科技创新、产业发展、资本赋能有机的衔接,协同的配合,良性互动的发展格局。

广汽传祺作为另一个自主品牌也在推动向新能源技术企业的转型,其主打"ICV+XEV"智能混动技术,已经推出了多款混合动力产品。经过综合实力的不断提升,包括产品力、品牌力和营销力等,广汽传祺已经在 2022 年从亏损中成功地扭转了局面。此外,广汽本田和广汽丰田这两家合资公司,在获得双方股东的支持下,正在积极推进电动化转型。除了继续开拓混合动力市场,他们还在加速推出电动汽车。到 2022 年,广汽本田以及广汽丰田这两家汽车制造商的收入均已超过 1000 亿元。广汽丰田在同一年已经生产并售出 100 万辆车,其收入超过 1600 亿元。

（二）创新驱动，提升高质量发展动力

广汽集团是国内产业链完整、布局最优化的汽车集团之一。该集团以整车制造为中心，覆盖华南，辐射华中、华东、西北的产业布局，包含了上游的汽车研发和零部件，以及下游的汽车商贸、汽车金融和移动出行的产业链闭环。随着产业链中上下游协调效应的不断提升，集团发现了新的增长机会，综合竞争力不断提高。现如今，广汽集团正主动应对未来汽车产业供应链的新趋势，积极迎接智能网联和绿色低碳的双重新发展机遇，坚持创新驱动，提升高质量发展的动力，聚焦新四化转型，深化产学研融合，强化科技人才引进与激励，加大力度进行原创性、引领性的科技攻关，全面打造电动化＋智能化的全面的研发能力的提升，推动科技自主的自立自强，确保重点领域关键环节实现自主可控，创建智能网联新能源汽车的新高地，持续推动强化供应链、补充短板链、稳定长效链的各项工作。

围绕国家"双碳"目标，广汽集团推进绿净的计划，力推埃安工厂成为零碳的工厂，建立锂矿加基础锂电池的原材料，电池的生产，包括动力电池、储能电池，以及充换电、电池租赁、电池银行、电池回收和电池梯次利用的一体化生态圈的布局。在电池制造上游，广汽结合自身技术规划，重点在锂矿等矿产资源上进行布局与合作。在2022年11月，广汽与桐梓县狮溪煤业有限公司及遵义能源矿产（集团）有限公司达成了合资协议，计划共同投资设立贵州省东阳光新能源科技有限公司，以从事相关矿产地质勘查和矿产资源的投资管理经营。这一合作将为广汽零部件带来更为丰富的资源支持，助力其在矿产领域上拓展更广阔的前景。此次合作将广汽零部件的持股比例提高至47.5%，使公司在锂电新能源的原材料上游领域的战略布局更加完善，实现了资源共享与互利共赢。

在电池金融方面，广汽逐步开展电池银行试点，通过电池租赁回收租金的形式，为后续更好地推动电池回收利用做好服务。为了解决新能源车发展面临的难题，广汽集团立足储能及充换电服务领域，于2022年7月设立广汽能源，拟投入巨资49.6亿元，构建充换储能源补给生态和电池循环利用生态，并且搭建智慧高效能源云平台。该计划旨在推动智慧充换电服务技术及产品开发应用、"车–站–网"协同互动研究、储能系统技术开发等领域的发

展。如此一来,能够有力地推进集团能源行动,从根本上消除新能源车发展过程中的痛点问题。

在电池产业的下游,广汽深度布局电池回收,梯次利用混法冶炼等环节,打造材料产业闭环。广汽商贸致力于发展循环经济产业,在电池回收和梯次利用领域,以"电池再利用 + 电池材料"为核心,成功开展动力电池梯次利用产线并获得广州市委托的废旧动力电池梯次利用注册名单首个资质。

在新能源车产能方面,广汽埃安已经完成智能生态工厂二期扩建并实现了第二智造中心的竣工投产,现已拥有每年可以生产40万辆新能源车的产能。广汽丰田将于2022年6月建成并投产新能源车产能扩建项目二期,年产能为20万辆。2022年5月,广汽本田启动了产能扩大建设计划,旨在增加新能源车产量,年产量预计达到12万辆。在杭州工厂,广汽乘用车经过全方位的精心优化改造,现在可以实现灵活的燃油车型和智能创新的新能源车型共同生产,这标志着广汽乘用车具备了更高的生产能力和更强创新意识。

在动力电池生产领域,广汽集团早已展开了良好的布局,牵手因湃电池、时代广汽、巨湾技研等企业,为行业注入了勃勃生机。因湃电池项目耗资109亿元,于2022年末奠基兴建,三年后预计竣工,届时将成为一条年输出26.8GWh电量的生产线,实现自主电池的大规模生产,推动电池产业化进程;巨湾技研致力于研发、生产、销售和服务极速快充电池和新一代储能器,旨在满足人们对能源高效利用的需求。目前,公司已拥有4GWh电池产能,同时积极推动着8GWh产能生产基地项目的建设;时代广汽目前已经建成了可生产12GWh的标准产线,2022年可以实现产量约18GWh,这将成为集团新能源车销量快速增长的助推器。

在自研电驱领域,广汽集团创立了锐湃动力,投入总金额达21.6亿元的资金,旨在加快在自研电驱领域的进展,该措施意味着公司已全面进入电驱自研自产的新阶段。2022年底,工厂正式开工建设,其主要目标是围绕IDU电驱系统展开自主研发和产业化,以实现电驱系统的自主研发、试制、试验和量产一体化。

广汽集团还充分发挥产业基金的杠杆作用,专注于动力电池、智能网联和汽车芯片三大领域。通过广汽资本对汽车产业链的前瞻技术领域进行投资和培育,该集团已完成对华大半导体、杭州芯迈、欣旺达EVB等25个新项目的投资,并积极参与了粤芯半导体、禾多科技、奕行智能等项目的新一轮融资。与此同时,广汽集团成立了集团的能源板块的主体——优湃能源科技有限公司,该公司将针对新能源汽车使用以及推广过程中的各种痛点、堵点、难点,加快推进能源生态业务资源的整合,切实解决构建多元化的生态,打造广汽特色的新千亿增长点。

(三)加快出海 乘风破浪

实现"万亿广汽"的重要手段,不仅仅是在国内市场进行布局,还需深入挖掘国际市场的潜力。广汽为实现这一目标规划,采取了多项措施:其一便是在研发体系方面积极打造欧洲研发中心,从而构建起具有全球影响力的研发体系;其二,在产品准备方面,广汽将遵守全球的法规标准来制造产品;其三是在营销体系上进行系统搭建。2022年,广汽瞄准沙特、墨西哥和智利三大重点市场,一年内取得了非凡的销售业绩,同比增长高达59%。与此同时,广汽品牌以卡塔尔世界杯的成功举办为契机,通过宣传其文化、加强与消费者之间的品牌相认,实现了品牌形象的提升。截至目前,广汽已经将销售和服务业务扩展到29个国家和地区,包括中东、美洲、非洲、东南亚和东欧。现如今,广汽集团正在大力调整其国际化战略,成为万亿级企业增长的重要推动力量。广汽集团的目标是在2030年前出口40万辆以上的自主品牌汽车,并打造国际化战略,在选择重点市场和车型结构方面做出相应布局,同时加速电动车的出口,并不断强化国际化力量。

未来,广汽集团将继续坚守"万亿广汽"目标,不断拓展智能网联、能源科技等领域的产业生态系统,积极争取新能源智能网联汽车的领先地位,不断地加强技术创新,并且充分发挥重大项目投资的驱动作用,开启汽车行业新的发展局面,为实现中国汽车强国的梦想献出力量,促进汽车产业迈向高品质发展之路。

第十二章　上汽集团新能源汽车产品体系与竞争策略

上汽集团(以下简称上汽)是当前我国规模最大的汽车公司,其历史最远可追溯至1955年,主要从事于整车、零部件、汽车物流、进出口等汽车服务贸易业务,以及相关联的汽车金融业务等,整体销量位居我国品牌销量之首。现如今,上汽集团通过多品牌战略全价位覆盖多个细分市场,在新能源汽车市场上更是通过荣威、名爵、飞凡和智己四大品牌形成阶梯全价位覆盖。

上汽集团成立和发展源头在1955年的上海,那时的上汽只是一家普通的内燃机配件制造公司,主管上海汽车零配件制造。1956—1963年间,上汽经过八年共四次结构调整,基本形成专业协作生产体系,且随着该阶段企业汽车、摩托车和拖拉机的相继研制成功,上汽成功实现从简单修配业到整车制造业的里程碑式转型,拓宽了企业整体经营范围,也推动中国形成了轿车工业北有"红旗"、南有"凤凰"的格局。1975年,上汽整车业务分别形成批量生产能力,并拥有了年产5000辆的能力。在它的助推下,上海成为中国批量最大的轿车生产基地之一。

改革开放是上汽实现腾飞的重要机遇。1978年以来,上汽以改革开放为桥梁,利用外资、引进技术,率先实现与国际水平接轨,并逐渐形成"上海风格""上海特点""上海水平""上海速度"。在管理上,上汽坚持管理创新和体制创新,为上汽发展提供强劲动力。与此同时,上汽通过兼并重组,全面部署"引进来"与"走出去"并举的出海跨洋全球经营战略,不断做大做强,成为中国重要汽车制造基地、世界500强企业。

"十一五"以来,上汽打响了建设自主品牌和新能源汽车的攻坚战。一方面,上汽以联合开发为创新基础,与德国大众、巴西大众联合推出桑塔纳2000型轿车,开创中国汽车企业参与国际轿车开发之先河。另一方面,上汽确立"依靠自身力量自主发展,收购国外企业合作生产,深化战略合作合资生产,合资企业创建自主品牌"这四条建设自主品牌关键道路,打响技术创新的关键战役。与此同时,上汽还打响了技术创新的绿色战役——新能源。

纵观上汽整段发展史,其抓住了中国汽车产业发展的三次重要机遇。上汽集团通过改革开放,快速拉近与世界顶级汽车工业差距,并发展成为上海支柱产业;其抓住"十一五"期间中国汽车工业快速成长的机遇,依托兼并重组,取得了国内汽车工业领先地位;其抓住全球汽车产业合作与分工的机遇,凭借自主品牌建设和持续创新,基本形成上汽核心竞争力和品牌国际化经营能力。

近年来,上汽坚持以市场为导向,以"新四化"战略为实践方向,在数字化转型和科研创新的驱动下,主推自主品牌核心能力建设,力争实现制造与服务并举发展。在品牌结构上,上汽逐步增加自主品牌经营占比,力争在2025年达到占比55%,努力实现与合资品牌鼎势发展的结构转变;在产品技术上,上汽加速电动化智能化转变,力争在2025年前新能源汽车销量占比例达32%、智能电动汽车销量占比达到20%;在市场结构上,上汽加快海外市场布局,争取在2025年海外销量达到150万辆,整体海外销售占比超过17%;在业务范畴上,上汽大力推行服务业与制造业并举,提升服务业务营业收入贡献占比至12%以上。"十四五"期末,上汽计划达成所有品牌全球合计销量850万辆的目标,在汽车企业世界500强排名前五,成为具有产业全球竞争力和品牌国际影响力的万亿级汽车产业集团。

一、上汽新能源发展历程

上汽的新能源产业发展截至当前一共经历了5个阶段。其起步阶段自上汽集团和同济大学一起实施的国家863计划的燃料电池研发项目开始。2001年,该项目的顺利推行标志着上汽迈出了新能源尝试的第一步。在燃料电池技术的加持下,上汽的"超越1号"和"超越2号"开始进入大众视野。

截至2005年末,上汽共研制成功8款新能源样车,其中超级电容大客车和二甲醚大客车已经先后在上海公交线路上进行示范运行,实现了上汽新能源产业发展的初步成熟。

上汽的自主品牌探索期从2006年开始。在这一阶段,上汽将重点由原先的燃料电池技术转向更具低碳环保的电动化技术,并开始尝试研发混动和纯电汽车,为后续独立发展新能源铺平了道路。2006年10月,在收购的罗孚汽车技术基础上,上汽创立了荣威汽车。其后2007年12月,上汽南汽达成合作,"名爵"这一品牌被收入上汽囊中。2009年,随着上汽通用五菱自主品牌宝骏的建立,上汽的自主品牌矩阵完型。2012年11月,随着上汽集团发布历时三年自主研发的第一款量产纯电车型荣威E50微型纯电动轿车,其量产新能源车的实力正式地展现在了公众面前。

2014—2016年,上汽进入了新四化转型期。在该阶段,上汽开始围绕"新四化",即汽车电动化、智能网联化、共享化和国际化战略发展方向,牵手阿里协同发展智行和插混技术,并在技术加持下,推出了国内首款插电强混B级车荣威E950,全球首款互联网插电式混动SUV荣威eRX5和荣威eRX5纯电版。2017年,荣威eRX5纯电版凭借破万销量,让上汽一战成名。差异化的定价,初步显露了上汽未来布局新能源各细分市场的意图。

2017—2019年,上汽进入了新能源发展的红利阶段。在该阶段,蔚小理等新势力车企尚未具备量产能力,而距离特斯拉Model 3在中国市场正式交付也存在一定时间,上汽作为本土新能源车企,利用市场红利多次闯进国内新能源乘用车市场份额排名前十甚至前五。为巩固自身市场份额并提高新能源汽车产能,2018年4月,上汽于福建宁德建设主要用于生产新能源车型的乘用车基地,并随后发布了价格相对高昂的智能电动SUV荣威MARVEL X,显露出上汽布局新能源高端赛道的野心。

2019年下半年,红利逐渐消失。由于车市总体低迷及燃油车消费替代的影响,补贴退坡后新能源车价格相对于用户价值出现较大背离,以及新能源产品自身在技术成熟度和用户焦虑解决上存在的不足,导致新能源汽车进入后补贴时代,企业面临用户价值再挖掘、双积分政策带来的供给竞争升级等挑战。为坚定集团争夺新能源市场的决心,上汽总裁王晓秋提出六字方针——"蓄势、融创、竞合",即政府积蓄各方力量,创造更为有利的政策环境,企业加快融合创新步伐,提升用户价值体验,以及产业加强竞争者间的开放合作,实现合作共赢。2019年9月,上汽宁德基地竣工投产,并逐渐发展成为上汽集团在国内的第四大生产基地。2020年上汽新能源汽车销量实现32万辆,同比增长77.8%,用事实数据验证了新能源汽车研发战略的正确性。

2020年以后,上汽的新能源发展进入强化竞争阶段。在该阶段,特斯拉和蔚小理的产能不断提升,不少合资及自主车企开始进军新能源赛道,整体新能源市场迎来蓬勃发展。2020年,全国新能源车累计销量为136.7万辆,同比增长10.9%。在这期间,2020年新能源销量排名也换名更姓,特斯拉、蔚来、理想、一汽大众等车企进入国内新能源乘用车市场销量前十。在这个阶段,上汽凭借五菱宏光MINI EV等车型拿下了不少中低端市场份额,并计划进一步打造高端自主品牌,发展高端纯电。同年,上汽吸取了荣威在高端市场失败的教训,果断和阿里合作成立智己汽车,并将R品牌独立成飞凡汽车,全面发力高端市场。

2021年,上汽集团在整车业务方面表现优异,销量高达546.4万辆,整车销量已经连续16年蝉联全国第一。其终端零售更是达到581.1万辆,与去年相比增长了5.5%。自主品牌、新能源汽车以及海外业务这三驾新马车也在促进增长方面揭示出它们的驱动力。上汽自主品牌的整车销量一举突破285.7万辆大关,同比增长10%,实现了在公司总销量中所占比重首次超过50%,达到52.3%。海外销量达到69.7万台,同比增长78.9%。新能源汽车销量73.3万辆,同比增长128.9%。新能源汽车已经成为上汽集团销售业绩最为亮眼的领域,销量占据整体的25.7%。同时,其增长速度远超其他业务领域,呈现出异常强劲的势头。

上汽集团2022年12月的汽车总产量为49万辆,销量53万辆,年环比下降18.85%。2022年全年,上汽集团累计销量5302644辆,同比下滑2.94%。其中,新能源汽车2022年12月销量14万辆,同比增长51.61%;2022年全年累计销量达107万辆,同比增长46.5%。

二、上汽新能源品牌矩阵

上汽的新能源汽车版图主要由荣威、名爵、"R"品牌与"L"项目构成。其中,荣威和名爵主要针对20万元以下的纯电市场进行布局,"R"和"L"项目品牌定位科技+高端,主要布局30万元以上高端豪华纯电市场。

(一)荣威

2006年10月,上汽正式对外发布了荣威品牌。其整体品牌logo的外形轮廓,以及英文名称都与罗孚保持着极大的相似度,确保品牌名称既突显了中国情结,又隐藏着英伦血统,完美符合上汽心目中的中国国际品牌。同年,上汽荣威首款车型荣威750正式对外发布,上汽乘用车将其定位为"首款国际化自主品牌中高档轿车"。随后几年,荣威750始终保持着上汽荣威旗舰车型的定位。

在2023年4月的车展上,上汽荣威大张旗鼓宣告,未来的发展将搭载三大创新技术——"全新一代上汽星云纯电动系统化平台""全新一代DMH双电机混动技术""全新一代魔方电池系统"——深耕于纯电与混动领域,助力新能源化转型。

全新一代星云平台,以高度模块化、可扩展、可升级的开发理念为指导,呈现出超薄纯平电池模块、长轴距以及主后驱等3大专属特征,焕发出前所未有的活力。高弹性技术韧性可制成44—150kWh的超宽功率基体,电池系统的角度和驱动系统150—600kW的超宽功率范围。全新一代双电机混动技术DMH,启用新生代车型。所配备的全新混合动力系统,巧妙融合高效性与卓越性,综合续航超过1400公里,轻松摆脱驾车里程的忧虑,令用车体验更为舒适愉悦。全新一代DMH双电机混动技术,在配备最新的混动专用发动机的基础上,实现了高达43%以上的热效率。独具匠心的魔方电池系统焕然一新,搭载磷酸铁锂、三元锂等多重电化学能量形式,倍增电池性能。它采用高效安全的CTP技术,巧妙地创新LBS躺式电芯布局,更精湛地应用零燃技术,加之五重防护机制,严密构筑了强固的安全防线,极力保护用户的安全。全新一代魔方电池系统兼容领先的补能技术,助力800V快充,5分钟充电,200公里续航轻松增加。更有极速换电,最快2分30秒,为司机带来驾驶快感。

荣威新能源即将展开崭新的征程。据悉,新一代中高级电动轿车将在 2023 年下半年隆重推出,如潮水般冲击市场,开启全新篇章。荣威品牌将在未来三年内调整产品调性,以满足主流用户的需求。在全新一代架构的基础上,荣威将推出 8 款新能源车型,实现从纯电到混动的全覆盖。这些车型将覆盖紧凑级到中高级车型,轿车、SUV 和 MPV 的全品类。用户将享有零焦虑、更安全和全方位无忧的智慧出行体验。

荣威旗下共有四款新能源汽车,分别是纯电豪华 MPV——iMAX8 EV、超长待机小钢炮 CLEVER、纯电动天幕智联网座驾 i6 MAX EV 及纯电动新标杆多彩休旅车全新 Ei5。如表 2-12-1。

表 2-12-1 荣威新能源汽车汇总

车型	MPV—iMAX8 EV	CLEVER	i6 MAX EV	Ei5
价格(万元)	25.98	6.79	15.28	15.28
CLTC 里程 km	570	311	605	501
电池容量 kWh	90	—	69.9	—
0-50km 加速	—	6s	—	8.3s
最高时速 KM/h	180	180	185	185

1. 荣威 iMAX8 EV

荣威 iMAX8 EV 是上汽荣威旗下全球首款纯电 MPV,于 2022 年 5 月 5 日正式开启全国预售。8 月 20 日,荣威 iMAX8 电动汽车正式推出。荣威 iMAX8 EV 不仅外观养眼,更是提供驭光银、珠光白、星云蓝、荣麟灰、冰峰灰五种车身色彩,内饰则可选择大象灰和金棕色,全方位满足司机和乘客的个性化、差异化需求。车内的座椅豪华舒适,主驾驶座椅 8 向电动调节带有腰部支撑,副驾驶座椅也配备了 4 向电动调节。坐在第二排,乘客可以躺在超级舒适的太空舱舒压航空座椅上,并通过 69° 电动调节靠背和 64° 电动调节腿托,实现最佳的坐姿。座椅还带有通风加热和八点式按摩系统,为乘客提供舒适的理疗效果,缓解旅途的疲惫。与此同时,智驾版车型还配备了全球独有的魔法般的功能——魔吧,让三排乘客都能通过语音或按键"命令"它前后移动,它更拥有一款温度范围从3—55℃的冷暖箱,为所有乘客随时提供温暖与清凉的饮品。

在安全方面,车体采用独有躺式电芯方案,在提高体积利用率的同时消除了多个电芯间"多米诺"式热失控的可能。此外,7×24小时的远程监控体系、提前散热系统、自动泄压防爆阀等"黑科技"被应用,构建出"预、导、卧、隔、疏"的五重防护机制,创新性地破解了电池"热失控"难题,使iMAX8 EV在安全性方面更加可靠。在此基础上,荣威iMAX8 EV还装备了多种主动安全功能,如超级8合1盲区监测辅助、LCA车道保持、BSD变道警示辅助、DOW开门预警系统、RCTA后方泊车盲区监控、360°全景影像等。此外,车辆还加装了前后倒车雷达、A柱盲区监测+AR虚拟导航、泊车辅助功能,为用户的安全保驾护航。在续航能力上,荣威iMAX8 EV电池系统能量密度达到194Wh/kg,可以实现最高CLTC续航里程570km,且30分钟即可充电30%—80%,满足客户短暂休息即可出发的出游需求和商务需求。

但作为MPV车型,荣威iMAX8在细分市场上的呼声并不高。如图2-12-1所示,2022年9月份,荣威iMAX8的销量只有653辆,相比8月份的销量706辆,环比下滑7.5%。而纯电动版车型荣威iMAX8 EV的销量仅有192辆,燃油版和纯电版加在一起的销量不足1000台。

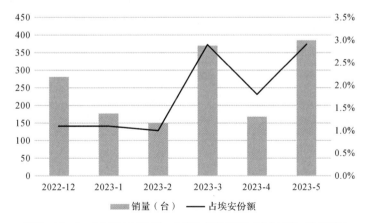

图2-12-1　2022年12月—2023年5月荣威iMAX8 EV销量
及上汽集团占比变化趋势

荣威iMAX8 EV作为油改电的车型,受限于原本车型,导致电池容量无法达到更高。荣威iMAX8 EV的电池容量仅为90kWh,根据车型配置,CLTC的使用里程分别为550公里和570公里。因只搭载单电机驱动,加上油改电平台难以实现前后双电机,车辆整体性能缺少竞争优势和产品吸引力。与此同时,MPV车型的一大特点在于它宽敞的车内空间。然而,如果满载电池安装在底盘上,车辆的垂直空间将被挤占,这对第二排乘客的舒适体验形成直接的冲击。荣威iMAX8 EV将电池附着在底盘上,因此整体空间不及燃油版车型的宽敞。

2. 科莱威CLEVER

科莱威CLEVER是上汽集团旗下的纯电微型车。其拥有302公里超长续航、5小时超快充电速度、超高电池安全标准等,且售价仅6万元左右。在外观设计上,科莱威3140mm的车身灵巧呆萌,新增的"黄芝芝"和"白椰椰"车色更添个性和浪漫。内设的可折叠后排皮质人体工学座椅,确保乘客乘坐舒适性,367L超大后备箱,为乘客提供了宽敞的收纳空间,9英寸高清led触控屏以及自带同级稀缺的倒车影像功能降低了司机停车入库的操作难度,尤其便于第一次驾驶的新手。

科莱威在保障用户的安全方面不遗余力。其选用了宁德时代的一流电芯,不仅可靠性同级领先,更配有航空级电池热失控管理系统。此外,不仅如此,科莱威还对三电部件提供长达8年/15万公里的质保承诺,让用户安心又舒心。在保障行车安全的问题上,新车的底盘系统稳如泰山,175毫米加宽高强度轮胎更是为其下盘提供了极佳的稳定性,让行车过程更加稳固可靠。ABS+EBD、前排双安全气囊、TPMS直接式胎压监测,再加上同级顶尖的67.7%高强度钢比例笼式坚固车身,构成了一套全方位的整车防护系统,让安全时刻随行。

　　如图 2-12-2 所示，2022 年 12 月科莱威 CLEVER 销量为 7854 辆，2022 年累计销量为 42598 辆，在微型车中月销量排名第 3 名，年销量排名第 8 名，在国产车中月销量排名第 40 名，年销量排名第 65 名。然而，由于国补退市、春节效应以及上汽涨价等因素，科莱威 CLEVER 在 2023 年 1 月份销量大幅锐减，仅交付 2210 辆新车，排名从微型车第 3 名掉到了第 5 名。在内卷日益严重的中国纯电动微型车市场，如果 CLEVER 不能实现性能的提升或者性价比的提升，其自身的排名仍将呈现下滑趋势。

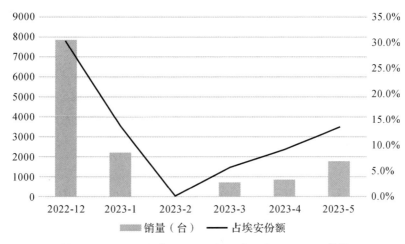

图 2-12-2　2022 年 12 月—2023 年 5 月 CLEVER 销量
以及上汽集团占比变化趋势

（二）名爵

　　英国运动汽车品牌名爵，源自 1924 年，如今已居上汽集团旗下，于 2007 年被上汽成功收购，早已锁定年轻化市场。它以上汽的新四化战略——"电动化、智能网联化、共享化、国际化"为指南，注入赛道基因、时代基因和感性力设计基因，精心打造产品。

　　和荣威相比，名爵的整体国内销量较为普通。2021 年，全品牌国内销量仅 11 万辆，但其在海外市场却备受青睐。一方面，原品牌产生于英国，在欧洲有着不小的品牌号召力。另一方面，名爵销售渠道布局早且较为完善，比如，名爵在欧洲 15 个国家设有 400 个销售点和服务点。此外，相比于其他国外品牌，名爵的高性价比尤为突出。譬如，在澳大利亚，其余品牌大多仅有3—5年的质保时限，但名爵却为消费者提供7年不限里程的超长质保。

1. MG MULAN

MG MULAN是中国汽车工业首款真正意义的全球车，由上汽全球化设计团队操刀，基于上汽"星云"纯电专属系统化平台打造，其主要竞争对象为比亚迪海豚和大众ID.3，但整体价格较它们高出一截。

MG MULAN定位于紧凑型纯电动轿车，长宽高分别为4287/1836/1516mm，轴距为2705mm。在当下市场上，紧凑型纯电车的竞争异常激烈。然而，MG MULAN以运动性能为卖点，针对年轻消费者市场精心打磨，官方称其为"电动小钢炮"。这一称号足以表明，MG MULAN的激情与活力不仅仅是外观上的，更是在驾驶过程中能将激情与动力完美结合的象征。MG MULAN整体设计强调了纯电驱动的特点，同时融入了年轻运动的元素。MG MULAN的内饰简约时尚，装配了平底式运动方向盘、悬浮式10.25英寸中控屏幕以及7英寸多功能仪表屏，让你感受到极致的驾驶体验。

车内配备360°全景影像、PM2.5全效空气粉尘净化等系统。同时该车提供同级车中极为少见的红白黑撞色内饰。这辆车拥有多项智能驾驶辅助功能，包括ACC自适应巡航、ICA智能巡航辅助以及LKAS车道保持辅助系统，让驾驶更加便捷、安全。MG MULAN全系采用常见于高端车的后驱架构设计，最大功率315kW，最大扭矩600N·m，百公里加速可达3.8秒，而据国内售价看，该车是"3秒俱乐部"中最便宜的量产车型。此外，该车搭配五连杆独立后悬架、50∶50轴荷比和490mm低重心，持续提升运动性能。

MG MULAN意识到乘客和司机对于电池安全的关注，因此采用了五重递进式电池包防护体系，以确保电池在任何恶劣环境下都能保持稳定状态。与此同时，MG MULAN采取了折弯式副车架设计、平推式防撞结构以及360°柱撞电池防护措施等，全方位保障行车安全。

目前，MG MULAN已经在欧洲市场同步上市，该车在海外定名为MG4 ELECTRIC，售价区间为31990—37990欧元（人民币22.25万—26.42万元）。2023年，该车将在全球6大洲80余个国家全面发售。为了满足不同国家和地区消费者在使用环境和偏好上的差异化需求，上汽的研发团队不遗余力地对 MG MULAN 进行了适应性开发。他们认真研究每个市场的特点,通过巧妙的技术手段,在车的性能、使用便利性、安全性等方面做出了针对性的改进,以确保 MG MULAN 能够在全球市场上大放异彩。MG MULAN 在欧洲市场上,其内饰之简约雍容华贵,底盘之"铮铮铁骨"不同于国内车型。同时,MG MULAN(MG4 ELECTRIC)提高了产品的车身稳定性,以满足一些欧洲消费者的农村赛车行为。在中东地区,人们常常饱受炎炎高温之苦。为了满足消费者的需求,MG4 ELECTRIC 加强了车内空调的制冷效果,使得车内可以快速降温,让人感到清新凉爽、舒适宜人。这种设计不仅仅是对车主的体贴,更是对驾乘者的一种保护和关爱。在智利等高山地区,MG4 ELECTRIC 爬坡能力提高了20%。

2. 竞对对比

如图2-12-3所示,近半年来,MG MULAN 销售表现良好,销量自2022年12月开始,基本维持在月均销量1000辆,且其销量在上汽的份额,在紧凑型车型中的排名上基本呈现上升趋势。基于其定价、车型以及产品参数,比亚迪海豚是其主要的竞争对手之一。

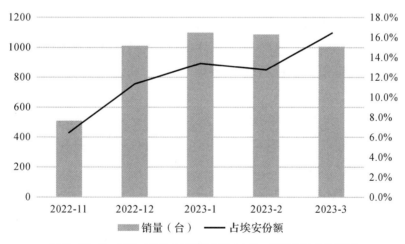

图2-12-3　MG MULAN2022年11月—2023年3月销量
以及上汽份额变化趋势

MG MULAN的外观设计堪称典范:车头采用车灯、进气口组成的凌厉龙形,犹如毫不畏惧地展示出龙族的优雅与力量;车身侧面呈现出前高后低的姿态,仿佛在向人们展示动感十足的速度与力量。整车设计简洁大方,展现了英姿飒爽的运动气息,正如一只机警灵巧的"猎豹"试图挑战极限、征服人心。而比亚迪海豚则是一款更注重时尚和可爱的车型。它的车身侧面小巧玲珑,给人以别致的感觉;隐藏式门把手的设计更加贴合其时尚的气质。而车尾贯穿式尾灯则更加彰显出其流线型的特点,让人眼前一亮;尾部造型略为圆润,并被腰线环绕,更显车身的流畅和线条的柔美。

MG MULAN在动力配置方面更为出众,不仅动力爆发力强,而且提供的选择范围更为广泛。它提供了三种独具特色的动力组合,同时还有五种驾驶模式,包括运动、ECO、雪地、个性化和标准舒适,满足不同客户的个性化需求,让驾驶体验更为丰富。MG MULAN 2022款520km旗舰版和460km四驱凯旋版在安全配置方面不仅有车道偏离预警、前方碰撞预警、主动刹车等强有力的安全防护系统,更有车道保持辅助系统为司机和乘客保驾护航。而相较之下,海豚车只有骑士版才能享受到如此配置。与此同时,MG MULAN在被动安全方面也表现不俗,520km旗舰版和460km四驱凯旋版都备有六安全气囊。在辅助驾驶方面,MG MULAN 2022款520km旗舰版与460km四驱凯旋版均配备了全速自适应巡航和L2级辅助驾驶功能,让司机的驾驶更加智能便捷。而与之相比,海豚仅在骑士版上才能获得这一项功能。

综合来看,对于价格敏感度低且追求操作体验的客户,MG MULAN宽敞的车身、优越的动力表现和良好的续航里程占据优势,但考虑价格因素,比亚迪海豚在配置方面更具性价比。

(三)R项目(飞凡汽车)

R项目的诞生来源于荣威。2020年,为在消费升级趋势下博得年轻消费者的青睐,荣威重拾"品牌向上",焕新狮标,推行"双标战略"。R标是荣威"双标战略"的另一重要组成部分,后来的飞凡汽车的前身,也是上汽布局高端电动化赛道的重要组成部分。2020年11月,R品牌正式跻身上汽乘用车品牌的行列,与荣威、名爵并驾齐驱。为区别于传统的燃油车,R标在营销上更具多样化。上汽发布了一系列新门店,包括 R Supercenter 城市旗舰店、R Center 城市中心店和 R Store 城市商超店。这些门店独具匠心,从设计风格、商品陈列到数字化交互方面都有所不同,将传统的 4S 店与其区隔开来。这些特色门店为顾客提供了前瞻性和科技感十足的产品和服务体验。

R 品牌将推出旗舰车型 MARVEL 系列、轿车 ER 系列以及 SUVES 系列,并为未来三年的车型准备充分。2020 年 8 月 13 日,R 品牌首款旗舰车罗威 R ER6 正式推出,推出三款车型。补贴过后,官方推荐价为 16 万—20 万元,NEDC 的航程可达 620 公里。2020 年广州车展 R 品牌的第二款车型智能电动 SUV MARVEL R 也正式开始全球预售。中国首发预售价为 22 万元。同时,R 品牌还推出了首款旗舰车型 R-AuraConcept。

飞凡汽车构建了以用户需求为中心的新零售服务体系和用户运营体系,实现了线上和线下的完美融合。同时,公司还打造了"三维一体式"的布局,包含体验中心、交付中心和服务中心,这一布局不断向纵深推进,覆盖了整个汽车生命周期的购买、使用、养护和换新等环节,旨在不断满足并超越用户的期待。截至 3 月份,飞凡汽车体验中心已经在全国范围内开设了 188 家门店,行程覆盖上海、三亚、兰州、哈尔滨等 85 个主要城市的核心商业区。从东到南,从西到北,遍布全国,呈现出飞速拓展的态势。飞凡汽车庞大的售后服务网络遍布全国 123 家网点,涵盖 80 个城市,所提供的售后服务专业、高效、透明、便捷,使得用户享受至臻服务体验。

1. MARVEL R

MARVEL R 是一款搭载 70kWh 电池组的中型纯电动 SUV,综合续航 500 公里。在其内部设计方面,这辆车配备了 5G 智能座舱,并且还搭载了 19.4 英寸的中控屏和 12.3 英寸的液晶仪表盘。在安全方面,它配备了 Bar-on 5000 技术平台、L3 级智能驱动、RPILOT3.0 辅助系统,可以实现 OTA 整车家庭连接。

MARVEL R 的产品力在于支持 5G 车联网,并且在 5G 的部分功能落地方面是全球首款,这正是其突出的表现。R Pilot 自动驾驶辅助系统是 MARVEL R 的得力助手,它借助 11 个摄像头和雷达的硬件支持,搭载了华为 5G 芯片,实现了视觉、雷达和超视距三重感知。智能驾驶在这里被带到了更高的级别,而这得益于5G的高速海量信息处理。对于乘客来说,上车后可以更加放心,因为R Pilot能够以更高的效率、精度和安全性来解决行车中的一系列难题。所有的交互功能都集成在19.4英寸的中控大屏幕上,它与12.3英寸的液晶仪表盘形成了无缝的信息联动。MARVEL R车载斑马系统不仅支持语音识别对话、智能导航和线上线下应用互通,还具备声控驾驶和混合现实虚拟实景智能辅助系统。举例来说,在斑马智行Venus 2.0 操作系统的界面上,运用了卡片式布局来实现多任务的同时运行,从而有效减少了应用的容量,并提高了多任务同时运行的流畅度。

2021年12月8日,该公司发布L4级自动驾驶操作平台连岛机器人出租车项目。它在上海嘉定正式推出了一款演示应用程序。该车队将部署20辆L4级自动驾驶车辆——Robotaxi,选用的是性能卓越的飞凡Marvel R智能电动SUV。为确保安全,该车队采用自主研发的高算力平台、视觉和雷达传感器,并结合全流程数据驱动算法,实现了"云–管–端"闭环自动化工具链。此外,他们还研发了智能线控底盘产品,结合丰富的出行服务运营经验,为用户提供全面安全保障和智慧出行体验。今年年底前,享道智能出行将在上海、苏州等地投放60辆L4级自动驾驶车辆,并展开示范应用。

2. R7

作为首款基于"R–TECH高能智慧体"打造的中高端智能电动产品,飞凡R7采用了中大型轿跑SUV的车身形式,在"生命力""智慧力""气动力"三个维度上展现了智能生命体的科技美学,并高度还原了概念车的外观设计。R7拥有直瀑式电机油冷技术和高峰值持续加速技术,可以约4秒钟的时间加速到百公里,其续航里程可超过600公里。

飞凡R7在智驾方面的实力体现在其拥有全栈自研的高阶智驾方案PP–CEM上。这一方案采用行业领先的像素级超密度点云融合感知技术,配备了33个感知硬件,可将智能驾驶的安全等级提升至全新高度,尤其是像素级点云融合的高阶智驾方案,更是展现了其技术实力与创新能力。Lu–minar激光雷达采用了符合人眼安全的1550nm光源技术,是全球首款量产应用最尖端的激光雷达,其最远探测距离超过500米。PP–CEM标配高级4D成像雷达,并配备Nvidia芯片等现代智能驾驶配置,用于更精确地识别多个场景对象。

飞帆 R7 智能座舱侧采用 TRINITY 的多维感官互动系统，43 英寸真彩色屏幕横跨座舱，配备巨型屏幕。70 英寸 AR-HUD 平视系统，高通利龙 8155 芯片，具有高级别音频、状态和多信号读取，支持自定义场景模式。SOA 超感 HMI 的人机交互体验，旨在启动一个充满感情和生命力的多维度感官交互世界。

虽然 ER6 停售后，上汽飞凡失去了主力产品和重要支撑，然而飞凡 R7 并没有如人们所期望的那样畅销，即使从 2022 年 10 月份开始逐渐投放市场，它在 11 月和 12 月的销量也只是稍稍超过 1500 辆，丝毫无法扭转局面。如图 2-12-4 所示，2023 年 1 月份，飞凡 R7 的销量急剧下滑，仅售出 502 辆，环比降幅更高达 66%。这一结果直接导致飞凡与极氪、长安深蓝、广汽埃安及蔚小理等新兴品牌之间拉开了巨大差距。

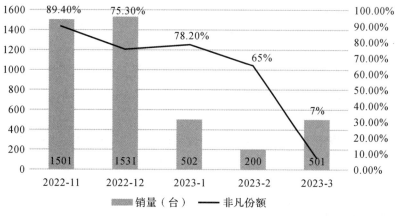

图 2-12-4　2022 年 11 月—2023 年 3 月飞凡 R7 销量
以及占飞凡份额变化趋势

（四）L 项目（智己汽车）

L 项目是上汽集团的"一号工程"，它的重要性在于承担了上汽集团推进改革创新、突破品牌的使命和责任。2021 年 1 月，元界基金创立并投入近百亿总投资，其中上汽占比 75%，张江高科占比 25%。他们计划与阿里巴巴合作共同投资于高端电动汽车项目智己汽车，团队规模预计在 2021 年底将达到大约300人。智己汽车是一家创新的用户型汽车科技公司,它以用户提供的大量数据为支持,将实现企业价值链的可持续发展闭环,从而加强产品的迭代能力。智己汽车的用户将扮演企业全业务链的驱动者的角色,包括研发、生产、制造和营销。所有的日常用车数据都将通过AI人工智能自动处理,从而推动产品升级和品牌塑造。智己汽车将通过与用户进行数据交流,建立一个与用户共存在一起的全新企业生态。

1. 智己L7和LS7

IM智己的L7和LS7定位不同,前者是高端纯电轿车,后者则是高端纯电SUV,两者均采用时尚的外形设计。车头采用封闭式的设计,搭配品牌Logo使整车的外观更为精致。车身侧面线条舒展流畅,巧妙地融入贯穿式的腰线,令车辆视觉上更加延展,勾勒出优美的曲线。新车型采用熏黑玻璃车顶,同时还搭载了高清摄录设备。车尾采用贯穿式的尾灯设计,不仅增强了车辆美感,也提高了行车安全性能。

IM智己L7配备有六大智能模块。汽车所应用的智能数字架构包含两个要素:域融合中央计算数字架构和SOA"原子化"软件架构。在域融合中央计算数字体系结构中,英伟达Xavier(30-60 TOPS)实现IPD智能驾驶中心,恩智浦IMX8(2 TOPS)实现ICC智能计算中心,高通8155(3 TOPS)实现ICM智能座舱中心,地平线J2(4 TOPS)实现TTech多芯片实时数据交互,支持以太网通信速度。智能应用在SOA的"原子化"架构中,能够跨越不同领域的融合,产生1000多个智慧融合场景。这些场景主要包括超感官控制全场景、休息场景、欢迎场景等,由CDC、ICM、IPD、ICC等不同领域的构建融合而成。

在智能无界方面,新车型搭载了全球领先的无界交互系统——上善若水IMOS,让使用者可以身临其境地享受全新的沉浸式体验。该系统拥有让用户自由定制的产品特点,能够提供场景化沉浸式体验并支持无界多屏交互,同时具备Linux系统级模块化的能力。在同一时间内,这个系统具备了智慧融合的能力、可扩展的多核处理能力,能够完全兼容车辆端操作系统。可升降的39英寸直通式中央控制屏幕,采用电池内技术,分辨率高达6240 x 720,支持智能分屏功能。12.8英寸2K AMOLED曲面智能控制屏幕,配备世界上第一个无边界交互式IMO操作系统。

在智能交互分享模块,智己Carlog配置了拥有一亿五千万像素的顶尖摄像头和专业级单反镜头玻璃,支持180°无畸变超广角拍摄以及4K视频拍摄,并且拥有超级液晶(ISO12800)、高动态范围(3D HDR,104dB)、延时摄影、慢动作摄影(480帧)等强大功能,同时还支持大师模板一键分享。智慧灯光系统名为DLP+ISC,它由260万像素的DLP和5000颗LED组成,可支持V2X智能融合交互中的智慧灯光领航、Spotlight行人提醒以及示宽光毯导引等功能,同时支持整车场景皮肤、场景全程共创等智慧灯光表达功能。

在智能自动驾驶模块,IM智己的解决方案包括英伟达Xavier芯片(性能30-60TOPS)、15个高清视觉摄像头、5个毫米波雷达以及12个超声波雷达。该车与Nvidia OrinX解决方案(500-1000+TOPS)兼容,同时具有3个激光雷达。IM智己计划在2021年底具备点到点的零接管自动驾驶能力,即使在极端天气条件下也能保持高度稳定和安全,这样可以让驾驶员更加放心地享受旅途,并提高驾驶效率。在计划中的2021年底,这项自动代客泊车和唤车功能将被应用在一线城市的特选商业中心中。

在智能三电技术方面,IM智己汽车具备智慧动态四驱系统,后轴为主驱动,加速表现出色,百公里加速仅需3.9秒。其电机功率为400kW,最大转矩可达700N·m。该车型的所有系列都配备了93kWh的电池,而高配版本还可选择115kWh的电池。这款电池采用掺硅补锂技术,由该车型和宁德时代共同研发,仅单体的能量密度就达到300Wh/kg。在NEDC测试条件下,其功率可达20万瓦时,而且其最高安全等级保障永不自燃。新推出的车型具有无线充电功能,并且能够实现高精度定点自动泊车,即定位精度可以达到厘米级。

在智能豪华品质模块,IM智己汽车智能豪华品质模块中,采用Williams独家的底盘调校,使其达到全球五星级安全标准。同时,底盘采用前双叉臂与后五连杆全铝设计,带来了更加轻盈灵活的驾驶体验。这辆汽车装有线控制动系统和线控后轮转向系统,还采用了电源冗余和12相冗余转向电机。新车型具备欧洲家装级内饰空气质量,并且整车配备双层静谧玻璃和智慧四门电动开闭系统,其中包括电开和电吸功能。另外,该车采用德国巴伐利亚州半苯胺小牛皮和意大利北纬45°科莫湖区实木饰板材质,为车内增添豪华风格。

2. 竞对对比

智己LS7作为纯电动的中大型SUV,其销量自上市以来持续增长,如图2-12-5所示,从最初2022年12月的189辆增长至2023年4月的1930辆,半年增长超10倍。其销售份额和地位也随着销量的持续增长日益凸显,到2023年4月,其占智己汽车份额已高达96.07%,占中大型SUV车型中的份额也从2022年12月的0.28%增长至3.19%,极大地冲击了市场上现有的中大型SUV汽车产品。

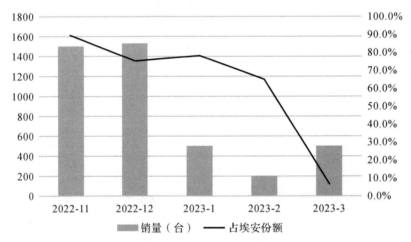

图2-12-5 2022年12月—2023年5月LS7销量
以及在智己汽车占比变化趋势

如表2-12-2所示,从产品定位、尺寸大小以及价格区间而言,理想L7与智己LS7存在高度的目标客户重合。

表2-12-2　智己LS7与理想L7对比

	智己 LS7	理想 L7
售价（万元）	32.98—45.98	31.98—37.98
长（mm）	5049	5050
宽（mm）	2002	1995
高（mm）	1731/1773	1750
轴距（mm）	3060	3005
动力形式	单/双电机后驱	增程电动后驱
综合最大功率（kW）	250/425	前130/后200
综合峰值扭矩（N·m）	475/725	前220/后400
0—100km/h加速（s）	6.5/4.5	5.3
电池容量 kWh	90/100	42.8
CLTC工况纯电续航里程（km）	660/625	210（混油可1315）

　　综合对比来看，理想L7的动力系统采用增程式电动，由1.5T增程器、前后双电机和动力电池组成，综合最大输出功率为330kW，综合峰值扭矩为620N·m。智己LS7装备了单电机后驱和双电机四驱两种动力系统，前者最大输出功率达到250kW且峰值扭矩高达475N·m，而后者则可以综合输出达到425kW的功率和725N·m的峰值扭矩。在动力系统方面的差异，使得智己LS7和理想L7两辆车拥有不同的优势。其中，智己LS7具有更强的爆发力，其在0—100km/h加速的时间上比理想L7快0.8秒，更加适合于充电便捷的城市出行或中短途旅行。理想L7出色地运用了增程式电动技术，使得车辆在面对CLTC综合工况时能够轻松实现1315km的续航里程（在WLTC工况下也可达1100km），特别适合于周末休闲的长途出行需求。

　　在车内配置方面，智己LS7加入了升降屏、主驾自动感应车门以及DLP光迹投影大灯&ISC流光叠影交互灯语，这些炫酷的元素提升了产品的时尚感，增强了它的吸引力，更好地迎合了年轻人的需求。尽管有许多屏幕，理想L7车内整体气氛却轻松舒适，因此吸引了希望购买商务和家庭车辆的稳重休闲型的顾客。

三、市场定位和竞争优势分析

依据2021年的营业总收入情况,我国新能源汽车行业企业可大致分为三大梯队。第一梯队为上汽集团,2021年营业总收入7798.46亿元;第二梯队以比亚迪、长城汽车、长安汽车等为主,总营收在1000亿—7000亿元;第三梯队以一汽解放、广汽集团、福田汽车、江淮汽车等企业为主,总营收在1000亿元以下。

上汽集团能够占据第一梯队的位置,与它的科研实力、战略方向、产业关系以及长久的运营经验息息相关。如表2-12-3所示。

表2-12-3　上汽技术能力

相应能力	具体进度
技术方向	三电、驾驶技术
技术后续开发能力	已率先实现智能产品开发和产业项目运营,并通过对车规级人工智能芯片的早期投资和领先布局,提高对智能驾驶核心产业链的自主可控力
	飞凡机车与上海创新研究开发总院有战略合作
技术储备能力	L4级自动驾驶运营平台享道Robotaxi项目正式启动,并于2020年底在上海、苏州等地投放60辆L4级自动驾驶车辆。

(一)无形资产—科研实力

上汽在智能电动汽车新赛道中保持领先,这一成就离不开其雄厚、前瞻的科技支撑,这些技术支持其为消费者提供高品质的产品,并加速公司在行业中的增长。长期以来,上汽在研发方面的投入一直稳居国内主机厂之首。2021年,上汽的年度研发费用高达196.7亿元,比去年同期增加了46.8%。这一庞大的投资额被主要用于新能源、智能网联以及数字化等高科技领域的研究和开发。这充分彰显了上汽对于技术创新和未来发展的高度重视和积极投入。上汽集团把三电和智能驾驶领域作为企业发展的主要技术方向,并采取加大研发投资和战略合作等诸多方式来推进。企业在技术后续开发和储备能力方面相当娴熟,为此进行了全方位的准备。他们不仅投资于项目发展,也与厂家采取战略合作,还加大投入,以确保技术后续开发和储备不留缺口。

为了加强上汽自主品牌的协同发展并整合创新研发资源,加速前瞻技术和创新工艺的发展,上汽宣布成立"上汽集团创新研究开发总院",其中包括智己、飞凡、荣威、名爵等自主品牌。这一举措旨在推动技术和工艺的布局和落地。目前,上汽的创新研究开发总院正努力整合集团内外部的创新生态资源,以加速"七大技术底座"的应用实现。同时,他们积极发挥前瞻技术的"策源地"作用,持续优化滑板平台CTC、一体化铸造、固态电池、芯片国产化等具前瞻性的技术方案,旨在解决技术难题。此外,他们正在积极准备面向未来的一体化热管理和集成式驱动电桥等模块化方案,为未来的技术储备打下坚实基础。2022年5月,上汽第一次公布了围绕新智能电动车打造的"七大技术底座"。这七大技术底座中包含了一系列高科技产品,其中"上汽星云"纯电专属系统化平台、"上汽珠峰"油电一体化整车架构、"上汽星河"氢能源专属架构等三大整车技术底座是最为重要的。此外,上汽还推出了四大关键系统技术底座,包括蓝芯动力总成系统、平台化魔方电池系统、绿芯电驱动系统和"银河"全栈智能车解决方案。这些技术底座基本上覆盖了上汽在燃油纯电动、油电混动、氢能、电池、电驱、智能驾驶等各个领域的布局。上汽正在积极谋划,并悉心部署群体仿生智能、低碳材料等领先的技术体系。上汽将通过其具备前瞻性布局和技术积累的创新转型,实现在新赛道竞争中持续跑出"加速度"的关键实力优势。

(二)前瞻性战略执行

上汽所制定的新能源汽车发展战略包含两个主要目标,分别为:推动插电混合和纯电动汽车规模化生产,并致力于推进燃料电池汽车的应用开发和规模化工程测试。上汽立足"三电"核心技术和零部件产业链,以自主研发为主导,同时积极借助各方资源,推进新能源汽车领域的核心研发能力和供应链体系,从而打造一个符合"使用便捷、资源共享、绿色循环"理念的全方位服务体系,成为国际市场上有竞争力的企业。与此同时,上汽以强有力的技术优势打造出国内领先的新能源汽车品牌,同时树立起全球业界的新标杆。此外,公司还提供了全方位的创新解决方案,为用户提供更加综合的新能源汽车购买和使用体验。

在组织架构上,上汽集团针对科技创新方向,已经成功地发展了14家具备自主掌握核心技术的企业,其中包括联创电子等知名品牌。这些企业在智能领域中拥有突出的技术优势,尤其是在智能控制器、底盘执行系统、云计算和网络安全、人工智能技术以及高精地图等领域拥有深厚的技术积累。公司旗下的捷氢科技、中海庭、联创电子等企业计划在未来三年内开展市场化融资,并准备后续分拆上市。上汽集团正在推行激励体系改革,逐步淘汰"一刀切"的"大锅饭"制度,实现激励方式的市场化,并且加强高层管理人员的激励约束、退出机制等管理措施。

2021年,上汽集团不断向前,实现了智能自主驾驶车辆智己、智慧物流机器人飞凡、共享出行平台享道Robotaxi,以及洋山港用5G智能重卡实现的"四大标志性战略项目"的历史性突破。这一连串的成就,不仅展现了上汽集团在汽车产业高度的创新力和开拓精神,也为行业迈向智能出行和智慧物流领域的新阶段奠定了坚实的基础。此外,上汽还以"四大标志性战略项目"为平台,自主研发了智能车全栈1.0解决方案——"云管端一体化",并已成功推广。

上汽公司在研发新智能电动车的同时,极为关注用户体验,全力打造七大技术底座,从而提升用户体验。上汽汽车推出了三大整车技术底座:纯电专属系统化平台"上汽星云"、油电一体化整车架构"上汽珠峰"、电氢一体化整车架构"上汽星河"。同时还推出了四大关键系统技术底座:蓝芯动力总成系统、平台化魔方电池系统、绿芯电驱动系统、全栈智能车解决方案"银河"。这些技术底座支撑着上汽汽车的创新发展,为消费者提供更加高效、智能、环保的出行体验。

(三)产业关系

上汽集团显然是国内OEM中最具备产业投资实力的顶尖团队,他们不惜投入重金在新能源、智能网联等战略领域上进行广泛的投资布局。团队还积极构建起广泛的合作关系,包括宁德时代、Momenta、QuantumScape等知名企业,以此加强自身产业头部地位,实现更进一步的跨越式发展。产业投资的力量不仅让公司获益匪浅,更赋予了上汽实现技术创新的能力。

上汽未来智能电动车时代最重要的合作伙伴，莫过于Momenta和阿里巴巴。与这两家企业的合作关系对于上汽的未来发展具有至关重要的作用。上汽在智能驾驶领域是Momenta的重要股东和最高级别的合作伙伴，竞争力不可低估。阿里巴巴与上汽早已成立了斑马和智己两家合资公司，这为上汽自主研发的全新一代车型带来了技术和创新的助力，双方的近年合作有望取得突破性的进展。

（四）经验优势——产销模式成熟

上汽集团成立至今已经有大约60年的历史。从最初只是一家修理汽车和销售配件的企业，到现如今成为国内汽车产业链布局最完整、综合实力最强的汽车企业，其拥有汽车全系列产品和核心零部件。多年来，上汽集团的整车生产和销售规模一直处于国内领先地位，其产品覆盖各主要细分市场。上汽集团的生产制造基地遍布全国，销售服务网络遍布各地，这为公司不断提高市场影响力和对用户需求的快速响应能力提供了基础保障。

现阶段，上汽已经实现了供应链维度的核心部件自主可控，这意味着它能够直接掌控部件的生产过程，从而实现更加完备的管理和优化。为满足整车电动化的需要，上汽与宁德新成立一家合资公司，专门提供锂电池，以助力电动汽车行业的发展。在智能化方面，上汽一直在努力实现自主掌控等智能汽车的"大脑和灵魂"。为此，他们在软件层面进行了全域核心软件的自研，以增强其智能化水平。在硬件方面，上汽基本做到自主设计自主生产，且产业资本掌握着核心硬件供应商的控制权。上汽多数采用华域汽车为核心供应子公司，覆盖内外饰件、金属成型、模具、功能件、电子电器件、热加工件，甚至新能源等多个领域，致力于打造安全稳定的供应链；同时，积极引入国内外知名供应商，以巩固供应链的优势地位。

四、上汽国际化运营

上汽集团要在创新发展中致力于开拓海外市场、提高国际经营实力，并整合全球资源。上汽集团长期探索，已逐步形成独特的国际化发展战略，逐步建立全球汽车产业全价值链，包括研发、营销、物流、零部件、制造、金融、二手车等一体化的体系，打造出上汽独有的"体系作战"硬实力。

上汽集团基于全产业链布局,分别在泰国、印尼、印度和巴基斯坦建立了4座整车制造基地以及一个位于巴基斯坦的KD工厂。通过在硅谷、特拉维夫和伦敦开设三个创新研发中心,以及在欧洲、南美、中东、北非、澳新和东盟等地开设了多个区域营销服务中心和超过1800个海外营销服务网点,上汽成功打造了6个海外市场,分别是欧洲、东盟、澳新、南亚、美洲和中东,每个市场销售量均达到"5万辆级"。上汽旗下的安吉海外汽车物流业务已经覆盖了近40个国家,包括东南亚、墨西哥、南美和欧洲等地,并且开设了6条自营国际航线,确保货物运输的安全与便捷。此外,安吉海外还积极与全球各地的供应商展开合作,不断拓展供应链建设,目标是逐步打造成为全球领先的汽车物流运营体系。上汽集团的华域零部件在海外也有101个基地。

上汽集团秉持国际先进标准与高品质要求,全面研发生产产品,并依循全球统一标准,建立完善的管理体系,严把品质关口,确保产品品质卓越。同时,上汽与国际一流的供应商如博世、大陆、法雷奥等保持着亲密的合作关系,并采用这些供应商提供的高质量的零件,旨在确保每一个零部件的品质和组装标准,为提升全球市场竞争力提供有效保障。

上汽国际业务采取多样化的发展策略,以适应各个市场环境、产业政策和消费者出行需求的差异。在成熟市场中,上汽利用新能源汽车作为主要推广工具,采用独特的商业模式对绿色移动出行需求进行了有效满足,同时积极构建车联和互联的汽车生态圈。在新兴市场内,上汽的品牌和产品不断创新以满足消费者需求,提供多样化的功能和服务,同时采取更方便的维修保养和金融服务措施,以适应市场趋势和消费者诉求的不断变化。现如今,上汽的产品和服务覆盖了全球近90个国家和地区,形成了六个"五万辆级"区域市场,这些区域包括欧洲、澳新、美洲、中东、东盟和南亚。未来,该公司计划逐步建立一个30万辆级市场、一个20万辆级市场以及两个15万辆级市场。

2022年,上汽国际市场累计销量为1017459台,同比增长45.9%。MG品牌的MG4 Electric车型已经进入30个欧洲国家市场,并且每月新增订单量已超过1万份。上汽大通MAXUS在海外累计销量已经突破22万辆,并且在发达国家市场,例如澳大利亚、新西兰和英国等地,其销量占比已经超过80%。

五、上汽电动智能转型

电动智能汽车技术正在迅速发展,以实现全球的碳中和目标。以特斯拉等为代表的新兴汽车制造力量借助电动和智能化技术拉开了汽车行业的电动智能化时代,而传统车企也开始全力加速转型进程以适应市场。现如今,汽车已经开始直接应用5G通信、边缘计算车用芯片、高性能电池、基础软件等技术,并不断地与科技领域保持紧密联系。上汽集团正在深入实施"新四化"战略,包括推进电动化、智能网联化、共享化和国际化,旨在提升公司业绩。同时,集团还在积极推进创新链建设,以占据有利地位和制高点,加快推进业务转型升级,适应全球汽车产业价值链重构的趋势。上汽对集团的研发体系进行了整合,创立了前瞻技术研究部、技术管理部、信息战略与系统支持部,以及战略研究与知识信息中心,以提高研发效率并推进技术创新。上汽前瞻技术研究部专注于研究汽车未来的主流技术,包括新能源、轻量化材料和智能驾驶等。由于上汽前瞻性的战略目光,如今,上汽在电动化和智能化领域已经形成了超强的技术矩阵。此外,上汽还拥有丰富的平台技术,并布局了完善的自主品牌。

如图2-12-6所示,在电动智能布局方面,上汽旗下设立了多个创新企业,旨在电动智能布局方面全力打造公司转型的新引擎。这些企业包括上汽零束、上汽捷能、捷氢科技、联创汽车电子和中海庭等。在电动汽车领域,三电技术已经广泛应用,主要由上汽捷能和捷氢科技两家公司负责。其中,上汽捷能专注于新能源车动力系统的研发,而捷氢科技则致力于氢能和燃料电池领域的探索。

智能化领域近来大有发展,各企业争相研发云-管-端一体化全栈式解决方案,旨在获得优势地位。在这一趋势下,中海庭正专注于高精地图技术的深入研究;上汽零束致力于打造"零束银河4+1"场景服务平台,以云计算技术为后盾;联创汽车电子则大力开发自动驾驶控制器,力图实现自动驾驶革命的突破;同时,上汽Momenta、阿里巴巴、Mobileye、华为、英伟达、腾讯等科技巨头,在不同领域各显神通,相互配合,展开合作伙伴生态圈建设。

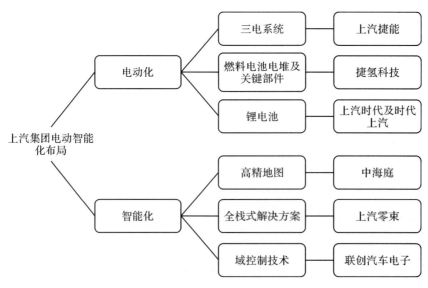

图2-12-6 上汽电动智能转型

(一)上汽捷能

上汽捷能将电池、电机、电控等三电系统和混动系统融合在一起,以实现完整的集成开发。2009年,这家公司创立,借助上汽技术中心强大的整车开发能力,致力于电驱变速箱技术产品研究和创新,并在此基础上建立起一套拥有完全自主知识产权的电驱变速箱研发、制造和应用系统。除此之外,公司还精心研发各种电池系统、电力电子技术以及其他零部件,促进其产业链的全面发展。通过上汽捷能的成立,上汽在本土化车辆研制方面取得了更快的进展,并推动了国内新能源汽车关键零部件产业链的发展。

上汽在三电系统方面已经形成三个不同代际的产品体系,每个代际的技术都不断得到改进,使得产品的性能得以不断提升、不断进步。其中E0是第一代,衍生产品有较早上市的荣威Ei5、荣威ERX5、荣威MARVEL X等。R汽车的ER6和MARVEL-R是后来上市的两款车型,它们采用了新一代三电技术E1。相比之前的E0,这种技术进行了优化和改进,具有更加卓越的性能表现。上汽正在研发下一代三电技术——E2,它将应用于全新的电动车平台,并为智己汽车的新车型提供可能的动力支持。

与E0相比,E1和E2采用了8段Hair-pin电机绕组技术,大大提高了电机性能。Hair-pin电机相比传统圆形铜线绕组,能够通过改进铜绕组的形状来提高槽满率,从而实现电机功率密度的提升,并且进一步改善绕组散热性能和降低噪声水平。虽然采用了相同的发针电机线圈技术,但E1电机将线圈层从E0电机的4层增加一倍8层,增加电机绕组层数,进而提升电机效率、功率密度以及扭矩密度,甚至延长驾驶里程。E2平台不仅持续运用8层Hair-pin绕组技术,还瞄准电控逻辑和电机冷却方面展开技术攻坚。如此一来,功率密度将有望得到进一步提升,而不必对电机体积有任何增加。E2电驱平台不仅提供了三种不同功率的电机可供选择,分别是150kW、180kW和250kW,而且用户可以按照具体车型需求选择单一电机或合并使用。此外,E2平台还通过轻量化技术进一步提升了性能,其中,250kW电机只有85kg的重量。

在结构方面,E1和E2采取了不同的布局。E1采用同轴布局,使车辆更加紧凑;而E2则回归平行轴布局,打造出更具强劲性能的车型。与E0采用平行轴设计相比,E1采用同轴布局的优点是节省了电机的横向空间,使车辆更加紧凑。然而,同轴布局的缺点是在纵向空间上有限制,只能支持前驱布局,这容易导致前轮打滑。E2电机将采用平行轴布局,以更好地实现后驱性能。车辆加速时,重心向后移,而后轮与前轮相比拥有更大的抓地力,因此将配合更高扭矩的电机,进一步推动车辆性能的提升。然而,这样的设计对于车辆平台的要求相当严苛。因此,上汽公司决定从E2 三电系统开始,采用全新的自主研发纯电架构,以充分发挥其新一代电驱系统卓越的小体积和高性能特性。另外,E1电驱动系统已经开始支持部分的FOTA更新,然而E2电机将会利用5G技术实现更快、更高效以及更全面的FOTA更新。

在电池方面,上汽电池平台技术迭代提升,其主要体现在提高电池容量与改进电池类型、优化电池安全性和减少电池薄厚度等方面。

(1)电池容量与类型:在E0阶段,车辆的电池容量和类型需要进行单独设计,这需要极其复杂的电驱动系统来实现,耗费时间极多。从E1开始的默认电池系统平台已统一,E1平台的尺寸对应于三种类型的电池容量:

53kWh、63kWh和72kWh,其中53kWh使用磷酸铁锂电池,系统能量密度为133Wh/kg,72kWh使用三边电池NCM523和系统功率密度达到180Wh/kg。E1的进步不仅仅在于其能够容纳不同电量,还在于它采用了一体化铸铝托盘,这一进步不仅使成本下降,同时还让重量减轻了17kg。即将上市的E2电池平台,统一的电池组长1690mm,宽1300mm,电池容量范围50—100kWh,轴距范围2500—3100mm,基本覆盖了A0到D级的所有车型,弥补了E1电池容量与大车型相比略微小的局限性。

(2)安全性:在E1系统中,安全性能非常优良,其热失控的能力超过了国家标准;即使在发生热失控的情况下,E1系统也能控制30分钟不着火。而E2系统更是达到了零失控的级别。

(3)电池包厚度:E1为140mm和145mm,E2为110mm,为模型设计提供足够的空间。

(二)捷氢科技

2018年6月,捷氢科技创办。时至今日,该公司在商用车市场不断砥砺前行,已成功研发出多款燃料电池电堆和系统,其功率能达到30kW至140kW以上。捷氢科技在上海新园区建有四大功能区,包含研发办公室、测试验证中心、生产制造工厂和氢气供应站。这些区域无缝连接,完美协同,为捷氢科技提供了一个全面发展的平台。捷氢科技不仅拥有自主研发膜电极的能力,而且还增设了膜电极自动化生产线,从而拥有了制造生产膜电极的能力。这个举措将有助于进一步降低燃料电池的成本。捷氢科技自主开发的PROME P390燃料电池系统和PROME M3H燃料电池电堆,不仅实现了车规级、高性能、高可靠和大功率燃料电池系统技术的开发和应用,还成功打造了低成本的系统架构。PROME P3X系统具有高功率密度、高耐久性、高可靠性和强环境适应性等优点,其额定功率为117kW,并且采用一体化集成设计。

(三)时代上汽(电芯)与上汽时代(PACK)

上汽集团和宁德时代投资新能源汽车电池领域的规模超过百亿元,着手建设先进电池和电池系统生产基地。上汽时代的主要业务是开发、生产和销售动力电池模块和系统。2018年,上汽时代成功研制出首套动力电池包,标志着其在新能源领域迈出坚实的一步。随着技术不断创新,2019年6月,第1万套电池包下线,彰显了品牌在电动汽车领域的领先地位。在溧阳动力电池二期项目开工仪式上,上汽时代举行了盛大的第10万套电池包下线仪式,这不仅是一项技术的突破,更代表了上汽时代对于可持续发展的坚守与贡献。时代上汽不仅仅是一家汽车公司,而是涉足了锂离子电池、锂聚合物电池、燃料电池、动力电池、超大容量储能电池的开发、生产、销售、售后服务,并且积极投资于新能源行业。它不断拓展业务领域,致力于做一个多元化、创新性的企业。

时代上汽一期和二期项目的总投资约为120亿元,占地面积达到1000亩,总建筑面积超过70万平方米。这座现代化工厂将会建立数条先进动力电池及Pack(电池包)生产线,预计到2024年完成,使得产能增加至35万套Pack。据高空产业研究院(GGII)数据显示,2019年时代上海汽车动力电池安装量为742.88MWh,2020年安装量约为1.6GWh,同比增长115.7%,国内安装市场份额为2.55%。在2020年,上汽乘用车的电池装机量达到0.78GWh,占据上汽乘用车电池装机量的67.83%。同时,上汽逐渐将动力电池采购从宁德时代转向时代上汽。

(四)中海庭

2017年9月,上汽集团与武汉光庭集团合作,签署了战略投资协议。这项合作将以中海庭这个合资公司为平台,致力于在高精度地图、大数据、云计算和自动驾驶等技术领域实现深度合作。

智能驾驶技术包含感知、决策和执行三个部分,这三个部分的关键驱动力在于人工智能技术和传感器技术的不断进步。虽然传感器在自动驾驶领域中发挥着重要的作用,但仍存在一定的局限性。具体而言,摄像头等视觉传感器与激光雷达的感知范围是有限的,其远距离感知能力十分薄弱。传感器的应用受到了许多限制,例如工作环境、天气状况还有空气中的灰尘等因素。在雨雪天气下,摄像头可能会因此无法正常工作,而激光雷达的探测性能也会受到灰尘的影响。自动驾驶系统存在的欠缺需要引入高精地图传感器来进行补偿。而高精地图能够在车辆行驶的全天候状态下,持续稳定地工作,无论是否存在死角和限制条件。

随着自动驾驶技术的不断发展,尤其是向L3+级别的逐步攀升,高精度地图起到的作用也越来越不可或缺。它就像指引驾驶者的明灯,为车辆提供精准路线、即时信息,确保了智能出行的安全与高效。高精度地图将成为多种传感器数据的融合平台,将不同的数据元素整合为一个整体,提供实时更新的全景地图。这一平台将成为多传感器融合的核心组成部分。高精地图中还能嵌入驾驶经验数据,精准记录行车技巧和车况信息,实时反映到各位驾驶员的掌控之中。这些珍贵数据必须建立在高精地图的精准坐标体系之上,才能发挥最大作用。

2021年6月,中海庭发布了第一版4D时空数字基座,这一全国高速公路高精度电子地图正式在线。该产品已经成功覆盖了全国高速公路,总里程达到32.7万公里,并且成功地获得了多家主机厂,如智己汽车、上汽乘用车、上汽大通、宝能汽车和爱驰汽车的L2+级别量产订单。同时,该产品还参与了洋山港的重卡自动驾驶试点项目。中海庭的产品在成图技术方面采用精密测图技术,打造了全国高精度、高质量、高可靠性的骨架数据,并运用下一代AI成图技术,构建了动态实时的4D数字基座。通过技术融合,实现了高精度测绘与车载众包感知成图,形成了车云一体化全栈时空数据解决方案能力。

(五)上汽零束

2020年5月,上汽宣布成立零束软件分公司,此举是为了更好地实现公司转型计划,朝着注重用户需求的高科技公司方向发展。如图2-12-7所示,零束银河全栈解决方案包括中央集中式电子架构、SOA软件平台、智能汽车数据工厂、全栈OTA和网络安全四大基础技术解决方案,同时提供端到端的智能化场景服务平台,以带给用户极致的使用体验。这一综合解决方案被称为"零束银河4+1"。

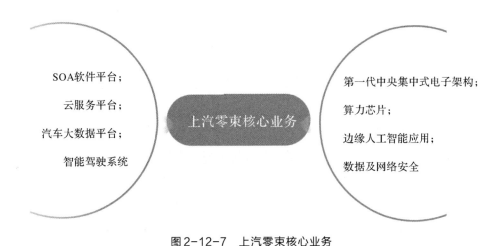

SOA软件平台；

云服务平台；

汽车大数据平台；

智能驾驶系统

上汽零束核心业务

第一代中央集中式电子架构；

算力芯片；

边缘人工智能应用；

数据及网络安全

图2-12-7　上汽零束核心业务

就其硬件而言，中央集中式电子架构运用了可插拔、可扩张特性，从而增强了其硬件可定制性和灵活性。在软件方面，SOA软件平台能够实现软件的可买、可卖、可订阅的特性，这意味着用户可以方便地购买、销售和订阅软件。在数据方面，数据工厂已经成功实现了智能汽车通过自学习、自成长、自进化来不断进步的目标。上汽通过建立零束，展现了其准备全力进军新的赛道的野心，并通过一系列行动，完成了"铸魂""扎根""营势"等过程。"铸魂"，就是打造一个中央集中式的电子架构，建设一个开放型的面向服务架构的软件平台，并且布局一整套全栈的整车数据工厂，继而实现更高效更智能的汽车生产和服务。"扎根"不仅涵盖了新一代电动车平台、智能域控制器以及底盘执行系统的打造，更意味着它们将深深地扎根于未来的科技领域，生根发芽，开花结果。"营势"旨在共同打造一款以用户体验为核心的"软件汽车"，邀请多个合作伙伴跨品牌、跨平台、跨车型携手共建软件开发平台。此平台主要合作伙伴包括百度、阿里、腾讯、京东、华为、OPPO、Mo-menta、地平线、科大讯飞、东软、商汤等。

智能汽车的大脑和神经网络系统即是中央集中式电子架构，这种架构可以掌控车辆的各种功能和信息流动，具有极高的智能化程度。中央计算单元是智能数字化服务的核心，高速通信技术将智能座舱、智能驾驶和智能互联完美地融合在一起，为数字化智能服务提供了先进的硬件基础。上汽的SOA软件平台是针对汽车行业开发的首个实现面向服务架构（SOA）的理论体系。上汽零束将整车的智能控制算法、感知设备和执行设备封装成统一可调用的服务，并在专业的集成式开发环境中向第三方开发者开放。这种做法旨在为开发者提供方便，可通过此服务对整车进行智能控制。在SOA平台上，开发人员可以创造巨量的服务和应用，若顺利经过测试以及验证之后，便能将它们上架。用户可以自由订阅服务，乘车实现千人千面。在软件产品的生态系统中，开发者平台不仅扮演着孵化器的角色，同样也作为上汽零束SOA软件平台的重要组成部分。上汽通过开发者平台，将智能汽车硬件计算能力和软件服务能力全面开放，与各界开发者携手合作，共同构建智能汽车的全新生态。

智能汽车数据工厂基于物联网IOT方案搭建，是一辆数字化汽车。智能汽车通过使用5G通信和大数据技术，不断地训练和进化AI人工智能算法。这种驱动智能化的极致体验会不断地演进，从而使智能汽车实现自学习、自成长和自进化，从而全生命周期都能得到智能化的支持。智能汽车的最底层支撑是全栈OTA和网络安全解决方案。上汽零束将为整车全生命周期内的应用、软件及数据提供可持续迭代、可升级更新的服务，其中包括FOTA、SOTA、DOTA升级技术。同时，上汽零束不仅构建了智能汽车网络安全防护体系，而且将网络安全建设融入智能汽车整体研发流程中，以实现五层纵深防护，包括云端、通信、系统、软件和硬件。这一举措旨在打造智能汽车云、管、端一体的网络安全解决方案。这个智能化场景服务平台能够为用户带来最优质的移动体验，并将智能汽车打造为用户的第三个舒适空间。利用智能服务提供更具个性和情感的驾驶体验，从而让用户感到更贴心和放心，达到"人车一体化"和"人车共同驾驶"的目的。

（六）上汽联创电子

联创汽车电子成立于2009年，它通过自主创新科技成功量产智能驾驶计算平台（iECU）和智能制动系统（iBS），打破了国外对电动转向系统（EPS）的技术垄断。该企业的智能转向系统（iEPS）和车联网智能终端（iBOX）的市场规模均排名前列，是国内首家实现这一壮举的企业。联创电子以iE-CU、iBS、iEPS、iBOX四项核心业务为主，将有力支持上汽的新四化创新转型,特别是在电动化和智能化方面,为上汽的创新发展提供有力的保障。上汽集团和联创电子联合在域控制器领域进行布局,其中包括智能域控制器。此外,他们还与华为合作生产的5G模组已经达到定制量产,这是中国首次实现车规级认证。

六、数字化营销体系

汽车行业整体进行了智能电动化的转型,这也带来了明显的影响,尤其是对汽车销售和营销策略的渠道。整个营销体系随着数据驱动快速地向个人消费端(TO C)转型。除了传统的4S店,汽车品牌开始涌现自建直销店、汽车超市和汽车金融租赁等新兴模式。这些新兴模式让汽车营销形式向着更加垂直化的渠道投放、更加产品化的广告服务和更加精准化的营销触达方向不断发展。

上汽正在逐步调整其新能源汽车领域的重心,将更多的精力投向智己汽车和R汽车这类定位较高的产品上。此外,其旗下的乘用车公司也将致力于加强"To C"能力的打造,即从"以产品为中心"向"以用户为中心"转变,实现数字化转型,并通过用户运营获得高频实时数据,反馈到各个业务主体形成闭环,创造更多价值。其中,包括从造车、卖车、用车到车生活等用户全生命周期的数字化转型。上汽所推出的全新"司标"运用了年轻化和扁平化的设计手法,体现了公司动感活力的新形象。与此同时,上汽的多个子企业抓住机遇,积极推动电动、智能和网联技术的投放。上汽乘用车、上汽商用车、上汽大众、上汽通用,以及上汽通用五菱,都在不断地改革商业模式和营销体系,以增强用户互动和接触。

上汽品牌着重于互联网基因的建设,具体来看,他们推行"无界新零售"模式,尝试创造线上线下全新的服务渠道,全生命周期以用户为中心进行运营。同时,他们采用订单式直营销售和统一透明的价格体系,旨在打造用户关系的共建空间,使R品牌成为用户们的最佳选择。与此同时,R品牌打造了一个立体的线下直营体系,由城市旗舰店R-SPACE、城市商超店R-STORE、直营交付中心R-DELIVERY所组成。目前已有30家体验中心遍布18个城市,向消费者提供优质服务。R汽车与特来电、安悦充电、星星充电和国家电网合作推出了 R-POWER，该平台拥有 30 万个充电桩的数据，为用户提供精准、全面、动态、实时的充电桩查询和导航规划信息，同时还提供上门取车和现场加电服务。

2022 年 10 月，飞凡 R7 夜访上海野生动物园被老虎包围的趣味创意广告曝光，随之被业界、广告圈疯狂转发。视频中飞凡 R7 将 RISING PILOT 全融合高阶智驾系统眼中的点云世界投射到车机大屏上，让车内乘客仿佛以"上帝视角"穿梭于野生动物群之中。对于汽车司机而言，受限于天气、光线、动物运动快速且毫无规律等等多重因素影响，驾驶员很难提早预判到动物的出现或运动轨迹，这就极易导致刹车和躲避不及时而酿成事故，对动物的生命、行车安全都是极大的隐患。每年因公路交通致死的野生动物数量，已远远超过因猎杀而死亡的数量。比如，在死亡密度最高的省道 209 线一条样线路上，100 米范围内就记录到被车辆碾压的高原林蛙 56 只。

特斯拉和飞凡汽车是目前行业内仅有的两个可通过智驾系统采集识别动物数据的品牌。除了周围车辆之外，以往的特斯拉智能驾驶系统主要也是以识别道路上的行人为主，近期更新后实现了识别狗狗的能力。相比而言，飞凡 R7 上率先搭载的 RISING PILOT 全融合高阶智驾系统，依托于多达 33 颗智能感知硬件、业内领先的 NVIDIA DRIVE Orin 智驾芯片，以及行业首个全融合算法，实现了比肩特斯拉的智能识别能力。即使在黑夜、雨雾等恶劣环境下，也可以准确观察感知并采集到周围环境中的多种动物数据，比如沿途的老虎、斑马、骆驼等，无一漏看。通过及时"发现"，将车身周围的人、车、动物等静态和动态物体统统识别到，既能辅助驾驶员安全避险，也让不小心走到公路上的动物们免遭意外伤害。

视频的发布不仅让观看者感受到了在复杂的交通环境中，飞凡智驾系统拥有的出色"洞察"能力，也看到了飞凡汽车乃至背后的上汽对于驾乘人员、周边行人以及路过动物安全的关注，展现了企业的社会和责任担当。

未来，上汽计划是创建数字化的新型营销系统，通过整合自有、合作、付费和相互渗透的渠道，为消费者提供无缝体验，建立数字化渠道的平台。同时，使用数字化业绩评估系统来增加 ROI、强化用户体验，最终实现高效的整合,领先行业,在上汽乘用车领域打造数字营销生态圈。精益整合各方资源,提高营销效率,并通过畅通数据流,运用互联网思维,突破传统的市场推广障碍,增强潜在客户转化率。建立一个涵盖所有销售渠道的数字营销管理体系,同时注重内部和外部的发展。

七、上汽未来新能源发展战略

2023年4月,上汽集团宣布了针对新能源汽车发展的三年行动计划。该计划提出了到2025年上汽新能源车的年销量目标,达到350万辆,相较于2022年将增长2.5倍。其年复合增长率将达到50%。此外,上汽集团计划在新能源车市场中进一步提高自主品牌的销量占比,将其占比提升到70%。上汽已经完成了从传统能源向电动、智能、网联汽车的转型,正在更快地向"新赛道"迈进。

(一)"新赛道"——品牌战略优化

以车型为例,上汽集团致力于满足新能源汽车市场愈加细分的发展需求,通过提升品牌产品线的品质和种类,为消费者提供更加多样化的选项。智己、飞凡及荣威、MG以及五菱等自主品牌,在新能源汽车市场上与合资品牌大众、通用等互相协作、并肩作战。

智己是一家定位于高端纯电智能汽车品牌的公司,将成为智慧伙伴,率先搭载新一代"三电"系统和"中央计算+区域控制"的全栈3.0智能车解决方案等先进技术创新,为用户提供卓越的驾驶、智能和安全体验。上汽新能源现阶段的智己LS7等车型已经成为旗舰产品,未来三年还将逐步推出四款崭新车型,彰显出品牌不断创新和引领未来的决心。飞凡和荣威作为聚焦于中国消费者"理想之选"的新能源汽车品牌,不仅将提供多样化的新能源解决方案,包括纯电、插混等,而且还将积极探索换电等补能方式。在这里,飞凡品牌将为用户带来超过同级车款的极致舒适,而荣威品牌则致力于为中国的用户提供品质上乘的出行。MG品牌将继承百年经典,致力于赋予品牌和产品全新的动感、潮流和时尚理念,以此成为上汽新能源出口战略的主力先锋,助力全球用户爱上中国车。这一使命来自定位为"全球知名汽车品牌"的MG品牌。

上汽集团通过实施多品牌矩阵战略,针对旗下不同品牌的特点,进行精准定位和正确布局,以实现深度挖掘不同细分市场、满足差异化的产品需求,并推行持续的产品和技术创新。这是上汽集团未来发展的战略基础。未来,合资品牌如大众和通用将对品牌进行全面升级,将其百年造车经验与电动智能新时代完美结合,推出更多满足中国消费者需求的纯电产品。

(二)创新技术深耕,创造极致化体验

同时,上汽正深入挖掘顾客的痛点和爽点,将采用系统性的自主开发能力,通过更具智能和性能的产品,为用户提供极致化的体验。

针对用户在新能源汽车安全性、经济性等方面的疑虑和不安,上汽积极探寻解决之道。在安全性上,上汽集团采取了创新设计,通过预防、导流、卧置、隔离和疏散等五种措施,成功实现了动力电池系统的"零热失控"。通过进行大数据远程监控预警以及实施一系列应对措施,不仅可以在电池存在隐患的初期及时发现和处理问题,而且还可以有效防止电池的过热失控,从而保证了行业领先的安全水平。同时,上汽也在加紧研发固态电池电芯,预计在2025年推出首款搭载了固态电池的量产汽车,它具有更高的能量密度和更卓越的安全性能。

在经济性上,上汽以技术创新为手段,通过围绕电动车整车能量回收再利用的闭环系统,不断提高能量利用效率。在接下来的三年时间里,上汽将采用CTB和一体式压铸等现代制造技术集成,以重塑电动智能汽车的生产流程。该公司将投资兴建一个先进的电动汽车工厂,旨在以简约和低成本的方法生产更多的整车产品。这将显著降低制造成本,同时提供性价比更高的整车产品。

上汽正在致力于打造一个全新的"科技生命体",通过塑造整车集成能力和技术创新优势,从芯片、操作系统、软件、数据闭环、运动控制系统、三电系统到对应场景等各个方面,积极践行"场景创造价值、数据决定体验、软件定义汽车"等理念,以迎合智能化、性能化等用户的需求和"爽点"。

上汽汽车的"科技生命体"概括为三个关键要素,包括智能的思维、灵活的体魄和强健的精神。以软件全栈式架构为支撑,"智慧的脑"旨在实现智能车全生命周期数据闭环,不仅重构电子和通信架构,更将融合感知架构,创造出更为卓越的智能驾驶和融合体验。例如,上汽正在开发行业领先的全栈3.0智能汽车解决方案,这个解决方案以"中央计算+区域控制"为核心,并成为其中重要的构建模块。上汽自主研发了广义智能汽车操作系统,它能够将不同的硬件资源如"感知、算力、存储"等融合在一起,实现跨车云和跨处理器的功能。该系统实现了高速的舱驾数据流转和运算,提高了整车软件的集成度和硬件的利用效率。车内控制器数量减少了一半,线束数量减少了三分之一,系统反应速度提升到毫秒级。通过使用"整车中央协调运动控制器(VMC)技术",车辆可以在各种路况和不同驾驶模式下,始终保持稳定的车身。该技术通过综合控制制动、驱动、转向和悬挂等系统,实现了车身的6自由度集中控制,包括上下、前后、左右等方面。这使得车辆在行驶过程中,能够更加自如地应对各种路面情况。强劲的心,则通过采用碳纤维转子电机和800V高压电驱动系统等新型技术,让自主品牌新车创造了极致的加速体验并轻松加入"2秒加速俱乐部",也让更多用户感受到新能源汽车技术平权的时代。

作为国内最大的汽车上市公司,上汽集团正在全面升级自身的技术,致力于打造全球化的高科技企业。其目标是以用户至上的理念为核心,不断地发掘创新,提升电动智能汽车的科技含量,让用户充分体验一流的高端品牌和极致的服务。上汽集团正在积极打造一个业务全球化、品牌高端化的未来,向用户型企业的转型之路砥砺前行。同时,上汽在坚持以用户为中心的前提下,专注于新能源和智能网联汽车的发展,积极打造自主品牌、特色优势和畅销产品,并着力提升技术领先和标识度,以促进创新转型和实现高质量发展。

上汽集团经过长时间的回顾和总结后,成功把握住了科技进步、市场演变、行业变革所展现的大方向、大格局和大趋势,持续不断地加强"电动化、智能网联化、共享化、国际化"的"新四化"战略,并不遗余力地提升业绩。在未来,上汽将不断加大力度,持续推进"纯电、混动、燃料电池"三条技术路线的核心能力建设,并积极规划未来产品布局。另外,上汽加快电动化和智能网联化的结合,以创造融合交通、通信、娱乐、工作和社交功能的大型终端为目标,促进了新零售、娱乐社交、出行服务和网络安全等领域的发展,同时也推动着智慧交通管理和城市数字化转型的发展。在全球汽车产业价值链重组的背景下,上汽推进创新链建设,积极占据优势地位和高点,并加快业务转型和升级,以实现成为全球顶尖汽车企业的目标。

参考文献

[1]肖忠湘.迈向碳中和:能源转型中国方案[M].北京:电子工业出版社,
　　2023.

[2]中金公司研究部,中金研究院.碳中和经济学[M].北京:中信出版社,
　　2021.

[3]王文,刘锦涛,赵越.碳中和与中国未来[M].北京:北京师范大学出版社,
　　2022.

[4]王琴英,王杰.政策支持对中国新能源汽车产能利用率的影响效应研究
　　[J].工业技术经济,2021,40(08):142-150.

[5]刘斌.碳中和与汽车:中国汽车产业的零碳之路[M].北京:机械工业出版
　　社,2023.

[6]中国汽车技术研究中心.节能与新能源汽车发展报告[M].北京:人民邮
　　电出版社,2017.

[7]孙传旺.中国碳中和发展报告(2022)[M].北京:中国社会科学出版社,
　　2023.

[8]虞忠潮,朱兴旺,李强,等.新能源汽车[M].北京:中国经济出版社,
　　2022.

[9]马亮,郭鹏辉.新能源汽车产业链合作研发契约研究[J].科技管理研究,
　　2020,40(8):131-138.

[10]马亮,任慧维.续航能力需求、创新能力与新能源汽车产业链协同创新
　　[J].科技管理研究,2019,39(19):167-176.

[11]霍国庆,姜威.我国新能源汽车产业链与其纵向整合的特点研究[J].现代管理科学,2016(9):12-14.

[12]马亮,仲伟俊,梅姝娥.基于续航能力需求的新能源汽车产业链补贴策略研究[J].系统工程理论与实践,2018,38(7):1759-1767.

[13]程肖君,李少林.供给侧改革背景下新能源汽车产业发展策略研究[J].理论学刊,2018(2):78-86.

[14]李艳燕.制度、消费者认知与消费者购买决策研究[J].商业经济研究,2020(8):109-113.

[15]文劲,朱珞珈,雷洪钧.中美新能源汽车战略比较及后补贴时代完善机制研究[J].湖北社会科学,2018(6):5.

[16]张锦程,方卫华.政策变迁视角下创新生态系统演化研究——以新能源汽车产业为例[J].科技管理研究,2022,42(11):173-182.

[17]王溪,熊勇清.中国新能源汽车政策"抑扬结合"的特征及对创新激励绩效的影响——基于"扶持性"和"准入性"政策视角[J].科学学与科学技术管理,2021,42(11):39-55.

[18]王琴英,王杰.政策支持对中国新能源汽车产能利用率的影响效应研究[J].工业技术经济,2021,40(8):142-150.

[19]赵云,张立伟,乔岳,等.颠覆性创新在中国的理论探索与政策实践[J].中国科技论坛,2022(6):57-67.

[20]韩纪琴,余雨奇.政策补贴、研发投入与创新绩效——基于新能源汽车产业视角[J].工业技术经济,2021,40(8):40-46.

[21]李晓敏,刘毅然,靖博伦.产业支持政策对中国新能源汽车推广的影响研究[J].管理评论,2022,34(3):55-65.

[22]黄琳,王金龙.政策加码 新能源汽车产业链加速发展[N].中国经营报,2022-07-04(C06).

[23]宋保林.电动汽车优缺点分析和分类[J].汽车维护与修理,2013(1):5.

[24]龚梦泽.新能源汽车补贴政策退出倒计时双积分"指挥棒"引领行业奏响时代新乐章[N].证券日报,2022-11-05(A04).

[25]崔胜民.新能源汽车技术解析[M].北京:化学工业出版社,2016.

[26]张秋敏.现代车辆新能源与节能减排技术[M].南京:机械工业出版社,
　　2018.

[27]仇成群,胡天云.新能源汽车创新创业基础[M].北京:南京大学出版社,
　　2020.

[28]赵福全,苏瑞琦,刘宗巍.供应链与汽车强国[M].机械工业出版社,
　　2018.

[29]郝皓,蔡如意,陶世鹏.数字化转型时代下新能源汽车智能化发展研究
　　[J].时代汽车,2022(2):118-120.

[30]陈炳欣.汽车芯片:从传统分布式架构向集中式架构演进[N].中国电子
　　报,2021-10-12(008).

[31]崔明阳,黄荷叶,许庆,等.智能网联汽车架构、功能与应用关键技术[J].
　　清华大学学报(自然科学版),2022,62(3):493-508.

[32]薛奕曦,贾菁菁,邱国华."电动化+智能化"驱动下的汽车产业商业模式
　　创新[M].天津:南开大学出版社,2019.

[33]付于武,毛海.重新定义汽车:改变未来汽车的创新技术[M].北京:机械
　　工业出版社,2017.

[34]王泉.从车联网到自动驾驶[M].北京:人民邮电出版社,2018.

[35]吴华伟,梅雪晴.汽车可靠性基础[M].南京:南京大学出版社,2018.

[36]孙晓枫,赵莹,吕春梅.自动驾驶汽车人机交互信任影响机制[J].东北大
　　学学报(自然科学版),2022,43(9):1305-1313.

[37]郭应时,黄涛.基于注意力机制的多模态自动驾驶行为决策模型[J].中
　　国公路学报,2022,35(9):141-156.

[38]彭育辉,江铭,马中原,等.汽车自动驾驶关键技术研究进展[J].福州大
　　学学报(自然科学版),2021,49(5):691-703.

[39]唐兴华,郭晓,唐解云.电车难题、隐私保护与自动驾驶[J].华东理工大
　　学学报(社会科学版),2019,34(6):73-79.

[40]郁淑聪,孟健,郝斌.基于驾驶员的智能座舱人机工效测评研究[J].汽车
　　工程,2022,44(1):36-43.

[41]吴蔚.智能座舱"领跑"汽车智能化[N].经济参考报,2022-07-

29(005).

[42]马宁,王亚辉.智能汽车座舱人机交互任务复杂度分析方法[J].图学学报,2022,43(2):356-360.

[43]王伟.AR/VR开启汽车智能座舱新入口[N].中国电子报,2022-07-22(001).

[44]马建,刘晓东,陈轶嵩,等.中国新能源汽车产业与技术发展现状及对策[J].中国公路学报,2018,31(8):1-19.

[45]赫炎.从CTP、CTC、CTB浅谈电动汽车动力电池集成技术[J].世界汽车,2022(6):70-71.

[46]张平,康利斌,王明菊,等.钠离子电池储能技术及经济性分析[J].储能科学与技术,2022,11(6):1892-1901.

[47]孙腾,冯丹,胡利明.国内外新能源汽车发展的差距及提升路径探讨[J].对外经贸实务,2018(6):29-32.

[48]石易.王传福创新型企业家思想体系与比亚迪的发展研究[J].中国人力资源开发,2016(14):94-100.

[49]黎仕增.中国新能源汽车产业生态链发展对策研究[J].广西民族大学学报(哲学社会科学版),2018,40(2):175-178.

[50]温俊.刀片电池:新能源汽车的动力升级[J].中国工业和信息化,2021(1):16-22.

[51]赵世佳,赵福全,郝瀚,等.中国新能源汽车充电基础设施发展现状与应对策略[J].中国科技论坛,2017(10):97-104.

[52]何亭亭.新能源汽车,为什么只听不和[J].市场研究,2014(5):11-14.

[53]编辑部.宁德时代25亿正极材料生产线落地四川,预计2023年8月底前建成投产[J].粉末冶金工业,2022,32(1):130.

[54]张晶,于渤.新创企业如何从嵌入到构建企业型创新生态系统?——基于宁德时代的纵向案例分析[J].研究与发展管理,2022,34(01):54-70.

[55]尹丽梅,童海华.动力电池产业链"零碳"转型加速度[N].中国经营报,2022-09-26(C05).

[56]杨俊.比亚迪DM-i超级混动系统技术解析[J].汽车维护与修理,2021
　　　(7):71-74.

[57]胡登峰,冯楠,黄紫微,等.新能源汽车产业创新生态系统演进及企业竞
　　　争优势构建——以江淮和比亚迪汽车为例[J].中国软科学,2021(11):
　　　150-160.

[58]王保林.中国品牌汽车的困境与出路[M].北京:中国人民大学出版社,
　　　2018.

[59]巍昕,廖小东.比亚迪真相:中国新首富背后的秘密[M].重庆:重庆出版
　　　社,2010.

[60]顾倩妮,张强.王传福:技术智造[M].企业管理出版社,2020.

[61]打通上下游产业链,比亚迪落户宜春[N].新能源汽车报,2022-08-
　　　29(018).

[62]赵红霞,田萌.特斯拉进入中国市场的SWOT分析及启示[J].中国商
　　　论,2020(21):12-14.

[63]孙洁,董建军.特斯拉战略布局研究[J].时代汽车,2022(17):121-123.

[64]杨国涛,程明光.智能协同:互联网时代的汽车制造供应链管理[M].
　　　北京:机械工业出版社,2018.

[65]陈茂利.特斯拉、宝马"力挺"4680圆柱电池"搅动"产业链[N].中国经
　　　营报,2022-09-19(C06).

[66]郑雪芹.特斯拉的供应链版图[J].汽车纵横,2022(9):82-84.

[67]中国汽车技术研究中心有限公司,日产(中国)投资有限公司,东风汽车
　　　有限公司,中国汽车技术研究中心编.新能源汽车蓝皮书:中国新能源
　　　汽车产业发展报告(2022)[M].北京:社会科学文献出版社,2022.

[68]陆本.埃隆·马斯克传[M].重庆:重庆出版社,2014.

[69]郎为民.特斯拉:改变世界的汽车[M].北京:人民邮电出版社,2015.

[70]魏文.英伟达算力顶流Thor芯片来了特斯拉、通用却自研芯片[N].第
　　　一财经日报,2022-09-22(A09).

[71]赵福全,刘宗巍,胡津南,等.汽车产业创新[M].北京:机械工业出版社,
　　　2020.

[72]陈琼.从"制造"到"智造"福耀玻璃的发展之道[J].汽车纵横,2016(8):
　　　108-113.

[73]李婷.福耀玻璃回应"玻璃大王"之争　不断拓展"一片玻璃"边界[N].
　　　证券日报,2022-03-23(B02).

[74]张锐.曹德旺:特立独行的"玻璃大王"[J].对外经贸实务,2015(02):
　　　12-16.

[75]曹德旺.心若菩提[M].北京:人民出版社,2015.

[76]北京亿维新能源汽车大数据应用技术研究中心,王震坡,梁兆文等.中
　　　国新能源汽车大数据研究报告[M].北京:机械工业出版社,2022.

[77]拱千舒.小鹏汽车何小鹏:有信心改变纯电动车市场格局[N].南方日
　　　报,2022-08-26(B04).

[78]左茂轩.风波不断:理想汽车的近忧与远虑[N].21世纪经济报道,
　　　2022-09-27(012).

[79]姜智文.理想销售冠军售后有一套[N].经济日报,2022-03-15(009).

[80]李政,刘涛,敬然.培育世界一流中国汽车企业:差距、潜力与路径[J].经
　　　济纵横,2022(3):59-67.

[81]赵雅玲.中国制造企业国际化过程中的技术创新策略——以吉利汽车
　　　为例[J].企业经济,2021,40(5):14-21.

[82]王自亮.吉利传:一部"不可能史"[M].北京:红旗出版社,2021.

[83]李钢.吉人天相李书福[M].北京:中国广播影视出版社,2020.

[84]王千马,梁冬梅.新制造时代:李书福与吉利、沃尔沃的超级制造[M].
　　　北京:中信出版社,2017.

[85]付强.吉利控股收购沃尔沃汽车的战略需求与实践分析[J].对外经贸实
　　　务,2015(5):78-81.

[86]杨倩,金雨.曹操专车:李书福的出行跳板[J].中国企业家,2018(11):
　　　79-82.

[87]甄文媛.吉利:谋局大出行[J].汽车纵横,2018(10):28-29.

[88]朱光应.奇瑞汽车品牌战略转移研究[M].合肥:安徽人民出版社,2010.

[89]童媛媛,周壆.中国汽车梦[M].北京:企业管理出版社,2010.

[90]陈秀娟.红旗电动化提速[J].汽车观察,2022(9):72-73.

[91]刘洪岩,张景云.红旗汽车:中国自主汽车品牌重塑策略[J].公关世界,2022(15):26-27.

[92]贾可.新红旗——重启中国第一豪华汽车品牌之路[M].北京:中国工人出版社,2018.

[93]李阳,王静仪.一款小车如何再造五菱[J].汽车纵横,2021(5):18-21.

[94]赵子旺.多重优势助"MINI"电动走俏[N].新能源汽车报,2022-05-30(014).

[95]高洪伟:红旗开启软件定义汽车的全新模式[J].智能网联汽车,2021(6):92-93.

[96]夏楚瑜,马冬,蔡博峰,等.中国道路交通部门减排技术及成本研究[J].环境工程,2021,39(10):50-56,63.

[97]谭旭光,余卓平.燃料电池商用车产业发展现状与展望[J].中国工程科学,2020,22(5):152-158.

[98]阿什利·万斯.硅谷钢铁侠 埃隆·马斯克的冒险人生记[M].北京:中信出版社,2016.

[99]魏江,刘洋.李书福:守正出奇[M].北京:机械工业出版社,2020.